学校师生汲取传统文化的知识宝典
中国公民提升文化素养的修身手册
国际朋友了解中国文化的一把钥匙

中华传统文化常识指津

袁湛江　　主编

中华书局

图书在版编目(CIP)数据

中华传统文化常识指津/袁湛江主编. —北京:中华书局,
2019.11（2022.3重印）
ISBN 978-7-101-13835-1

Ⅰ.中… Ⅱ.袁… Ⅲ.中华文化-中小学-师资培训-教材
Ⅳ.K203

中国版本图书馆 CIP 数据核字(2019)第 059144 号

书　　名	中华传统文化常识指津	
主　　编	袁湛江	
责任编辑	任洁华	
出版发行	中华书局	
	（北京市丰台区太平桥西里 38 号　100073）	
	http://www.zhbc.com.cn	
	E-mail:zhbc@zhbc.com.cn	
印　　刷	三河市航远印刷有限公司	
版　　次	2019 年 11 月北京第 1 版	
	2022 年 3 月第 3 次印刷	
规　　格	开本/880×1230 毫米　1/32	
	印张 17¼　插页 2　字数 400 千字	
印　　数	9001-13000 册	
国际书号	ISBN 978-7-101-13835-1	
定　　价	48.00 元	

目　录

第二章 史学纵横

第三章 文学漫步

第四章　语言文字

第六章　艺术精粹

第七章　生活撷英

第八章 民俗大观

引　言

袁湛江

一、对中华传统文化的解读

从概念上来说，中华传统文化有广义和狭义之分。狭义的中华传统文化，主要是指以儒家为核心的中国古代哲学思想，以及包括语言、文字、文学、艺术、观念、信仰、习俗等在内的精神文化。而广义的中华传统文化，指的是中华民族在历史中所创造的物质财富与精神财富的总和，还包括政治、经济、历史、法律、礼仪、历法、地理、医药、武术、饮食、建筑、农林、算学等知识系统，以及由此衍生的行为习惯、生活态度、人情事理、规则与潜意识等民族文化基因。本书所涉及的中华传统文化，主要指的是后者，属于广义的范畴。

大体来说，中华传统文化可以从五个层面来进行解读：第一是物质层面，就是那些具有中华民族文化特征的、看得见摸得着的有形物体；第二是行为层面，一个民族作为社会群体具有普遍性的行为方式，往往也构成了一个民族与众不同的文化特征；第三是艺术层面，一个民族的行为方式深入人心达到一定程度的时候，就会用物化的形态或模式化的程序来表现一种理想的生活，进而成为一个民族特有的艺术形式；第四层面是思维层面，中华民族的"乡土情结"根深蒂固，"家国情怀"相比于西方人要浓厚得多，于是也就衍生出"熟人社会"的现象，盘根错节的群体意识和封闭性思维方式；第五层面是哲学层面，哲学层面是所有社会科学和自然科学领域的最高境界与终极价值的体现，也是所有民族传统文化的根源与归宿（其中，儒道两家发挥了无可替代的文化引领作用）。

中华传统文化是一个有价值的庞大的知识系统和文化系统，任何人要做到全面系统的理解和掌握都很困难。因此，今天的社会迫切需要这样一个工程——通过调动和整合各领域专家的资源，对中华传统文化系统做一番梳理与构建的普及工程。

二、推广中华传统文化的路径

中华传统文化源远流长，根深叶茂，并不意味着我们在传承传统文化方面没有问题，尤其是近一百多年来，传统文化之舟，一直在风浪中颠簸前行，不断遇到干扰和挑战。令人欣慰的是，恢复和弘扬中华民族的优秀传统文化已经成为越来越多有识之士的战略共识，并且开始得到迅速的推进和落实。文化出版单位率先而动，中华书局早在2013年5月在北京举行了"两岸高中中华传统文化教育交流研讨会暨中华传统文化（高中）教学研究基地共建启动仪式"。同时，国家主流媒体也通过多种形式助力中华民族优秀传统文化的传承与传播，比如央视先后举办了汉字书写大赛、中国成语大赛、中国诗词大会，各地卫视也纷纷开展了中华经典诵读大赛等活动，增强了传统文化的影响力。

一种文化的延续，应该是一个民族的集体意识，是一种持续的习惯行为，是一种融于心、见于行的自觉。因此，要让中华民族优秀传统文化不断传承下去并发扬光大，我们需要在反思的基础上进行系统的思考和设计，寻找推广传统文化的路径。

首先，在意识形态方面，我们需要在比较的基础上，充分认识到中华民族传统文化的独特地位和杰出价值。其次，在教育结构设计上，应该建立全民教育和终身教育体系，来保障优秀传统文化的传承与光大。最后，教师队伍的系统培训不仅是重中之重，而且是当务之急。一切行动要落实到人，而最关键的群体在于教师。因此，虽然本书是一本普及性的读物，但我们希望首先解决教师的问题。

三、本书的编排体系与特点

编写目的：打破现代教育的学科系统的局限，按照中华传统文化本身的衍生状态和存在形式进行整理与分类，以普及常识、传承精髓，让每一位读者通过阅读本书，掌握中华传统文化的要点和难点，并且以活动设计的方式，使传统文化进校园的实践成为可能。

读者对象：以中小学教师和在校大中学生为主要读者，兼顾对中华民族传统文化有兴趣的社会工作者。

选材范围：选取有史以来至1949年以前的中华传统文化经典的内容。

内容分类：全书除引言以外，根据内容分为八个板块：第一章思想管窥：主要是思想哲学的范畴，包括儒、道、释、法等古代思想学说；第二章史学纵横：主要是历史学范畴，包括读史备要、史籍钩沉、人物事件、方志族谱、教育史话等；第三章文学漫步：主要是传统文学范畴，包括诗词、曲赋、散文、小说、戏剧等；第四章语言文字：主要是语言学范畴，包括音韵、训诂、成语、俗语等；第五章自然视窗：主要是自然科学范畴，包括算学经纬、天文历法、山水地名、农学物候等；第六章艺术精粹：主要是传统艺术范畴，包括园林民居、水利桥梁、书法国画、音乐舞蹈、曲艺杂谈等；第七章生活撷英：主要包括中医精要、武术搏击、养生保健、茶艺美食、精彩博戏等；第八章民俗大观：主要是民族风俗范畴，包括多彩民族、节日禁忌、宗法礼仪、服饰美学、民间信仰等。

切入角度：认真考察全国中小学教师的职业现状和发展需求，为中小学教师的系统学习和相关培训活动等提供教材，同时也适合不同层次的读者根据自身需要进行选择性学习。

呈现方式：每一章再根据内容分类划分为若干小节，每一小节分为两部分展开，即"问题呈现"和"活动设计"。"问题呈现"主要针对读者可能存在的薄弱点或者质疑点，以设问的方式解答疑难问题，突出重点，展示精华；"活动设计"分别为小学、初中、高中不同阶段的教师开展中华传统文化进校园的主题教育活动提供的建议和设计。

本书特色："问题呈现"是中小学一线教师在中华文化普及与传播中最迫切需要厘清和解决的问题，而"活动设计"也都来源于优秀中小学教师的教育实践和创意。本书特色在于教师所发之"问"与所需之"学"的契合，有的放矢，学以致用，概括起来，具有以下特点：

1.普适性。面对中等文化程度以上不同学科背景的广大读者群，本书是追求深入浅出、体例明晰、好读易懂的中华传统文化的常识性普及读本。

2.针对性。不求系统化的"大而全",做减法,抓要点,合章节,减篇幅,使内容更精练,体现"小而精",尽量摆脱学科化、学术化的倾向。

3.独创性。"问题呈现"和"活动设计",跳出"大而全"的体系,体现"一线教师写给一线教师读与用"的特点,抓住教师最迫切需要的问题答疑解难,突出重难点、减轻负担。

4.趣味性。在编排体例上,不仅有系统的知识阐述,而且有针对基础教育不同阶段的趣味活动设计,为读者的理论学习和实践探索搭建一个对接的平台。

第一章　思想管窥

　　儒家倡导道德教化，法家强调严刑峻法，道家主张顺乎自然，无为而治。自汉武帝至清末，中国政治的整体走向是外儒内法，济之以道。即以儒家伦理道德为灵魂，以法家严刑峻法为手段，以道家顺势而为为策略。动荡时代，军阀混战，儒家思想难以落地，法家路线却能立竿见影，尽收统一之效；动荡结束，百废待兴，人口减耗，经济凋敝，适宜实行道家"无为"政治，鼓励百姓休养生息，以恢复和发展生产；当国家走上正常运行轨道，不再适合严刑酷法和无为之道，而以采取儒家之道，推行教化为宜。

　　以道德思想为重的中国古代哲学的基本倾向和特质是实践哲学，所以中国古代哲学家特别注重对人生的研究。佛教在中国化的过程中，也渗透了道家、儒家的哲理。中国古代人生哲学所追求的就是一个把儒家的真性、道家的飘逸、释家的超脱融合起来的理想境界。

第一节 儒家之经

儒家创立之初，儒家文化的创始者孔子编订了最初的儒学教材——《诗》、《书》、《礼》、《易》、《乐》、《春秋》，历史上称之为"六经"或"六艺"。

自从西汉董仲舒提出"罢黜百家，独尊儒术"之后，"六艺"遂被确定为《五经》(《乐》已失传)，儒家的学习材料开始走进经典文化的殿堂。后世不断扩大经学的范围，唐朝有"九经"、"十二经"，宋朝有"十三经"。对经学考证、阐释的作品蔚为大观，成为中国古代文化传统中最为广博的部分。

孔子关注现实，悲悯人生，希望建立一个秩序井然、人际和谐的"太平盛世"。

春秋战国之后，中国历代统治者在选择治国方针时，都无法绕过儒家思想。无论是秦始皇的"焚书坑儒"、汉初的"黄老之治"，还是汉武帝"独尊儒术"，都已经证明：遵循儒家思想中重人伦、重秩序、讲和谐的核心思想，是社会长治久安的必由之路。

历史在经历变革之后，往往会进入一个相对稳定的发展期。怎样给社会中下阶层创设一个公平合理的上升渠道，让急剧上升的社会矛盾得到缓解，让每个人的自我发展和实现自我价值成为可能，是时代发展无法回避的问题。传统文化中"君子养成"这个历代不变的主题，也是经学一直要解决的核心问题。所以，我们应该向历经数千年发展的经学传统虚心学习，努力把自身生命的追求与家国天下的情怀融为一体。

1-1-1.如何理解"仁"是儒家思想的核心？

"仁"是《论语》中着重阐述的一个概念，是孔子教育弟子们修身、入仕必须秉持的理念。在《论语》中，"仁"主要指人与人之间的关系，提倡相互理解、相互帮助。孔子十分重视"仁"，他把"仁"作为他的思想体系中的道德原则、道德标准和道德境界。他引导弟子们学习、讨论"仁"的含义，把当时的道德规范汇于一体，形成了以"仁"为核心的伦理思想体系，包括孝、弟（悌）、忠、恕等一系列内容。其中"孝悌"是基础。

孔子希望能够重建社会的等级秩序，达到在新的时期的社会和谐。从这个角度说，仁学思想体系的形成是社会发展的结果。

孔子之后，孟子接过了儒家"仁"学思想的旗帜，把"仁"的概念从个人的修养、人际交往的原则拓展开去，他提出了"仁政说"，也就是要把仁的学说落实到具体的国家治理中。从这个观点出发，孟子从最基本的生产、生活角度，提出改善民生、加强教化等一系列主张，把仁政与王道政治联系起来，还强调教化的功能，从而挖掘人性中"善"的基因。这种强调仁政的观点集中体现在他反对暴力，希望用和平改良方式推进社会发展的愿望上。

孔孟之后，在历代儒家的不断发展和阐释中，儒家思想日益完善，理论体系日渐丰满，最终成为中国传统文化的主干。

孔子借助"仁"的观念，促进了中国由周文化到先秦诸子的轴心突破；借助于"仁"的思想延承，中华民族数千年的思想、文化、哲学、政治基础得以贯通。在儒家思想的发展中，"仁"的观念居功至伟。

1-1-2.儒家思想为什么会成为中国古代的主流指导思想？

儒家思想是指以孔孟思想为核心的中国传统思想，也称为儒教或儒学。"儒"字的含义，最初指的是祭祀仪式中的司仪，随着社会的发展，司仪在等级化的古代社会中扮演着越来越重要的角色，于是"儒"被赋予了更丰富的内涵，逐步发展为以"仁"为核心的思想体系，成为中国影响最大的思想流派。

儒家学派的创始人孔子首先在教育方面做出了开创性的贡献，他打破了贵族垄断教育的局面，变"学在官府"为"私人讲学"，主张"有教无类"和"因材施教"。

西汉时期，儒学代表人物董仲舒提出"罢黜百家，独尊儒术"，得到了汉武帝的认可和采纳，因而强化了其对社会的影响力。他强调以儒家思想为国家的哲学根本，杜绝其他思想多元发展，让儒家思想占领社会思想文化的绝对统治地位。从此儒学成为统治阶层的正统思想，"经学"也就成为显学。

在"独尊儒术"治国政策的指导下，西汉王朝在太学中设立"五经"博士，用儒家经典来教育贵族子弟；西汉王朝选拔官吏，也以儒家学说、儒家践履为标准。从此，儒家思想成了中国古代社会的主流指导思想。

回顾历史，汉武帝在思想文化界所实施的"罢黜百家，独尊儒术"的治国理念，首次确立了儒家思想的正统与主导地位，使得"大一统"成为了一种主流思想，进而形成了一种成熟的、固定的政治制度。从此以后，在个人修养、社会道德标准方面，儒家被定为一尊。

1-1-3. "修齐治平"和"君子养成"有什么关系？

《礼记·大学》说："古之欲明明德于天下者，先治其国；欲治其国者，先齐其家；欲齐其家者，先修其身；欲修其身者，先正其心；欲正其心者，先诚其意；欲诚其意者，先致其知；致知在格物。"[1]明确指出了道德修养和立身治世的基本程序。其中，"修身"承上启下，是人人都应遵守的准则。

孔子认为，修身是基础，是一个人走向社会、获得认同的基本条件。孔子倡导的"修己以敬"、"修己以安人"[2]，孟子强调的"修其身而天下平"[3]，都是指个人价值在社会中的实现。"仁"是孔子心中最高的道德标准，也是他一生所追求的最远大的目标。他立志于仁，百折不挠，集"温、良、恭、俭、让、宽、信、敏、惠、仁、智、勇"等人格于一身而终成万世师表。

学思结合，是儒家修身进步的基本方法。孔子的学生子夏说："博学而笃志，切问而近思，仁在其中矣。"[4]可见立志是修身的前提，但如果仅有立志而不付诸实践，终将一事无成。所

---

① 陈晓芬、徐儒宗译注《论语·大学·中庸》，中华书局，2011年，第250页。
② 宋·朱熹《四书章句集注》，中华书局，2016年，第160页。
③ 杨伯峻《孟子译注》，中华书局，2016年，第379页。
④ 陈晓芬、徐儒宗译注《论语·大学·中庸》，第230页。

以儒家主张"君子学以致其道"①。结合实际，学以致用，既是实现个人理想的途径，也是培养君子人格的基础。

博学是做学问的基础，在此基础上，更要做到"慎思"。也就是对所学内容进行比较和分析，对自己言行进行阶段性反思和适当的调整，这是加强自我修养的关键环节。"学而不思则罔，思而不学则殆。""学"与"思"相辅相成、相互促进。必须抱着思考的态度去学习，以学养思，才能不断进步与超越。此外，还要反省自己的言行是否符合道德的要求。

要培养高尚的道德情操，不仅要"学"、"思"，更重要的还要落实到"行"。"行"，即道德实践，是孔门"四教"（文、行、忠、信）之一，在儒家思想体系中占有很高地位。荀子指出："道虽迩，不行不至；事虽小，不为不成。"②只有知行合一，把道德理念融入到具体的道德行为中，不断深化对高尚道德情感的理解和感悟，才能更好地规范行为，成为具备良好品德的君子。

1-1-4.为什么说"经学"是儒家学说的核心组成部分？

经，原本指织布的纵线，有固定、不变之意，后引伸为不变的真理。先秦时代，人们就把一些典籍称为经。汉代以后，经一般专指儒家经典。经学是解释儒家经典著作字面意义、阐明其蕴含义理的学问，是中国古代学术的核心部分。

春秋末年，孔子在政治活动中屡屡碰壁，于是他返回鲁

---

① 陈晓芬、徐儒宗注译《论语·大学·中庸》，第230页。
② 战国·荀况著，唐·杨倞注，耿芸标校《荀子》，上海古籍出版社，2014年，第15页。

国，着手编订和整理传统文献。他先后编辑了《书》，删定了《诗》，编订了《礼》和《乐》，作了《易》的一部分，并根据鲁国的史料编撰《春秋》。于是，儒学最早的标志性成果——"六经"就这样诞生了。

《易》、《书》、《诗》、《礼》、《春秋》"五经"成为读书人必读的经典。汉代儒生们以研读、传习、解释"五经"为业。

唐文宗开成年间已有"十二经"。宋人又作《孟子注疏》，《孟子》的地位得到提升。到了南宋，朱熹以《礼记》中的《大学》、《中庸》与《论语》、《孟子》并列，汇集成了"四书"，并为官方所认可。《孟子》的经典地位从此确立下来。至此，儒家的十三部文献确立了它的经典地位。清嘉庆时期，阮元又合刻《十三经注疏》，成为人们研读"十三经"的经典文本。

"十三经"的内容博大精深：《周易》外层神秘，内蕴深远；《尚书》大多为君王的文诰和君臣谈话记录；《诗经》是西周初至春秋中期的诗歌总集；《周礼》是周王室官制和战国时期各国制度的汇集；《仪礼》记载了春秋战国时代的礼制；《礼记》汇集了秦汉以前各种礼仪的论著；"《春秋》三传"都是与《春秋》有关的著作，《左传》重在陈述历史故事，《公羊传》、《谷梁传》重在义理；《论语》是孔子及其门徒的言行记录；《孝经》论述孝道；《孟子》主要记录孟子的言论和行迹。《尔雅》训解词义，诠释名物，为经学家解经提供了依据。

"十三经"是儒家文化的经典。历代统治者从中寻找治国平天下的大计，同时在臣民思想的规范、伦理道德的确立、民风民俗的导向等方面，也是从儒家经典中寻找源泉和智慧。经学的光辉穿越千年，依然烛照当下。

1-1-5."四书"、"五经"跟科举制度有什么关系？

"四书"即《论语》、《大学》、《中庸》、《孟子》。"五经"即《周易》、《尚书》、《诗经》、《仪礼》、《春秋》。它们不仅是儒家思想的核心载体，也是中国历史文化古籍中的宝典；其包含内容广泛深刻，在世界思想史、文化史上都具有崇高的地位和不朽的价值。

"四书"、"五经"在思想文化上的价值，首先体现在它详实地记载了中华民族思想文化发展史上最活跃时期的政治、军事、文化、外交等各方面的历史资料，揭示了影响中国文化几千年的孔孟重要哲学思想的发展脉络。

科举考试是我国历史上的一种特有的人才选拔方式，是王朝设立的通过相关科目公开考试选拔官吏的制度。它创始于隋，形成于唐，完备于宋，强化于明，消亡于清。历经1300余年的科举制度，对中国古代社会的政治、经济、教育、文化观念和社会风尚均产生了重大影响。

古代科举考试的内容在发轫阶段已十分丰富，隋唐时期，"明经"只是众多科目之一。明代开始，考试内容主要局限于"四书"、"五经"，科举命题内容与评价标准均取自朱熹《四书章句集注》，而文章形式主要是八股文。明朝中叶起，科举地位继续得到强化，甚至出现非进士不入翰林，非翰林不入内阁的局面；"四书"、"五经"与科举考试间的联系就变得愈发紧密了。

1-1-6.如何评价"宋明理学"？

"宋明理学"，是指宋代到明代的一种哲学思潮，也称为道学。它产生于北宋，盛行于南宋，元、明时代蔚为大观，清中期以后逐渐衰落，但其影响一直延续到近代。

从广义上来说，理学泛指以讨论天道性命问题为中心的整个哲学思潮，包括程朱理学、陆王心学、事功派等诸多流派；从狭义上来说，则专指以程颢、程颐、朱熹为代表的儒家学说，即程朱理学。

这一学说以"理"为最高范畴，是儒家哲学吸收佛、道思想后的新发展。与一般哲学思潮相比，理学在中国哲学史上曾一度占有特别重要的地位，它不仅持续时间长，而且社会影响大。理学在哲学思辨方面的发展，是人类文化史上的进步。

理学在儒学发展中起着承上启下的重要作用，它顺应了宋代社会转型的潮流。理学家们以儒学为核心，汲取佛、道思想，将天理、仁政、人伦等内容统一起来，使儒学发挥了政治作用，重视伦理实践的儒学获得了更为精致的理论形式，很快成为南宋之后的官学。明代的心学大家王阳明提倡"知行合一"，用丰富深刻、生机勃勃的道德体验扭转了当时理学家过于强调"天理"与"人欲"对立的局面，以其精微的思想与高尚的人格成为后世的楷模。

1-1-7. 为什么儒家思想得到世界的认同？

1988年1月在巴黎召开的主题为"面向二十一世纪"的第一届诺贝尔奖获得者国际大会上，来自不同国家的诺贝尔奖获得者提出一项振聋发聩的建议："人类要生存下去，就必须回到二十五个世纪以前，去汲取孔子的智慧。"[1]

---

[1]　转引自张颂之《对现代孔子神话的反思》，《中国文化研究》2002第2期，第166—169页。

仁义名教是儒学的主体。孔子曰："仁者，人也"[1]。孟子继承了孔子的观点，进一步发挥："人之所以异于禽兽者几希"[2]。这个区别就在于人是有思想、有善恶之心的。荀子也说："水火有气而无生，草木有生而无知，禽兽有知而无义。人有气、有生、有知，亦且有义，故最为天下贵。"[3]这段话揭示了人与其他生物最重要的区别和特点，离开道德，人与禽兽何异？所以确立道德的主体性是儒学的根本特点。

另外，儒学强调以人为本的理念，面对现实，把解决人生、社会问题作为根本任务，关怀人的生死存亡，进而追求人生的意义和价值，成就君子人格，最终达到社会的和谐稳定。孔子提出的"己欲立而立人，己欲达而达人"[4]；孟子提出的"穷则独善其身，达则兼善天下"[5]，以及君子应该做到的"富贵不能淫，贫贱不能移，威武不能屈"[6]；荀子提出的"权不能倾也，群众不能移也，天下不能荡也"[7]等不同的说法，实际上是同一思想在不同历史时期的展现。

"仁爱"倡导以人为本，必然体现为尊重人的权利，强调人的道德自觉和民本精神。孔子的"己所不欲，勿施于人"，[8]

---

① 陈晓芬、徐儒宗译注《论语·大学·中庸》，第324页。

② 王常则译注《孟子》，山西古籍出版社，2003年，第127页。

③ 战国·荀况著，唐·杨倞注，耿芸标校《荀子》，第98页。

④ 陈晓芬、徐儒宗译注《论语·大学·中庸》，第72页。

⑤ 王常则译注《孟子》，第210页。

⑥ 王常则译注《孟子》，第88页。

⑦ 战国·荀况著，唐·杨倞注，耿芸标校《荀子》，第8页。

⑧ 陈晓芬、徐儒宗译注《论语·大学·中庸》，第191页。

孟子的"民为贵，社稷次之，君为轻"①，这些都是对仁爱的时代诠释与民本精神的体现。此外，"诚"指的是真诚面对自身的真实无妄，"信"就是守住这个"诚"。"民无信不立"，首先要求当政者要取信于民，其次才说的是一般百姓要讲究诚信。"中庸"是一种非常科学的处事态度，走的是"执其两端，用其中也"②的辩证之路，体现出平和、公正、务实、协调的精神。

儒学对生活的指导意义是显而易见的。它的智慧、仁爱、和谐、诚信、中庸等观点都是经过几千年文化变迁和社会实践证明了的真理，它有利于人类的生存发展和社会进步，是我们化解诸多社会矛盾的智慧之源。

活动设计

A.小学

1.活动目的

激发学生兴趣，寓教于乐；学校教育与社会实践相结合；教师指导与竞赛活动相结合。

2.活动主题

"儿童诵经"——优秀传统文化经典诵读活动。

3.活动材料

主要选择《论语》、《孟子》、《老子》、《诗经》等。为便于组织儿童诵读，最好采用拼音注释读本。

---

① 王常则译注《孟子》，第235页。
② 陈晓芬、徐儒宗译注《论语·大学·中庸》，第296页。

4.活动形式

以引导、激励入手，营造"人人诵读"的环境，形成书声琅琅的氛围，激发学生的诵读兴趣和热情。

5.活动步骤

每天坚持课余时间诵读15—20分钟，在亲身体验中达到潜移默化的效果。学生背诵的内容，从易到难，积少成多，循序渐进。可尝试第一个月每天熟读或背诵50—60个字，第二个月每天熟读或背诵100—120个字，第三个月每天熟读或背诵120—150个字。

6.活动项目

（1）组织经典书写比赛。

（2）选拔"读读背背"小能手。

（3）利用午间小广播，推介"经典诵读小能手"。

（4）举办经典诵读手抄报展览。

（5）经典吟诵展示。

B.初中

1.活动目的

营造良好的校园文明环境，提升校园文化内涵，激发学生对传统文化的兴趣，促进学校全方面和谐发展。

2.活动主题

"学国学，弘扬传统文化"——建设校园文化。

3.活动材料

本书中"儒家之经"的部分内容及其涉及的传统文化典籍。

4.活动形式

以传统文化典籍为载体，开展"读"、"诵"、"唱"、"讲"、"画"、"演"等丰富多彩的系列实践体验活动。

5.活动步骤

（1）初一年级以礼仪教育为主，对学生进行礼仪规范的训练。

（2）初二年级以孝心教育为主，展示学生在家时的孝心行动。

（3）初三年级以环境教育为主，引导学生处理好个人与环境的关系。

（4）结合文明班检查和评比，提高学生在文明礼仪方面的素养，重点关注学生的礼貌、礼仪及课间纪律，同时对表现出色的学生和班级进行表扬。

（5）在升旗仪式上，国旗下讲话的内容围绕"传统文化"的主题，安排成序列的文明礼仪实践活动，增强师生行为举止文明的自觉性，从自己做起，从现在做起，从小事做起，养成良好的行为习惯，共创文明校园。

6.活动项目

（1）校园和班级文化建设项目创意设计比赛。

（2）净化校园语言环境的有奖纠错活动。

（3）每周结合道德行为教育主题开展训练活动。

（4）开展丰富多彩的班队活动及课间展示活动。

C.高中

1.活动目的

激发学生的民族责任感，鼓励学生以正确的态度和科学的方法继承弘扬优秀传统文化，培养学生的人文精神。

2.活动主题

以"人文情怀，民族使命"为主题的校园活动展示。

3.活动材料

（1）准备两套包括笔墨纸砚的书法用具，桌上铺好毛毡，供观众现场书写与传统文化相关的内容。播放古筝、笛子、琵琶等民族乐器演奏的音乐，营造氛围。现场摆放介绍儒学的展板，包括中国古代重要思想流派的观点、代表人物、主要成果等，配置有关图片，另外准备几幅作品供现场展示。

（2）"讲解经典，弘扬文化"为主题的现场演讲。

（3）以"文化经典与现代生活"为主题的现场辩论会。

4.活动步骤

（1）前期宣传：在活动前一天张贴宣传海报。

（2）活动地点：学校操场。

（3）活动时间：期中考试后。

（4）场地设置：用展板围隔成若干个空间，便于观众在展示中交流。

第二节　道家之智

　　道家思想是中国具有影响力的重要哲学思想流派之一,《老子》(又名《道德经》)与《庄子》(又名《南华经》)是道家的主要典籍。

　　老庄以"道"为核心思想。他们对世界本原的思考,从根本上否认了有意志的主宰之天的存在,将"道"提升到本体论的哲学高度。在政治上道家主张"无为而治",在思想上崇尚自然之道,顺天而行事,提倡无为养息。

　　老庄道家的人生哲学,不仅思考人类在宇宙中居于什么地位,即人与自然的关系,而且思考个人在社会中居于什么地位,即人与社会的关系。它对中国古代文人精神品格的塑造产生了深远的影响,对现代人的人生观和价值观也有着深刻的启示。

　　老庄的道,既是自然之道,也是社会之道、为人之道。庄子发展了老子的天、地、人平等的思想,进一步提出"无待"与"逍遥"、"天人合一"的观点。老子在对理想人格的追求上,主张清静、无为、不争。老子对于人生,重视生死之间的相互渗透与转化。庄子发展了老子的生死观,认为气聚则人之生,气散则人之死,提出了"道化"、"气化"的豁达生死观。

　　老庄道家的养生哲学,将养生之道和做人之道融合在一起,有着丰富的思想内涵,对提高人们的思想境界和生命质量具有重要的价值。其中"气"是道家的一个重要概念，元气、精气在"养心全性"中有很重要的意义。老子讲"致虚极，守静笃"，[①] 他认为人体所有的变化都与心神的"中和虚静"密切相关，人追求健康就要复归于生命本原的虚静状态。老庄道家主张通过"坐忘"、"心斋"来达到性命双修。

1-2-1.老子对世界本原的思考有着怎样的意义？

人们来到这个世界，面对大千世界，自然要发问：世界从何而来？万物又是如何生成的？在人类社会早期，生产力低下，面对自然界的种种异常现象，人们将其归结于神。

老子所生活的春秋时代，社会得到了巨大的发展，人与神的关系在认识上发生了变化，人的地位开始提升。其中道家用"道"与天命观进行抗衡，认为宇宙的本原是道，世界万物由道演生，从而，否定了天和神主宰一切的观点。老子描述宇宙生成过程，认为一切皆由道而来，道生出混沌未分的元气，这种元气由于自身内部阴阳两种对立势力的作用而开始分化，轻清之气上升而为天，重浊之气下降而为地，阴阳二气的相互作用必然达到新的状态。庄子也用"气"的概念来说明宇宙万物的生成。他所谓的"气"泛指六气，即阴、阳、风、雨、晦、明，他认为，阴阳的对立统一乃是一切事物的固有性质。

老庄道家认为世界的本原是"道"，指出"道"通过"气"自然地而不是有意识地生成万物，推动而不自恃有功，长成而不为之主宰。揭示事物内部都有阴阳两种互相作用的力量的存

---

① 王卡点校《老子道德经河上公章句》，中华书局，2014年，第62页。

在，正是这二者交互作用，才使万物得以形成，并最终达到统一与和谐，体现了一种朴素的辩证思想。

1-2-2.如何评价庄子的生死观?

生死观是庄子哲学中非常重要的主题。《庄子》中记述了一个"庄子妻死，鼓盆而歌"[①]的故事：庄子的妻子去世后，朋友惠施前去吊唁，看见庄子正两腿岔开坐在蒲垫上敲着瓦盆唱歌。惠施很不理解，责备他说："你的妻子与你日夜相伴，为你生儿育女，身体都累坏了。现在死了，你不哭也就罢了，却在这里唱歌，不是太过分了吗?"庄子回答："当我的妻子刚死的时候我怎么不悲哀呢? 可是后来想了想，也就不悲哀了。想当初我的妻子是没有生命的，连形体、气息也没有。后来出现了气息，由气息渐渐地产生了形体，进而产生了生命。现在她死了，又由有生命的东西变成了无生命的东西，之后形体也会消散，气息也会泯灭。人的生死就像是春夏秋冬四季交替一样，我的妻子死了，也正是沿着这一循环的道路，而我却在这里为此号啕大哭，岂不是不懂得大自然循环往复的道理吗? 正因为如此，我停止了悲伤，不哭了。"

这个故事告诉我们：在庄子看来，"生"和"死"是气的聚与散的结果，是阴阳变化在不同阶段的存在状态，本质上没有什么不同。在春秋战国战乱频仍的时代，庄子战胜对死亡的极度恐惧，以理性辩证的眼光思考生死，至今对我们仍有启发。

---

① 清·王先谦集解，方勇校点《庄子》，上海古籍出版社，2013年，第202页。

1-2-3.如何理解道家思想的"无用之用"?

"无用之用"出自《庄子·人间世》,即没有用的用处。这一思想早在老子的政治思想中已有所体现,他让统治者明白权力、地位、道德都是"无用"的,对天下百姓的帮助出于本心和自然之性,才能真正成为明君。

庄子进一步发展了这一思想。在《庄子·人间世》里有一则寓言故事:商丘有一棵大树,树下可容上千辆大车停息。这棵树的树枝弯曲,不能做栋梁;主干粗糙,不能做棺木;舌舔树叶,口舌溃烂;还有特殊气味,人闻了三天三夜醒不过来。这棵树什么用处都没有,才长得这么高大!而宋国有个叫荆的地方,很适合树木的生长,这些树长到一定时候就有用,所以都早早被砍伐了。这里庄子主要想说明"无用之大用"①的辩证道理。

1-2-4."上善若水"体现了道家怎样的辩证思想?

老子说:"上善若水,水善利万物而不争,处众人之所恶,故几于道。"②老子认为最好的德行就像水,水善于滋养万物,却从不去争功名,它能够在一般人都感到厌恶的环境中流淌。所以水更接近于道的境界。上善若水,是老子对于完善人格的期望与追求,也是老子的一种为人处世方式。

老子用水来比喻"不争"的理想人格。老子所谓的"不争",

---

① 清·王先谦集解,方勇校点《庄子》,第54页。

② 汉·河上公注,严遵指归,三国·王弼注,刘思禾校点《老子》,上海古籍出版社,2013年,第17页。

并不是逃离社会或遁入山林，无所事事。相反，老子主张人们去"伪"，但是他主张创建功业的心态要像水一样能"利万物"，而不是为自己，老子认为这才是真正的天下大道。上善若水、厚德载物，是对人格修养的锻炼，对社会秩序及良性市场竞争的维护都有积极的现实意义。

1-2-5.道家思想在人际交往方面有何贡献与局限?

道家思想在人际交往方面的贡献。比较典型的观点是"为而不争，为而不有"。[①]"为"是做事，"不争"是对功利的态度。"为而不有"，是"为而不争"的延伸，"不有"的前提是为人，做到"居上谦下，虚怀若谷"。[②]道家还有"曲成"的观点。道家认为委曲反能成全、保全，是一种利己利人的处世之道。《庄子·齐物论》里有一个故事，讲的是有个人养了一群猴子，他对猴子说，我早上给你三个橡子，晚上给你四个，你看行不行? 这些猴子感到很愤怒。养猴子的人又说，那么改一下，早上给你四个，晚上给你三个，行不行? 这些猴子听了很高兴。橡子的数量实际上没有增加，这就是曲全之妙。

受老庄道家"自然无为"思想的影响，中国历史上隐逸之风盛行，或许给古代文人多元的生存形式提供了可能的文化土壤。而现代人已无处可"隐"，无论是在物质上还是在精神上，隐逸已经成为一种历史风景，如果简单套用庄子的"无己、无

---

① 汉·河上公注，严遵指归，三国·王弼注，刘思禾校点《老子》，第214页。

② 汉·河上公注，严遵指归，三国·王弼注，刘思禾校点《老子》，第172、32页。

功、无名"的思想，就很容易使之成为一种脱离现实的人生观。

1-2-6.道家思想对古代文人精神品格的影响是什么?

历史上无数文人墨客都受到了道家思想的影响，最典型的是东晋文学家陶渊明和宋代大诗人苏轼。

陶渊明的"采菊东篱下，悠然见南山"[①]等诗句对田园生活的描写，都可见其归隐之乐。再看他的诗句"人生似幻化，终当归空无"[②]、"吾生梦幻间，何事绁尘羁"[③]，写人生如梦、一切皆空，又可见陶渊明受到老庄道家通达生死思想的影响。

苏轼一生经历宦海浮沉，他时而出入阡陌之上，时而泛舟于月夜，时而放浪形骸于山水之间。正是受这种物我两忘、天人合一的道家精神滋养，才使他于常人难耐的苦境中自得其乐。《前赤壁赋》中当客人悲叹"哀吾生之须臾，羡长江之无穷"[④]时，苏轼劝导客人，"自其不变者而观之，则物与我皆无尽也"[⑤]，天地与我同生，我与万物合一，取之不尽，用之不竭，有什么悲伤呢? 这正体现了苏轼以道家思想自我调适的旷达人生态度。

1-2-7.老庄道家对养生文化有怎样的意义?

老庄道家崇尚自然，主张恬淡无为，其思想中的"精、气、

---

① 孟二冬选注《陶渊明诗文选》，中华书局，2017年，第111页。
② 孟二冬选注《陶渊明诗文选》，第44页。
③ 孟二冬选注《陶渊明诗文选》，第114页。
④ 北宋·苏轼著，夏华等编译《东坡集》，万卷出版公司，2017年，第269页。
⑤ 北宋·苏轼著，夏华等编译《东坡集》，第269页。

神"等与养生关系密切。老子主张"见素抱朴，少私寡欲"①。他认为，修身养性以清净为本，而刺激感官的纵欲行为是违背自然之道的。所谓"致虚极、守静笃……道乃久，没身不殆"②。气是道家很重要的一个概念，老子认为人体所有的变化都是由心神的中和虚静而产生的。庄子将生命视为"气"的聚散，气聚则生，气散则死，因而提出"心斋"、"坐忘"等养气的理论。"道法自然"是老子的重要思想，这里的道即宇宙根本规律，这反映了人体与四季气候变化的关联。所谓"春夏则阳气多而阴气少，秋冬则阴气盛而阳气衰"③，这符合中医所讲的"春夏养阳、秋冬养阴，以从其根"的道理。

1-2-8. 老子和庄子同为道家，他们的思想有何异同？

从政治观来看，老庄都主张无为，但老子的无为并不是不为，而是不妄为、不乱为。老子说过，"无为而无不为"④。"无为"是一种立身处世的态度和方法，"无不为"是指可以达到无所不能的效果。可见，老子的无为其实是主张致用治世。而庄子的无为本质上就是不为，他认为一切事物的自然原始状态是最美好的，所有统治手段都残害事物的自然本性。

从价值观来看，老庄都珍视个体生命价值，他们的不同在

---

① 汉·河上公注，严遵指归，三国·王弼注，刘思禾校点《老子》，第40页。

② 汉·河上公注，严遵指归，三国·王弼注，刘思禾校点《老子》，第34页。

③ 上古·太古真人著《黄帝内经》，时代文艺出版社，2001年，第141页。

④ 汉·河上公注，严遵指归，三国·王弼注，刘思禾校点《老子》，第115页。

于个体生命对待功名利禄的态度。在老子的内心深处，仍可见对于世俗功名的向往。比如老子的政治主张其实是有为的，但是老子以"无为"的隐蔽方式，将保全肉体生命作为前提，然后再达到入世有为的目的。庄子则不同，他已经对世俗名利彻底心灰意冷。他由于人生遭遇曲折艰辛，对社会现实和未来感到无奈和绝望，所以义无反顾地选择了追求精神自由。

从生死观来看，老庄都看到了生与死是生命的循环。但是在对待现实生活的态度上，老子主张柔顺不争的处世原则，而庄子反对这种世俗的处世方式，追求超脱世俗的精神自由。

1-2-9.道家与道教有何不同？

道家是一种哲学流派，道教是一种宗教。两者虽不同，但又相关。道家的主要发展阶段为：先秦老庄道家，秦汉黄老道家，魏晋玄学道家。东汉末年，张道陵在蜀中称老子为太上老君，创立了天师道。魏晋以后，道教逐渐发展。道教以"道"名教，或言老庄学说，或称内外修炼。金宋之际，王重阳创全真教，倡导儒释道三教合一，提倡"性命双修"、"真身飞升"，内丹修炼功夫及成仙学说一时大行其道。

道教和道家的区别是显而易见的。比如在对待儒家理论的态度上，道家追求自然无为，因而视儒家的礼法为束缚；而道教则不然，道教主张汲取儒家礼法，因为遵循礼法是道教的基础修炼过程。道家和道教的政治理想区别也很大。比如老子主张小国寡民，而道教却认为天地所生财物养天下人。道教与道家又有关联，老庄哲学具有超然物外的特质，在一定程度上契合了道教追求长生，提倡养气全真的宗旨。

《活动设计》

A.小学

1.活动目的

促进幼儿语言发展，培养幼儿的良好品德，提升幼儿的审美能力。

2.活动内容

（1）了解道家人物老子、庄子。

（2）讲述《庄子》中的寓言故事。

（3）诵读道家经典著作选段。

3.活动形式

诵读经典。

4.活动步骤

（1）经典诵读

①接龙诵读。选择短小精炼的文段，可采用一人一句，教师起头，给每个学生展示自己学习的机会，激发他们的学习兴趣。

②对话诵读。将学生分组，组与组之间对话，上句对下句进行比赛，根据是否读得准确、反应快慢，判定高下。教师对获胜组给予奖励，激发学生的学习热情。

③情景表演。利用节日活动，给学生展示自己诵读的机会，鼓励以与老庄道家故事相关的各种活动形式，培养阅读经典的兴趣和信心。

（2）故事大赛

①确定活动主题："我喜欢的一则老庄故事"。

②活动要求：可声情并茂诵读，可改编为情景剧进行表演。

③活动过程：一人讲多人听，大家讨论，老师点评并选出讲得最好的学生，给予奖励。

B.初中

1.活动目的

（1）初步理解道家思想。

（2）对初中生进行正气养成教育，使之形成自我反省和自律能力。

2.活动内容

（1）走进老子和庄子的思想世界。

（2）诵读道家经典著作。

3.活动形式

播放道家文化短视频，开设阅读课。

4.活动步骤

（1）利用午间在校园播放与道家人物、故事相关的动画视频，帮助学生了解道家文化，营造学习经典传统文化的氛围。

（2）开设阅读课，有层次、有计划地阅读经典著作，并写好读书笔记，定期交流。

①指定阅读内容。

②写好读书笔记，把阅读过程中你觉得有趣的故事、引人深思的寓言、经典的人物事迹写下来，并写出其中的深刻寓意。

③阅读与交流。两周一次阅读交流，拿出一节阅读课进行小组交流，划分小组，确定10分钟交流时间，选定小组代表发言。

④阅读与评价，邀请老师做评委。

⑤奖励：设置一二三等奖，增加学生阅读的兴趣与信心，营造阅读经典的文化氛围。

C.高中

1.活动目的

培养学生独立思考的批判精神。

2.活动内容

（1）研读《老子》、《庄子》中的经典篇目，并阅读《周易》、《黄帝内经》等经典著作中的相关篇目。

（2）结合实际，理解并研究老庄道家的思想。

3.活动形式

开设选修课、开展道家文化走进校园的系列讲座活动、举办"道家风采"征文活动。

4.活动步骤

（1）开设选修课，在学生对道家思想有一定了解的基础上，进一步开设关于道家文化的讲座。

（2）开展道家文化走进校园的系列讲座活动，例如以养生哲学为板块，弘扬优秀传统文化，用现代视角对老庄道家思想做深入的解读和评论。

①自然哲学：在道家经典中，是如何诠释世界从何而来，世界的万物是如何生成的等问题的？

②人生哲学：在道家看来，个人在社会中居于什么地位？即人与社会的关系是怎样的？

③道家境界论的"知足常乐"和养生哲学的"养心全性"

对我们成长的意义有哪些?

（3）举办"道家风采"征文活动。

道家是中国思想史上的重要流派之一，尤其是对于中国古代的失落文人，那些怀才不遇或是屡受挫折的人，道家的闲散安逸、安贫乐道的精神气质，无疑是失意文人的一种理想的生活选择。

①征文内容：道家人物介绍，相关的道家观点和故事的分享。

②征文要求：表达清晰，主题鲜明，通俗易懂，趣味性强。字数1500字以内。

③征文选编：将优秀的征文选编成校本资料，鼓励高中生积极参与对优秀传统文化的研究性学习。

第三节　释家之禅

　　释家，就是我们通常所说的佛教，但我们这里讨论的视角，不完全是站在宗教的立场上，而更多是把它看作一种学术流派。

　　佛教最早起源于古印度，相传为乔达摩·悉达多所创，是世界三大宗教之一。自汉代传入中国以来，其教义、教理等都与中国的本土思想相融合。随着时间的推移，佛教也衍生出很多派别。

　　佛教在中国不断得到传播和发展，初期主要是以引进和翻译佛经为主，到了南北朝时期为诸多帝王所崇信，于是广泛地传播开来。全国兴建了许多佛寺，大批佛教学者涌现出来，翻译了大量的佛教经典。

　　佛教在传播的过程中与儒家思想、道家思想相互影响，佛学就不可避免地染上中华民族的文化气息，逐渐形成了具有中国特色的佛教思想和理论体系。

1-3-1.释迦牟尼在菩提树下悟到了什么？

　　释迦牟尼是古印度迦毗罗卫国的太子，名字叫悉达多（S. Siddhārtha），姓乔达摩（S. Gautama）。因为他属于释迦（Sākya）族，所以人们称他为释迦牟尼，意思是释迦族的圣人。

　　父亲是净饭王（Suddhodana），母亲叫摩耶（Māyā），他们多年未生育。据说，一天夜里，摩耶梦到一头六牙白象王飞入自己的怀中，后来便有了身孕。印度有回娘家生孩子的习俗，在回家途中，路过蓝毗尼花园（Lumbinī），摩耶夫人停下来休息，她伸手去摘一支无忧树枝时，从其右肋生下了悉达多。悉达多一出生就能走路，相传他走了七步，每一步都踩出一朵莲花。然后他一手指天，一手指地，说：天上天下，唯我独尊。

悉达多出生不久摩耶夫人就去世了。释迦牟尼是由他的姨母波阇波提夫人（Prājapati）养育的。悉达多天资聪慧，知识广博，又是一个骑射击剑的能手。他父亲希望他建功立业，继承王位，成为一个"转轮王"。他16岁娶表妹耶输陀罗为妻，生活幸福美满。可后来他在一次外出旅行时，见到了人类老、病、死的三种状态。他开始重新思考生命的意义。在他19岁的一个夜晚，他悄悄出走，去寻找答案。

悉达多出宫后，尝试了世间所有的修行方式，却没有找到答案。他走到尼连禅河中洗去尘垢，有位牧羊女看到他晕倒，便用羊乳喂他，使他恢复了体力。在毕钵罗树下，他发誓："我今如不证到无上大觉，宁可让此身粉碎，终不起此座。"①经过48天的冥思苦想，他终于在一天夜里获得了彻底的觉悟，那年他30岁。

佛陀认识到过去、现在、未来是相互关联的三个阶段，时间只是当下一念。他觉悟到世间的烦恼、不如意都是假的，一切皆为虚妄。世人不能释然生死，是"我执"在作祟。明白了这一点，当下就能得到大解脱，获得大自在。

① 赵朴初《佛教常识答问》，中国佛教协会出版，1983年，第5页。

1-3-2.佛教是什么时候传入中国的?

佛教具体何时传入中国，历来说法不一。史书上的最早记录，是在公元前2年，大月支国王的使者伊存出使中国，在当时的首都长安，他口授佛经给一个名叫景卢的博士弟子。自汉武帝时中国开辟丝绸之路以来，当时由印度传播到中亚细亚的佛教可能随着行旅往来而传入中国。

一般公认的佛教传入时间始于汉明帝。据史籍记载，汉明帝永平七年（64年），朝廷曾派遣使者12人前往西域访求佛法。3年后，他们带回了两位印度僧人迦叶摩腾和竺法兰，并且带回了经书和佛像。当时还组织了一批人翻译了部分佛经，现存的《四十二章经》相传就是这样一部重要的经典。此外还在首都洛阳建造了白马寺。自此，佛教作为一种宗教，得到了官方的承认和崇信，后逐渐在民间广泛传播。

1-3-3.为什么说"四谛"是佛学的基础?

四谛是指"苦谛、集谛、灭谛、道谛"，又称"四真谛"、"四圣谛"，是佛教基本教法。谛就是真理。

苦谛："一切皆苦"。这是最关键的一谛，是佛教人生观的理论基石。

集谛，又称因谛，指苦的原因。

灭谛，是说苦的消灭。

道谛，就是灭苦的方法，修道的方法。是由凡夫众生成为超脱自在的圣者之道，因此称为道圣谛。

佛教讲求因果，苦、集、灭、道之间也有因果。

🎋 1-3-4.佛教传入中国产生了哪些分支？

佛教刚传入中国的时候，没有大小乘之分，也没有宗派之别。后世成型的有十三宗派：律宗、成实宗、俱舍宗、三论宗、涅槃宗、地论宗、禅宗、摄论宗、天台宗、净宗、法相宗、华严宗、密宗。后来合并为十宗，其中涅槃宗归入天台宗，地论宗归入华严宗，摄论宗归入唯识宗。后来又以大小乘经进行划分，俱舍宗、成实宗列属小乘经典。中土大乘宗派中，影响至今的有八大宗派：三论宗、法相宗、天台宗、华严宗、禅宗、净土宗、律宗、密宗。这就是所谓的性、相、台、贤、禅、净、律、密八大宗派。

🎋 1-3-5.我们常说"参禅"，所谓"禅"是指什么？

禅是禅那（dhyana）的简称，即静虑，也叫做禅定。要求修行者将心专注在法境上，称为参禅，倡导此法修行的宗派名为禅宗。

禅的种类很多，有声闻禅、菩萨禅等。禅宗倡导直指心性的顿修顿悟。这种禅法是由印度的达摩祖师所创。世上流传六祖惠能的偈子，就是顿悟的代表："菩提本无树，明镜亦非台，本来无一物，何处惹尘埃。"[①]

八世纪时，禅宗分为南北两宗，北宗神秀派主张渐修，盛极一时，但不久便衰微；南宗惠能主张顿悟，此后又分为五家七派。禅宗和净土宗两大流派，一直是中国流传最广的佛教宗派。

---

① 礼山、江峰编著《禅宗灯录译解》，山东人民出版社，1994年，第23页。

1-3-6.历史上有哪些著名学者文人信奉佛教？

中国历史上，有许多文人信奉佛教。历代文学家很多与佛教有着深厚的因缘，如陶渊明、谢灵运、王维、柳宗元、白居易、王安石、苏轼、黄庭坚等，他们的作品常常透露出禅机。比如王维便被称为"诗佛"，一首《鹿柴》，"空山不见人，但闻人语响；返景入深林，复照青苔上。"处处藏有玄机和空寂感。曾经激烈反佛的韩愈、欧阳修也分别在接触了大颠禅师与明教禅师之后，改变了对佛教的态度，从佛法中找到了精神的慰藉。

佛教深受文人青睐的原因，是佛法使他们对人生的体验更为深切，对境遇的感悟更为透彻。可以说佛教的微妙教理，为困顿中的文人指明了一条解脱之路。而且，佛教中所蕴含的大智慧，也更容易为文人所接受，开拓他们思维和创作的格局。

1-3-7.玄奘法师在佛教传播上有何贡献？

玄奘是生活在距今约1300多年前的一代高僧。他不远万里，西行求法，求回真经，埋首翻译。无论是在古代中外文化交流史上，还是在中国和印度的佛教史上，乃至于在印度的古代历史上，玄奘都极具重要性。下面一段文字阐述了玄奘法师对佛教的贡献。

"这一位孤征十七载、独行五万里、足迹遍于西域、印度百三十国而且留下一部不朽的游记——《大唐西域记》的伟大旅行家；这一位通达中印文字、洞晓三藏教理、由留学僧而最后主持当时印度最高学府——那烂陀寺的讲席，受到了印度及西域各国国王和僧俗人民欢迎敬重的伟大的佛教学者；他以毕生精力致力于中印文化交流事业，译出经论一千三百三十五卷（约五十万颂）。"[1]

📜 1-3-8.我们应该如何汲取佛教的文化价值？

佛教几千年来保留了非常多的文化经典，这其中蕴含着大智慧，是一笔宝贵的精神遗产。从哲学角度去看，佛教的很多教义不但有深刻的启迪作用，而且在历史上，也曾是很多文人墨客的精神指南，具有积极的一面。因此，我们说佛教在人类进步和文明发展的历史中，占有不容忽视的地位。

❦活动设计❧

A.小学

1.活动目的

学习佛教小故事，培养善念。

2.活动内容

通过讲述佛经的小故事，理解善念慈悲、众生平等，培养学生良好的道德情操。

3.活动准备

（1）教师准备佛经小故事。

（2）学生小组合作讲述、表演。

4.活动形式

各班自主灵活利用班会、活动课等时间，教师分享或者学生小组分享故事。

---

[1] 赵朴初《佛教常识答问》，第88页。

B.初中

1.活动目的

（1）拓宽知识面，扩大胸怀格局。

（2）进一步熟悉佛教的基本佛理。

2.活动内容

诵读名篇名诗名句，有条件的可以开展游学活动。

3.活动准备

（1）准备富有哲理和禅机的诗歌，准备游学方案。

（2）通过展示、演讲，进行游学成果交流。

（3）器材：话筒、电脑、投影灯。

C.高中

活动内容：辩论赛

1.辩题

正方：佛教的利大于弊。

反方：佛教的弊大于利。

2.辩论赛细则

（1）立论阶段：由正反双方的一辩选手来完成，要求立论框架明确，语言流畅，逻辑清晰。

（2）驳论阶段：由正反双方的二辩选手来完成，主要任务是针对对方的立论环节的发言进行反驳，并补充己方立论的观点。

（3）质辩环节：由正反双方的三辩选手来完成。在质辩结束后，由提问方的三辩针对对方的回答进行质辩小结，时间一分半钟，由正方开始。

（4）自由辩论：这个环节正反双方的8位辩手都要参加。在这个环节中，要求辩论双方的队员注重团队合作，自由辩论阶段由正方开始。

（5）结辩阶段：针对对方辩手暴露出来的问题，总结对方的谬误，强调本方观点，最后阐述己方的立场。

3.教师点评

（1）对辩题的内涵及其意义的阐释。

（2）对双方辩论的基本脉络及其焦点的分析。

（3）对双方辩论中的得失分析。

（4）对辩手、辩风、团队配合及整体效果等方面的评价。

（5）对辩题现实意义的阐发。

第四节　法家之力

法家，是战国时期以法治为核心思想的重要学派，《汉书·艺文志》列为"九流"之一。

法家主张以"法"治国，崇尚社会规则，认为仁义解决不了实际社会问题；强调明刑尚法；主张发展经济，富国强兵；推崇君主专制，实施尊君卑臣。其思想源头可追溯到春秋时期的管仲、子产，战国时经过李悝、吴起、商鞅、慎到、申不害等重要思想家的大力倡导，逐渐发展为一个大学派。

根据实施重点不同，早期法家可以分为重法、重术、重势三派，分别以商鞅、申不害、慎到为代表。"法"即法律、法令，要求臣民必须遵守；"术"即权术，或者说统治者的策略，是君王控制驾驭臣民的手段；"势"即权势，也就是统治者的地位和权力，是君临臣民的等级制度。法家主张"因时立法，因事制礼"[①]，所以法家人物不仅彼此之间思想有别，各自的思想在不同的时期也有变化。

战国末期，出现了一位法家的集大成者——韩非子，他对前人的学说加以总结提炼，兼取儒、道精华，主张法、术、势

---

① 汉·刘向集录，缪文远、罗永莲译注《战国策》，中华书局，2017年，第191页。

三者优势互补、相辅相成，提出"抱法处势则治"[①]。韩非子的法家思想拥有一套完整的体系。

法家是先秦诸家学派中对法律最为重视的一派，因而得名。法家强调"不别亲疏，不殊贵贱，一断于法"[②]，而且建构了系统的理论和方法。法家反对保守，反对复古，主张改革，主张创新。他们坚信历史是不断变化和发展的，一切法律和制度都要因时而动，复古和守旧只能导致历史的倒退。他们大力倡导的"不法古，不循今"[③]的主张，为后来建立大一统的中央集权的秦朝提供了有效的思想武器。汉朝又继承了秦朝的集权制和法律体制，奠定了我国古代封建社会的政治制度与法律制度的基础。

法家作为诸子百家中的一个重要派系，它在思想上的主要价值是提出了"以法治国"的主张和观念。他们对法治的高度重视，把法律作为一种社会统治的强制性工具等思想，成为历代中央集权统治者稳定社会的主要手段，影响十分深远。

1-4-1.法家思想是在怎样的社会背景下兴起的？

法家思想萌芽于商朝，后来又经历了春秋战国时期而发展成熟。春秋时期的管仲、子产等人是法家思想的先驱。他们强调法治的同时也注重道德教化。

战国是一个大变革、大动荡、大融合的时代。政治上，周

---

① 清·王先慎集解，姜俊俊校点《韩非子》，上海古籍出版社，2015年，第474页。

② 西汉·司马迁著《史记》(下)，岳麓书社，2016年，第891页。

③ 石磊译注《商君书》，中华书局，2017年，第78页。

天子名存实亡，大权旁落，诸侯争霸，战乱不息。诸侯国内部，卿大夫专权跋扈，新旧势力矛盾重重。经济上，铁器的出现使农业生产水平大幅度提高，牛耕普遍得到推广，私田不断增加，井田制瓦解。与此同时，社会生产方式也发生了变化。集体协作逐渐被个体耕作所代替，封建个体经济逐步占据了主导地位。商人和手工业者不断增多，商业和手工业日益繁荣，促进了城市规模的扩大和经济的繁荣。传统思想受到了空前的冲击。就是在这样的社会背景下，法家正式登上了历史舞台。

1-4-2.法家学说的文化价值何在？

首先，法家思想的核心是法治理论，它是一个涉及政治、哲学、社会等诸多领域的思想体系。商鞅和韩非等主张法令是治国之本，"不法古，不循今"是基本原则，韩非建立起法、术、势相结合的法家学说体系。

其次，法家的政治学说给后世以巨大的影响。儒家主张以仁义道德来调和社会矛盾；道家主张以道法自然、清静无为来返璞归真；墨家则呼吁"兼爱"、"非攻"来消除阶级矛盾。只有法家，对现实政治有着清醒的认识和深刻的洞察。

再次，先秦法家学说也对法理学领域有重要贡献。商鞅、韩非不仅在法律思想和法律制度方面，而且对法的起源、性质和作用、法和其它社会现象的关系、立法和司法的程序与方法等法理学的内容都有所探讨。

📖 1-4-3.如何评价法家的教育思想？

法家主张变法革新，以"法治"代替"礼治"，最终达到"富国强兵"的目的。

商鞅主张严厉打击那些满脑子保守思想的"游宦之民"，同时要培养和提拔做出了实际贡献的"耕战之士"[1]。反对儒家向学生灌输仁义礼智等道德准则，倡导学习法令和对耕战有用的实际知识，强调对民众进行"法治"教育，一切应该以"法"为标准。

韩非认为，"儒以文乱法，侠以武犯禁"[2]。所以，他主张禁止一切言论和结社的自由，反对盲目复古和空谈的学风，注重在实践过程中锻炼和培养人才。

📖 1-4-4.在当代中国社会，如何汲取法家学说的积极意义？

首先是以法治国的思想。法家强调以法约束百姓的作用。在他们看来，人性是恶的，人都是趋利避害的，要用法律和赏罚来引导百姓向善。在当今中国的社会转型时期，我们借鉴法家的法制思想，是为了维护最广大人民群众的根本利益，建立平等、民主、自由的现代法治国家。

其次是甄别惩罚和教育的价值。法家认为，只需要对有功的人行赏，对有过的人处罚就可以了，他们并不指望通过教育

---

① 西汉·司马迁著《史记》（下），第569页。
② 清·王先慎集解，姜俊俊校点《韩非子》，第544页。

能把人民改造成遵纪守法的人，所以对儒家的道德说教十分不屑。但是在现代社会，道德和法律如鸟的双翼，缺一不可，片面强调道德或片面强调法律，夸大其中任意一方的作用，都是不切实际的，只有坚持道德和法律并重的原则，才能真正建立起现代法治国家。

最后是依法治国的策略。法家强调法律的权威，主张法律面前一律平等，注重法律制度的完善和实施。只有各种法律落到实处，才能发挥法律的应有功效。在现代社会，一方面对法律本身尚需进一步规范和完善，另一方面又存在着大量有法不依、执法不严的现象，这在一定程度上损害了法律的威严，削弱了法律的作用。

1-4-5.社会转型时期，如何化解法家学说的消极影响?

法律至上、依法治国的思想必须深入人心。法家虽然也强调法律的权威，但是他们认为法律的前提条件是君权至上，除了君王之外，其他所有的人都要受法律的约束。这是和现代法治思想背道而驰、格格不入的。现代的法律至上是以法律为绝对权威，一切唯法是依，执法必严、违法必究，法律面前人人平等。

权力必须受到制约。所有以国家强制力保证实施的公共权力，在其运行的同时必须受到其它权力特别是公共权力的制约，这是现代法治国家的重要特征之一，也是政府部门行使法律的重要条件。而法家所谓的法治思想的本质却是君主专制，君王拥有不受任何制约的权力，而事实上人民没有任何权力可言。

今天如果照搬法家的治国思想，可以说是一种历史的倒退。

活动设计

A. 小学

1. 指导目的

以法家"寓言故事"为专题，开展一系列活动。

2. 活动内容

法家著作中的寓言故事。

3. 活动准备

（1）教师查找《韩非子》、《吕氏春秋》等相关书籍，摘录其中的寓言故事。

（2）学生讲述或表演。

4. 活动形式

各班自主灵活地利用班会、活动课等时间，通过组织开展专题班会、知识竞赛、现场演示、壁报宣传等各种形式，开展一系列活动。

B. 初中

1. 活动目的

（1）重点学习宪法的基本知识，掌握宪法要点，增强宪法意识。

（2）理解我国公民权利的基本内容和实质，懂得公民在享有法定权利的同时必须履行相应的法定义务，懂得公民如果不承担法定义务或触犯法律，必须承担的法律责任。

2.活动内容

模拟法庭。

3.活动准备

（1）教师或主持人的讲稿及幻灯片、角色表、剧本、合适的普法视频、烘托气氛的音乐、普法问卷等。

（2）法庭场景布置、小法官的服装、桌签、剧本中涉及的道具。

（3）话筒、电脑、投影灯。

4.活动内容

学习预防未成年人犯罪法的有关内容；了解未成年人保护法中关于家庭保护、学校保护、社会保护、司法保护的主要内容；懂得自我保护和维权的方法，学会采用诉讼或者非诉讼等合适的方式维护未成年人的合法权益。

5.活动步骤

（1）教师或主持人简介当前青少年违法犯罪的现状，约10分钟，采用的教学手段主要有幻灯片、视频等。

（2）少年模拟法庭表演：约40—50分钟，由各班学生承担各个角色，按选定的剧本表演。

（3）播放与模拟法庭类似的普法视频：约15分钟。

（4）现场问答及问卷调查：约10分钟；由组织者现场询问旁听者的收获、感受及建议，或者组织旁听学生讨论，发放普法问卷，进一步巩固法制宣传活动的效果，普及法律常识。

C.高中

1.活动内容

辩论赛。

2.活动步骤

（1）辩题

正方：先秦法家与现代法治精神是一致的。

反方：先秦法家与现代法治精神并不一致。

（2）辩论赛细则

时间提示：当辩手发言时间仅剩30秒时，将举黄牌示意。当时间结束时，将举红牌示意。辩论双方的总结陈词应针对提问嘉宾所提问题以及辩论整体态势进行，不要脱离辩论现场和背诵事先准备的稿件，辩手应注意在总结中升华辩题内涵；对发言脱离实际，背诵事先准备的稿件的，要适当扣分。

3.活动总结

（1）对辩题的内涵及其意义的阐释。

（2）对双方辩论的基本脉络及其焦点的分析。

（3）对双方辩论中的得失分析。

（4）对辩手、辩风、团队配合及整体效果等方面的评价。

（5）对辩题现实意义的阐发。

第五节　哲学纵览

中国古代哲学思想，博大精深、源远流长。殷周时期的《易》，提出了"阴阳"观念，从自然界中选取了天（乾）、地（坤）、雷（震）、山（艮）、火（离）、水（坎）、泽（兑）、风（巽）"八卦"用以揭示客观世界的根源；同时又以"八卦"来说明自然现象和社会关系，体现了朴素的辩证法思想。《尚书》提出了"五行学说"，用金、木、水、火、土五种物质作为构成世界的基本元素。

春秋战国时期，百家争鸣，人才辈出，这是中国哲学史上最为辉煌的时期。此后，中国哲学经过2000多年的发展，出现了一批又一批哲学精英和众多的哲学流派，至今仍有着广泛而深刻的影响。其中影响最大的有先秦哲学、两汉经学、隋唐佛学、宋明理学等。

先秦哲学主要指先秦至汉初的哲学流派，其中以春秋战国时期最为活跃。在百家争鸣的环境下，产生了儒、道、墨、名、法、阴阳、纵横、农、杂等各家。其中，影响最大的是儒、法、道三家。

汉代在董仲舒的"罢黜百家，独尊儒术"的影响下，其哲学由先秦诸子之学演变为两汉经学。两汉经学是在先秦儒家思想的基础上发展起来的哲学体系，倡导天人感应、君权神授的思想，维护等级秩序。

佛教自印度传入中国后，经过由汉代到唐代600余年的融合，产生了中国化的佛教哲学。经过改造和演绎的中国佛学融合了中国哲学的智慧，特别是汲取了先秦道家、儒家和魏晋玄学的哲理。中国佛教宗派主要有天台宗、华严宗、法相宗和禅宗四大流派。其中，禅宗是中国佛教中流传最久、影响最大的宗派。

宋明理学是儒学发展到宋、元、明时期的最有影响的哲学流派，它以儒学为主干，吸收了佛家和道家的思想，提出了理气论、心性论等观点，建立了形而上学的道德体系。宋明理学发端于北宋，成熟于南宋，兴盛于明代，创始人为周敦颐、邵雍、张载，到了程颢、程颐，形成高峰。南宋朱熹是理学的集大成者，他建立起比较完备的理学体系。明代王阳明在陆九渊学说的基础上，建立起心学体系。宋明理学作为儒学发展的重要阶段，或者说作为一种思想文化，让中国哲学实现了跨越，其理论意义和实践价值都值得肯定。但是，理学成为官方哲学后，就变了味道，其部分观点为统治阶层所歪曲和利用，成为维护统治阶级的工具。

1-5-1.如何理解中国传统文化的结构？

上海理工大学刘永博士提出中国传统文化的四维结构论，即身体、情感、道德、智慧四个维度。

第一个维度："道以养生"的身体维度。中医、太极、武术等都是传统文化中健身养生的内容。其中太极就属于道家的养生功法，我们从道家文化中汲取营养，可以使我们身体健康、延年益寿。它给我们的是一种"生命关怀"。

第二个维度："诗以抒情"的情感维度。举凡诗词歌赋、琴棋书画、茶艺戏曲等等一切艺术都可以成为情感表达的载体。当然，文学艺术还可以弘扬道德、启迪智慧，但其主要功能还是情感的表达。情感的维度主要是关乎审美的，它给我们的是一种表达情感愉悦需求的"人文关怀"。

第三个维度："儒以涵德"的道德维度。传统文化给我们的启示是"儒以涵德"。叔本华曾说，人就是一团欲望，欲望得不到满足，人就会感到痛苦；欲望一旦满足，人又会感到无聊。我们对人生的追求只有从情感维度上升到道德维度，才有希望跳出叔本华的"钟摆律"。与追求情感的快乐相比，道德则给人一种节制，用道德来规范情感的"价值关怀"，可以置身于道德追求之中。孔子说："饭疏食，饮水，曲肱而枕之，乐亦在其中矣。不义而富且贵，于我如浮云。"①从道德的维度来看，儒家的学说正是关乎道德伦理生活的学说。儒家的伦常和佛教中的戒律等，也都是道德的自律要求。

第四个维度："禅以净心"的智慧维度。在中国传统文化之中，情感和道德都将上升到智慧的维度。因此，传统文化给我们的启示最终要归纳为"禅以净心"。它给我们一种体认"道"同时认识自己心性的"终极关怀"。孔子对颜回说："非礼勿视，非礼勿听，非礼勿言，非礼勿动。"颜回谦虚地回应："回虽不敏，请事斯语矣。"②这里的"不敏"恰恰是大智慧的表现。智慧追求的最高境界就是"道"。孔子说："朝闻道，夕死可矣。"③

---

① 宋·朱熹《四书章句集注》，第97页。

② 宋·朱熹《四书章句集注》，第133页。

③ 宋·朱熹《四书章句集注》，第71页。

老子说："虽有拱璧以先驷马，不如坐进此道。"[1]明代高僧莲池大师接着老子的话说："虽王天下，亦不如坐进此道。岂惟王一天下，虽金轮圣王王四天下，亦不如坐进此道。岂惟王四天下，虽王忉利、夜摩，乃至王大千世界，亦不如坐进此道也。"[2]中国文化中的儒释道三家都重视"道"。儒家的天道与性命，道家的道与真宰，中国化的佛教禅宗所说的自性、本来面目等，都是对"道"的描述，也就是最高智慧的一种体现。当然三家所说的"道"是有区别的。在智慧的维度上，传统文化启示我们，人生在世不是来享乐的，而是来求道悟道的。基督教、伊斯兰教的终极关怀是从上帝、真主那里求；中国文化却不同，是从内心求。[3]

1-5-2.为什么说诸子百家奠定了中国传统文化的基础?

春秋战国时期，在思想文化领域内产生了儒家、道家、墨家、法家、兵家等诸子百家学说，对当时和后来的社会发展起到了巨大的推动作用。

春秋战国时期社会动荡，礼崩乐坏。孔子要恢复周礼，主张在人人道德自觉的基础上建立礼乐文明的社会。他的核心思

---

① 汉·河上公注，严遵指归，三国·王弼注，刘思禾校点《老子》，第159页。

② 明·云栖袾宏撰，心举点校《竹窗随笔》，华东师范大学出版社，2013年，第100页。

③ 刘永《国学的四个维度——在上海理工大学教师教学大赛之板书教学大赛决赛的讲稿》。

想就是仁和礼，仁者爱人，礼有差等。墨子主张"兼相爱"，认为这样才能实现"交相利"①。孟子更多地继承了孔子"仁"的思想，提出了具体的道德规范（仁、义、礼、智），继承了孔子"德治"的思想，主张"仁政"，推行"民贵君轻"的民本学说。他义正辞严地提出："民为贵，社稷次之，君为轻。"②从孔子到孟子，他们的思想始终贯穿的一条主线：修身、齐家、治国、平天下。

不论仁爱还是兼爱，都是主张有所为。而道家的老子主张"无为"。他认为只有统治者因循自然地"无为"，回到小国寡民的状态，老百姓才能安定。这一思想后经演化，为法家所借鉴。面对来自道家的质疑，荀子作出了回应。他吸收道家思想，提出"天行有常"，又站在儒家立场指出"人道有为"，主张"制天命而用之"③。他还吸收法家思想，发挥了孔子"礼"的思想，认为学习的最高目标是把握"礼"，主张"礼治"，实则偏向"礼法并重"。

儒、墨、道三家主张回到各自理想的时代（儒家—西周、墨家—夏朝、道家—小国寡民）。与他们相比，法家主张历史是向前发展的，要建立君主集权制度，厉行赏罚，奖励耕战。因为法家思想有利于建立君主专制中央集权制度，适应了秦朝统一的要求，所以对当时历史发展的推动作用最大。但单纯的法家思想不能适应社会发展的需要。儒学崇尚道德教化能弥补严刑峻法带来的负面影响，且荀子融法入儒，做了较好的铺垫，

---

① 清·毕沅校注，吴旭民校点《墨子》，上海古籍出版社，2014年，第69页。

② 王常则译注《孟子》，第235页。

③ 战国·荀况著，唐·杨倞注，耿芸标校《荀子》，第205页。

所以汉初思想家认为把法家思想与儒家思想相结合，就能更好地治理天下。

1-5-3.为什么儒、释、道被称为"三教"文化？

在历史发展的过程中，儒、释、道三家被宗教化而形成了儒、释、道三教。习惯上称之为"三教"文化。

如今讲的宗教含义和古代所称的儒、释、道三教其实并不完全相同。宗教一词来自佛教，佛教中把释迦牟尼所说的内容称为教，把其弟子所说的内容称为宗，合称为宗教。而现在所用的"宗教"概念来自英文中"religion"一词，是指相信人的灵魂不灭并受上帝支配的信仰。所以"religion"的含义，远比佛教称谓的宗教内涵广泛得多，在这个概念中，儒、释、道三家称为宗教主要是指学说理论体系，名为教，实为家。从其社会功用来看，把儒、释、道三家称为"三教"只是不同的说法而已。中国历史上所称的"三教"和王重阳主张的"三教合一"，都应从学说哲理上来理解。

1-5-4.法家思想与儒家思想的同中之异在哪里？

先秦儒家和法家虽然都产生于社会动荡不安、四分五裂的春秋战国时期，目的也都是想维持社会的稳定，但是儒家与法家的思想观点并不相同。

儒家思想自汉武帝"罢黜百家，独尊儒术"以来成为中国的正统思想。其思想可以概括为"三治"，即维护礼治、提倡德治、重视人治。儒家的礼治，就是使贵贱、尊卑、长幼各有其特殊的行为规范；儒家的德治，就是主张以道德去感化教育人；儒家的人治，就是关注人的个性，培养人的是非观与同情心，重视人的道德发展。

法家思想的核心是法治。法家认为不仅治理乱世要用重典，就是治理太平社会也同样需要法，主张在犯法量刑上"不别亲疏，不殊贵贱，一断于法。[①]"在哲学上，法家尊重客观事实，坚持历史发展，强调人的主观能动性。他们认为人的本性是自私的，这是其法治理论的哲学支点。法家集大成者韩非子认为：世界上不存在一种永远行得通的基本法则，应根据当今的实际情况采取相应的措施。他还认为人的一切道德、情感、行为都取决于对自己是否有利。韩非子主张用赏罚来加强管理，用严刑重罚来治国，主张法、术、势并用。

1-5-5.如何理解封建社会"外儒内法"的治国理念?

外儒内法，济之以道，是中国古代帝王治理国家最理想、最成功的理念，也是便于操作和变通的实践管理模式。

西汉的董仲舒建议汉武帝罢黜百家，表彰六经，其实质就是独尊儒术，使儒学被确立为正统思想；其次，董仲舒要求君王实践德政，推行教化，又是儒家的突出特点；再次，董仲舒为了给专制君主提供权力来源的合法性，提出君权天授，这是吸收了阴阳家的思想。董仲舒在儒学的基础上汲取了道家、法家等思想成分，为儒学增加了"君权神授"的大一统思想，这对于中央集权的加强和国家的巩固提供了有力的武器。

原始社会的生产力水平低下，社会生活原始粗放，人人平

---

① 西汉·司马迁著《史记》(下)，第891页。

等，无需约束。随着世袭制取代禅让制，产生了等级和国家，统治者一方面制定宗法等级制度以维护贵族的统治，一方面以武力作为后盾，实施的是暴力政治。汉武帝时期国家日益强盛，给统治的稳定奠定了强大的军事和经济基础，但思想和文化上尚无建树。董仲舒抓住契机建议汉武帝"罢黜百家，独尊儒术"，从此儒家思想逐渐成为中国古代社会的主流思想。

儒家思想之所以能在诸子百家中独领风骚、一枝独秀，一方面是因其哲学上的天人观念、伦理上的仁义思想、政治上的集权主张，适应了统治者的需要；另一方面是因为儒家具有强烈的社会责任感和进取心。儒家所倡导的"修身、齐家、治国、平天下"，既是儒家德治思想的出发点，又是它的主要内容，它的最高理想就是实现"天下为公"的"大同世界"。

但是社会的选择往往是破坏之后需要寻求一种新的平衡。德法兼用，久已有之。孔子就有"宽以济猛，猛以济宽，政是以和"[1]的说法。孟子认为"徒善不足以为政，徒法不足以自行。[2]"荀子主张"治之经，礼与刑，君子以修百姓宁，明德慎刑，国家既治四海平"[3]。德法兼用的思想在先秦时期虽然得到诸多大家的共识，却并没有得到实现。直到汉代之后，仁政和德治才为统治者所空前重视。汉初的统治者重新审视儒家思想，认为他们所走的道路就是儒法融合，探索德主刑辅的治国模式。可见儒法兼用的统治模式的形成，是中国历史演化的必然结果，自有其内在的必然性。

---

① 刘利、纪凌云译注《左传》，中华书局，2011年，第203页。

② 王常则译注《孟子》，第103页。

③ 战国·荀况著，唐·杨倞注，耿芸标校《荀子》，第302页。

1-5-6. 如何理解"中国哲学"这个概念?

哲学的概念来源于古希腊 philosophia 一词,希腊语义为"热爱智慧",就是人类为了更有智慧而进行的认识活动。中国古代并无"哲学"一词,直到1902年,哲学一词才出现在《新民丛报》的一篇文章里。1950年起,中国的学术研究界深受前苏联的影响,对思想史的研究热情空前高涨,"哲学"一词大量出现。至于中国古代的思想存不存在哲学这个问题,至今尚无定论。

其实讨论中国古代的思想,不必拘泥于西方的哲学概念。以道德和政治为重的中国古代思想体系的基本倾向和特质是实践哲学。如果以西方哲学为唯一标准,那么中国可以说没有哲学。但是,如果我们重新为哲学的概念框架做出界定,何尝不能理解为中国古代的思想体系极大丰富了哲学的内涵,扩展了哲学的外延?

1-5-7. 如何理解中国古代哲学的范畴体系?

根据李中华教授在其《中国文化概论》一书中的概括,中国古代哲学的范畴体系基本由五个方面构成:

1. 属于宇宙论方面的范畴有:阴阳、五行、天、天道、理、气、太极等;

2. 属于本体论方面的范畴有:有无、体用、一多、本末、动静等;

3. 属于知识论方面的范畴有:知行、能所、言意等;

4. 属于历史哲学范畴的有:王霸、义利、理势、理欲等;

5.属于人生论（或道德哲学）范畴有：仁、义、礼、智、诚、心、性、情、欲等。

人类的思维，在其形成范畴的过程中，都是从单一的范畴开始的。自然界和社会现象从表面上来看，都是以单一的形态呈现在人们面前，然而任何事物的单一形态实际上都包含着性质、属性等差别，只有从不同对象中抓住共同点，才能形成单一形态的范畴。

人类思维和认识水平在不断进化与提高，在认识对象同一性的基础上，需要同中求异。这样单一形态的范畴便向对偶性或相对性范畴过渡，形成了中国哲学范畴中的阴阳、道器、有无、理气、心物、形神、心性、理欲、善恶、性情、名实、知行、王霸等范畴。

经过不断的碰撞与磨合，经过反复的从抽象到具体的思维加工，最后形成了李中华先生所概括的十二个基本范畴：天、道、理、气、体、用、一、多、心、性、知、行。这些范畴可以作为中国哲学的核心观念。其中理气、心性、知行、天人等重要范畴延续了稳定的形式和基本的内涵。

❀活动设计❀

A.小学

1.活动目的

了解"百家争鸣"中有趣的故事。

2.活动内容

通过读《写给儿童的中国历史》一书，从孔子和商鞅的故事初步了解儒家和法家，进一步了解春秋战国时期的"百家争鸣"。

3.活动准备

选读《写给儿童的中国历史》中《老师中的老师》和《严厉的大教练》等故事。

4.活动形式

各班利用阅读课时间，通过组织开展讲故事比赛、读后感交流等形式，让同学们说一说对儒家的孔子和法家的商鞅等历史人物的初步认识。活动后教师可推荐《上下五千年》等历史普及读物，让学生进一步了解春秋战国时期的"百家争鸣"。

B.初中

1.活动目的

通过学习讨论，领会墨、法、道家思想及其与儒家思想的区别。

2.活动内容

（1）观看相关影片、视频；读蔡志忠漫画。

（2）学习墨子《非攻》（节选）、庄子寓言、韩非子寓言等。

3.活动形式

（1）各班利用活动课时间，组织开展评影会，交流观后感。

（2）以介绍先秦各家思想为主题，进行壁报的布置与评比。

C.高中

1.活动目的

通过辩论的活动体验，体认儒家思想在现代社会的意义。

2.活动内容

辩论：当今社会，儒家的思想价值大于法家/当今社会，法家的思想价值大于儒家。

3.活动环节

（1）教师解说（5分钟）

在拿到辩论的题目后，首先要做的是确立辩论立场——根据自己的生活阅历体验，对这两种互相对立的观点做一种选择，自己的认知更倾向于哪种观点。确定观点之后寻找支点和发言的思路。

（2）学生讨论（15分钟）

学生根据自己的认识，自由选择正反方辩题。分组讨论，开展以下活动。

活动一：选择自我认可的观点，并为自己的观点寻找根据。

活动二：设想对方证明其观点可能出现的各种思路，并找出应对之策。

（3）实战演练（15分钟）

由持不同观点的几位学生进行微型现场辩论，其余学生注意辩论者是否能够明确自我立场，是否能够恰当限制对方的观点、批驳对方的立场。

（4）师生总结（10分钟）

第二章　史学纵横

中华文明源远流长，悠久的历史蕴藏着博大精深的民族文化，文化典籍难以计数，仅留存至今的就有8万余种。其中，历史类典籍是一个重要部分。只有认真了解和阅读这些历史典籍，才能更好地认识和传承中华文化。本章内容主要包括：学习中国历史所须知的"读史备要"和"职官演变"，阅读和研究中国历史所需涉猎的"史籍钩沉"和"方志族谱"，关于一些重大问题、人物事件评价的"历史视角"，以及关于历代教育思想的"教育史话"等6个方面。

第一节　读史备要

　　博大精深的中华文化，在其发展过程中形成了独具特色的文化现象和制度规范。掌握这些文化常识，是今人学习和研究中国古代文化必须跨越的一道门槛。

　　史学中的"历史分期"，是通过划分历史时期来研究历史的一种方法，旨在揭示不同历史时期的本质差别，从中总结不同历史阶段的特点，并发现历史发展规律。历史分期对历史的学习与研究有着重要影响。

　　纪年是标定历史事物时序的方法。中国历史上曾经分别采用过天干地支、君王在位、皇帝年号、中华民国和公元等不同的纪年方法。这些纪年方法虽然产生有先后，但在使用的过程中，却常常表现为同时存在，官民各用，演化的总体趋势是由体现专制色彩的帝王纪年法向彰显民主与现代精神的中华民国纪年法和公元纪年法演变，呈现出遵循传统又中西合璧的特点。

　　在中国的专制时代，帝王独尊意识和社会的等级观念衍生出年号、庙号、谥号、尊号等称谓和避讳文化现象。它们是历史发展的产物，也是解读历史必须掌握的知识。

　　五千年的中华文明史上，出现了诸多王朝和政权，虽然它们有的熠熠生辉，有的短促黯淡，但大多数政权都为自己起了寓意美好的国号。这些国号既彰显其政权顺天应人的合法性，又体现君王的意志。了解主要王朝的"国号"由来和寓意，对于解读历史、丰富历史知识有着重要作用。

2-1-1.什么是中国古代史分期的"三论五说"？

20世纪20年代末以来，史学界对于中国古代社会性质和历史分期问题的多次大讨论，形成了关于中国奴隶社会的"有"、"无"两派主张。认为"中国经历过奴隶社会"的学者被称为"有奴学派"[①]，代表人物有郭沫若、范文澜、吕振羽、翦伯赞、侯外庐、周谷城、白寿彝、尚钺等。而关于奴隶社会与封建社会的分期问题在他们阵营之中也有分歧，比较有代表性的观点有五种，史学界称之为"三论五说"。改革开放以来，黄现璠、张广志等学者提出了"中国没有经历过奴隶社会"的观点。他们被称为"无奴学派"。[②]

"三论五说"，是指关于中国古代奴隶社会和封建社会分期的几种主要观点。

1.三论：关于中国古代史分期有三大主要论断，即西周封建论、战国封建论和魏晋封建论。

（1）西周封建论：代表人物为吕振羽[③]、翦伯赞、范文澜等。

[①]　郭沫若《奴隶制时代》，人民出版社，1973年。

[②]　黄现璠：我国民族历史没有奴隶社会的探讨［J］，《广西师范学院学报》（哲学社会科学版），1979年第二、三期连载；《中国社会科学》1981年第三期（总第九期），中国社会科学出版社，1981年。

[③]　吕振羽是此说的首倡者。他1935年在《中山文化教育馆季刊》第2卷第1期发表《西周时代的中国社会》一文，认为作为周代主要生产者的"民"和"庶人"是农民（或农奴），井田制是贵族领主土地所有制，农民耕种"私田"（份地）外，必须无偿地为领主"助耕公田"。

主要观点：中国封建社会从西周开始。依据：西周时期劳动者需为统治者服徭役，且与统治者有人身隶属关系。

（2）战国封建论：代表人物为郭沫若①、吴大琨、白寿彝、林甘泉等。主要观点：战国时期各国的变法运动使封建统治得以确立。依据：铁制农具的使用使生产力得到提高，私田得到开垦，地主土地所有制取代了奴隶主土地所有制。

（3）魏晋封建论：代表人物为何兹全②、尚钺、王仲荦、林志纯等。主要观点：中国封建生产关系在魏晋时得到确立。依据：汉末魏晋以后形成人身依附关系，自然经济占统治地位。

2.五说：在战国封建论和魏晋封建论的基础上，衍生出的关于中国奴隶社会和封建社会分期的五种学说，分别称之为春秋封建说、秦统一封建说、西汉封建说、东汉封建说以及东晋封建说。

（1）春秋封建说：李亚农③、唐兰、祝瑞开等认为从周宣王开始，即春秋战国之交，中国封建制确立。

（2）秦统一封建说：黄子通、夏甄陶、金景芳等认为秦朝建立后推行的"使黔首自实田"④，意味着在国家层面确立了土

---

① 郭沫若是此说的主要代表。1954年所著《奴隶制时代》（人民出版社）提出："奴隶制与封建制的更替之发生在春秋、战国之交，铁的使用更是一个铁的证据。"

② 何兹全指出："汉末魏晋，自由平民逃亡、投靠，奴隶解放，依附关系发展起来。自由平民和奴隶的依附化，依附民、农奴成为魏晋南北朝的主要劳动人民。一个士庶天隔、身分等级复杂的中国典型的封建社会出现。"

③ 李亚农在《中国的奴隶制与封建制》中提出："中国的奴隶制社会，在周灭殷以后还存续了将近三百年，周宣王以后，中国的历史翻开了新的一页，走进了典型的封建制社会。"

④ 西汉·司马迁著《史记》（上），第51—53页。

地私有制的合法性。至此，战国以来封建社会的社会转型得以完成。

（3）西汉封建说：侯外庐[①]、赵锡元等从秦汉以来的经济、政治制度和意识形态着手研究，认为秦朝为封建社会奠定了基础，而到西汉封建社会得到确立。

（4）东汉封建说：周谷城、郑昌淦等认为中国封建地租剥削关系取得支配地位是在东汉时期，这才意味着封建制度得到确立。

（5）东晋封建说：代表人物为梁作干。

"三论五说"深受苏联史学范式的影响，它以"五种社会形态学说"[②]为研究基础。改革开放以来，学术界思想活跃，提出了游群——部落——封建——郡县——共和五个时代说、"氏族封建——宗法封建——地主封建"、"邦国——王国——帝国"等新说。新的中国历史分期主张的提出，使史学研究的视角与方法更加丰富。

2-1-2.中国历史纪年方法主要有哪几种？

纪年法，就是人们对时间的命名和纪年的方法。中国主要的时间纪年方法有：帝王纪年法、干支纪年法、生肖纪年法、中华民国纪年法、公元纪年法等。《春秋经传集解·序》中有

---

① 侯外庐指出："秦汉的制度和后代的制度，不论从经济、政治、法律以至意识形态哪一方面来看，都是近似的，这即是说，秦汉制度为中世纪社会奠定了基础。"

② 斯大林《斯大林文选》(1934—1952)，人民出版社，1962年，第199页。

"故史之所记，必表年以首事"①，说明纪时是历史记述的重要因素。

1.帝王纪年法：有按照王公在位的年次为序纪年和以帝王在位时的年号纪年两种形式。

王公在位年次纪年法。西汉武帝以前，帝王没有年号，只有在位年数，因此都用帝王在位的年次为序纪年。如"周穆王十二年""鲁隐公元年"等。新王朝建立或新帝王即位则重新纪年。中国古代先秦文献之中普遍用这种纪年法。

年号纪年法。年号是在位帝王为纪年而命名的一种称号，是帝王政权的象征和君主专制的体现。在公元前122年，西汉武帝首创年号，并以年号纪年。从此历代帝王都用年号纪年，新王朝建立或新帝王即位，大都要更换年号，并重新纪年。如《岳阳楼记》"庆历四年春"、《琵琶行》"元和十年"等。

此外，史书中还有用帝王的谥号、庙号来纪年的用法。如"汉武帝统治时期"、"明太祖时期"等。这里的"武帝"是谥号，"太祖"是庙号。

2.干支纪年法：干支纪年法是中国最基本的纪年方式，始见于西汉的《淮南子·天文训》，从东汉光武帝建武三十年（公元54年）起正式用于纪年。至今"干支历"仍然在使用，这也成为有中国特色的历法系统。"干支历"主要用于纪年序、纪月序、纪日序、纪时序。

干支纪年，以立春为岁首，分别依次序将一个天干（甲乙

---

① 晋·杜预注，唐·陆德明音义《春秋经传集解》，乾隆48年（1783）据宋版覆刻，第3页。

丙丁戊己庚辛壬癸）和一个地支（子丑寅卯辰巳午未申酉戌亥）相配，组合一个"干支"来纪年。如《竹书纪年》"武王灭殷，岁在庚寅。二十四年，岁在甲寅"[①]，《后汉书》"岁在甲子"，"甲午战争"（指1894年），"戊戌变法"（指1898年）等，都是属于干支纪年法。（见下面《干支表》）

地支＼天干	甲	乙	丙	丁	戊	己	庚	辛	壬	癸
子	甲子		丙子		戊子		庚子		壬子	
丑		乙丑		丁丑		己丑		辛丑		癸丑
寅	甲寅		丙寅		戊寅		庚寅		壬寅	
卯		乙卯		丁卯		己卯		辛卯		癸卯
辰	甲辰		丙辰		戊辰		庚辰		壬辰	
巳		乙巳		丁巳		己巳		辛巳		癸巳
午	甲午		丙午		戊午		庚午		壬午	
未		乙未		丁未		己未		辛未		癸未
申	甲申		丙申		戊申		庚申		壬申	
酉		乙酉		丁酉		己酉		辛酉		癸酉
戌	甲戌		丙戌		戊戌		庚戌		壬戌	
亥		乙亥		丁亥		己亥		辛亥		癸亥

① 彭林《武王克商之年研究的纠葛》，《清华大学学报》（哲学社会科学版），2001第4期，第35—44页。

用干支计时的优点是符号简洁，可以周而复始。但由于它的可循环性，也容易给后人解读历史造成时间上的困扰甚至误读。为解决这一问题，后来又产生了用年号与干支合用的纪年方法。它使年代更加清晰明确，避免了混乱。这种方法有两种基本形式：一种是用朝代+年号+干支的形式，如"明弘治戊申"等；一种是用朝代+庙号+年号+年次的形式，如"明孝宗弘治十五年"等。

3.生肖纪年法：生肖纪年法是我国民间的一种纪年方法，它将生肖与干支对应相配，用肖兽名称作为年名。这种纪年法始于东汉时期。根据对应关系，知道了某人生平某一时间节点的干支，就能推出他的属相生肖。同理，根据某人的生肖也能够推算出其年龄。如相传唐玄宗属鸡，出生之年应该是乙酉年（见下面《生肖纪年表》）。

	1	2	3	4	5	6	7	8	9	10	11	12
地支	子	丑	寅	卯	辰	巳	午	未	申	酉	戌	亥
生肖	鼠	牛	虎	兔	龙	蛇	马	羊	猴	鸡	狗	猪

4.中华民国纪年法：辛亥革命，以共和制度取代了中国两千多年的君主制度。成立中华民国，为表明与以往政权之决裂，南京临时政府宣布此后以中华民国纪年，定1912年为中华民国元年，改用公历。这种纪年法的年代换算方法是将公历时间减去1912加上1。同样，知道民国纪年时间也就可得出要换算的公历时间，方法是将民国纪年加上1912减去1。

5.公元纪年法：也称为公历纪年、基督纪年，是当今世界使用最为普遍的纪年法。它依据地球绕太阳公转的运动周期来制定，因此又叫做"太阳历"。它将传说的耶稣基督诞生年作为公元元年（对应中国的时间是西汉平帝元始元年）。后来，罗马教皇制定历法时沿用这种纪年法，规定以耶稣基督诞生年为界，此前的时间称公元前，此后的时间称公元。中国从1912年采用公历，以中华民国纪年，1949年起用公元纪年。

计算跨公元前后的时间时必须在得出的时间总数上减去一年，因为公元纪年不设公元0年。其简单公式是"公元前＋公元－1"。

与公元纪年相关的还有"年代"、"世纪"和世纪分期等时间概念。

"年代"，从理论上讲，每10年为一个年代，但习惯上人们不将一个世纪的前二十年称年代，而是将二十年之后的时间称作年代，如20年～29年称为20年代，其他以此类推。

"世纪"，100年为一个世纪。按照习惯人们常把整数100那一年，作为下个世纪之首，如公元2000年是21世纪的最初一年。这样公元1世纪只有99年，因为历史上没有"0"年，除此之外每一个世纪都是100年。公元前的世纪推算与此同理。

世纪分期，通常将一个世纪分为初期、中期、后期三个阶段，或前半期、后半期两个阶段。一般初期是指一个世纪前30年，中期是指中间40年，后期是指后30年。前半期和后半期分别是指一个世纪的前50年和后50年。关于世纪还有早期（前20年）、晚期（后20年）、末期（后10年）等说法。

2-1-3.年号、庙号、谥号、尊号各指的是什么？

1. 年号

年号，是中国封建王朝用来纪年的一种名号，为君主所独享。此制度对周边国家产生过直接影响，越南、朝鲜都曾使用过年号，日本受此影响最深，它也是当今世界上唯一仍使用年号纪年的国家。

西汉之前，帝王无年号。公元前122年，汉武帝刘彻以"元狩"为年号，并将他继位以来"元狩"年号之前的时间，分别以"建元"、"元光"、"元朔"来追称，这是年号制度的开始。从此以后，新王朝建立都要颁行新年号。遇新君即位、军国要事，或"天降祥瑞"等情况，君主大多都要改年号，称为"改元"。中国历史上最后的年号是清代的"宣统"。中华民国废除年号制，以中华民国纪年。

2. 庙号

庙号，属于宗法祭祀体系的专用称号，为帝王所独有。古代帝王死后被奉入宗庙立位祭祀，要给予与其作为和德性相称的尊号，被称作"庙号"。庙号起源于商朝，如太甲的庙号为"太宗"、太戊的庙号为"中宗"、武丁的庙号为"高宗"。庙号最初都有严格的标准，即按照"祖有功而宗有德"[①]的祖训，只有文治武功或德行卓著者才能入庙奉祀，因此隋朝之前并非每个已故皇帝都有庙号。从唐朝开始，已故皇帝都有庙号，个别亡国之君以及短命皇帝除外。

---

① 王国轩、王秀梅译注《孔子家语》，中华书局，2011年，第388页。

庙号用词有严格规定，王朝开国之君的庙号称"祖"，继任者的庙号称"宗"，如唐朝的开国之君是李渊，其庙号为"高祖"，后继者是李世民，其庙号为"太宗"，其后继者故去庙号皆称"宗"。也有几个特殊的例子，如十六国时期的后赵、前燕、后秦、西秦的帝王庙号都称祖，明清最初的几任皇帝的庙号也都称"祖"。

在称呼已故帝王时，庙号通常放在谥号之前。习惯上，唐朝以前对先皇帝只简称谥号，不称庙号，如"汉武帝"、"隋炀帝"。唐朝以后，由于谥号的文字太长，称呼不便，而庙号较短，便用庙号来称已故君主，如"唐太宗"、"宋太祖"等。

3. 谥号

谥号，是中国古代根据去世的人的生平事迹与品德修养，而给予一个带有评判性质的称号，相当于盖棺定论。谥号的对象包括君王、诸侯、大臣、后妃，以及学者、士大夫等有名望的人。谥号的授予要符合死者的为人和修为，要在死后由别人评定并授予。谥号来自于谥法。谥法规定了若干个有固定涵义的字，可分为"美谥"（褒）、"平谥"（怜）、"恶谥"（贬）三类。例如文、武、景、烈、昭、穆等都是属于表扬的字；炀、厉、灵等都属于批评的字；哀、怀、愍、悼等属于同情的字。

谥号制度是周朝确立的，是对已故的君主或大臣的一生作为给予总结性的评价。但秦始皇废除了谥号，认为它以"子议父、臣议君"。西汉恢复谥号制度。谥号大多为两个字，但从唐朝开始谥号字数不断增加，有的皇帝的谥号有10多个字。明清时期，皇帝的谥号字数则更多，如明朝规定已故皇帝谥号17字，而到了清朝，已故皇帝谥号为21-25字。

汉代以后，王侯、大臣死后也有谥号，称为"官谥"。如汉代霍光谥号"宣成"、三国时诸葛亮谥号"忠武"、宋代欧阳修谥号"文忠"、明代徐光启谥号"文定"、清代曾国藩谥号"文正"等。后世还有对前人或先贤进行追谥的情况，如孔子被鲁哀公追谥为"尼父"，至清代被追谥为"大成至圣文宣王"，关羽被后主刘禅追谥为"壮穆侯"，至清朝道光时追谥"仁勇威显护国保民精诚绥靖羽赞宣德忠义神武关圣大帝"，多达24字。

在古代，有名望的学者去世后，其亲友和门人所给予的谥号，一般叫做"私谥"。如陶渊明的谥号为"靖节征士"，故陶渊明也称为陶靖节。

古代对先帝先王称呼其"谥号"是为了表达一种尊重，对大臣、学者名流称呼其"谥号"，同样也是表达尊重。甚至有些人的谥号变成他的别名，如曾文正（曾国藩）、岳武穆（岳飞）等。

受中华文化影响的一些邻近国家，如朝鲜、越南、日本等，也有使用谥号的情况。

4. 尊号

尊号，是为了尊崇帝王和王后所用的称号，始于秦代。

唐玄宗时，为皇帝上尊号已成为制度。古代为皇帝上尊号有生前加尊和死后追尊两种类型。生前加尊号又分为在位和逊位两种情况：在位之时被加尊的，如尊武后为"圣母神皇"，尊高宗为"天皇"，尊中宗为"应天神龙皇帝"；逊位以后被加尊的比较少见，如唐肃宗继位后，尊仍在世的玄宗皇帝为"太上至道圣皇天帝"。至于死后追尊的情况并不少见，如玄宗死后，肃宗为之上尊号为"至道大圣大明孝皇帝"。

唐宋以后，随着君主专制制度走向顶峰，元、明、清三代的君主尊号越来越长。

2-1-4.历史上的避讳制度是怎么回事？

避讳，是指在中国古代回避帝王、尊长等的名字甚至名字读音的现象。周朝开始出现避讳的情况，秦朝以后逐渐盛行并形成为制度，从六朝开始逐渐严格，两宋时期避讳风气最盛，至民国避讳制度基本废止。避讳制度是封建等级与宗法制度的产物，如果触犯要受到惩处。如《唐律疏议》载："诸上书奏事，误犯宗庙讳者，杖八十。口误及文书犯者，笞五十。即为名字误犯者，徒三年。"①

1.避讳的范围

避讳的范围包括君王之讳、家族尊长之讳、生活之讳三个方面。

避君王讳。一般一个王朝的在位之君和已故之君的名字必须避讳。避在位之君讳，叫做避"君讳"；避已故之君讳，叫做避"庙讳"。由于人们在为孩子起名时都寓有特定的期盼或祝福，因而人们取名用字有许多相似或重复。如果君王的名字较为常见，那么避讳牵涉的用字范围将非常广泛。后来，为减少避讳造成的困扰，在位之君为孩子起名时常常避用常见字或使用频率较高的字。如唐懿宗名李漼（cuī）、宋徽宗名赵佶（jí）等。

---

① 唐·长孙无忌、李勣，刘俊文点校《唐律疏议》，中华书局，1983年，第200—201页。

避家讳。中国人有"尊祖敬宗"的传统美德。古人对自己的祖先都要奉为至尊，对族内尊长也要极为尊重，因此祖先、尊长的名字要避讳，叫做避家讳。

避尊讳。古人对伟人、尊者、长辈、名人的名字也要避讳，叫做避尊讳。常用字、号、谥号、职位来代称。后人在起名字的时候也尽量避免使用与伟人、尊者、名人相同的名字。如关云长被誉为"武财神"，后人就绝少以"云长"为名的。

避忌讳。中国人还有对生活中恐惧、厌恶、不雅的事物在提及时用变化字眼的方式来进行避讳的习惯。如涉及死亡话题时，人们往往不直接说"死"，而是以"逝世"、"驾鹤西游"、"百年之后"等来代指。人们还对不符合社会主流价值观的事物常常忌讳，尽力避用。如秦桧以奸臣之名被钉在历史的耻辱柱上，后人就不轻易用"桧"来取名。清代秦大士云："人自宋后羞名桧，我到坟前愧姓秦。"[1]

2.避讳的方法

因避讳对象的身份、地位、关系不同，避讳的方法必然有所不同，比较常见的有：改字法、空字法、缺笔法、代称法、同义字或同义字替代法等。

改字法。用读音相同或意义相同、相近的字来代替讳字的方法，叫改字法。此法唐代以前流行。被避的字叫做讳字，替代的字被称为避讳字。因为避讳，导致一些人的姓名、某些地名、政府机构、官职、公共设施、医疗用语、书籍文献等都要改字。宋代避讳制度严格，范围极其广泛，包括代君讳、始祖

---

① 怀銮《"愧姓秦"说起》，《徽州社会科学》，2016年第9期，第69页。

讳、家讳、名人尊讳等。

改姓名。如南朝时期刘宋的范晔为避父亲"泰"名讳，在著《后汉书》时将郭泰、郑泰的"泰"，改用同义字"太"来代替；北宋时期著名政治家、书法家文彦博，本不姓文，而是姓"敬"，其曾祖为避后晋高祖石敬瑭讳，改姓为"文"。

改地名。如《汉书》为避汉高祖刘邦讳，以"国"代"邦"；西汉时因避景帝刘启名讳，河南"启封"改为"开封"；东晋简文帝名昱，故改"育阳县"为"云阳县"；甘肃敦煌酒泉原名"渊泉"，唐房玄龄等人合著的《晋书》避李渊名讳，改为"深泉"等。

改变官职和前代年号。如《晋书·职官志》载："太宰、太傅、太保，周之三公官。晋初以景帝讳故，又采《周官》官名，置太宰，以代太师之任。"[1]隋朝为避隋文帝父名"忠"讳，改中书省为"内史省"，殿中改为"殿内"。唐朝为避太宗李世民名讳，改民部为户部。宋朝书写"贞观"年号为"真观"、"正观"，是为避仁宗赵祯名讳。

改医疗用语。唐代避高祖李渊讳，改人体穴位名"太渊"为"太泉"。

改文献与日常用语。宋人苏轼、苏洵为避祖父名"序"讳，将文章的"序"改称作"叙"、"引"、"题首"。

改公共设施名称。康熙时期为避"玄烨"之讳，将"玄武门"改成了"神武门"。

上行下效，政府官员为突出自己的权势和尊贵，有时也会

---

① 陈垣《史讳举例》，中华书局，2016年，第24页。

要求百姓避其名讳。"只许州官放火，不许百姓点灯"其实就是有关避讳的一则典故。

空字（省字）法。有时需要避讳的字一时难以找到替代的字，就出现省其字不写的情况，或者用"口"、"某"、"讳"来代替，即所谓空字法。如东汉许慎著《说文解字》时，避汉光武帝刘秀、明帝刘庄、章帝刘炟的名讳，把"秀"、"庄"、"炟"等字都用空格来代替，并注明"上讳"。

缺笔法。因所需避讳的字难以找到替代的字，或者为避免误读，唐代高宗时期出现了对要避讳的字进行缺漏笔画书写的避讳方式，叫做缺笔法。方法一般是缺漏一个字的最后一二笔。

代称法。古代人们对先代帝王或尊者大多不称其名，而是用庙号、谥号或者年号、尊号来代指。如用"杜工部"代称杜甫，用"王阳明"来称王守仁，用"曾文正公"来尊称曾国藩等。

（3）避讳学的应用

避讳制度具有鲜明的历史阶段标志，具有一定的实用价值，它可以用来帮助人们判断史料所属的历史时期，辨别古籍的真伪。避君王讳是当朝的事情，下一朝代不避上一朝代之讳。一般而言，某朝代因避讳而改的字，下一朝代大多会改回原字。但由于避讳而发生的诸如改字、空字、缺笔等现象，造成同一人物或事物在不同时期书籍上文字表述的混乱，给后人阅读和研究古代文献带来诸多不便。

避讳学是后人研究中国历史不可或缺的知识。由于数千年避讳制度的存在，造成的避讳现象不可胜数，所以自宋代以来出现了很多研究避讳学的学者和著作，并产生了一些经典作品。其中清代钱大昕所著的《十驾斋养新录》和《廿二史考异》中涉及不少避讳的条目，近代陈垣所著的《史讳举例》被誉为是关于避讳学的集大成之作。

2-1-5.历史研究的"四把钥匙"是指什么？

历史研究的"四把钥匙"指的是职官制度、历史地理、年代学和目录学。该学说是著名的史学家邓广铭先生在20世纪50年代提出的。"职官制度、历史地理和年代学"是用来分析历史的时间、地点、人物的工具。"目录学"是指搜集史料的门径的学问。这四把钥匙，是学习与研究中国古代历史入门的基本技能与方法，至今仍有较强的现实意义。

职官，即官制，主要指封建社会的政治制度。包括礼仪典章制度和官制职位等。中国古代的官制名称繁杂，内涵丰富，既有沿袭又有变革，内容涉及中央和地方官制，文官和武官系统，内朝与外朝，实职与虚衔，官员的选拔、考核、待遇、升降等。

历史地理主要指古代的地名、河道、海运、漕运、中西交通、行政疆域的划分等。历史地理知识的准确与否，直接影响着对历史知识或现象的空间定位，也直接决定着对历史知识、现象的准确理解。如秦汉时期史籍中有"关中"一词，指陕西省秦岭北麓渭河冲积平原，有渭河平原、关中平原等称呼。"关中"一词，最早见于司马迁的《史记》。一般认为西有散关（大散关），东有函谷关，南有武关，北有萧关，四关之中即为关中。《鸿门宴》："沛公欲王关中，使子婴为相。"①《过秦论》："始

---

① 西汉·司马迁著《史记》（上），第73页。

皇之心，自以为关中之固。"①这里的关中已经演变为函谷关以西地区之义了。

年代学，包括我国古代的天文历法、历法计算、纪年方法，还有古代各个皇朝的帝王年号等。它也使历史知识或现象有准确的时间定位，更加有史序。

目录学，主要是指掌握一定的目录系统知识，进而可以熟悉研究历史的基本史料、相关研究成果，以及如何查找的方法。目录学向来被誉为学习历史的"治学之门径"。清代史学家王鸣盛在《十七史商榷》中说："凡读书最切要者，目录之学。目录明，方可读书；不明，终是乱读。"②

2-1-6.中国古代主要朝代"国号"是怎么来的？

"国号"是指国家的名称，在古代指的是王朝或政权的名称。中国古代政权名称的由来主要有以下几种：

1.源于封赐。这是古代政权名称来源的主体，主要有夏、汉，三国时期的魏、吴，晋，南朝政权国号宋、齐、梁、陈，隋、唐、宋等。

国号"夏"，源于封号。大禹曾受封为夏伯，于是他建立的政权便被称作"夏"。范文澜则认为，禹的儿子启迁都到大夏（山西南部汾浍一带），"夏"由此得名。

国号"商"，源于封地。传说商人的始祖契，因助禹治水有功被封于商（今河南商丘南）。汤建立政权后定国名为"商"。

---

① 清·吴楚材、吴调侯编选，阙勋吾、许凌云、张孝美、曹日升等译注，陈蒲清校订《古文观止》，岳麓书社，2001年，第273页。

② 清·王鸣盛撰《十七史商榷》（上），上海古籍出版社，2016年，第68页。

盘庚迁殷（今河南安阳西北）后，又以"殷"或"殷商"并称。

国号"秦"，源于封地。据《史记》记载，秦人始祖伯益因辅助大禹治水有功，被舜帝赐"嬴"姓。周代时，伯益的后人非子因擅长养马而为周王所用，并因功得到周王赏赐，获赐领地"秦谷"，即今甘肃省天水市西南一带。秦国之名由此演变而来。

国号"汉"，源于封号。秦灭亡后，项羽成为西楚霸王，封刘邦为"汉王"，辖今天巴蜀、汉中地区。"楚汉之争"中刘邦打败项羽，重新统一中国，仍称其政权为"汉"。

三国时期，国号"魏"，源于受封爵位。汉献帝曾赐封曹操"魏公"、"魏王"爵位，曹丕代汉后便称"魏"，史称"曹魏"。国号"吴"，源于古代诸侯国名。孙权政权控制地区曾是春秋战国时期吴国的地域，故称"吴"。又因长江下游呈现西南至东北走向，其地理位置在长江以东，故称"东吴"。

国号"晋"，源于封号。曹魏皇帝封司马昭为"晋公"、"晋王"。其子司马炎继承他的爵位，代魏自立后，定国号"晋"。也有人认为，"晋"国号始于西周的诸侯国"晋"。

南朝政权国号"宋"、"齐"、"梁"、"陈"都源于封号。宋的建立者刘裕在东晋时被封为"宋王"，齐的建立者萧道成被宋封为"齐公"，梁的建立者萧衍被齐封为"梁王"，陈的建立者陈霸先被梁封为"陈王"。

国号"隋"，源于封爵。隋开国之君文帝杨坚的父亲叫杨忠，曾追随北周太祖宇文泰起兵且有功，被封"随国公"、"随王"。杨坚继承父亲爵位称"随王"，后代周自立，定国号为"随"。但杨坚认为"随"有走之意，担心影响其政权稳定，遂改"随"为"隋"。

国号"唐",源于封号。唐高祖李渊的祖父李虎,是北周的开国功臣,曾被追封"唐国公"。李渊世袭爵位以后,起兵推翻前朝政权,自立称帝,国号为"唐"。

国号"宋",源于受封官爵。后周时期赵匡胤被封"宋州归德军节度使"。960年,赵匡胤发动陈桥兵变,黄袍加身,定国号为"宋"。

2.源于生活地域的名称。主要有周,三国时期的蜀,辽、西夏。

国号"周",缘于地名。相传在古公亶父时周部落迁居于周原(今陕西岐山)。武王灭殷以后,定国名"周"。历史上周朝又分为"西周"和"东周"。其名称都来源于都城的地理方位。周前期建都于镐(今陕西西安西南),从地理方位上看镐在西方,史称"西周"。平王东迁后,定都洛邑(今河南洛阳),洛阳位于镐的东方,故称"东周"。

三国时期刘备称帝是以"汉"自称,为什么后人一般称为"蜀"?这是由其政权控制地区而得名。刘备政权控制地区是以四川为中心,包括湖北和陕西汉中一带。该地在历史上曾建立过古"蜀国",所以世人一般称刘备政权为"蜀"或者"蜀汉"。

国号"辽",原名"契丹",因居于辽河上游而得名。其国号"大契丹"与"大辽"交替使用。

国号"大夏",源于其居住地名。党项族拓跋部居于"夏州"(今陕西靖边县)。公元1038年,党项族拓跋氏李元昊建立政权,因定国号"大夏"。因其领地位于宋朝的西方,故宋人称之为"西夏"。

3.源于传说、典籍或宗教信仰。主要有元、明等。

国号"大元",取自《易经》中"大哉乾元",由忽必烈确定。元朝是"大元"的简称。"大"和"元"都是大和首的意思。

国号"大明",与宗教有关。一说是源出"明教"的"光明"之义。元末白莲教为宣传鼓动起义,宣称"明王出世",光明将战胜黑暗。另一说法是源出佛教。佛教中阿弥陀佛又称为"诸佛光明之王",简称"明王"。朱元璋自居为佛教的明王,所以确定国号为"大明"。

4.源于五行。主要有金、清。

国号"金",源于五行德运。宋朝时女真人受辽的压迫。"辽"字在契丹语中是"铁"的意思。为表示反抗,女真人将自己的政权命名为"金",表示比铁更坚强有力,可以压倒"辽"。

国号"大清",简称为"清",原名"金",1636年,皇太极改之为"大清"。其改名的原因是其认为依据阴阳五行相克的说法,"明"含有火的意义,"清"含有水的意义,水能克火。

2-1-7.中国古代王朝更替的"五德终始"是怎么回事?

"五德终始"学说,是中国古代文化的重要内容。五德,指木、火、土、金、水五行之德。一般认为"木"代表"仁","金"代表"义","火"代表"礼","水"代表"智","土"代表"信"。由于五行之间具有相克相生的关系,因而"五德"便能周而复始地循环运转,叫做"五德终始"。君王们将五行德性与王朝相结合用来解释皇朝兴衰、更迭的规律,进而论证其政权取得天下的合法性和必然性。

战国时期的邹衍将五行转化的规律推演到王朝更迭中，构建了天命轮回的政权更替学说。据《吕氏春秋·应同篇》载："凡帝王者之将兴也，天必先见祥乎下民。黄帝之时，天先见大螾大蝼（螾为蚯蚓，蝼为蝼蛄），黄帝曰：'土气胜'。土气胜，故其色尚黄，其事则土。及禹之时，天先见草木秋冬不杀。禹曰：'木气胜'。木气胜，故其色尚青，其事则木。及汤之时，天先见金刃生于水。汤曰：'金气胜'。金气胜，故其色尚白，其事则金。及文王之时，天先见火赤乌衔丹书集于周社。文王曰：'火气胜'。火气胜，故其色尚赤，其事则火。代火者必将水，天且先见水气胜。水气胜，故其色尚黑，其事则水。水气至而不知，数备将徙于土。"[1]作者用五行代表的五种德性之间相克相生的规律来解释黄帝到周文王的德运顺序。

五行相生关系是：木生火，火生土，土生金，金生水，水生木。从秦朝直至宋代，五行相生说一直是解释王朝之间兴替合法性的理论。

元朝以后，王朝更迭不再强调五行德运关系，而是看重执政的手段是否得当，即强调是否得天下以"道"；然而，五行德运的传统观念仍顽固根植于世俗社会中，对皇家和社会依然产生着重要的影响。

为确保大明政权稳固和持续，朱元璋的子辈名字中用字带有"木"字旁，如太子朱标、燕王（明太祖）朱棣，孙辈名字中用字带有"火"字旁，如皇孙（建文帝）朱允炆、明仁宗朱

---

① 汉·高诱注，清·毕沅校，徐小蛮标点《吕氏春秋》，上海古籍出版社，2014年，第251页。

高炽，再往后宣宗朱瞻基是"土"字旁，英宗朱祁镇是"金"字旁，宪宗朱见深是"水"字旁，形成了一个"五行"周期。而从孝宗朱祐樘开始，又是"木"字旁，开始新的一个周期。

时至今日，"五德终始"学说在民间的影响依然很大。

活动设计

A.小学

选题：模拟中国历史考古活动。

1.活动目的

（1）初步了解中国古代主要朝代的沿革。

（2）知道秦朝、唐朝、清朝发生的一些重大历史事件、人物和制度。

（3）通过活动培养学生热爱祖国历史，尊重先贤的情怀。

2.活动设计

（1）活动形式：分组进行考古模拟、探究竞猜，团队合作与个人争先并举。

（2）活动时间：1课时。

（3）活动场地：室内或室外。

（4）参加人员：全班学生。

3.活动准备

（1）教师准备历史事件、历史人物、典章制度、文化现象等不同类型的视频资料、图片资料、文字或PPT资料，王朝沿革的歌谣资料，秦朝、唐朝、清朝中央机构设置示意图等。

（2）教师利用教室墙体立面或室外岩壁模拟布置中国古代

史王朝的"文化沉积层"。

（3）按照实力均衡原则，将学生分成4个学习合作小组，组内做好分工。

（4）制定活动规则：设置必答题环节和抢答题环节，也可按照历史事件、历史人物、典章制度、文化现象设置竞赛环节。

①必答题环节：各组抽签决定发言顺序。每组每次推举一个答题人，依次轮换，直至每小组所有学生都答过一次为止。回答问题前有1分钟时间进行组内讨论。回答正确，每题加10分；回答错误，不加分。

②抢答题环节：选手自由抢答，分为A、B两轮。回答正确的加5分，回答错误或超时不答扣5分。

A轮：全部选手均可以自由抢答，但每人只有一次机会。

B轮：全部选手均可以自由抢答，每人不限次数。

③设置若干奖项，考古成果最佳组1个，先进考古工作者3名，辛勤探索奖3名。

（5）推选主持人，聘请教师评委。

4.活动实施

（1）活动实施：组织学生按照规则进行比赛。

（2）成绩汇总公布：将必答题和抢答题环节得分加起来，总分高者为胜；推选各项获奖者。

（3）表彰获奖学生，获奖学生发表感言，教师点评。

（4）课后作业：制作历史年代尺；撰写活动体会。

B.初中

选题：历史手抄报制作展评。

1.活动目的

（1）增加学生历史知识的积累，了解中国古代历史主要时期的阶段特征和重大事件的历史地位。

（2）了解报章的版式、规格等基本范式，知道对重要历史事件、人物评价的方法。

（3）了解主要朝代政治制度演变情况及其制度创新、历史作用，汲取历史的智慧。

2.活动设计

（1）活动形式：历史作品比赛，由教研组或学校处室或学生社团组织。

（2）参赛方式：全员参加，评选出优胜者，学生点评和专家评委点评。

（3）活动时间

①发动与准备：第一学年末的暑假。

②征稿与初选：第二学年的第一学期初。

③正式比赛：第二学年的第一学期末，展评活动用时1课时。

（4）活动场地：演播厅或会议室。

（5）参加人员：一个班级或年级全体学生。

3.活动准备

（1）在初一学年末，根据年级学生的认知水平和表达能力确定活动主题，并提出相关的具体要求。

（2）明确要求

①全体学生参加，利用暑假时间收集、整理资料，设计编写报纸作品，并在初二学年开学初上交。

②学生根据自己兴趣，按照要求进行选题，根据自己的选题收集资料，学生完成作品，按时上交。

③各班级组织人员对入围选手进行包装和打造。

（3）制定基本要求和标准

①所涉及的历史符合客观历史真实。

②思想性正确，做到史论结合，论从史出。

③主题鲜明，文字简洁，图文并茂，可读性强。

④版式、结构、要件符合报纸的基本要求，手工绘制，色彩丰富。

（4）奖项设置：设一、二、三等奖若干名。

（5）邀请专家、教师和学生代表组成评委会。

4.活动实施

（1）初二学年开学初收集学生作品。

（2）任课教师对作品归类，进行历史知识的甄别、初选。

（3）由专家、教师和学生代表组成评委会对作品进行评定，并形成书面评价资料。

（4）组织全年级学生参加获奖作品展示和点评活动。

（5）表彰获奖学生。

（6）布置延伸作业，撰写活动感悟。

（7）收集作品，集结成册。

C.高中

选题：历史课本剧编演。

1.活动目的

（1）掌握中国古代历史的主要阶段特征和历史地位，掌握历史演进的规律、线索和趋势，清晰、准确地掌握中国历史的演变情况。

（2）深刻感悟历史，呈现历史阶段特征，学会简单的历史评价方法，对重要历史现象、历史事件、历史人物有正确而独立的认识；展示历史人物的内心世界，塑造接近于历史真实的历史形象；实践对话、歌唱、旁白、动作等戏剧手段，学会一些历史与艺术相结合的表达形式。

（3）了解主要朝代政治制度演变情况及其制度创新、历史作用，汲取历史的智慧。

2.活动设计

（1）活动策略：以综合性活动丰富历史学习的方式，满足学生历史学习的个性化需求。

（2）活动方式

①全员参加。

②优胜者表演。

（3）活动时间

①发起与准备：高二第一学期期末的寒假。

②征稿与初选：高二第二学期初。

③正式展演：高二第二学期末，展演用时1课时。

（4）活动场地：大礼堂、演播厅或操场、草坪上。

（5）参加人员：全体学生。将全体学生分为演出团队、服务团队、热心观众三部分。

3.活动准备

（1）教师提前选定活动的项目，并对历史课本剧展演活动中的演职人员、服务人员及观众提出要求。

（2）学生根据要求进行选题，撰写剧本，上交剧本。

（3）聘请专家、教师组成评委组，对收到的剧本进行筛选，确定获奖剧本。

（4）整合学生资源，对剧本进行深加工，专家组对剧本进行史实把关和文学润色。

（5）教师组织学生构建演出团队，进行内部分工。

（6）剧组编演、排练，专家组进行艺术指导。

（7）制定规则，规范活动流程和具体运作行为。

（8）场地布置、器材调试、部门协调。

（9）邀请各方人员参加观摩活动。

（10）奖项设置：综合评委组、观众、家长意见评选出表演奖项。

剧本奖：设置最佳剧本奖1个、优秀剧本奖3个。

表演奖：设置最佳表演奖1个、最具人气奖1个、优秀表演奖3个。

服务奖：设置最佳奉献奖1个、优秀奉献奖3个。

4.活动程序

（1）历史课本剧展演活动。

（2）由评委组、观众、家长评选出各类奖项。

（3）向获奖者颁奖，获奖者发表感言。

（4）专家或教师对活动进行点评。

（5）家长代表谈参加活动的感受。

（6）布置延伸性作业：写出自己参加活动的感受或体会。

（7）收集整理资料，集结成册。

第二节　史籍钩沉

　　我们研究历史，了解前人的真实生活，以此来找寻人类发展的线索，探寻社会发展的规律，但要了解古人的情况，需要历史事实作为依据。历史事实的记录，就是史料。史料范围很广，文物、遗址等一系列实物都是非常重要的史料，它们可以直接再现古人生活场景，但受自然环境和人类活动的影响，这类史料能完整保存遗留下来的比较少。研究历史，我们更多的是依靠史籍资料。

　　史籍，按照字面的理解，就是记载历史的典籍，也称之为史书、历史文献，它是历史研究的重要资料。我国史籍数量众多，史料丰富。家族有各自的家谱、族谱，地方有各自的方志，历朝历代有各自的正史。历史研究者必须要学会阅读史籍。

　　"史"的本义可以理解为文字，按照这个广义理解，史籍又可以理解为一切用文字记载的书籍。

　　阅读史籍，应学会选择。中国的史籍太多，而每个人的时间都是有限的，要想全面阅读中国史籍几乎是不可能的，一般我们要先确定所要研究的问题，再根据问题有选择性地细致阅读相关的史籍。

　　阅读史籍，需要有辨别能力。古书往往有多个印刷版本，同一部书也可能有多个注释版本，我们需要仔细辨别，选择

"善本"进行阅读。

阅读史籍，并非易事，但不能因此而放弃阅读。只有掌握科学的读史方法，才能做到开卷有益、读史明智，增加自己的国学文化修养。

2-2-1. "二十四史"在史学中有什么地位？

"二十四史"是中国古代各朝撰写的二十四部正史的总称，包括《史记》、《汉书》、《后汉书》、《三国志》、《晋书》、《宋书》、《南齐书》、《梁书》、《陈书》、《魏书》、《北齐书》、《周书》、《隋书》、《南史》、《北史》、《旧唐书》、《新唐书》、《旧五代史》、《新五代史》、《宋史》、《辽史》、《金史》、《元史》、《明史》。在清乾隆朝时期，由皇帝钦定命名为"二十四史"，定名后，被合刻在一起出版，流传至今。

《史记》由西汉司马迁编写，记事始于传说中的黄帝时期，终于汉武帝太初年间，记录了大约3000年的历史，该书不仅具有很高的史学价值，而且具有很高的文学价值。

《汉书》作者是东汉班固，记事起于汉高祖元年，终于王莽地皇四年，历时229年。

《后汉书》所载之事自东汉光武帝到献帝，共195年的历史。其中主体部分的纪、传九十卷，由南朝宋范晔编撰；志三十卷，由晋代司马彪编撰。

《三国志》含《魏志》、《蜀志》和《吴志》三部分，作者是晋代陈寿。

《晋书》为唐代房玄龄等所编撰，记载了从司马懿到东晋恭帝时的历史。

《宋书》由南朝梁沈约编写，讲述了公元420—479年间刘宋的历史。

《南齐书》是南朝梁萧子显撰，记载南齐24年间的历史，是"二十四史"中唯一一部由前朝帝王子孙来编修前朝历史的作品。

《梁书》、《陈书》的作者均为唐代的姚思廉，《梁书》时间起讫为公元502年至557年，《陈书》时间起讫为公元557年至589年。《梁书》、《陈书》是现存记载梁、陈两代较为原始的史书。

《魏书》是北齐魏收撰写，记载公元4世纪末至6世纪中叶北魏王朝的史事。

《北齐书》是唐代李百药编，记载公元534至577年间史事，多用口语，叙述生动。

《周书》是唐代令狐德棻撰写，虽以"周"为题，但实际上记述了从公元534年东、西魏分裂到公元581年杨坚代周的共48年的历史。

《隋书》由唐代魏征和长孙无忌主持编修，史料价值很高。

《南史》、《北史》作者是唐代李延寿，《南史》记载了南朝宋、齐、梁、陈四代历史，《北史》记载了魏、齐、周、隋四代历史。

《旧唐书》的编著者是后晋刘昫，是现存最早的系统记录唐朝历史的一部史籍。

《新唐书》的编著者是北宋欧阳修、宋祁等，该书在内容上的贡献是补充了唐代许多新史料。

《旧五代史》是北宋薛居正等编写，五代各自成书，记述详细。

《新五代史》是北宋欧阳修撰写的,是"二十四史"中自唐代以后唯一的私修史书。

《宋史》、《辽史》、《金史》署名作者均为元代脱脱,其中《宋史》是"二十四史"中最庞大的一部官修史书。

《元史》是明代宋濂、王祎等人编撰,记载元代十四朝历史。

《明史》是清代张廷玉等人撰写,是"二十四史"中编纂时间最长的一部。

"二十四史"所涉内容包括政治、经济、军事、文化、科技等各个领域,可谓琳琅满目、蔚为大观,是传承中华文明的物质载体。

2-2-2.中国古代史籍编撰的体例有哪些?

体例就是文章的编写方式和组织形式。中国古代史籍的编撰体例大致有三类:第一类是纪传体,第二类是编年体,第三类是纪事本末体。

纪传体以记载各类人物的活动为中心,"二十四史"的体例都是纪传体,但进一步分类,还有区别,比如《史记》是通史,《汉书》是断代史。一般而言,纪传体史书包含五个部分,分别是:本纪、表、书、世家、列传。本纪记录朝代概况或帝王事迹;表记载重要历史事件发生的时间;书专门记载各种典章制度;世家主要记载诸侯世系,记述各诸侯国的历史;列传记述各时期将相大臣和社会各阶层代表人物的事迹。本纪是纲,世家和列传是补充说明,表是连接本纪和传的桥梁,反映历史发展的线索。后世编写纪传体史书，篇幅和内容上可能会有所调整，但结构上都没有突破这五个框架。纪传体实现了记事和记言的结合，描述比较具体生动，但也容易出现历史事件的重复记述。

编年体是按时间顺序排列历史事件进行记述的一种体式，是编写历史最原始也是最简便的方法。孔子编撰的《春秋》是我国最早的编年体史书，而司马光主编的《资治通鉴》是一部规模空前的编年体通史，其他的编年体史籍还包括起居注、日历和实录等。这种编撰体例叙事连续，有很强的时序性，但过于强调时间线索性，导致对于具体某一件事情的叙述不够完整和详细，这与纪传体正好可以互补。

纪事本末体是一种将原本分年记载但属于相同体系的事件集合成一个单元，侧重记述事件发展过程的体例，它以事件发展为中心线索。这种体例最早见于南宋袁枢的《通鉴纪事本末》，比较著名的有明代陈邦瞻撰写的《宋史纪事本末》、清代谷应泰撰写的《明史纪事本末》及高士奇编写的《左传纪事本末》等。这类体例既能很好避免纪传体的重复问题，又能克服编年体史实零散割裂的情况，之后成为很多史书的编写体例。但由于它是据事编书的，这类史籍在史料的丰富性方面是不及纪传体和编年体的。

三种体例各有千秋，互有长短，实际编写史籍过程中，史家会根据编写目的和内容进行选择。

2-2-3.中国古代怎样为史籍作注释？

我国历史悠久，时间跨度很大，后人在阅读前人作品时，常常因语言文字的发展、制度名物的变化、社会生活习惯的变迁等因素产生理解障碍。同时因书籍的残缺原因，也容易产生解读错误。这些情况下，需要有人对史籍进行专业性的注解和释意，帮助大众阅读者理解文本原意。注释古书是古代学者很热衷的一项工作。

就注释方法来说，一般分为五种。一是"传"，这种注释方式主要用于解说经文字词，阐释其大意。二是"笺"，它是对"传"进行补充订正，或是提出不同的注解意见。三是"章句"，这种注释方式不仅作逐词解释，还照应句意和全篇概要做更宏观的解析。四是"集解"，它是在融合各家学说基础上，加上注释者的意见进行注解。五是"疏"，这种注释方式不但对古书原文进行注释和分析，而且对前人所作的相关注释也进行考证和解释。

古代史书的注释是一个丰富的知识系统，是宝贵的文化遗产。这些注释者因与古书作者生活的年代相隔不远，文化隔阂不大，他们所作出的解释会比我们现代人更为准确。但现在我们在研究中如果需要引用这些古籍注释，仍需注意以下问题：第一，古人作注，有些人会借题发挥，把自己的理解和观点加进去，以便实现自己的某种意图，这样一来，注释可能会违背书籍编写者的原意，甚至完全歪曲原意；第二，古人遇到疑难词句，往往主观臆测，或望文生义，或增添字词，解释会较为牵强。因此我们在阅读注释时，不能盲目采信一种观点，需要多方阅读，寻找正确的解释。

2-2-4. "春秋笔法"与"太史公笔法"有什么区别?

"春秋笔法"是指孔子编撰《春秋》时采用的记述方式,"太史公笔法"则指司马迁编写《史记》时所采用的记述方式。两者都遵循一定的史籍创作原则,表现出了很多的不同之处。

"春秋笔法"大致有三个特点。第一个是"常事不书",一些属于常规性的活动、平常之事,一般不记入书中,比如《春秋》中很少有关于四时祭祀礼仪的记载,因为这在当时属于一般性的常规祭祀活动。第二个是曲笔避讳,《春秋》的编撰目的是为了"惩恶而劝善",但又基于真实性原则的要求,所以在记述有些事实的时候,会采取对该事件中不合编撰目的的内容隐藏不记的做法。《公羊传》对此的解释是"于外大恶书,小恶不书;于内大恶讳,小恶书"[①]。第三个是注重褒贬之词的用法,对事件和人物的看法用"一字之褒贬"来体现。后人也把这类写作手法称之为"微言大义"。所以,在阅读《春秋》时需要配合注释阅读,不然很难明白其义理。传统对《春秋》作注解的传书中,公认比较好的是《左传》、《公羊传》、《榖梁传》,合称《春秋》三传。

"太史公笔法"侧重强调作史有据,所记载事件必须有丰富史料依据,经过比较鉴别,有确实可信的材料才予以记录,否则宁可不写。有些实在无法考证的史实,则采用并存不废的方式,将多项材料一并保留记录,留待后人考证。同时要求文献资料应与实地调查材料相互印证。为撰写《史记》,司马迁对汉代

---

① 黄铭、曾亦译注《春秋公羊传》,中华书局,2017年,第42页。

以前的古书几乎无所不采，古代文献典籍、国家档案文书、文物遗迹、历史传说、当时见闻都是他的史料来源，他的足迹也几乎遍及全国。另外"太史公笔法"要求书籍编撰必须遵循"实录"精神，不夸大或美化事物，也不规避隐瞒丑陋现象，要求做到善恶必书，比如写刘邦，既写他知人善用、雄才大略的优点，也写他好酒好色、杀戮功臣的过错。因此，《史记》保留了非常多的可靠历史资料，成为了一部千古不朽的名著。

2-2-5.历史研究中如何了解远古时期人类的生活？

远古时代，文字还没有发明之前，我们该怎么研究那段历史呢？哪些可以作为研究史料呢？

1.出土文物考证。这些反映先民生活痕迹的文物是最为宝贵的史料，也是最为真实的史料。但由于这类文物的出土量很少，不能作为研究的唯一史料依据。

2.传说的分析研究。在文字发明以前，我们的祖先把经历过的一切重要事实，用口耳相传的方式进行传递。"古"字在《说文》中的解释是："故也，从十口。"[1]所谓古代的事情就是经过十口相传的事。历代口耳相传的事实经过后人不断的加工，就成为了传说。传说尽管有很多后人附会的东西，但也毕竟保留了当时的一些真实情况，可以通过比较分析研究，复原出相对客观的事件原貌。

3.甲骨文字形的考察。甲骨文是最早的成熟的象形文字。在文字的创制过程中，人们会很自然地把以前的活动痕迹保存

---

① 清·王筠撰《说文解字句读》，中华书局，2016年，第78页。

在文字中。有学者认为，甲骨文"昔"字，可能取意于"洪水之日"，并以此推断我们的祖先曾经遭受过洪水泛滥的大灾难。

2-2-6.中国古代历史学家需要具备哪些基本素养?

史籍是研究历史的重要工具，史籍主要是历史学家编撰的，在编撰过程中不可避免地会带上个人主观因素，而且官修的正史经常要受到政府的监管。历史学以求真为目的，如果研究中没有了客观性和科学性，那么历史的研究也就失去了意义。所以，从古至今，中国都很重视史学家的基本素养。

唐代刘知几第一次对史学家的品质和需具备的条件作了明确的阐述，他认为史学家必须要具备"学"、"才"、"识"三种素质，合称"史才三长"。"学"是指史学家应掌握广博的历史知识，特别是要有丰富的文献资料;"才"是指史学家分析文献资料的能力和编写书籍的文字表达能力;"识"是指史学家独立的见解和忠于史实的个人品格。清代章学诚在《文史通义·史德》中把史学家的人格论述为"史德"，"德者何? 谓著述者之心术也……盖欲为良史者，当慎辩于天人之际，尽其天而不益以人也"[①]。明确提出作为史学家不仅要有秉笔直书的精神，而且还要有敬业精神，要以强烈的责任感和使命感来编写史籍。学、才、识、德，就是史家所应具备的素养。

2-2-7.如何指导学生进行史籍的有效阅读?

中国历史悠久，史籍浩如烟海，作为学生，平时遇到问题

---

① 清·章学诚著，叶瑛校注《文史通义》，中华书局,1994年，第219—229页。

需要查阅史籍或者在闲暇之日决定认真研读史籍时，往往因阅读量及阅读能力所限，会碰到史籍选择困难或史籍阅读障碍等情况。为有效阅读史籍，建议参照以下方式进行：

1.书籍选择。事先根据所要研究的事件和年代，利用互联网和书目索引，搜寻相关史籍，选择适合自己的版本。现代人在研读古籍时会因为自身古文水平有限产生阅读困难，这就需要挑选白话文翻译本或者注释本，降低阅读难度。这些书籍要特别注意翻译者、注释者的情况，好的翻译、注译本能起到事半功倍的效果。

2.基本阅读。在阅读过程中，应注意掌握史籍作者、史料来源、编撰方法、史籍评价等一些基本信息，在深入研究之前，先了解该史籍的基本框架和结构。

3.分类、比较。很多史籍可能都会记录同一件事件和内容，我们在阅读时，就可以按类别把这些书籍集中起来，这样既可以节省阅读时间，也可以在阅读中随时比较各书的记载内容，相互参证，从而获得更客观全面的认知。

4.手抄段落。在阅读中遇到精彩内容或者存疑内容，就手抄摘录下来，一来便于加深印象，二来也便于日后的援引使用。阅读笔记做好了，也能帮助日后进行温习。

❦活动设计❧

A.小学

1.建议

背诵中国经典史籍的相关知识。

2.活动设计

（1）创意：史籍知识连连看。

（2）目的：培养学生阅读史籍的兴趣，以及初步阅读原著的能力。

（3）策略：根据不同年级儿童认知特点，设计不同的兴奋点，通过游戏活动，激发学生学习热情。

（4）时间：一节课。

（5）场地：教室内。

（6）人员：班级的全体同学（分成若干小组）。

（7）组织：班委及各小组组长。

（8）主持：科代表/文艺委员/学习委员。

（9）裁判：2名，也可以邀请老师参加。

3.活动准备

（1）根据年级确定知识范围和难易程度。

（2）按照"实力均衡"的原则，分成若干小组，并选举产生组长。

（3）事先准备好四块知识连线的答题板（每块题板可以出5—8道题，每块考察不同的史籍阅读要求，比如第一块是作品与作者的对应，第二块可以是作品与作品特点的对应，第三块可以是作品与记载史实的对应，第四块可以是作品与书写片段的对应）。

（4）奖励：游戏设置总成绩前三名奖，并给予奖品奖励。

（5）器材：记号笔，大卡纸。

4.活动程序

（1）主持人宣布游戏的比赛规则。

（2）主持人宣布裁判名单和职责。

（3）工作人员分发答题板。

（4）每一块题板给予各小组1分钟的时间完成连线。

（5）除第一块题板以外，另外三块题板要求学生完成后陈述连线的理由。

（6）下课前5分钟结束比赛，统计得分。

（7）任课老师作游戏比赛点评。

（8）宣布获奖名单，并颁发奖品。

5.活动规则

（1）每块题板必须在1分钟内作答完毕。

（2）小组内合作答题，可以商量。

（3）一块题板上的所有问题全部答对的，奖励25分。

（4）作答超时或答错一题，扣除5分，以此类推，一直扣完25分为止。

（5）最后统计四块题板的所得分数。

（6）最后根据总分多少决定优胜团队，如遇分数一致的情况，则根据答完四块题板的用时多少来决定胜负。

B.初中

1.建议

仿写史籍内容，依据一定的体例和文风，写人物小传记，培养学生的动手实践能力。

2.活动设计

（1）创意：编写你的家谱，写1—2篇人物小传。

（2）目的：深入了解史籍作用，训练历史意识与历史书写能力。

（3）策略：以课后作业方式进行布置。

（4）时间：一个月。

（5）人员：班级全体同学。

3.活动程序

（1）事先利用一定的课时对于家谱构成要素进行介绍，并提供样本。

（2）安排学生回家进行采访，获知家族情况，做好采访录音。

（3）根据样本要求，编写家谱。

（4）组织评审及相互交流，交流编制过程中遇到的困难及收获。

（5）优秀作品编辑成册。

4.活动规则

（1）活动需要学生单独完成，家长及教师可以进行指导和建议，但不能代替编写。

（2）可使用图书馆和网络资料进行补充。

（3）家谱成稿后需同时提供所有编写时的原始素材资料。

C.高中

1.建议

完成5部左右史籍原著的阅读，能据某一本书内容撰写读书心得或围绕一件事情撰写历史小论文，培养学生的理性分析能力。

2.活动设计

（1）创意：读书交流会。

（2）目的：引导学生进行理性思考阅读，形成一定的史料辨析能力和总结归纳能力。

（3）时间：一个学年。第一学期布置阅读任务，学生做好阅读笔记，进行独立思考；第二学期每月安排一节课举办主题读书交流会。交流会结束之后，整理发言交流文字，装订成册。一学年结束后，如果文章数量丰富，则编订论文集。

（4）场地：室内外均可。

（5）人员：全班同学参加，其中选举出2—3个同学作主题发言。

3.活动准备

（1）布置阅读内容：基本在"二十四史"范围内选择。

（2）教师帮助推荐相关史籍的辅助阅读注释版本和论文。

（3）要求做好阅读笔记摘记和阅读心得书写。

（4）器材：笔记本、电脑。

4.活动程序

（1）主持人介绍本次交流的中心议题，介绍主题发言的同学。

（2）作主题发言的同学介绍研究心得及收获。

（3）其他同学作交流和提问。

（4）教师嘉宾作总结点评。

（5）活动结束后选出优秀发言稿。

（6）一学年结束后收集所有优秀的发言稿集结成册。

5.活动规则

（1）阅读、写作过程中可以集体讨论，也可以独立思考。

（2）可以参考、借鉴、引用其他人的相关见解。

（3）用于交流的发言稿不能在网络上抄袭。

第三节　人物事件

　　历史，一般指人类社会的历史，它是记载和解释一系列人类活动进程中的重大事件的一门学科。这些人和事，既是历史本身的组成部分，也是我们观察历史进程的视角。从何种视角观察中国历史上的人物和事件是本节要探讨的主要内容。

　　本节将人物和事件分开。前一部分以"如何评价历史人物"为线索展开，后一部分以文明史观为主要依托，简要阐明我们对中国历史上的政治文明、物质文明和精神文明的重要制度和事件的理解，围绕君主专制中央集权制度、重农抑商政策和中国传统文化主流思想三大话题展开探讨。

2-3-1.如何看待秦始皇的"焚书坑儒"？

　　"一些儒生和游士引用儒家经典，借用古代圣贤的言论批评时政。在秦始皇三十四年（公元前213年）关于郡县制的辩论中，丞相李斯斥责儒者依古制实行分封的主张不合时宜。他建议：除秦国官定史书《秦记》以外，其他各国的历史记载都予以烧毁；除了博士官所负责管理的文献以外，天下有私人收藏《诗》、《书》、百家语者，都必须上缴政府予以烧毁；胆敢私下讨论《诗》、《书》的人，处以死刑；以古非今、私藏禁书的，诛灭其家族。而医药、卜筮、种树等有实用价值的书籍，不在禁、烧之列。李斯的建议得到秦始皇的采纳。焚书之后不久，秦始皇疑心一些儒生散布反对自己的言论，于是下令将这些人逮捕审问，并将违犯禁令的460余人坑杀于咸阳，以警告天下的文化人。"

以上出自人民教育出版社高中历史必修三中"'焚书坑儒'批判"一节。书本所言过于简略，我们不禁还是要产生如下疑问：李斯主张"焚书"到底和"郡县制"、"分封制"有何关联？秦始皇为何要将散布反对自己言论的人坑杀？这些被坑杀的人全是儒生吗？

对于第一个问题，我们认为，齐地博士淳于越提出应当实行分封制是出于政见不同，但是李斯的一番言论导致了问题的进一步升级。李斯认为，实行分封的主张，从根本上说是儒者倡导遵行古制，就是否定当权者的思想；再者，而今天下已经平定，法令出于皇帝，如果让各种学派公然质疑国家的法令，批判当世之政，惑乱民众之心，而不加制止，上则损害皇帝的威望，下则扩大私党的影响，因此应当严厉禁绝。秦始皇基于商鞅变法以来秦国"轻儒"的传统，及全国初定、人心不服等原因，深以为然。所以，原本只是政见不同，现在却引来一场为加强专制的文化浩劫。

对于第二个问题，我们认为，这与一部分术士诓骗、议论秦始皇有直接关联。秦始皇为求长生，用巨资资助卢生、侯生等术士求仙药，结果术士们找不到仙药，携款逃跑。而且他们议论秦始皇专断独权，并传到了秦始皇耳中。秦始皇一怒之下要求严查，牵连出460多人，全部被活埋。而这460人是否都是术士，学界有争议，《史记·儒林列传》有如下记载："及至秦之季世，焚诗书，坑术士。"①

明代思想家李贽在他的《史纲评要》中说："（李斯建议焚书的上书）大是英雄之言，然下手太毒矣。当战国横议之后，势必至此。自是儒生千古一劫，埋怨不得李丞相、秦始皇也。"②

2-3-2.对隋炀帝的传统评价与现代评价为何有所不同？

说到隋炀帝，人们马上会联想到"暴君"一词，因为他兴建东都、开通运河、三下江都、三征辽东，导致民不聊生，爆发了大规模的农民起义。但历代以来，也有人评价隋炀帝时并不局限在"荒淫残暴"一词上，反而赞叹隋炀帝给后世留下了宝贵遗产——大运河。今天的隋唐史学家对隋炀帝有"暴君不掩雄主"的评价。为何历来人们对隋炀帝的评价不一呢？

首先，历史人物本身具有复杂性。隋炀帝给自己定的年号叫"大业"，足见其雄心壮志。但某些雄壮之主往往好大喜功，又因生命无常，这些"雄主"们往往有"毕其功于一役"的想法。隋炀帝新建东都用时仅10个月，开通两千多千米的运河耗时仅6年，加上三下江都和三征辽东，总计他征发的民夫大概占到总人口的四分之一。短时间内大量征集民力，必然导致劳民伤财，于是群雄并起、众叛亲离，他终于被自己的"大业"压垮了。

---

① 西汉·司马迁著《史记》（下），第824页。

② 明·李贽评纂《史纲评要》，中华书局，2008年，第59页。

其次，评价标准不一。当时的人们切身感受到了隋炀帝暴政所带来的痛苦，自然对之千万指责。而后世的人们经过历史的沉淀，对隋炀帝的评价也相对中肯与客观。

其三，是后来的朝代寻求改朝换代合法性依据的结果。中国古代，一般是后朝给前朝修史，这其中就涉及后朝皇帝评价前朝皇帝的问题，如隋炀帝给陈后主上的谥号为"炀"，而到了唐朝，为了羞辱杨广，唐朝君臣给他上的谥号也是"炀"，因为只有突出其暴虐的一面，才能凸显自身的合法性。对历史人物，我们要进行全面分析和评价，不能简单地肯定或否定。在评价中要史论结合，做到两点论（兼及功过）、重点论（立场明确）的统一。

2-3-3. 如何看待君主专制中央集权制？

君主专制中央集权制度包含"君主专制"与"中央集权"两个概念。君主专制主要是指皇帝个人的专断独裁，集国家最高权力于一身，从决策到实施，大权在握，独断专行。中央集权则是相对于地方分权而言，主要特点是地方政府在政治、经济、军事等主要领域都必须服从中央政府的命令和控制，没有独立性。秦始皇确立了中国的君主专制中央集权制，这套制度主要包括皇帝制（核心）、三公九卿制和郡县制三大制度，并配以相应的监察制度和选官制度。

在这个制度的运作过程中，长期伴随着君权与相权、中央权力与地方权力两对矛盾。汉代的中外朝制度、隋唐的三省六部制、宋朝的二府三司制、明朝的内阁制和清代的军机处设置，总体上体现了分割相权集中到皇帝手中的特点。而从郡县两级制到东汉州郡县、唐代的道州县、再到元明清的省制，虽然偶有地方权力扩大的情形，但总体上还是体现了分割地方权力集中到中央的特点。总之，二者均以分权的方式达到集权的目的。这一制度曾在中国古代的早中期起过非常积极的作用。它有利于维护国家统一和稳定，开拓疆域；有利于组织大规模建设，促进经济发展；有利于推动先进的生产技术和文化的传播。而在古代晚期，该制度阻碍社会进步的一面逐渐显现，导致了近代中国的落后。

📜 2-3-4. "重农抑商"中的"抑商"是抑制商业吗？

"重农抑商"是中国封建社会统治者推行的一项重要的经济政策，与中国古代社会的农业、手工业和商业的发展息息相关，影响深远。

要了解"抑商"的内涵，必须追溯"重农抑商"政策的源头。关于这一政策的最早实践，大多数学者认为是在战国时期，特别是商鞅在秦国变法时明确制定了重农与抑商相结合的一套完整的政策，由此形成了历史上的"重本抑末"政策。商鞅的抑商政策主要有两种方式：一是国家加强对经济的控制和垄断（如实行盐铁专卖），干预私营商业的发展；二是征收重税提高从商的成本。商鞅"抑商"政策的内涵是"抑商人而存商业，退私商而进官商"，并非要抑制商业发展。商鞅变法时的"抑商人"以经济手段为主，如征收商税，这一方式在历朝有不同程度的体现。但从汉代以后出现了以政治手段来"抑商人"的方式，这就是贱商令。所谓"贱商令"就是在法律上对商人的政治权利和社会地位进行诸多限制。

"抑商人"的同时却是"存商业"。以汉代为例，西汉初期统治者颁行了严格的贱商法令来限制商人的社会地位，但同时为恢复社会经济却推行了利于私人商业发展的政策，如"开关梁，弛山泽之禁"[1]、"纵民得铸钱、冶铁、煮盐"[2]，即放任私人从事冶铁、煮盐等工商业经营，甚至允许自由铸造货币。另外，商鞅变法时为了抑制富商大贾而采取的"盐铁专卖"，在以后历朝的专卖政策中内涵也发生了变化，即从最初的排挤私商到允许私商参与其事，政府逐渐退出生产和经营的环节，国家直接控制和干预程度下降。因此，从"退私商进官商"的角度而言，各代实行的专卖政策并未始终贯彻商鞅时"抑商"中的"抑制富商大贾"的这层涵义。综上，"抑商"并非"限制商业和手工业的发展"，历朝从未出现过抑制商业正常发展的政策和法令。"抑商"政策的用意最初是重在抑制富商大贾和从商人口过多，后代王朝并非一成不变地继承"抑商"政策，而是会基于时代变化和政府利益而适时调整。

2-3-5.王安石变法为什么会失败？

王安石变法，是北宋神宗时期由王安石发动并得到朝廷支持的一场社会改革运动，又称熙宁变法、熙丰变法。变法自熙宁二年（1069）开始，至元丰八年（1085）宋神宗去世结束。变法的主要目的在于改变北宋建国以来积贫积弱的局面，推动社会的繁荣和国家的强盛。王安石变法的功过是非，九百多年

---

[1] 西汉·司马迁著《史记》（下），第884页。

[2] 汉·桓宽撰，陈桐生译注《盐铁论》，中华书局，2017年，第53页。

来不乏褒贬议论，这是一桩几经变动而又难以了结的历史公案。结合变法内容中的一项——"青苗法"，试对变法失败的原因作如下分析。

"青苗法"是指每年春夏两季青黄不接时，政府贷款或谷物给农民，收获后还本付息。这就使农民在耕种、收获季节不至缺乏种子和粮食，又可以免受民间高利贷盘剥。但这个出发点很好的制度在具体执行过程中出现了问题。首先，一次借贷20%的利息，且一年借贷两次即40%的年利率显得过高。其次，不论农民是否需要，而"一刀切"的做法过于简单，甚至变成了强行摊派。其三，用农业信贷来考核官员的政绩，加剧了强行摊派。在"青苗法"执行的过程中，许多贫困农户既要受原先高利贷的盘剥，又要缴纳政府的利息，苦不堪言，这一情形也间接导致土地兼并加剧。现实和理想之间的差距越来越大。

此外，变法中有一些不可忽视的问题。

其一，变法的超前性。变法是出于政治需要，而不是商品经济发展的需要。对这次变法的经济内容，历史学家黄仁宇评论道："在我们之前九百年，中国即企图以金融管制的办法操纵国事，其范围与深度不曾在当日世界里其他地方提出。……现代金融经济是一种无所不至的全能性组织力量，它之统治所及既要全部包涵，又要不容与它类似的其他因素分庭抗礼。"[1]也就是说要实现变法成功，需要一个极其具有活力的市场和金融体系，这是重农抑商的王朝所不允许的。

---

[1] 黄仁宇著《中国大历史》，生活·读书·新知三联书店，2007年，第155页。

其二，新法实行过程中背离了"民不加赋而国用饶"①的原则。王安石的为国"理财"，实际上主要是夺商人、地主、富农之利归国家财政，是为了重新分配财富。这使他几乎把整个社会特别是社会的主要力量即新兴地主阶级作为"取财"的对象，因而在新法推行时，它损害了社会各阶级、阶层，特别是社会精英集团的利益，导致变法失去社会基础。在农业社会生产力水平相对稳定的前提下，王安石"开源"式的理财措施必然导致"加赋于民"。

另外，王安石急于求成、用人不当，以及反对派过于强大也都是变法失败的原因。

2-3-6.明末清初三大思想家主要有哪些思想贡献？

明末清初三大思想家黄宗羲、顾炎武、王夫之不约而同地批判过君主专制。黄宗羲主张"天下为主，君为客"、"君臣平等"、废专制的"一家之法"，建"天下之法"。顾炎武提出"众治"的主张，指出"亡国"与"亡天下"之别。他认为"亡国"是朝代的更替，"亡天下"则是民族的灭亡，特别是优秀传统文化的灭亡。所以他建议兼用分封制和郡县制，以达到分权和集权的平衡，从而限制君权。所以，梁启超把顾炎武的主张概括为"天下兴亡，匹夫有责"②。王夫之猛烈地批判"孤秦"、"陋宋"，其"孤"、"陋"的原因就在于历代帝王把天下当作私产，置一己私利于天下大利之先。由此王夫之也主张限制君权，"循

---

① 北宋·司马光《传家集》卷四二《迩英奏对》，影印文渊阁四库全书本。

② 清·顾炎武著，黄汝成集释，栾保群、吕宗力校点《日知录集释（全校本）》，上海古籍出版社，2006年，第756—757页。

天下之公"①。

　　黄、顾、王三位都主张经世致用,如黄宗羲提倡工商皆本,顾炎武提倡实学,王夫之更是立足对传统文化和西学钻研,主张"天地之化日新"②,他力图摆脱用"理(道德)"来解释历史,力求从纷繁复杂的历史运动中去揭示历史规律,从而达到经世致用的目的。他们的相同之处是,都力图摆脱被官方利用的理学的影响,从先秦儒学中寻找根据,如黄宗羲想象的"三代学校"有议政、裁判的作用,顾炎武的"寓封建之意于郡县"③也是如此,而王夫之则更加明确地指出"六经责我开生面"④,即是儒家传统(或中华文化)让"我"有接续圣人之道、为万世开太平的责任。

活动设计

A.小学:

1.建议

(1)购买并熟读有关《三国演义》人物故事的书。

(2)利用网络搜集三国人物故事。

(3)组织观看与三国故事相关的影视资料。

---

　　① 清·王夫之著《读通鉴论》(下)卷末叙论一,中华书局,1975年,第1106页。

　　② 吴乃恭《论王夫之"乾坤并建"的宇宙生成发展说》,《孔子研究》2000年第4期,第90—99页。

　　③ 瞿林东《顾炎武的社会理想及政治学说——读〈亭林文集〉郡县论及相关诸论书后》,《苏州大学学报》2013年第5期,第1—8页。

　　④ 张岱年主编,衷尔钜著《王夫之》,吉林文史出版社,1997年,第365页。

2.活动设计

（1）创意：三国故事大PK。

（2）目的：激发学习历史的兴趣，培养良好的听课、阅读习惯，渗透团队的合作意识。

（3）时间：两节课。

（4）场地：教室（可让学生绘制三国人物布置教室）。

（5）人员：班级的全体同学。

（6）主持：学习委员。

（7）裁判：相关学科教师。

3.活动准备

（1）教师制作三国故事卡片，并附上简要说明。

（2）按照平时表现，依据均衡原则，分成若干小组，并选举产生组长。

（3）学习委员事先召集各组组长，共同制定游戏的比赛规则。

（4）游戏设置总成绩前三名奖，还可以根据需要设置最佳团队奖、最佳勇气奖、最佳创意奖、热情志愿者等荣誉奖（目的是让参加者都享受快乐，都有成就感，都有进步）。

4.活动程序

（1）主持人宣布游戏规则和裁判职责。

（2）在黑板上写下今天涉及的所有故事。

（3）主持人说出第一组人物（如：刘备、关羽、张飞），各组同学需按照手中持有的卡片讲故事。（如某组有"三英战吕布"，某组有"桃园三结义"，提到某一组的故事，组员都必须站起来，并介绍故事，站对、故事内容讲对得5分；站对、故事内容讲错得3分；站错，如他们手中牌为"苦肉计"，与刘、关、张无直接关联，扣1分；若该发言未发言，则扣3分）。

（4）这一轮发言完毕，由主持人启动下一组人物。

（5）下课前5分钟结束比赛，评委统计得分。

（6）宣布获奖名单。

5.活动规则

（1）每小组基本分为100分。

（2）小组内合作答题，可以商量，并且允许组员合作把故事讲完整。

（3）具体规则见上述活动程序。

B.初中

1.建议

（1）阅读古今中外10本人物传记。

（2）了解乡土历史——阅读影响本地区发展重大事件的相关史料。

2.活动设计

（1）创意：历史剧大赛。

（2）目的：培养同学对历史的兴趣，增进对历史人物、历史事件的了解，激发对历史的思考和感悟。丰富同学课余生活，营造同学间合作互助的友好氛围。

（3）时间：三节课（决赛阶段）。

（4）场地：学校剧场。

（5）人员：班级全体同学。

（6）主持：学校文艺骨干。

（7）评委：相关教师。

3.活动准备

（1）每次比赛阶段前事先给每班分发通知单，确保信息透明、传达及时。

（2）由历史社团负责成立历史剧大赛领导小组，分工处理不同阶段的任务。

（3）活动设置一等奖1名、二等奖2名、三等奖3名及单项奖若干。

4.活动赛程

（1）初赛采用剧本审稿的形式，对内容严重脱离史实、浮夸恶搞等相对不佳的剧本进行删选（初赛采用淘汰少数的方式，如13进10）。

（2）半决赛采用视频参赛形式。参赛班级需录制完整视频交予主办方进行评比，淘汰率为40%。

（3）决赛采用正式场地比赛形式。

决赛程序由以下环节组成：

①主持人宣布比赛规则。

②主持人宣布评委名单。

③依据抽签顺序表演。

④权威老师点评。

⑤宣布获奖名单。

5.评分细则

历史剧表演决赛评分标准

评价项目		评价要点
剧本 40%	1	选材合适，具有正确的历史观和价值观，体现时代精神，具有较强的教育意义。
	2	剧情发展合理，既尊重历史，又有合理的创造。
	3	文字表述清晰、流畅，有文采，人物语言（台词）个性化。
	4	历史人物性格鲜明。
表演 30%	1	神态自然、声音嘹亮，能形象生动展现人物性格，有艺术性。
	2	感染力强，能较好带动现场气氛。
	3	整体流畅度好，各幕各场转换自然，整体表演流畅。
服装 10%		基本符合历史真实和人物的身份特征。
场景 10%		符合剧情发展的环境布置，道具设计体现时代特征，运用得当。
音效 10%		发挥烘托、渲染效果，调动观众情感。

C.高中

1.建议

（1）合作编写校本教材，内容为历史课本中未涉及但重要或大家感兴趣的历史人物、历史事件。

（2）参观、考察、调研本地的重要人物故居、活动场所遗址。

2.活动设计

（1）创意："盛世的透视"学术研究报告交流。

（2）目的：引导学生学会研究型阅读，培养历史的逻辑思维（特别是批判性思维）能力，掌握并运用正确的思维方法，学会正确的历史理解和解释的方法。

（3）时间：一个学年。第一学期给出参考书目，布置阅读，形成研究论文；第二学期每周用一节课展示两个同学的研究报告；全部结束之后，在老师和相关专家的指导下，修改完善研究报告。

（4）场地：室内外均可。

（5）人员：每节课出场两位同学，老师和其他同学做听众兼评委。

3.活动准备

（1）对历史上的盛世从古至今做一个排列，然后从古籍或相关书籍中寻找盛世相关内容。

（2）研究盛世出现的背景、主要人物、相关制度、民族关系、对外交往、深远影响等等。

（3）在对不同盛世进行系统的研究之后进行分析和概括，找出自己要深入研究的一个盛世或该盛世中一个帝王的统治时期，并概括出对该盛世或时期评价的基本观点。

（4）再做延伸阅读，为自己的基本观点寻找更丰富的支撑。

（5）完成"盛世的透视"研究报告。

（6）器材：电脑、iPad等移动设备。

5.活动程序

（1）介绍自己的研究方向和阅读过程。

（2）介绍研究成果（自己的阅读收获，这部分是重点）。

（3）自己在研究中的困惑或者质疑。

（4）接受其他同学对该研究领域的提问。

6.活动规则

（1）阅读过程中可以讨论，但是写作过程中必须独立完成。

（2）可以参考别人的相关学术成果，但是必须注明出处。

（3）答辩者至少要回答同学提出的三个问题。

（4）每篇报告应由教师或相关专家写评语。

补充：每节课结束后，全体同学都要给两位同学的报告打分，记录优点和不足，并及时反馈给报告者。学期结束后评选十大优秀研究报告，并安排展出；收集所有同学的研究报告集结成册；将优秀报告的作者集结，独立或共同完成"盛世的透视"研究论文，积极参加各类评比，争取在相关刊物上发表。

第四节　机构与职官

　　中国古代国家的行政机关，一般由中央和地方两个部分组成。职官，是指在政府机构中担任一定职务的官吏。中国古代职官制度经过几千年的发展和演变，逐步形成了一整套脉络清晰、功能齐备的职官系统，因此成为中国古代政治制度的重要组成部分。由于中国古代不同朝代政府机构建置不同，导致职官设置变革频繁，内容十分复杂。掌握职官演变方面的知识，对于了解和研究中国古代历史具有重要的参考作用。在中国古代，政权机构中地位最高的职官当属君主。丞相作为古代辅佐君王处理事务的官职，最初是由国君的家臣发展起来的，这一情形带有"家国同治"的特点，它的存在始终伴随着辅佐君王与制约君权的历程，体现了君相之间依存和矛盾的关系，直至明太祖时废除丞相。夏商周三代时期，中央的官职有政务官、宗教官、王室宫官、事物官四大类。周朝中央到地方的官员世袭，确保贵族统治的政治秩序稳定。秦朝在中央设置"三公九卿"，地方置郡县，中央到地方的百官职位都由皇帝任免，开创了官僚政治取代贵族政治的新时代，奠定了后世政治制度发展的基础。中国古代地方政府的机构和职官多因为朝代的变革而发生变化。秦朝实行郡县两级管理体制。后世出于加强中央集权的需要，地方政府的层级设置越来越多，职务上的分工越来越细，机构日益庞大，实现了国家权力的高度集中。

2-4-1.中国先秦时期的政治制度有什么特点？

一般认为，中国国家制度创始于夏代。作为中国古代史早期的夏商周时期历时大约一千七百年。先秦时期的政治制度有以下特点：

1.王权与神权密切结合，君王利用神权来维护王权。在生产力低下的时代，人们对一些自然现象缺乏正确的理解，因而国家政权的稳固与重大活动的开展，都离不开神灵的护佑，故有"国家大事，在祀与戎"①的说法。所以祭祀活动是国家政治生活中不可或缺的内容。传说尧传位给舜的时候，曾问计于四岳（掌宗教祭祀），四岳一致推崇舜，说明神权服务于王权。正因为如此，中国早期历史社会，神权和王权能有效地结合在一起。至周朝，人们构建并发展了天命观念，故周王有了"天子"的称谓。同时，中国古代是崇尚贤人、贤德政治秩序的时代，而传说中的尧舜禹，以及夏商周的开创者都被认为是圣人，他们治理下的社会有良好的秩序。古代祭祀活动的主体是国家（部落集团），主祭者是王（部落集团首领），因而"巫"、"祝"等从事祭祀活动的神职人员，都围绕在王的周围。这就形成了中国早期社会在王权的干预下，神权从属于王权的特点。

2.以血缘关系为纽带的宗法制度，形成国家的政治等级秩序结构。周代实行宗法制度与分封制度，两者互为表里共同来维护贵族的世袭统治。宗法制度是由父系家长制演变而成，到

---

① 杨伯峻《春秋左传注》（卷二），中华书局，2000年，第861页。

周代逐渐完备，逐渐形成五代以内的血缘亲疏关系和"五服"礼仪。分封制度指的是"众建诸侯，裂土为民"①，分封对象包括王族子弟、功臣和先代贵族后裔三类人，以姬姓为主体。周王称天子，天子最大，天子分封诸侯，诸侯分封卿大夫，他们的职位可以继承，继承人是嫡长子。周代通过实行宗法制度和分封制度，形成以血缘为纽带的宗法等级制度。周王朝从中央到地方的各级官职的统治权力都是世代相袭，形成了"世卿世禄"的贵族政治统治局面。在宗法制度的社会环境下形成了"家国同构"的显著特征和政治文化。"家国同构"即家庭、家族与国家在组织结构方面具有共同性。"家国同构"，中央政府设有专司王族服务的官职或机构，如商朝"宰"是王室的总管，"臣"负责管理各项具体事务；周代的"相"负责辅导君主礼仪，"宰"、"太宰"或"冢宰"总管王家事务，"师"或"师氏"负责王宫警卫并教习武艺，"虎贲（bēn）"是王宫的卫士。

3.最高执政集团尚未实现权力的高度集中。中国古代对先秦时期最高统治者的称谓，夏商周多称"王"（或"后"）、天子。"王"起初是对氏族或部落首领的称谓，其地位逐渐走向"至尊"。林沄在《说"王"》中说，"王"字本像斧钺形，是表示军事统率权的。②周朝时，人们构建并发展了天命观念，故周王也有了"天子"的新称号。周代通过分封制度，取代了商代的方国联盟的国家构建，地方权力的来源由世袭神意变为受命于

---

①　清·吴楚材、吴调侯编选，阙勋吾、许凌云、张孝美、曹日升等译注，陈蒲清校订《古文观止》，岳麓书社，2001年，第281页。

②　林沄《说"王"》，《考古》1965年第6期，第311—312页。

周天子，使国家权力在一定程度上实现集中。但诸侯在其封地内拥有较为独立的世袭统治权利，所以在先秦时期，最高执政集团尚未实现权力的高度集中。春秋时期，为了加强管理，一些诸侯国开始设置县或郡。当时县与郡之间并无明确的统属关系，但其长官由诸侯王直接任命，不得世袭，这样使贵族血缘政治逐渐被打破，官僚政治开始出现。至战国时期，此种制度被其他诸侯国普遍采用，并逐渐形成了郡下设县的两级地方管理体系。

2-4-2. "三公九卿"是怎样演变为"三省六部制"的？

秦朝建立至清朝结束历时两千一百多年。这一时期，因皇帝执政理国的需要，导致中央政府的机构和职官变化非常频繁。在国家机构中，以血缘关系为纽带的贵族政治被任免制度的官僚政治所取代，巫史和宗室贵族的地位和权力下降，君王的臣仆和侍从地位上升。秦朝在中央政府设有"三公"、"九卿"官职。"三公"地位最高，是指丞相、太尉和御史大夫。这是由周代的太师、太傅、太保或司马、司徒、司空演化而来的。丞相协助皇帝处理政务，处于"一人之下，万人之上"的尊贵地位；太尉管理军事；御史大夫职责是监察、执法，监管文书图籍。"三公"之下设"卿"，由皇帝任免，其所领官署称"寺"。"卿"是秦汉时期对中央各部门长官的一种尊敬的称号。秦朝的"九卿"包括奉常、郎中令、卫尉、太仆、廷尉、典客、宗正、治粟内史、少府。从秦朝"卿"的职责来看，分为专为皇家服务和管理国家事务两大类。它体现了君主家事与国事不分，宫廷事务与政治事务混于一体的"家国同治"特点。

至隋唐时期，秦汉的"三公九卿"设置逐渐演变成"三省六部"制度。"三省"包括尚书省、中书省和门下省。"六部"指的是吏部、民部（唐朝为避唐太宗名讳改为户部）、礼部、兵部、刑部、工部。尚书省出自东汉的"尚书台"，而尚书台则源于西汉武帝时期在宫内设置的"内朝"。到东汉时期，尚书台正式成为国家的政务机构。隋朝时，中央机构设有"五省"、"六曹"。"五省"是指尚书省、门下省、内史省、秘书省、内侍省。"尚书省"是最高行政机构，下设"六曹"。

尚书省长官为尚书令。门下省是侍奉谏议机构，审复内史省诏令，长官为纳言。内史省是中枢制令机构，长官是内史令。秘书省掌经籍、历法，设监、少监。内侍省是宫中宦官机构。内史、门下、尚书三省是"五省"中实际的中枢机关。到唐朝，中书、门下、尚书"三省"制度确立。"三省"中，尚书省是最高政务机构，负责执行皇帝诏令，长官为尚书令，副职为左、右仆射；中书省传承诏令，起草各项诏敕，长官为中书令、中书侍郎。门下省审核皇帝的诏敕、奏疏，驳正后交皇帝批准，长官为门下侍中、门下侍郎。在门下省设政事堂，作为"三省"长官议定军国大事的场所。唐玄宗时改政事堂为"中书门下"。

"六部"源于隋朝的"六曹"。而"六曹"缘于东汉尚书台下设置的六个具体的职能部门。唐朝时定名为吏部、民部（避唐太宗名讳改为户部）、礼部、兵部、刑部、工部，此后一直沿用到清代。六部以尚书、侍郎为正、副长官，各辖有四司。"六部"的主要职责是：①吏部掌管全国文职官吏的任免、考评、勋封等事；②户部掌管全国户口、土地、赋税、钱粮、财政收支等事；③礼部掌管祭祀、礼仪、科举、学校等事；④兵部掌管武官选用及军事行政等事；⑤刑部掌管全国司法行政等事；⑥工部掌管大型工程、工匠、屯田、水利、交通等事。隋唐时期，还设有"九寺"、"五监"等重要的中央职能部门，其职权与"六部"多有重叠，起到了分工和相互制约的作用。从秦汉"三公九卿"制到隋唐"三省六部"制的演变，是中国古代政治文明的进步。宰相的权力被一分为三，实际上加强了皇权，削弱了相权，主次分明，化解了矛盾；同时通过扩大议政人员名额的办法，在一定程度上增强了集体的智慧；职责明确，程序规范，提高了行政效率，强化了皇权和中央政府的统治力量。

2-4-3.中国古代地方三级管理体制是怎样形成的？

周代实行分封制，代替了商代的方国联盟，国家治理进入新阶段，形成了诸侯国、采邑两级管理体制。"西周王室封建诸侯有畿内、畿外之别，受封于王畿内的卿大夫食采，'采邑就是王畿之内的诸侯国'，受封于王畿外者就国，'以藩屏周'。[1]在诸侯国内，国君同样也可以把土地分赐给自己的子弟、属臣，作为采邑。但这种"采邑"未经周天子封赐，不能成为诸侯国。封国和采邑都是周代分封制的重要组成部分，是周王朝实现对地方统治管理的有效措施和主要方法。

秦朝在地方实行郡、县两级制的行政体制。也有观点认为

---

① 郑威《西周至春秋时期楚国的采邑制与地方政治体制》，《江汉考古》2009年第3期，第95页。

秦朝地方实行郡、县、乡三级管理体制。郡最高长官为守，下置尉（辅佐郡守并掌军事）、监御史（掌监察）。县的最高长官称令（万户以上的县）或长（不满万户的县），下设尉（掌治安）、丞（掌文书、仓储、刑狱）。秦还在少数民族聚居的偏远地区设道，与县同级。郡县制取代分封制，建立了中央垂直管理地方的新的国家政权结构——中央集权的国家行政体系。西汉武帝时期，为了加强对诸郡的监督管理，将全国划分为十三个监察区，称为十三部，各设置刺史一人。东汉时改部为州，改刺史为州牧，全面掌管一州的行政、军事、民事大权，地方行政区划变为州、郡、县三级。中国地方三级行政体制由此奠基。

隋朝为减少行政管理层级，实行州、县（后改州为郡）两级体制。

唐朝太宗时为加强对地方的监察，将全国划为10个监察区，称作道，形成道、州、县三级体制。唐后期，作为临时的差官持有朝廷的旌节管理道，便形成节度使（藩镇）、州、县三级体制。中国地方三级行政体制由此确立。

宋代吸取了唐朝"方镇太重，君弱臣强"导致割据的教训，收军权于中央，地方设置路，路下辖的府、州、军为并列机构。

元朝实行行省制，地方设置行省、路（府）、县。明朝，地方设承宣布政使司，下辖府、县。

明太祖朱元璋废除行中书省，设置三司，即承宣布政使司、提刑按察使司、都指挥使司，共同组成为省级政权机构，分别执掌行政、司法和军事。

清代的地方行政体制大体沿袭明制，地方实行三级管理。总督或巡抚为省级最高长官，属于封疆大吏。总督大于巡抚，但无统属关系，都直接听命于皇帝。总督辖数省，侧重于军事，但有的也只辖一省，如直隶总督。巡抚只辖一省，侧重于民政。府、县长官称知府、知县。在少数民族聚居地区设有厅，其长官为同知或通判。旗兵驻防重要地区，长官称将军，由满人充任。边疆地区的将军，也是辖地最高的军事和行政长官，如伊犁将军、乌里雅苏台将军等。

随着中国古代地方行政管理体制的变化，地方政府的机构和职官变化非常频繁，变化发展的总体趋势是：机构日益庞大，职责上的分工越来越细，以实现分权和制约、听命于君的目的；地方权力越来越集中于中央，实现了国家权力的高度集中。中国古代地方三级行政管理制度，实现了中央对地方的有效管理，是国家治理智慧的制度结晶，对后世产生了深远的影响。时至今日，中国地方上依然实行的是省、县、乡三级行政管理的体制。

活动设计

A.小学

1.建议

（1）熟悉并记忆中国古代主要朝代的沿革。

（2）熟悉秦朝、唐朝、清朝中央机构的设置及其主要变化。

2.活动设计

（1）创意：中国古代历史沿革识记比赛。

（2）目的：初步了解中国古代主要朝代的沿革，知道主要的大一统王朝；知道秦朝、唐朝、清朝中央机构的设置及其主要变化；通过活动培养学生热爱祖国历史的情怀。

（3）策略：分组竞赛，团队合作与个人争先并举。

（4）时间：1课时。

（5）场地：室内。

（6）人员：全班学生或一个年级学生。

（7）主持：科代表/学习委员。

（8）评委：邀请老师。

3.活动准备

（1）教师准备与课题有关的视频资料、王朝沿革图片或PPT资料，王朝沿革的歌谣资料，秦朝、唐朝、清朝中央机构设置示意图，制作历史年代尺。

（2）按照实力均衡原则，将学生分成4个学习合作小组，组内做好分工。若是年级不同的班级间比赛，则按班级选出若干同学组成比赛团队。

（3）比赛设置若干奖项，冠军队1名，最佳表达奖1名，优秀抢答手3名，各组推举最佳合作者1名。

4.活动规则

（1）必答题环节：每组每次推举一个答题人，依次轮换，直至每小组所有学生都答过一次为止（回答正确，每题加10分；回答错误，不加分）。

（2）抢答题环节：选手自由抢答，分为A、B两轮，回答正确的加5分，回答错误或超时不答扣5分（A轮：全部选手均可以自由抢答，但每人只有一次机会；B轮：全部选手均可以自由抢答，每人不限次数）。

5.活动程序

（1）主持人宣布比赛规则。

（2）主持人宣布评委名单。

（3）组织学生按照规则进行比赛。

（4）统计得分并公布获奖名单。

（5）表彰获奖学生。

（6）获奖学生发表感言，教师点评。

B.初中

1.建议

（1）查找并熟悉家乡所在地在古代历史上行政机构设置的演变。

（2）搜集整理家乡的历史故事。

2.活动设计

（1）创意："发现家乡"主题演讲。

（2）目的：推动中学生发现、记录、整理、叙述"家乡所在地的行政机构设置演变历史"；在史料收集、整理、表演和交流过程中收获知识、习得方法、得到历史智慧；通过活动培养学生知家乡、爱家乡的深厚情感。

（3）策略：充分调动学生参与活动，并注重过程指导。

（4）时间：一学年。学年上学期末发动与准备，学生利用寒假搜集相关资料，形成初稿；学年下学期初征稿与初选；学年下学期中正式举行演讲比赛。

（5）场地：演播厅或会议室。

（6）人员：全班学生或一个年级学生。

（7）组织：教研组。

（8）主持：科代表/学习委员。

（9）评委：历史老师、语文老师。

3.活动准备

（1）根据不同年级学生的认知水平和表达能力确定"发现家乡"演讲主题。

（2）全体学生参加，利用假期时间收集、整理资料，撰写演讲稿，并在开学初上交。

（3）评委根据稿件筛选参加演讲比赛的同学。

（4）各班级组织人员对入围选手进行训练指导。

（5）奖项设置：分设一、二、三等奖，最佳形象、最佳人气奖等若干名。

4.活动规则

（1）演讲内容中所涉及的历史符合客观历史真实。

（2）思想性正确，努力做到史论结合，论从史出。

（3）主题鲜明，语言简洁，注重逻辑，故事性强。

5.活动程序

（1）主持人宣布演讲比赛规则及评委分工。

（2）组织选手按照规则进行比赛。

（3）评委根据程序、规则、标准对选手逐一打分。

（4）汇总评委的打分，按得分推举和确认各奖项获得者，总分高者为胜；推举和确认最佳形象、最佳人气奖获奖者。

（5）颁奖环节：①表彰获奖学生；②获奖学生发表感言；③评委对活动和选手进行点评。

6.活动延伸

（1）建议学生撰写活动体会。

（2）在学校宣传媒介上展示活动信息。

（3）收集活动的有关资料，整理成有特色的活动资料汇编。

C.高中

1.建议选题

历史漫画作品展评。

2.活动设计

（1）目的：①增加学生历史知识的积累，拓展知识视野，了解中国古代历史主要时期的阶段特征和重大事件的历史地位；②了解历史漫画的基本范式，把握与绘画艺术相结合的刻画、评价历史现象和人物的方法；③了解主要朝代政治制度演变情况、制度创新及历史价值，汲取历史智慧。

（2）组织：由教研组或学生社团组织。

（3）时间：①发动与准备：第一学年末的暑假；②征稿与初选：第二学年的第一学期初；③正式比赛：第二学年的第一学期末，展评活动用时为1课时。

（4）场地：演播厅或会议室

（5）人员：一个班级或年级全体学生。

3.活动准备

（1）在高一学年末，根据年级学生的认知水平和表达能力确定活动主题，并提出相关的具体要求。

（2）明确要求：全体学生参加。学生根据自己兴趣，按照要求进行选题，利用暑假时间收集、整理资料，设计历史漫画作品，并在高二学年开学初上交。

（3）奖项设置：设一、二、三等奖若干名。

（4）邀请专家、教师和学生代表组成评委会。

4.活动实施

高二学年开学初收集学生作品；任课教师对作品归类，进行历史知识的甄别、初选；由专家、教师和学生代表组成评委会对作品进行评定，并形成书面评价资料；组织全年级学生参加获奖作品展示和点评活动；表彰获奖学生；布置延伸作业，撰写活动感悟；收集作品，集结成册。

5.评价标准

（1）所涉及的历史符合客观历史真实。

（2）弘扬正能量，历史评价褒贬得当。

（3）主题鲜明，图画简洁，以图说史，令人回味。

（4）版式为1/4开版面，手工绘制，色彩丰富。

第五节　方志族谱

　　经过漫长的历史积淀，国史、方志和族谱已经成为中国古代史籍的三大支柱。历史上物资的交流、人口的迁徙和种族的融合、经济的繁荣与凋敝、政治的升平与混乱、战争的破坏与洗礼、各种文明的交流与冲突、时代变迁与转型，深刻影响着中国古代史籍的存量和质量。方志在古代具有重要的资政与教化功能，是地方历史的见证与学术研究的资源，可以"详正史之略，补正史之缺，纠正史之误"①；还可以促进经济建设与文化发展，彰显地方特色，提升地方认同意识。方志的这些功能贯穿古今，延伸到当代。族谱作为记载具有同一血缘关系宗族发展事迹的历史文献，具有明显的地域特点。族谱在宋以前以官修为主，主要依照严格的血缘关系来记录家族的流变，捍卫森严的门第等级和血统的高贵；宋朝以后，私修族谱十分兴盛。以前具有政治色彩的"别选举，定婚姻，明贵贱"②的功能，逐渐转换为具有伦理道德价值的"尊祖，敬宗，收族"功能③。正

---

　　① 清·章学诚《州县请立志科议》，见章学诚著、叶瑛校注《文史通义校注》（下），中华书局，2000年，第588页。

　　② 郑樵撰，王树民点校《通志二十略》，中华书局，2009年，第1—3页。

　　③ 汉·戴圣辑《礼记》，北方文艺出版社，2013年，第220—221页。

如宋朝苏洵所说："观吾之谱者，孝悌之心可以油然而生矣。"[①]
方志和族谱的数量之多，影响之广，为其他历史文献所难以比
拟。方志有着近2000年的编纂历史，现存的旧志有8000余种，
新志有4000余种。现存的中国族谱，多为宋代以降所修的一宗
一族的私修族谱。明清乃至民国时期，编修方志、撰修族谱已
成为中国民间特有的一种文化活动，为我们留下了内容丰富的
文化遗产。

2-5-1.什么是方志和方志学？

方志，是地方志的简称，是一种记载一个地方古今综合情
况的志书。"一个地方"，在周朝一般指诸侯国；在秦朝主要指
郡、县；在汉代为州、郡、县；唐代为道、州、县；宋代则为
路、州、县。元代设置行省，省以下依次为路、府、州、县，
明清王朝基本沿袭元朝的地方行政区划，略有调整。"古今综合
情况"，是指这个地方的建制沿革、疆域地理，以及古今经济、
政治、文化、教育、风俗、人物、名胜、古迹、轶事遗闻等等。
"志书"是记载人、事、物的书。国务院2006年颁布的《地方
志工作条例》，将地方志分为地方志书和地方综合年鉴。按照
条例，所谓地方志书，是指全面系统地记述本行政区域自然、
政治、经济、文化和社会的历史与现状的资料性文献。所谓地
方综合年鉴，是指系统记述本行政区域自然、政治、经济、文
化、社会等方面情况的年度资料性文献。地方志分为：省（自
治区、直辖市）编纂的地方志，设区的市（自治州）编纂的地

---

① 清·姚鼐《古文辞类纂》，西苑出版社，2009年，第95页。

方志，县（自治县、不设区的市、市辖区）编纂的地方志。

"方志学是以方志编纂及其关联的种种事物和形态为对象进行研究的学科。"[①] 其研究对象包括我国千百年来各级各类地方行政机构、民间团体及个人编撰修订的各类方志及其书目和书目提要，历朝历代有关修志的诏令、章程、条例、规定和其他文献，还有直接或间接论述地方志书和修志诸问题的各种论著。简而言之，方志学就是一门研究方志的学问。

2-5-2.方志有何功能与意义？

1.方志具有资政与教化功能。方志在古代具有重要的资政与教化功能。东晋常璩在《华阳国志·序》中说："夫书契有五善：达道义，章法式，通古今，表功勋，而后旌贤能"。[②] 此说较为系统地论述了方志的教化功能，"五善"至，则教化成。作为一种史籍，方志还可使统治者了解天下情况，为国家治理提供服务。方志的资政和教化功能贯穿古今，并一直延伸到当代。

2.方志是地方历史的见证与学术研究的资源。方志比较完整地记录了一个地方的自然地理、资源环境、人文景观、历史文化、经济建设、政治变革、风土人情等资料，这些珍贵的资料是一个地方发展的见证。故方志中蕴含的丰富资料具有珍贵的史料价值。从明末开始，一些学者就利用方志资料进行学术研究。如顾炎武著《天下郡国利病书》，从上千部方志中梳理出各地地形、关隘、赋役、水利、物产、农业、手工业、倭寇

① 巴兆祥《方志学新论》，学林出版社，2004年，第15页。

② 晋·常璩辑撰，唐春生等译《华阳国志》，重庆出版社，2008年，第419页。

等资料；李约瑟主编的《中国科技史》中引用大量中国地方志资料；地质学家章鸿钊从旧方志中整理出版《古矿录》等等。

3.方志可促进经济建设与文化发展。国务院颁布的《地方志工作条例》中明确指出："编纂地方志的目的在于继承和发扬中华民族优秀文化传统，全面客观、系统地编纂地方志，科学、合理地开发利用地方志，发挥地方志在促进经济社会发展中的作用。地方志工作应当为地方经济社会的全面发展服务。"

（1）方志的记录可以为经济的发展提供丰富的资源。比如诸多方志中记载了不少富有经济价值的植物。如适合食用的香水梨、鸡心葡萄，适合药用的枇杷花（可治咳嗽）等等。

（2）作为地方文化建设的载体，方志中的文物古迹、地方老字号、传说逸事等可成为重要的旅游资源。如拥有世界文化遗产"一宫两陵"的沈阳市，既可以融合方志中的辽宁名菜、名点打造沈阳美食街，也可以将这些旅游项目编成志书，如美食志、名胜志等，形成沈阳"一宫两陵"的文化品牌。

4.方志可彰显地方文化特色，提升地方认同意识。方志不仅能传承一个地方的历史与文化，而且能通过记载该地区的传统风俗习惯、山川物产、共同的祖先等，将一个地方的特色凝固下来，最终彰显其特有的地方文化。一个地方共同的历史与文化，能激发该地区人们热爱家乡、建设家乡，进而热爱祖国的家国情怀。方志就是一本鲜活、厚重的乡土教育资源。

2-5-3.什么是族谱？族谱有什么价值？

族谱，也称宗谱、家谱、家乘、房谱、支谱、谱牒、家牒、家传、谱系、氏谱等，是指一个宗族或家族产生、发展、演变的历史。它通常采用图、表兼文字的形式记录宗族世系本源、繁衍演变、迁徙分布、婚配嫁娶、教育程度、经济状况、社会地位、人物生平，是家族的档案资料和百科全书，故有"族之有谱，犹国之有史"[①]之说。宋以前族谱基本以官修为主，其功能主要是"别选举，定婚姻，明贵贱"，具有浓厚的政治色彩。宋代以降私修渐盛，其主要功能转型为"尊祖，敬宗，收族"，修谱则具有丰富的伦理道德价值。值得注意的是，不少私修的族谱在编修时难免有攀附名人以抬高宗族地位之嫌，这就导致族谱记载失实，族源不确。比如，不少王姓的家谱，都以周灵王太子晋为一世祖，吴姓的家谱以周文王长子太伯为一世祖，李姓的将李世民列为先祖，张姓则列张良、张飞为本族世系成员，萧姓则认萧何为先祖。当然也不排除诸多族谱采用求真求实的方式编修。所以，我们在使用族谱资料时，要有意识地注意甄别，并与其他资料互证，以确保族谱的史料价值。

2-5-4.族谱有哪些基本结构和体例？

一部完整的族谱，通常由谱名、祖宗像赞、目录、谱序、恩荣录、姓氏源流、世系考、人物传记、家训族规、祠堂、墓地、风俗礼仪、领谱字号、纂修人名、后记等组成。族谱的谱名一般题写于封面上，通常是在谱之前冠以地名、郡望、姓氏、几修等内容，表明什么地方、什么氏族的谱系以及历修了几次。翻开族谱，首先映入眼帘的一般是祖宗像赞，即祖宗的画像和

---

① 冯尔康《略述清代人"家谱犹国史"说——释放出"民间有史书"的信息》，《南开学报》(哲学社会科学版) 2009年第4期，第80—87页。

画像旁对画像人物功德业绩所作的精练赞语。目录则是把族谱中主要内容的标题，按在谱中出现的先后顺序进行排列的纲领性文字。姓氏源流和世系考是族谱中必不可少的内容。姓氏源流叙述了族群的来源与迁徙流变的经过，而世系考则是以图表的方式标记族群宗室各房支派的演变进程及历代成员的姓名和出处，是族谱的主体部分，一般占据了族谱大半部分篇幅，也是后人寻根问祖的主要线索。人物传记在族谱中占据的篇幅也比较多，主要以传记、传奇、墓志铭、碑刻等形式，详细地论述族人在品德、官爵、功绩与艺文方面业绩出众的事迹，这不仅可以激发族群自豪感，又可以作为族人学习的楷模。有的族谱记载有家训、族规，既规定了族人（特别是青少年）要学习的主要内容，如修身、齐家、忠君、敬祖等，又制定了相当于法律条款的规章制度，要求族人严格遵守，如有违犯，则接受族规家法的制裁。家训、族规是族群进行家庭教育与社会教育的重要内容与形式，也是维护族群秩序的重要手段。族谱对祠堂和坟茔的记载也比较多，往往是图文结合，图主文辅，形象地陈述祠堂的位置、承建、规模结构、祭祀，各房祖茔以及祭田、义田等公共财产的管理。有的族谱不仅记有族群姓氏来源、迁徙流变等内容，还记载了当地族人在生活与生产过程中约定俗成的风俗礼仪，具有独特的地域性和族群性，是一笔宝贵的文化遗产，能为后人学习与研究当地的风土民情提供文献依据。

2-5-5.当代重修族谱有何意义？

1.重修族谱可以"教化"族群，提升族群认同意识，促进当地经济文化的发展。人们可以借助当代重修的族谱增加对家族的了解，树立家族观念。族谱所倡导的孝敬父母、尊敬长辈、夫妻和睦、兄友弟恭、励志读书、崇尚节俭等为人处世之道及家规、祖训等仍是社会道德标杆，可以用来激励、教化后人，提振社会风气。近年来，许多宗族在修谱的基础上，纷纷成立宗亲联谊会，定期祭祀祖宗与召开宗亲大会，研讨宗族的历史源流、姓氏文化与家族精神，慎终追远，扬善弃恶，增进族人对家族历史的了解。另外有一些宗族还利用现代信息技术建立宗族网页，把家族知识与精神传播到世界各地去，进行更大范围的修谱联宗，如"彭氏宗亲网""郭氏宗亲网"等等。此举将散居各地的族人联结起来，促进彼此之间的认识与了解，激发族人之间的亲情与力量，有力推动了海内外族人的共同发展。

2.族谱是重要的学术研究资源，重修族谱利于发掘整理族谱资料，为学术研究服务。具体来说，从族谱的谱系研究中可以追踪到相关时代的移民发展、人口变迁、宗法制度、社会经济、人物事迹、家庭教育等不同领域的特征，具有重要的史料价值。

活动设计

A. 小学

1.建议选题

族谱创意设计比赛。

2.活动设计

（1）目标：学生能了解家族的来龙去脉及其文化，激发其爱家庭、爱家族，进而上升到爱民族的美好情感。

（2）策略：根据不同年级儿童心理特点，通过有创意的族谱设计比赛方式，点燃学生爱家、爱族的深厚感情和学习激情。

（3）时间：2—3个月为宜。

（4）参加人员：学校全体同学，分设低段组和高段组。

（5）组织者：学校相关机构。

3.活动准备

（1）根据不同年级学生的差异确定族谱设计的基本内容（可在家族世系表、个人年表、家族大事记、家族特色、家训家谱、家族姓氏探源、寻访家族迁徙路线中选择2—3个项目作为比赛内容）。

（2）寻找有兴趣参与的学生与支持活动的家长。

（3）选择参加比赛的组别。

（4）研究家族的特色与文化，确定族谱设计的创意。

（5）资料来源：社会调查、老照片、访谈、祠堂、网络、图书馆等。

（6）奖项设置：低段组和高段组分设一、二、三等奖若干名，学校可根据组织情况设置最佳团队奖、最佳勇气奖、最佳创意奖等荣誉奖。

4.活动要求

（1）作品以全开卡纸直立方式设计，请预留框面上下各2厘米，以利作品框裱展示（鼓励用绢布、木雕、泥塑、版画等材质设计）。

（2）家族特色鲜明，能体现家族文化的丰富内涵。

（3）设计新颖独特，能图文并茂，统一风格。

（4）主题文字简洁明了，能准确传达明确的主题。

（5）用非卡纸材质制作的作品可适当加分。

5.评价标准

能利用有趣而清晰的照片或漫画创作等形式来展现图像；能利用图表勾勒出家庭成员之间的关系；能利用适宜的图案装饰家谱，使之生动活泼。

B.初中

1.建议选题

探寻学校历史。

2.活动设计

（1）目标：通过引导、发现、记录、叙述"我们学校的历史"的活动，增进学生对学校历史的了解；在交流、评选、表彰学生获奖作品的同时，培养学生热爱学校的情感。

（2）策略：通过"发现身边的学校历史"评选活动，点燃学生爱校的深厚感情和学习激情。

（3）时间：①启动与收稿时间：学年的第一学期；②评选时间：学年的3—4月；③颁奖时间：5月。

（4）参赛方式：①个人参赛；②集体参赛：在班主任或者历史学科老师的指导下组织学生参赛，参赛人数不少于班级人数的三分之一。

（5）组织者：学校相关机构。

3.活动设计

（1）通过采访、查阅校图书馆资料等方法，搜集校史资料。

（2）以"厉害了，我的学校"为题进行写作。

（3）奖项设置：分设一、二、三等奖若干名。

4.活动要求

（1）真实地记录学校的历史，并形成自己的观点。

（2）史论结合，论从史出。

（3）主题明确，思路清晰，叙述平实，细节到位。

（4）图文互证。

C.高中

1.建议选题

带一本方志去探究。

2.活动设计

（1）目标：在了解某地方志基本内容的基础上，学生能选择自己感兴趣的方志内容，开展研究性学习活动，用文献探究某一问题或主题的历史源流；实地探访当地的文化遗存或保护现状，激发其对地方文化的热爱之情，唤醒其创造意识，提高其发现问题和解决问题的能力。

（2）策略：根据高中不同年级学生心理特点，通过"带一本方志去探究"主题活动，点燃学生的问题意识和学习激情。

（3）时间：5—6个月为宜。

（4）参加人员：学校全体同学。

（5）组织者：学校相关机构。

3.活动准备

（1）知识准备阶段：教师或研究方志的学者向学生介绍研究性学习的性质、目标、步骤、意义等；结合地方志研究情况，用实例向学生介绍一般科学研究方法，要通俗易懂。时间允许的情况下，给学生开设一门短期的综合课程，介绍方志的基本知识，以开拓学生视野，活跃思维。

（2）选题立项阶段：学生按照兴趣、特长和家庭背景自由组合，选择自己或团队要研究的课题，对选题的社会价值和研究可能性进行判断论证，共同确立研究课题。

（3）制定研究方案阶段：每一小组一般3—5人。小组制定研究方案，包括研究目标、研究内容、步骤、重点，以及对调查问卷、访谈提纲等辅助材料的编制等。

（4）实施阶段：研究小组走出学校，通过查阅文献资料、调查问卷、走访专家学者、探访文化遗迹等方式搜集相关信息。

（5）做出结论阶段：课题组将搜集到的原始资料加以整理、归纳，经过比较和分析，找出规律性的信息，并提出自己的建议。

（6）展示成果阶段：把研究成果通过适当形式呈现出来，可以是小论文、图表、模型、电脑多媒体演示、调查报告等。

4.奖项设置

根据研究成果的类别分组，每组分设一、二、三等奖若干。

5.评价标准

（1）评价课程表现：主要侧重评价学生在方志课程上的学习表现和效果。

（2）评价研究过程：研究方案的有效性、可行性；研究方法的科学性、正确性；研究过程中的参与度、合作意识等。

（3）评价研究成果：邀请教师组成评价小组对研究成果进行评价。条件具备的学校，可以开展研究成果答辩会。

（4）以上三项内容，按照3:4:3的权重予以赋分，总评成绩作为评奖的主要依据。

第六节　教育史话

　　教育起源于人类社会产生之初，是和人类社会同时出现的社会活动。中华文明源远流长，中华民族五千年灿烂文明形成了一部深厚的教育史。教育发展的起点，可以一直追溯到远古的原始社会。原始人的社会生活和生产劳动是从制造工具开始的，在学习制作工具的技术、传递经验中产生了原始教育。随着生产力水平的提高和文化的进步，出现了有组织、有目的、有计划的专门教育机构，即学校教育。由于当时社会实行贵族政治，文化教育几乎被垄断，教育对象主要是贵族子弟。魏晋南北朝将近400年的时间，儒学式微，战乱频仍，时局动荡，"九品中正制"的选拔官吏制度，强化了等级观念，让寒门弟子难以进仕，影响了当时的人才选拔，也影响了学校教育。公元606年，隋炀帝开始设置进士科，标志着科举制度的创立。唐承隋制，继续实施科举制度，并逐渐成为定制，此后宋、元、明、清历代相承。科举制度在中国历史上持续了1300年，对教育产生了根本的影响。明清时期，以倡导"心学"的王阳明为代表的一批思想家和教育家，提倡"知行合一"和"致良知"的教育，主张培养经世致用的人才，成为我国由传统教育向近代教育过渡的桥梁。

2-6-1."诸子百家"在中国传统教育思想中有什么地位?

"诸子百家"是对春秋战国时期各种学术派别的特指。据《汉书·艺文志》记载,当时的流派数得上名字的有189家,其中影响最大的是儒家、道家、法家和墨家,此外还有兵家、名家、农家、医家、阴阳家、纵横家、杂家、小说家等。西周灭亡后,文化空前活跃,"处士横议"的风气打破了"庶人不议"的观念,人们不再迷信"天道",而是转向对现实社会发展的思考,于是在统一天下、治理国家、教化民众的内容和策略等方面形成了各种不同的观点和学派。各学派的代表人物针对当时社会上的各种问题,著书立说,四处游说,宣传自己的主张,他们互相批评,又彼此借鉴,形成了"百家争鸣"的局面。

中国传统教育思想也可以从先秦诸子百家中找到它的胚芽,其对当代教育也有着重要而深刻的启示。仍以儒、道、法、墨四大家为例,他们都创办私学,设馆授徒,并有各自的教育思想。孔子是中国早期私学的代表人物,相传"弟子三千,身通六艺者七十有二人"[①],其中出类拔萃者不乏其人。在教育对象上,孔子主张"有教无类"。在教育方法上,他倡导"因材施教",重视"启发式"教学,强调对学生"举一反三"思维能力的培养。道家以哲学思辨见长,主张"无为而治",主张自然的教育,读无字之书,受不教之教,认为教育要返朴归真。法家通过行政甚至强制手段推行社会教育,主张"以

---

① 西汉·司马迁著《史记》(上),第389页。

吏为师"①，"以法为教"②，兼顾兵法、耕战等实用知识，通过刑、教、养相结合达成教育目标。墨家崇尚科技，注重思辨，他们非常重视对自然科学知识的学习和技能的训练。总之，在"百家争鸣"的社会氛围下，大教育观开始形成，在知识教育的基础上，强调道德教育，而且通过教育人学会如何"做人"，启发人内心的良知与自觉。在历史的长河中，中国的教育发展不断演变，但这些传统教育思想一直在发挥着重要的指导作用。

2-6-2.儒家思想对教育的发展做出了哪些独特的贡献?

春秋战国时期历经了5个多世纪，伴随着诸侯争霸，社会上出现了学派林立、文化下移的"百家争鸣"局面。春秋末期鲁国人孔子在西周礼乐文化的基础上，不断改造与创新，建立了以"仁"为核心、以"礼"为行为规范的儒家思想体系。同时，他创办私学教育，提倡"有教无类"的教育思想和"因材施教"的教育方法，并注重言传身教，打破了学在官府的局面，开创了教育的新纪元。孔子整理的《诗》、《书》、《礼》、《易》、《乐》、《春秋》六经被列为儒家基本经典，成为我国最早的完整的教科书。孔子在知识教育中渗透道德教育，并且与现实生活密切结合起来。孔子的言行由后来的弟子编纂成《论语》，此书后来成为研究孔子思想最为可靠的依据。孔子被后世尊为"万世师表"。到战国时期，儒学始为"显学"，分化出很多学派，最重

---

① 西汉·司马迁著《史记》(下)，第613页。
② 清·王先慎集解，姜俊俊校点《韩非子》，第547页。

要的有孟子和荀子两派。在教育思想上，孟子用"性善论"肯定教育的功能，在培养道德习惯和道德自觉方面，也继承了孔子的思想，后人把他跟孔子合称为"孔孟"。秦国统一六国，当时秦奉行的是法家的治国理念。由于国家初统，受春秋战国时期"百家争鸣"的影响，臣民时常非议朝政，主张"复古"的儒家学者主张"事不师古而能长久者，非所闻也"①，引起法家的不满和秦始皇的愤怒，秦始皇下令焚《诗》、《书》，坑术士，儒学一度陷于困境。

汉代，儒学出现了新的转机。汉武帝为巩固政权，需要一种扩大统治阵营、强化中央集权的统治思想。当时的儒家代表人物董仲舒吸收法家、道家等各派主张，对儒学加以改造和发展，提出了"君权神授"、"大一统"的政治主张，适应了当时政治的需要，汉武帝欣然采纳，下令"罢黜百家，独尊儒术"。儒家的独尊地位使得儒家的教育思想得到贯彻与流传，国家把教育、考试与选官结合起来，尊儒兴学，从此儒家思想居于统治地位，逐渐渗透到包括教育在内的社会各个方面，在客观上形成了重视知识、重视教育的社会风尚。尽管后来儒家的教育思想也遭受了玄学的冲击、佛教的震荡，特别是西学引发的教育改革的冲击，但儒家教育思想仍是传统教育思想的正统和核心，并影响至今。

2-6-3.儒家与法家在教育思想上有何不同？

儒家教育思想是以"仁"为核心，以"礼"、"中庸"、"有

① 西汉·司马迁著《史记》(下)，第613页。

教无类"等为内容，以"内省"、"慎独"、"知耻"等为践行方法，以"和谐"为追求目标。在教育对象的选择上，孔子提出的"有教无类"具有重要意义，他认为施教不应该分贫富、贵贱、种族、地域。他的主张打破了受教育者的等级界限，跨出了实现教育公平的第一步。孟子以"性善论"作为其教育思想的理论基础，明确提出中国古代学校教育的目的——"明人伦"。他根据学生的不同特点提出了五种因材施教的方法："君子之所以教者五：有如时雨化之者，有成德者，有达财者，有答问者，有私淑艾者"①，认为不同的对象和不同的资质，就要用不同的教育方法。

启发式教育，是儒家最重要的教育思想。子曰："不愤不启，不悱不发。举一隅不以三隅反，则不复也。"②孟子也主张启发和诱导学生要采用引而不发的方法，激发学生的学习积极性，引导学生自己思考。宋代朱熹说："愤者，心求通而未得之意；悱者，口欲言而未能之貌。启，谓开其意；发，谓达其辞。"③这对孔子的启发式教育作出了详细的解释。

儒家教育思想还重视指导学生的学习方法，培养其良好的学习习惯和进取精神。例如，要求学生"敏而好学，不耻下问"④，主张学思行结合、温故而知新，认为学习要循序渐进。孔子说："无欲速，无见小利。欲速，则不达；见小利，则大事不成"。⑤

---

① 王常则译注《孟子》，第225页。

② 陈晓芬、徐儒宗译注《论语·大学·中庸》，第77页。

③ 宋·朱熹《四书章句集注》，第95页。

④ 宋·朱熹《四书章句集注》，第79页。

⑤ 宋·朱熹《四书章句集注》，第146页。

孟子说:"流水之为物也,不盈科不行;君子之志于道也,不成章不达。"①时刻告诫学生必须尊重学习规律,否则事与愿违,欲速则不达。孔子讲"志于道"②,又说"岁寒,然后知松柏之后凋也"③,要求学生树立坚强的道德信念,经得起严峻考验。孟子提倡"尚志"④,要求学生要有进取精神,养成"富贵不能淫,贫贱不能移,威武不能屈"⑤的高尚品质。

管仲被视为法家先驱,他提出"礼、义、廉、耻"为国之"四维"⑥。最早讨论法理的是李悝,著有《法经》。李悝是子夏的弟子,是儒家熏陶出来的。而真正使法家与儒家趋于对立的是卫国人商鞅。

在教育内容方面,商鞅反对用"礼、乐、诗、书"教育学生,对学生学习仁、义、礼、智等儒家道德准则十分反感。他认为儒学是不切实际的"浮学"、"伪学"。为了培养"耕战之士"和厉行"法治"的实用型人才,商鞅主张学习治国法令和耕战知识。他强调:"法令者,民之命也,为治之本也。"⑦(《商君书·定分》)他认为"法"是治理国家的根本手段,对民众必须加强"法治"教育。"言不中法者,不听也;行不中法者,不高也;事不中法者,不为也。"⑧(《商君书·君臣》)也就是说,

---

① 王常则译注《孟子》,第218页。

② 宋·朱熹《四书章句集注》,第94页。

③ 宋·朱熹《四书章句集注》,第116页。

④ 王常则译注《孟子》,第222页。

⑤ 王常则译注《孟子》,第88页。

⑥ 西汉·刘向汇编,贾太宏主编《管子通释》,第2页。

⑦ 石磊译注《商君书》,第198页。

⑧ 石磊译注《商君书》,第180页。

不符合法令的言论，不听；不符合法令的行为，不肯定；不符合法令的事情，不做。商鞅强调"法治"教育是有必要的，但是他忽视了学校在教育中的特殊作用，过分强化了教育的政治功能，弱化了文化知识的传授，违背了文化教育发展的客观规律。他对儒家文化又采取了简单粗暴的取缔政策，对儒家文化有极深的偏执。商鞅为了使秦国富强，把农战作为治国之要，他奖励农战，主张加强农战教育。他说："吾教令：民之欲利者，非耕不得；避害者，非战不免。"①他的主张在很大程度上起到了富国强兵的作用。在教育途径上，商鞅重视通过农战的实践锻炼，增长人们的才干，并总结出人们的智谋是在长期的作战中成长起来的发展规律。

🖎 2-6-4."立德为先、修身为本"的教育价值是什么？

中国传统文化的主流价值观都将修身立德放在做人的首位。《易经》中说"天行健，君子以自强不息；地势坤，君子以厚德载物"，强调了品德和意志的价值。孔子把培养"君子"作为教育的目的，他认为君子应该"修己以安人"②，君子要有智、仁、勇三方面的修养。孟子认为每一个人内心都有潜在的良知，经过教育会发展成为仁、义、礼、智等内心道德。宋代司马光提出"正心以为本，修身以为基"③的观念。陶行知主张教育就是要教会学生追求真理，认为"千教万教，教人求真；千学万

---

① 石磊译注《商君书》，第191页。

② 宋·朱熹《四书章句集注》，第160页。

③ 宋·司马光《致知在格物论》，《司马温公集》卷十三，正谊堂全书本。

学，学做真人"①。由此可见，"立德为先、修身为本"的教育思想内涵就是要以道德为底线，让学生不断地修己、修身、自省、内察，使他们的本性不受损害，心灵得到净化，教会学生做人，在知识丰富的同时，道德修养也逐渐提升。

当今，立德树人仍然是教育的根本任务。

2-6-5.中国古代教育的学制经历了怎样的演变和发展？

学制，是指学校的教育制度。夏朝的学校称之为"校"，当时的学校都把军事教育作为重要内容，贵族子弟在这些地方受到严格的军事训练。商朝学校教育的主要内容是习礼和习武，算学也开始成为当时学校教学的内容。到西周时期，学校的建制逐渐发达起来，"学在官府"是西周教育制度的主要特征。教育对象以贵族子弟为主，学校教育由官方来安排，从中央到地方有较为完善的学校教育体制。教育内容以礼、乐、射、御、书、数六艺为主体。而且对于教育对象的学业，有考核标准，根据《礼记·学记》记载："比年入学，中年考校。一年视离经辨志，三年视敬业乐群，五年视博习亲师，七年视论学取友，谓之小成；九年知类通达，强立而不反，谓之大成。"②

西汉时期，朝廷在长安建立太学，也就是中国古代的大学，设五经博士，招收弟子，学习年限没有明确规定，但考试严格，通过"设科射策"的方式，每年考核一次。东汉时期考

---

① 陶行知著，张素闻评注《陶行知教育集》，中国纺织出版社，2017年，第265页。

② 胡平生、陈美兰译注《礼记》，中华书局，2017年，第107页。

核周期拉长，每两年考核一次，合格者即授予官职。隋唐时期的官学对学生年龄和学习年限有了明确的规定，考试更趋于细化，不及格者有留级、勒令退学等处罚。唐代最高学府是国子监，下设六馆，其中律、书、算三学馆培养专才，重点学习相关的专业知识；国子学、太学、四门学主要学习儒家经典，培养通才。北宋时期，太学实行"三舍法"，学生必须依照学业程度进行考核，通过者依次晋升。元代将学生分为三等六斋，用考核积分的办法逐级升斋。明代沿用积分制，入国子监就读的学生逐步升级，按月考试，以积分数量来选士进官。到了清朝，积分制变得有名无实，创立了"六等黜陟法"，实行分斋教学制度。

除上述官学外，我国古代中后期盛行的主要教育组织形式还有书院这种类似学校的教育机构。官办书院始于唐，在宋代兴盛。书院在教学行政组织、教学计划、院规、课程设置等方面安排有序。直至清朝光绪三十一年（1905），朝廷下令自光绪三十二年（1906）年起"废除科举，广设学堂"，古代书院制度才结束。"洋务运动"中，京师大学堂的建立成为中国古代教育终结、近代教育开端的标志。"辛亥革命"后，教育部公布新学制，学堂一律改称学校，一直沿用至今。

2-6-6.中国古代官学和私学的异同是什么？

中国古代的官学与私学以春秋时期为界，春秋之前"学在官府"，之后才开始"学术下移"。但无论是官学还是私学，教育的目的都是传播思想和文化，培养人才，发展学术，官学和私学在中国教育史上均发挥了重要作用。在古代，官学和私学是相对存在的。官学由国家主办，经费开支由各级政府承担，有固定的教学场所，是传授管理国家经验、培养治国人才的场所，备受历代统治者重视。它实行学在官府的集中办学方针，因此，学生身份多为贵族或统治者子孙。官学的教育目的，是按一定方向培养一定规格的人才，是为政治服务的。教学内容主要限于传统的"六艺"。而私学倡导"学术下移"，教育对象有教无类，受教自由。私学教学方式灵活多样，教师可以流动，制度不够规范，但是政教分设，官师分离，思想自由。

2-6-7. "曾子杀猪"、"孟母三迁"对家庭教育有何启示？

"曾子杀猪"和"孟母三迁"等故事为历代所称颂，并流传至今。

曾子是孔子的弟子。他的妻子为了哄孩子，随口答应要杀猪给孩子吃。事后，他的妻子并未打算兑现自己的诺言，而曾子认为答应了的事就要做到，不应该骗孩子，于是真的杀了猪。在故事中，曾子用自己的行动教育孩子，做人做事要言而有信、诚实可靠，不欺骗。真诚待人、取信于人在社会交往中非常重要。

孟子的母亲非常重视对孟子的教育，但由于孟子小时候生性顽皮，模仿性强，常常从自家周围的环境中模仿别人的言行，孟母因此三次搬家，目的是为了给孟子创造一个良好的学习和生活环境。这个故事告诉我们，家庭教育应该重视环境，因为孩子很容易被周围的人或事物影响。

所谓言传身教，家庭教育中往往身教重于言教。家庭教育，指家长对子女实施的教育和影响。几千年来，"修身、齐家、治国、平天下"是我国家庭教育的要义。家庭教育是一个互动协同的过程，在文化、心理、语言、环境等诸多因素中，家长的行为对孩子的影响最为深刻，往往会影响其一生。由于家长的行为在孩子的生命教育中具有启蒙性，而且这种教育又是长期且全面的，因此家庭教育的重要性不言而喻。

2-6-8.中国古代教育对现代教育产生了哪些重要的影响？

中国的教育传统源远流长，所包含的思想博大精深。自汉代儒家思想的正统地位奠定之后，虽屡经冲击和变革，但主流价值和基本构架始终是稳定的。现代教育是在传统教育的基础上发展起来的，古代丰富的教育思想是现代教育发展的重要资源。其作用和价值主要体现在四个方面：

第一，思想的启迪。古代教育重视人格培养，与当代教育的立德树人的教育理念相吻合。古代教育以倡导终生教育为目标，汉代教育家王充说："河冰结合，非一日之寒；积土成山，非斯须之作。"① 现代教育呼吁终身学习，与古代思想一致。

第二，教育管理的理念传承。关于用人之道，现代教育管理重视"德才兼备"，而儒家选用人才时，强调"量才授职"、"因能授官"。

第三，考试制度与人才选拔的趋同。通过考试选拔人才的传统保持至今。

---

① 东汉·王充撰《论衡》，岳麓书社，2015年，第177页。

第四，教育方法的借鉴。现代教育中的个性化、多样化教育理念，与孔子提出的"因材施教"一脉相承，启发式教学法至今盛行。"学而不厌，诲人不倦"[1]揭示了教师工作的本质特征。现代教育倡导教师重视专业发展，崇尚师德，以育人为己任，跟孔子的思想是一致的。儒家以"六经"为教材，孔子则是我国教育史上第一个注意教材开发和课程改革的教育家。在现代教育中，以课程为核心，寻求多样化的教学方式已成为当今教育改革中的中心任务之一。

活动设计

A. 小学

1. 建议

（1）讲述或表演中国古代教育经典故事5则。

（2）观看电影《孔子》片段。

2. 活动设计

（1）任务：结合观看的电影《孔子》片段，阅读、讲述、表演中国古代教育经典故事，交流感想。

（2）目的：让学生通过阅读中国古代教育经典故事以及观看电影《孔子》，初步理解中国教育思想，对称之为"万世师表"的大教育家孔子有更为直观的印象，最后用口头交流的方式，分享感受。

（3）策略：通过口头交流，学生有条理地简单梳理，进而对中国古代教育形成粗略印象。

---

① 宋·朱熹《四书章句集注》，第93页。

（4）时间：一节课。

（5）场地：多媒体教室。

（6）主持：班长或学习委员。

3.活动准备

以小组为单位，查找与中国教育相关的经典故事5则，以及与孔子相关的资料。返校后在组内分享和讨论自己所获得的信息，推举出小组内口头交流主发言人。

4.活动过程

（1）各小组组内交流分享自己查找的信息。

（2）观看影片《孔子》片段。

（3）组内交流感想。

（4）以读后感、观后感为主题，选出各小组口头交流主发言人，在班级展示。

（5）教师点评各小组表现，并做总结。

B.初中

1.建议

（1）以中国历史年鉴为主线，梳理中国教育发展史和教育思想。

（2）采访家长，了解家长对自己的期望值以及教育理念。

2.活动设计

模拟教育电视台记者现场访谈。

（1）目的：让学生围绕中国历史发展脉络，了解中国教育发展史的全过程，在历史观中形成教育观。初中是学生人生观、价值观初步形成的重要阶段，学生需要思考家庭教育对自己的影响，并与家长进行一次深度交流。

（2）策略：通过采访的情景融入，让学生了解中国教育史的清晰脉络，对教育思想尤其是儒家教育思想进行问答式的梳理。通过采访家长，学生思考家庭教育对自己的影响，并与家长进行良好沟通。

（3）时间：一节课+课后作业。

（4）场地：室外。

（5）主持：班长。

3.活动准备

以个人为单位，回到家中梳理中国历史与中国教育史的发展脉络。与家长交流，了解他们对自己的期望值和教育理念，并邀请家长参与采访活动。模仿记者，准备好10个问题，供现场挑选，其中3—5个问题作为采访选题。准备采访情景中的仿真道具，并布置场地。

4.活动过程

（1）进行模拟采访情景问答。

（2）家长代表发布观看访谈后的感想。

（3）教师点评学生表现，并做总结。

（4）根据本节课的活动收获和感想，回家与家长做一次关于家庭教育的深度交流。

C.高中

1.建议

（1）阅读《论语》中与儒家教育思想相关的语句和片段。

（2）了解学校办学理念、特色、培养目标、课程设置、家校联系等方面的内容。

2.活动设计

"学校教育之我见"研讨会。

（1）目的：让学生通过阅读《论语》中与儒家教育思想相关的语句和片段，并通过深入到学校教育的方方面面进行调查，对中国古代教育与现代教育进行比较，形成独立的逻辑思考和批判性思维。

（2）策略：通过阅读积累和实地调查，用比较、分析等手段，形成对中国古代教育和现代教育的认知，以及自我独立的思考和判断。

（3）时间：一节课。

（4）场地：教室。

（5）主持：班长或学习委员。

3.活动准备

以个人为单位，查找和阅读《论语》中与教育相关的文句。准备好实地调查的内容、问卷或问题。根据各自的准备，找校长、学校中层管理人员、普通教师、不同年级的学生进行与学校教育各方面相关的调查。对学校教育提出自己的意见或建议。

4.活动过程

（1）分4个小组分别召开研讨会，尽量做到每位同学都发言，一位同学做记录。时间为30分钟。

（2）每个小组推荐一位发言人，展示小组研讨成果，时间为每人3分钟。

（3）教师点评各小组表现，并对学生给学校教育提出的意见或建议给出评价和反馈。

第三章　文学漫步

文学，人类生命旅程中不可或缺的精神伴侣。

仅从实用角度看，文学或许是最没有实用价值的。然而，人类的繁衍生息，从来没有离开文学。

这不是一种判断，而是一种事实。

因为，人类具有丰富的情感，人是会思考的芦苇！

我们会借助诗歌、散文、戏剧和小说等不同文学形式表达情感，交流思想；同时，我们也会在阅读过程中，到人类灵魂深处漫步，在艺术天堂徜徉……

第一节　诗词曲赋

子曰："《诗》可以兴，可以观，可以群，可以怨；迩之事父，远之事君；多识于鸟兽草木之名。"[①]孔子在这里所说的"《诗》"，是指《诗经》，这是中国古典文艺理论中最早对于诗歌价值的经典阐述。正因为诗歌既具有抒发情感、表达理性的审美价值，又具有认识生活、建功立业的实用价值，因此诗歌是人类历史上最早、最活跃的文学艺术形式。

关于诗歌的起源，文学界有多种说法。《诗经》的结集说明至少在先秦时期中国诗歌已经成形。中国古代诗歌不仅有抒情的功能，还具有社会教化的功能。经过千百年的发展，到了唐代，诗歌不仅形式已经成熟，而且出现了一批以李白和杜甫为代表的优秀的诗人与大量杰出的诗作。唐代之后，中国古代诗歌并没有停下前行的脚步，在宋代又出现了一个新的高峰。

来自南方的"赋"，脱胎于《楚辞》，天生就具备着楚人恣意不羁、想象丰富的特点。"赋"在汉代正式确立了体例。司马相如、扬雄、班固的"赋"体现了汉代一统天下的霸气。汉代之后，"赋"不断演化，魏晋出现"骈赋"，唐代有"律赋"。伴随着古文运动，"文赋"兴起，这股潮流一直延续到宋

---

① 宋·朱熹《四书章句集注》，第179页。

代，杜牧的《阿房宫赋》、苏轼的《赤壁赋》都是文赋中的典范之作。

从草根走来的"词"，有一个由"俗"变"雅"的过程。唐五代，词的主要功能是娱乐，供伶人歌女演唱。但不少文人也有词作流传下来，南唐后主李煜的词作是文学史上不可或缺的一页。到了宋代，一些文学大家在作诗之余，也写词来抒发自己"私生活的幽约情愫"。直到文学大师——苏轼出现，他对词境进行了开拓，词除了娱情之外，也可以抒发家国情怀和述志。"豪放派"由此开创，与"婉约派"共同成就了宋代词的创作高峰。

散曲，是元代诗坛上的一种新样式。在韵律上，散曲不像诗词那么严格，押韵比较灵活，在句中还可以使用衬字。在表现手法上，它运用了传统"赋"的方式，讲究铺陈。"元曲之佳处何在？一言以蔽之，曰自然而已矣。"[1]但可惜的是，散曲在元后期由于文人过分追求字词雕琢，写法向诗词的形式靠近，反而失去了散曲自己灵动活泼的个性，逐步走向了衰落。

诗、词、曲、赋都是中国文学史上璀璨的宝石。它们既各自散发着独特的光彩，又相互影响，共同发展，每个朝代都有各自独领风骚的文学体式，共同构成了波澜壮阔的有韵文学的长河。

---

[1]　清·王国维著《宋元戏曲史》，中华书局，2016年，第116页。

3-1-1. 为什么诗歌会成为最古老的文学艺术形式？

现在一般把文学作品分为诗歌、散文、小说、戏剧四种体裁，其中诗歌是公认的最古老的文学艺术形式。原因在于：

第一，诗歌是最简洁的表达形式。语言是人类在漫长的发展过程中逐渐形成的交际工具，文字产生于人类出现很久以后。散文、小说和戏剧一定是文字产生以后的艺术，而诗歌则在文字产生前就有了。口语从简单的会意表达演变为成熟的语言系统，而诗歌在人类简单的口语交流阶段扮演了重要的角色。

第二，诗歌起源于劳动。按照马克思的理论，劳动创造了人，创造了诗歌。在劳动的过程中人们需要交流，其中那些带有鼓动性和爆发力的内容就成了诗歌，鲁迅先生将其概括为"杭育杭育派"。

第三，古代的诗歌，在表现形式上往往是歌、乐、舞一体。比如一群人在围攻一只野兽，取胜以后，大家一起手舞足蹈，随手抓起身边的器物，敲击出各种声音，同时念念有词，这些词往往就成了最古老的诗歌。

3-1-2. 如何理解诗歌"兴、观、群、怨"的内涵？

《论语·阳货》记载，孔子说：孩子们怎么能不学《诗经》呢？《诗经》可以激发情志，可以让你学会观察社会与自然，可以让你学会结交朋友，可以学会正确的批评。从近说，可以学会更好地孝敬父母；从远说，可以更好地侍奉君王。还可以知道许多鸟兽草木的名称。

"兴、观、群、怨"，这是儒家对诗歌功能最早的总结，是对诗歌社会价值和艺术价值的精练概括。深入理解这段话，关键在于把握这四个字的内涵。下面提供两种不同层面的阐释，以供参考。

孔安国和朱熹认为，所谓"兴"，是"引譬连类"、"感发志意"，就是通过一定的艺术手段，激发想象，抒发情感；所谓"观"，即"观风俗之盛衰"、"考见得失"，即通过诗可以观察政治的得失和社会风俗的好坏；所谓"群"，即"群居相切磋"，"和而不流"，这是讲诗可以发挥团结群体的社会功能；所谓"怨"，就是批评，这里指"怨刺上政"，是讲诗有批评朝政的政治作用。

通俗的解释：孔子对学生讲：学习《诗经》，一可以抒发情感（兴），二是可以了解社会（观），三是可以与人交流（群），四是可以表达诉求（怨）。其中需要注意的是，"兴"是一种正面肯定的情感，比如说年轻男女之恋、人对自然的崇拜与热爱、对圣人君子的肯定与歌颂等；"怨"正好相反，侧重诉求或者诉求得不到满足的表达，比如指责暴政；"观"是要了解社会，这里主要是指《诗经》所反映的不同国家的社会历史状况；"群"指的是在群体环境中的一种基本的生存能力，用孔子的一句话来说，就是"不学《诗》，无以言"①。

孔子的"兴观群怨"说，清晰且生动地阐释了诗歌的实用价值和审美价值，在中国古代文学理论和创作上产生了深远的影响，特别是在诗歌的价值观和阅读欣赏的视角上第一次做了系统的分析，奠定了中国诗学理论的基础。

---

① 宋·朱熹《四书章句集注》，第175页。

3-1-3."建安风骨"何以成为中国诗史上的一面旗帜?

"建安"是东汉时期汉献帝刘协的年号,"建安文学"因为独特的审美风格而成为我国文学史上一道美丽的风景。东汉末年,社会的急剧变化影响了文学的发展。以曹操父子为首,包括"建安七子(孔融、陈琳、王粲、徐幹、阮瑀、应玚、刘桢)"等诗人,形成一个以邺下为中心的文学集团,史称"建安文学"。他们在诗歌上刚健挺拔的审美趋向和风格被称为"建安风骨"。"建安文学"具有四个显著特点:

第一,强烈的现实主义精神。"建安文学"不仅真实地再现了军阀混战所造成的社会灾难,而且表现出一种结束战乱、重建家园、振业兴邦的强烈的担当精神。曹操正是这一潮流的领袖人物,他的诗歌充分反映了建安时代的社会面貌,表达了建功立业的雄心壮志,把我国古代诗歌的写实传统推向了一个新的起点。

第二,明确的政治理想。曹操在治军上采用了法家"讲求实际、赏罚严明"的思想,在政治理想上却追求儒家的"仁政"。他的诗在感慨人生无常的同时,还具有积极的社会理想和英雄色彩,"老骥伏枥,志在千里;烈士暮年,壮心不已"[1](《龟虽寿》),正体现出了他的豪情壮志。曹丕、曹植兄弟,博通经史,文武兼备,颇有"救民济世"之志。"建安七子"也不

---

[1] 汉·曹操《龟虽寿》,张可礼、宿美丽编选《曹操曹丕曹植集》,凤凰出版社,2009年,第17页。

甘以文士自居，富有忧国之思和拯世之志。

第三，鲜明的个人风格。用刘勰的话说，"志深笔长、慷慨多气"[①]是整个建安诗坛的基调。文学开始走向自觉是从建安时代开始的。建安诗人，就个体而言，性格鲜明，眼光高远，卓尔不群，在诗歌创作中，追求创意，独辟蹊径。如曹操的诗古朴苍健、气韵雄沉，曹丕的诗隽秀婉约，曹植更是诗才横溢，三人珠联璧合，相得益彰，成为建安时代诗歌艺术最杰出的代表。

第四，浓郁的悲剧色彩。一方面连年战乱引发的社会灾难触目惊心，另一方面拥有建功立业理想的英勇将士们不可避免地要付出巨大牺牲。令人悲叹的是，时代给他们提供了思考和呐喊的空间，但无法给他们提供建功立业的机会，空怀报国之志、英雄无用武之地的悲凉色彩油然而生。

正因为具备上述特点，"建安风骨"成为中国文学史上一座丰碑，它不但成为后代诗歌革新运动的典范，而且被后世文人作为追求创作独立的旗帜。

3-1-4.陶渊明和苏轼何以成为中国众多知识分子精神追求的坐标？

陶渊明与苏轼是中国文学史上的两座高峰。他们在中国知识分子心中占有重要地位，甚至成为众多文人精神追求的坐标。

从相同点来看，两人都追求精神上的自由、人格的独立。晚于陶渊明600多年的苏轼，一直把陶渊明当作知音。他甚至

---

① 南朝梁·刘勰著，清·黄叔琳注《文心雕龙》，浙江古籍出版社，2011年，第152页。

认为陶渊明是自己的前生："梦中了了醉中醒，只渊明，是前生。走遍人间，依旧却躬耕。"①他对陶渊明的诗情有独钟，爱不释手，并追和了100多首。他更欣羡的是陶渊明在田园生活中表现出来的宁静平和的人生态度。他们心怀理想，分别站在各自时代的前沿，与黑暗社会抗争，不肯向庸俗的功利社会风气妥协。这种刚正不阿的品格与气节向来为历代的知识分子所敬仰和追慕。

陶渊明与苏轼又多有不同。前者那种虚怀若谷、冲淡旷远的性格背后是平和，而后者那种厌倦仕途、追寻自然的情感背后是无奈，甚至是悲凉。所以陶渊明的回归是彻底的，他的归田不是仕途失败、心灰意冷后的消极回避，而是重新选择另一种人生，而且真心快意于这种人生。这一切说明，他已经看透社会的污泥浊水，于是游离于社会功利之外，享受着大自然的无穷乐趣。而苏轼一直渴望能够在治国平天下的人生实践中实现自己的报国梦想，然而在新旧党争中，他屡遭挫折，从失望走向绝望。尽管他也想避世，回归自然，但是他执著的性格以及对国家社会的责任感，使他永远不可能放下民生疾苦去做一个悠闲的诗人。

后世的中国知识分子在陶渊明和苏轼的身上捕捉到了他们各自的闪光点，或者说自己最缺少、最需要的精神营养。在陶渊明身上，人们看到了一种纯粹、率真的人生。他带着恬然与快意进入创作，把内心情感与自然万物完全融为一体，把田

---

① 宋·苏轼《江城子·梦中了了醉中醒》，傅幹注，刘尚荣校证《东坡词傅幹注校证》，上海古籍出版社，2016年，第200页。

园诗写到了极致，以至于历代知识分子都在他的诗中找到一种由衷的释放和温暖的慰藉。而苏轼的可贵之处在于，他的诗歌中体现出一种"穿越现实"的巨大张力，不同于西方的二元对立，也不同于道家的消极避世，尽管他内心充满矛盾与痛苦，但他总能化解这种矛盾和痛苦，汲取儒、释、道思想，从容面对世界，这种生存在现实世界中的智慧与独立人格，为那些追求自由与独立而处于痛苦与迷茫的知识分子们指示了一条出路。

3-1-5.为什么唐代会成为中国古典诗歌的鼎盛时代?

唐代成为中国古典诗歌的鼎盛时代不是偶然，主要原因是：

第一，从历史发展角度看，唐代版图辽阔，国势强盛，南北文化融合，中外交流频繁，为诗歌艺术提供了历史机遇。

第二，从社会角度看，唐朝统治者建功立业，为唐朝的稳定繁荣奠定了坚实的政治基础，也给了他们强大的自信，因而唐代的政治文化制度比较开明，文人的精神比较自由，批评时政的诗人也有生存和发展的空间，这为诗人的创作激情和创新形式提供了社会基础。

第三，从文化角度来看，诗歌艺术本身也发展到了相当成熟的阶段。从"风"、"骚"问世到"建安风骨"的形成，特别是乐府诗的长期积淀和大量普及，把中国诗歌推向了一个高潮，梁初的"永明体"从理论上为唐朝的近体诗（格律诗）出现做好了充分准备和蓄势。

在上述背景下，大量天才诗人涌现，他们畅游大江南北，或关注民生疾苦，或抒发英雄壮志，或描述边塞奇观，或流连田园风光。以王维、孟浩然为首的"田园诗派"，以高适、岑参为首的"边塞诗派"，以孟郊、贾岛为代表的"苦吟派"，以白居易、元稹为首的"新乐府派"，以杜牧、刘禹锡为代表的"咏史派"，还有韩愈、柳宗元的瘦硬奇崛，李贺、李商隐的隐喻缠绵，流派纷呈，各领风骚。李白和杜甫的出现，更让唐诗有了世界影响力。

3-1-6. 为什么说李白和杜甫是中国伟大的诗人？

凡是读过中国诗歌的人，无人不知李白和杜甫，他们是中国诗歌史上无法逾越的高峰。

伟大的浪漫主义诗人李白，生活在盛唐时期。他豪放不羁，游踪遍及大江南北。壮丽的山河给了他强烈的创作激情和动力，也启发了他无限的想象力。他的诗歌有一种远离人间功利与沉浮的仙气，因此人们称他为"诗仙"。他的诗歌从意境的组合、形象的塑造、素材的摄取到体裁的选择和各种艺术手法的综合运用，都显示出典型的浪漫主义特征。如果用两个字来概括李白诗歌的主要特征，那就是"飘逸"。此外，他常将奇特的想象寓于夸张、比喻、拟人等修辞手法之中，构成一种鬼斧神工、瑰丽动人的奇妙意境。七言歌行和绝句是李白最擅长的体裁。他最有代表性的作品当推《将进酒》、《蜀道难》、《梦游天姥吟留别》、《静夜思》、《送孟浩然之广陵》等。

伟大的现实主义诗人杜甫，身处于唐朝由盛转衰的时期，又值家道中衰，仕途上屡受重创，并且饱受乱离之苦。这种遭遇导致他的视野更多聚焦在底层劳动者，其诗多涉及社会动荡、政治黑暗、民生疾苦等内容，表达了仁爱精神和强烈的忧患意识。杜甫的诗歌最鲜明的风格是"沉郁顿挫"，忧国忧民成为他永恒的主题，因此他的诗被称为"诗史"。他的诗歌突出的艺术特点：第一是通过典型事物对现实生活作高度的艺术概括，第二是雄浑壮阔的艺术境界和细致入微的表现手法的融合，第三是语言的通俗化与个性化。杜甫脍炙人口的诗篇有"三吏"（《新安吏》、《石壕吏》、《潼关吏》）、"三别"（《新婚别》、《无家别》、《垂老别》）等。

3-1-7.为什么词会在宋代兴盛？

宋代是词大放异彩的时代，词完成了由"俗"到"雅"的蜕变。其实，词在唐代就已经产生，但为什么词直到宋代才会兴盛呢？这和当时的社会、经济、文人的审美倾向以及词本身的发展都有关系。

"陈桥兵变"之后，赵匡胤建立宋朝，结束了自晚唐以来分裂动荡的局面。和平安定的社会环境促进了经济繁荣，各种以娱乐为目的的文艺形式得到了快速的发展。词天生就是为娱情而服务的。

宋词的发展与文人的重视有密切的关系。宋初统治者采取了"崇文抑武"的政策，文官多有优厚的俸禄，他们大多会在家里豢养伶人歌女，"轻歌曼舞"、"低吟浅唱"是这些文化官员常见的娱乐方式。他们嫌来自民间的词太过粗鄙，便自己作词来给歌女演唱。欧阳修、苏轼都有给官伎作词的故事流传下来。文人词作通过各种途径流传于民间，更有一些文人出入歌楼舞馆直接为歌女写词，如柳永。词的兴盛刺激了词人创作的热情。词又和诗歌述志的社会功用不同，其可以"畅叙幽情"。自由的体式，自由的抒情都使得文人倾心于词的创作。

词能在宋代盛行也是词本身自然发展的结果。词在唐代就已经出现，著名的诗人李白、白居易都有词作传世，晚唐以温庭筠为代表的"花间派"兴盛一时，五代南唐的李煜父子更是词中高手，特别是李煜后期的词作词境扩大，是词中精品。

宋词就是这样登上了历史舞台，并且占据了词史中无与伦比的巅峰地位。

3-1-8．"婉约派"与"豪放派"有什么不同特点？

婉约和豪放是宋词的两种风格，在代表词人、形成时间、题材内容、表现手法上都有自己鲜明的特点。"婉约派"的代表词人有柳永、晏殊、晏几道、周邦彦、秦观、姜夔、欧阳修、李清照等；而"豪放派"除了苏轼，还有辛弃疾、岳飞、陈亮、陆游、张孝祥、张元干等。

从形成时间上看，"婉约派"要早于"豪放派"。词在唐代诞生，它最初的使命就是为了"娱情"，词的社会使命决定了它的题材范围比较狭窄，大部分婉约词写的都是男女爱情、离别感伤等。从宋初开始，也有文人开始尝试以诗入词，或在词中加入民歌的特点，试图增加词的表现力。直到苏轼登上词坛，"豪放派"才真正与"婉约派"相比肩。"豪放派"大大扩充了词的题材范围，国家大事、个人志向都可以入词。

从情感表现的方式来看，"婉约派"含蓄委婉，"豪放派"则直抒胸臆。从语言风格上看，"婉约派"清新绮丽，婉转有致，而"豪放派"境界开阔，一泻千里。正如俞文豹《吹剑录》的记载：东坡在玉堂日，有幕士善歌，因问："我词何如耆卿？"对曰："郎中词，只好十七八女子，执红牙板，歌'杨柳岸晓风残月'；学士词，须关西大汉，铜琵琶，铁绰板，唱'大江东去'。"[①]这恰是对宋代词坛不同词风的形象概括。

3-1-9.李清照的遭遇对她词风的变化有什么影响？

在中国文学史上，很难看到女性的身影，直到李清照登上文坛。李清照出身书香门第，其父李格非是当时著名的文学家，良好的家庭环境为她的创作打下了坚实的基础。她18岁嫁给了赵明诚，幸福的婚姻和闺阁生活是她前期创作的主题。随着丈夫的出仕，夫妻分居两地，她写出了一首首带着思念和忧伤的望夫词，其中也透露出夫妻心有灵犀的幸福感。

"靖康之难"将李清照的人生推向了不可预知的苦难。她与丈夫匆匆逃往江南，收集的金石文物和珍贵书籍也在战火中遗失，更不幸的是丈夫也在路途中病逝。丈夫去世后，她拖着病体孤身一人逃难，词作也多变成了沉重哀伤的生死悲歌，风格上也由明亮清新走向了沉重哀婉。往日看见大雁想到的是丈夫的关爱——"云中谁寄锦书来，雁字回时，月满西楼"[②]；如今再看到大雁是无比的伤心与绝望——"雁过也，正伤心，却是

---

① 宋·俞文豹撰，张宗祥校订《吹剑录全编》，古典文学出版社，1958年，第38页。

② 宋·李清照《一剪梅·红藕香残玉簟秋》，凌枫等注释解析《宋词三百首》，上海古籍出版社，2015年，第207页。

旧时相识。"[1]李清照的词作正是她生命历程的映照，而其中的悲剧同时也是社会的悲剧。

李清照的词作风格不落窠臼，在众多词人之中独树一帜。她善于从日常生活中汲取素材："守着窗儿，独自怎生得黑"[2]、"不如向帘儿底下，听人笑语"[3]。窗、帘都是最常见的景物，但在李清照的笔下却能巧妙表现出她老年寡居的寂寞和孤独。

李清照的一生既寻找到了幸福的爱情与婚姻，也饱受过家破人亡的苦难。她以女性特有的细腻与坚强创造了众多情感丰富的词作。在她的作品中我们既能感受到在和平年代女性对爱情的追求，也能感受到战火纷乱中女性命运的悲苦。

3-1-10."赋"是一种怎样的文体？

赋作为一种文体，最早出现在《荀子》一书中，其主要特点是"不歌而诵"。它着重铺叙和描写，抒情不多；行文中韵散间出，诗文兼具；在篇章结构上，多采用问答形式。赋在汉代获得极大的发展，是汉代有代表性的文体。

汉赋的发展一般分为三个阶段。汉初的赋，被称为"骚体赋"，继承了楚辞的特点，代表作有贾谊的《吊屈原赋》、淮南小山的《招隐士》等。西汉盛年的赋被称为"大赋"，这是汉赋的主要形式。大赋结构宏大，往往借物寓意，讽喻劝谏。艺术

---

① 宋·李清照《声声慢·寻寻觅觅》，凌枫等注释解析《宋词三百首》，第211页。

② 宋·李清照《声声慢·寻寻觅觅》，凌枫等注释解析《宋词三百首》，第211页。

③ 宋·李清照《永遇乐》，凌枫等注释解析《宋词三百首》，第214页。

手法上铺张扬厉，语言风格绵密细致、富丽堂皇。枚乘的《七发》是开山之作，司马相如的《子虚赋》和《上林赋》，扬雄的《甘泉赋》《河东赋》，班固的《两都赋》等也都是名篇。东汉中叶以后的赋被称为"小赋"，以抒情、言志为主要特征，代表作有张衡的《归田赋》、赵壹的《刺世嫉邪赋》等。尽管大赋有华而不实、矫揉造作之嫌，但在丰富词汇、辞句以及技法，特别是反映时代特征、促进文学观念的转变方面，有着重要作用。

汉代之后，赋又经历了俳赋、律赋和文赋等几个阶段。六朝赋又称俳赋，是东汉抒情短赋的变体，篇幅短小，句式整齐，多为四六言，讲究平仄，通篇押韵。唐宋阶段讲究韵律的赋称为律赋，题目、字数、韵式、平仄都有严格限制。中唐以后产生的一种散文化的赋体被称为文赋，句式错落多变，押韵较自由。

3-1-11. 唐、宋科举考试怎样写"赋"？

科举制度是通过考试选拔官员的一种制度。它源于汉朝，始于隋朝，确立于唐朝，完备于宋朝，兴盛于明清，随着中国封建社会的结束而退出历史舞台。

科举制一开始就建立了"自由报名、公开考试、平等竞争、择优取士"的原则，打破了贵族世袭做官的垄断，是新兴地主和平民百姓进入仕途的通道。考试的方法从简到繁，逐渐完备，科举制也在历史的发展中成为一种组织严密、操作性强的选拔制度。

唐代进士科试诗赋，产生了考试专用的律赋。律赋比骈赋更加注重对仗与声律的工整严密，全篇字数、句数和韵式都有严格的限制。除此以外，还明确限定了韵脚字为四言两句八字，即限八韵。

唐代的科举赋才气包举、酣畅开阔，宋代的科举赋以才为学、重视论议。这是社会制度和政治气象在科举中的反映。

3-1-12. 散曲对诗词的继承与创新表现在哪里？

元代是中国历史上第一个由少数民族建立的统一政权。民族融合创造了不同文化深入交流与融合的机会，散曲作为一种抒情文学的新样式应运而生，它短小灵活，可以独立存在。相对于元杂剧而言，它往往表现为作家单纯以短曲的形式抒情。在语言上，它遵守一定的格律，押韵较灵活，还可以根据情感来增加衬字。衬字口语化明显，散曲形式上也更加自由活泼，内容丰富多彩。

虽然元朝统治者仍以"程朱理学"为统治思想，但是不可否认，儒学的影响日益减弱，加上元朝开国之君曾尝试将蒙古与中原文化进行融合，各种新的思想纷纷涌入中原。这些改变也促使文人的审美发生了变化，相比以往诗歌、词的"哀而不伤"，讲究含蓄之美，散曲没有那么多的束缚，它发扬了传统的赋的手法，铺陈直叙。同时正因为审美的变化，散曲的风格也是多种多样，清代刘熙载在《艺概·词曲概》中也把散曲分成三品：一曰清深，二曰豪旷，三曰婉丽。[1]在元后期，由于文人过分追求形式上的华丽，雕饰字词，写法逐渐向诗词靠近，反而失去了散曲自己的独特个性，走向衰微。

---

[1]　清·刘熙载著《艺概·词曲概》，浙江人民美术出版社,2017年，第130页。

🎋 3-1-13.中国古典诗歌独特的民族审美特征有哪些?

第一，含蓄婉约。与外国诗歌的直抒胸臆不同，中国古典诗歌更多是追求诗意的含蓄和风格的深婉，追求一种"言外之意"和"韵外之致"。因此，古代诗论中有意象、意境、韵味等美学范畴。比如"枯藤老树昏鸦，小桥流水人家，古道西风瘦马"[①]通过一系列的意象组合，一种游子天涯、孤愁苦旅的悲绪油然而生。

第二，音律和谐。在文字产生之前，诗、乐、舞同源。但是文字产生以后，诗歌的表达形式就根据不同的文字系统产生了分化。汉语是表意文字，大多为单音词，又有四声相区别，所以中国诗歌语言的组合、音节的变化就形成一套独特的规律，从而造就了中国诗歌语言富有音乐性的特征。唐代开始，大量的近体诗（格律诗）问世，讲究平仄、对仗、押韵等规则，更是对诗歌音律的强化。

第三、教化功能。从《诗经》开始，以儒家为代表的正统观念就要求诗歌所抒发的情感受到道德伦理的约束。如中国文人诗第一次创作高峰期的建安诗歌，或反映动乱现实、关心民生疾苦，或抒发豪情壮志、表现功业抱负等，都蕴含着文人的忧患意识和强烈的使命感，形成了"建安风骨"，成为中国诗史上写实作品的一面旗帜。就中国古代诗歌的主流而言，从《诗经》到汉乐府民歌，从屈原创制的"楚辞"到近代杰出的爱

---

① 元·马致远《天净沙·秋思》，傅丽英、马恒君校注《马致远全集校注》，语文出版社，2002年，第212页。

国诗人黄遵宪的"新派诗"，都传播着真、善、美的情怀，自觉地承担起关照民族兴亡的社会使命。

3-1-14.教师怎样进入更高层次的诗歌阅读欣赏？

首先，要明确阅读研习诗歌的目的。因为不同目的会导致不同内容的选择和不同方法的运用。一般说来，教师阅读诗歌的目的可以归纳为三种：第一种是工作的需要；第二种是专业研究的需要；第三种，怡情养性，提高艺术修养的需要。

其次，根据研习目的筛选适合的诗歌阅读内容。出于工作需要，选择目标一般会比较具体。比如这个阶段在讲白居易的《长恨歌》，那么阅读重点会放在白居易的诗歌上面，以便建立对白居易的整体印象；近期要开一个以"春天"为主题的班会，可能就会动员同学收集描写春天的诗歌。出于专业研究的需要，阅读范围、选择方向会更加明确与深入。这里重点谈谈第三种。随着物质文明的发展和生活水平的提高，人们越来越重视精神世界的建构与质量，从古典诗歌中去寻找一种洗涤灵魂、润泽情感的营养，表现了现代物质生活向古典文化精神的回归，作为知识分子的教师阶层必然义不容辞。中国古典诗歌史，其实就是一部艺术化的中国历史，从"风"、"骚"问世，到"建安风骨"，从民歌的自由绽放到文人创作的推陈出新，古体、近体、边塞、田园、豪放、婉约、现实主义、浪漫主义，可谓博大精深。我们追寻诗人的脚步，触摸高贵的灵魂，感受时代的波澜壮阔，享受艺术的惊心动魄。

最后，选择适合你的阅读方法。读诗的方法很多，没有好和不好之分，只有适合、不适合之别。下面介绍几种适合教师的阅读方法供参考。

第一种是诵读法。尽管这是最传统的读诗方法，但是不得不承认，它至今仍然是最有效的阅读方法，成人也不例外。尽管成人的机械记忆能力不如少年儿童，但是由于成人的理解能力增强，而且一般成人读诗是主动阅读，所以通过诵读的方法仍然会产生良好的阅读效果。何况中国的古典诗歌特别注重音律，这就决定了诵读是最容易进入诗歌意境的途径与方法。

第二种是专题阅读法。即一段时间内集中精力去阅读某一个专题，以期获得比较深入的阅读效果。专题可以是对一个诗人主要的或者是全部作品的阅读，也可以是对一个时期、一个流派不同诗人的系统阅读。

第三种是比较阅读法。此法就是把具有某种共同特质的诗人放在一起，通过比较的方法，体会到他们同中有异，或殊途同归。在这种比较阅读的过程中往往会产生一些惊喜的发现，因此更容易建立阅读的成就感。

第四种是笔记阅读法。所谓不动笔不读书。动笔既可以在原文中勾画圈点，留下自己不同时期阅读的记录；也可以将优秀的句子摘录下来；还可以及时记录自己的阅读体会和感受，形成自己的读诗见解。

第五种是交流巩固法。从学习规律的角度上来看，能够将学到的东西转化成自己的语言讲出来是一种事半功倍的科学方法，尤其是现代充满互动式的课堂教学变革更是对此最好的说明。所以当你有了深入的阅读，形成了独到的体会，最好能通过合适的途径获得与别人交流的机会。

第六种是实践法。将学到的东西应用到实践中去，不仅是一种结果，也是深化学习的过程，更是一种美学价值的体现。尤其是作为教师，往往会把阅读当作教育教学的一种资源。当然，阅读诗歌所得到的智慧用到教育教学实践中来，需要经验，更需要创意。

活动设计

A. 小学

1. 建议

（1）背诵中国古典名诗100首。

（2）背诵中国古诗名句100句。

（3）分年级举行中国古诗诵读大赛。

2. 活动设计

（1）创意：古诗接龙游戏。

（2）目的：积累文化知识，激发学习古诗的兴趣，培养良好的阅读习惯、独立思考的意识与善于交流的能力，渗透团队的合作意识。

（3）策略：根据不同年级儿童心理特点，通过游戏的方式，点燃学生学习激情。

（4）时间：一节课。可以循环进行，但每次时间不宜过长，防止出现审美疲劳。

（5）场地：室内外均可，没有干扰，最好做一些小设计，利用环境，营造气氛。

（6）人员：班级的全体同学（也可以是一个年级），如果能邀请老师参加更好。

（7）组织：游戏创意小组（班长、学习委员、语文科代表、文艺委员等组织）。

（8）主持：科代表/文艺委员/学习委员。

（9）裁判：2—3名，可以邀请老师参与。

3.活动准备

（1）根据年级确定接龙范围（比如一年级可以在30首古诗范围之内，三年级可以是100首，六年级除了既定范围的古诗，还可以有一定比例在指定范围之外）。

（2）按照"实力均衡"的原则，分成若干小组，并选举产生组长。

（3）各小组集体研究接龙策略，做好组内分工。

（4）游戏设置总成绩前三名奖，还可以根据需要设置最佳团队奖、最佳勇气奖、最佳创意奖、热情志愿者等荣誉奖。总成绩由裁判计分产生，荣誉奖由各组提名产生。

4.活动器材

各组小白板一块，白板笔一支。

5.活动程序

（1）主持人宣布游戏的比赛规则。

（2）主持人宣布裁判名单和职责。

（3）主持人说出第一句古诗。

（4）第一个抢答获得答题资格的同学往下接龙，完成任务以后说出另外一句古诗。

（5）除本组以外的其他组继续抢答，循环往复。

（6）下课前5分钟结束比赛，统计得分，各组上交荣誉奖提名表。

（7）班长做游戏比赛点评。

（8）宣布获奖名单。

6.活动规则

（1）每小组基本分为100分，答对加10分，答错减10分。

（2）小组内合作答题，可以商量。

（3）出题的同学只要说出古诗的第一个字，各组就可以举手示意。

（4）经裁判认定，第一个举手的同学获得抢答资格。

（5）如果答错，其他组同学可以继续抢答，直到答对为止。

（6）最后根据总分多少决定优胜团队。

（7）荣誉奖根据各组评选票数决定。

补充：如果以年级为单位组织该游戏或者游戏时间较长，还可以增加必答题内容，设置初赛和复赛进行选拔，使游戏内容更加丰富。

B.初中

1.建议

（1）背诵中国古典名诗200首。

（2）背诵中国优秀古文50篇。

（3）举行中国古诗文默写大赛。

2.活动设计

（1）创意：排练演出唐代（也可以是其他朝代）诗剧。

（2）目的：增加古诗阅读积累，鼓励学生有选择地深入阅读，培养学生对诗歌的审美体验。

（3）策略：运用诗歌做材料，通过对话、歌唱、旁白、动作等戏剧手段，编成有故事的情节，展示诗人的内心世界，塑造接近于历史真实的诗人形象。

（4）时间：2节课。

（5）场地：大教室，小舞台。

（6）人员：班级分成A、B组，A组演出，B组做观众，并在结束以后做点评；B组演出，A组做观众，并在结束以后做点评。

3.活动准备

（1）每位同学选择一个自己喜欢的诗人，并且尽可能多地背诵该诗人的诗歌作品。

（2）将你所背诵的诗人的作品按内容分类，比如写景类、抒情类、叙事类、议论类。

（3）团队集体讨论诗剧话题，并制定一个情节发展流程，比如"春天"——"劳作"——"爱情"——"战争"——"边塞"——"朝廷"——"家庭"。

（4）讨论出场顺序和表演时间。

（5）每个团队确定一个穿针引线的人，推动情节的发展，担任导演兼旁白的角色。

4.活动器材

面具或服装。

5.活动程序

（1）导演先对剧情以及即将出场的诗人做简单的介绍。

（2）诗人陆续登场，诗剧表演开始。

（3）观众代表点评。

6.活动规则

（1）整个诗剧的语言材料必须是取自上场的诗人。

（2）表现形式灵活多样，可以是朗诵原诗，也可以是转换成现代话来叙述，可以是歌唱，也可以是配合动作和表演，可以是对话，也可以是独白，还可以是齐诵等等。

（3）每个人都必须有上场的机会和表演的时间。

（4）整场表演应该具有一定的故事情节和戏剧冲突。

（5）诗剧的主题导向应该是健康的。

（6）最后的点评至少应该有三个人，而且评价的角度要有所不同。

C.高中

1.建议

（1）背诵中国古典名诗300首。

（2）背诵中国优秀古文100篇。

2.活动设计

（1）创意：诗人的地域性研究学术报告交流。

（2）目的：引导学生学会研究型阅读，学会比较、提炼、质疑和批判。

（3）时间：一个学年。第一学期布置阅读，形成研究论文；第二学期每周用一节课展示三位同学的研究报告；全部结束之后，在老师的指导下修改完善研究报告。

（4）场地：室内外均可。

（5）人员：每节课出场三位同学，其他同学做听众兼评委。

3.活动准备

（1）布置阅读范围：对本地区（本省市）历史上的诗人从古至今做一个排列，然后搜集整理他们的诗作。

（2）研究他们的重要诗作以及创作背景、创作动机、感情倾向、艺术手法、美学风格等等。

（3）在对本地区不同时期的诗人进行系统的阅读之后进行分析和概括，形成自己的基本观点。

（4）再做延伸阅读，为自己的基本观点寻找更丰富的支撑。

（5）完成地域性诗人研究报告。

4.活动器材

电脑。

5.活动程序

（每节课事先通过抽签决定三位同学的出场顺序，每位同学10分钟介绍，5分钟答辩）

（1）介绍自己的研究方向和阅读过程。

（2）介绍研究成果（自己的阅读收获，这部分是重点）。

（3）自己在研究中的困惑或者质疑。

（4）接受同学对该研究领域的提问。

（6）每节课结束，全体同学都要给三位同学的报告打分，并记录主要优点和不足。

（7）学期结束，评选十大优秀研究报告，并安排展出。

（8）学年结束，收集所有同学的研究报告，集结成册。

6.活动规则

（1）阅读过程中可以讨论，但是写作过程中必须独立完成。

（2）可以参考别人的相关学术成果，但是必须注明出处。

（3）不能从网络上进行复制粘贴。

（4）答辩中每个提问的同学只能提出一个问题。

（5）答辩者至少要回答同学提出的三个问题。

（6）优秀报告应由教师负责写出评语。

（7）每位同学提供研究报告电子稿，交学习委员或科代表，编辑成册。

第二节　散文精华

　　我国是一个散文大国。与诗歌、小说、戏剧等其他文体相比，散文不但数量多，而且创作内容广，绵延时间长，时代影响大。现代著名作家郁达夫曾说："中国古来的文章，一向就以散文为主要文体。"[①]

　　迄今为止，中国散文已走过了约三千年的历程。甲骨卜辞是散文的雏形，而《尚书》被奉为古典散文之祖。先秦时期，历史散文与诸子散文是当时极为矫健的两翼。到汉代，散文延续了先秦"文章经世"的传统，论说散文与史传散文的创作成就较高。魏晋南北朝时期，社会大动荡、大分裂，民族矛盾日趋激烈，除"建安文学"现出些微光芒外，散文总体上黯淡无光。唐宋时期，散文达到了巅峰，通过一系列文学运动的推动，散文的文风、文体演变迅猛，发展势头空前强劲。元代散文秉承唐宋风采，创作上主张"宗唐得古"。明清时期，散文的文体日趋多样，流派多方并存。

　　纵观民族发展的历史长河，自先秦到晚清，散文在古代文坛上从未缺席。特别是在文道结合理念的作用下，散文与社会

---

　　① 郁达夫编选《中国新文学大系·散文二集》，上海文艺出版社，2003年，第1页。

经济、政治局势的关系紧密，时代烙印鲜明。散文创作名家辈出，灿若星辰，先秦有儒家、道家、法家等诸子百家，汉代有司马迁、贾谊、班固，唐宋有韩愈、柳宗元、欧阳修、"三苏"父子、王安石、曾巩八大家，明清有归有光、袁宏道、张岱、姚鼐等。其经典作品无不表达着对社会、人生的独特感悟，同时也记录着伟大的中华文明动态发展的历程。散文以其强大的艺术表现力，成为中华民族前进道路上无可替代的文化载体，在华夏文化史上闪耀着不朽的光辉。

3-2-1.何谓散文？我国古代散文如何分类？

散文流传之初，称为"文"、"文章"或"古文"，最早从文学角度提及"散文"一词是在北宋时期。当时"散文"仅指与骈文相对的散行文字。

散文的概念有广义和狭义之分：

从广义而言，散文的内容包括历史、哲学、政治等一切生活领域，文体涉及韵文之外的所有文体。

从狭义而言，散文是与诗歌、小说、戏剧并列的一种文学体裁，是指用凝练生动、优美的文学语言，写成的叙事、记人、状物、写景的短小文章。

古代散文的分类方式，往往以内容为主，形式为辅，通常分为四类。第一类是写景状物散文；第二类是记人记事散文，也叫记叙散文；第三类是说理论道散文，也叫议论散文；第四类是抒情言志类散文，也叫抒情散文。

3-2-2.我国散文最早的标志性作品有哪些?

最早的散文片段是殷商甲骨文的卜辞,简短记录了当时的生活或重要活动,被视为早期片段式的散文;成篇散文的出现应该追溯到《尚书》。相传《尚书》最早名为《书》,约成书于公元前五世纪。《尚书》原有100篇,孔子编纂并为之作序。后来因社会变迁,几度焚毁修补,流传至今。《尚书》是散文发展史上标志性的作品,是迄今为止发现的最早的成篇的散文集。它记载了从尧舜到夏商周两千余年的社会情况,内容丰富,感情真挚,善用譬喻,描写生动,结构完整,有些脍炙人口的成语即出自本书,例如"纲举目张"、"星星之火,可以燎原"等。

3-2-3.为什么宋代是古代散文发展最辉煌的时代?

两宋时期,散文名家及作品层出不穷。明代文学家宋濂曾断言:"自秦以下,文莫盛于宋。"①在"唐宋八大家"中,宋代就占了六席:欧阳修、苏洵、苏轼、苏辙、曾巩、王安石。宋代散文数量巨大,风格流派多样,内容上以论道与论政为主,笔记文章也不失情趣。此外,散文理论和体式奋力拓展的时代也是在宋代,"散文"概念被提出并走向成熟。

---

① 明·苏伯衡《苏平仲文集》原序,《四部丛刊初编》本,上海商务印书馆,1922年。

3-2-4.小品文是怎样一种文体?

"小品"一词源于佛经翻译,较详的译本为"大品",较简的为"小品"。小品文作为散文的一种,基本特征就是"小"。一是在内容上的"小",它记述的主要是琐碎事情、偶然杂感。二是在篇幅上的"小",文字精练,结构灵活,类似宋人笔记,但更广泛更活泼自由,序跋、书简、游记、札记等皆在小品之列。小品文可随意选取叙事、抒情、议论等手法,体式灵活且又不失审美情趣。

3-2-5.何谓"形散而神不散"?

"形散而神不散"被称为散文最突出的特点。"形散"是指散文取材广泛自由,表现手法灵活多样。"神不散"是指立意要明确。散文中写人写事只是表层,情感才是文章的灵魂,这些感悟就是不散的"神",而作为写作题材的人、事、景则是自由的"形"。散文在结构上往往借助线索将材料贯穿为一个整体。

3-2-6.如何品味"风情万千"的散文语言?

语言优美是散文的重要特质,表现为情韵美、节奏美、形式美。对散文语言的品味,通常从三个方面展开。首先从修辞角度上品味,散文中常灵活运用各种修辞手法来增强表情达意的效果,因此我们要把握全文的感情基调,结合上下文,揣摩运用修辞手法的句子含义与表达作用;其次从遣词造句角度上品味,捕捉那些鲜明生动、具体可感的词语,深刻领会语句含义与文章主旨;最后从表现手法上品味,散文的表现手法丰富多样,只有全面结合语境、把握文章风格，才能准确领会这些手法的艺术效果。

3-2-7.如何透过散文观察作者的内心世界?

散文主旨是作者内心世界的表现，我们应运用合理的方法揣摩作者的内心。首先，要关注重要语句，如文中的抒情性、议论性语句，作者往往借助这些句子传达个人的思想感情；还要关注写作背景及意在言外、含义丰富的语句，这些语句往往出现在总起、总结、过渡等关键位置，是理解文章主旨的钥匙。其次，要准确把握文中人、事、物的特点，领悟作者的感情倾向。通过品读文中的内容重点，准确体会出作者的思想情感。再次，要理清文章线索，这有助于领会作者的内心世界。最后，要关注文章的详略安排。对文章内容的详略处理，自然是由其与文章主旨的关联程度决定的。

《活动设计》

A.小学

1.建议

（1）背诵散文名句100句。

（2）背诵散文名篇50篇。

（3）举行散文诵读大赛。

2.活动设计

（1）创意：散文名句推荐语创作大赛。

（2）目的：激发学习散文的兴趣，培养良好的阅读习惯，增强对散文的学习领悟能力。

（3）策略：儿童审美阅读能力初浅，故以短句、短文创作的形式，通过评比，激发学生的阅读热情。

（4）时间：一节课。可以分阶段进行，每次可以围绕某个主题，灵活展开。

（5）场地：室内外均可，最好有清幽的环境、静雅的氛围。

（6）人员：班级或年级的全体同学，有师长参与为佳，以增强比赛的庄重性。

（7）组织：比赛组委会（班长、学习委员、语文科代表、文娱委员等）。

（8）主持：科代表（或文娱委员、班长）。

（9）裁判：每队1名，总人数5名左右，可以有语文老师参加，最后评选优秀志愿者。

3.活动准备

（1）由语文老师或其他老师向学生推荐100句散文名句，学生可以选择其中的句子，也可以自主选择其他名句。

（2）按照"实力均衡"原则，分成若干参赛小队，并选举出队长。

（3）各队群策群力，共同创作出参赛的名句推荐语。

（4）比赛设置出冠、亚、季军奖，并设置最佳团队奖、最佳创作奖、最佳台风奖、最具人气奖等。总成绩由裁判组判定，其他奖由各队提名，再通过选举来决定。

4.活动器材

各队小白板一块、笔一支。

5.活动程序

（1）主持人宣布比赛的规则。

（2）主持人宣布裁判名单和职责。

（3）主持人下发推荐的100句散文名句。

（4）各队完成选句及创作活动。

（5）下课前5分钟，由裁判队给出各队评分。

（6）各队将各项荣誉奖提名上交。

（7）宣布并颁发各项奖项。

6.活动规则

（1）各队合作完成，可以互相讨论。

（2）各队在讨论过程中，不可使用网络查找资料，违者扣10分。

（3）经裁判裁定，如果某队有抄袭行为，取消获奖资格。

（4）最后以得分多少决定优胜团队。

（5）各项荣誉奖根据各队评选票数多少决定。

B.初中

1.建议

（1）背诵中国散文名段100段。

（2）背诵中国散文名篇50篇。

（3）举行中国散文听写大赛。

2.活动设计

（1）创意：撰写散文名段（名篇）导读。

（2）目的：丰富学生的散文阅读，鼓励学生自主阅读，培养学生对散文的感悟能力及语言表达能力。

（3）策略：依据学生当前认知水平，采用条块式阅读及自主选择品读的方式，培养学生阅读审美能力及语言表达能力。

（4）时间：两节课。

（5）场地：室内室外均可，有音响设备。

（6）人员：班级或年级的全体同学，最好有师长参与。

3.活动准备

（1）确定主持人、班级各小组组长。

（2）年级组或学科老师事先给学生提供100段（50篇）中国优美的散文选段提前让学生去阅读，学生也可以小组为单位，互相推荐一些优美的段落（篇目），多阅读，多熟悉。

（3）小组内部确定最终参赛的选段（篇目）。

（4）小组成员指定一名同学负责主创作。

（5）其他同学负责提出意见，对主创同学写好的文稿润色。

（6）确定一名同学作为朗诵者，其他同学对朗诵提出改进意见。

4.活动器材

白纸或笔记本、笔。

5.活动程序

（1）主持人宣布比赛的规则。

（2）主持人宣布裁判名单和职责。

（3）主持人下发推荐的100段散文名段（50篇散文名作）。

（4）各队完成选段（篇）及创作活动。

（5）下课前5分钟，由裁判队给出各队评分。

（6）各队将各项荣誉奖提名上交。

（7）宣布并颁发各项奖项。

6.活动规则

（1）各队合作完成，可以互相讨论。

（2）各队在讨论过程中，不可使用网络查找资料，违者扣10分。

（3）经裁判裁定，如果某队有抄袭行为，取消获奖资格。

（4）最后以得分多少决定优胜团队。

（5）各项荣誉奖根据各队评选票数多少决定。

C.高中

1.建议

（1）背诵中国散文名段200段。

（2）背诵中国散文名篇100篇。

2.活动设计

（1）创意：不同风格或主题的散文学术性研究报告交流。

（2）目的：引导学生掌握研究方法，锻炼学生的筛选、概括、判断、整合等能力，学会用学术的眼光去关注传统文化。

（3）时间：一学年。第一学期，广泛阅读，并自选风格或主题，形成研究报告；第二学期，每周用一节课展示三位同学的研究报告，最后将文稿再完善，编辑成册。

（4）场地：室内室外均可。

（5）人员：全体同学参与到阅读与撰写报告中，在同学交流报告时，其他同学做评委。

3.活动准备

（1）布置阅读任务：建议就某一时期、流派、文体进行相关阅读，系统地整理出重要著作。

（2）研究散文作家的生平、思想，理解散文的内容、脉络，辨析散文的风格及其影响。

（3）对相关作品阅读，进行分析概括，形成自己的观点。

（4）再阅读一些相关的散文，或一些文论，为自己的观点找到一些辅助性的材料。

（5）完成相关风格或主题散文的研究报告。

4.活动器材

电脑、纸、笔。

5.活动程序

（每节课事先通过抽签决定三位同学的出场顺序，每位同学10分钟介绍，5分钟答辩）

（1）介绍自己的研究方向和阅读过程。

（2）介绍研究过程和研究成果。

（3）陈述自己在研究过程中的困惑或质疑。

（4）接受同学对该报告的提问。

（5）每节课结束，评委组都要对三位同学的报告打分，并记录其优点和缺点。

（6）学期结束，评出十佳优秀报告，并安排在班级间巡展。

（7）学期末将所有学生的研究报告作必要修改，装订成册。

6.活动规则

（1）阅读过程中可以互相探讨、交流，但撰写过程必须独立完成。

（2）可以借用他人的学术成果，但需注明出处。

（3）不能从网上复制或从文献中简单地大段抄录。

（4）答辩中每位评委仅限提一个问题。

（5）答辩者要认真地回答提出的问题。

（6）优秀报告由教师负责写出推荐评语。

第三节 小说创作

"小说"一词，最早见于《庄子·外物》，当时是指琐屑修饰的言论。在记载春秋战国的文献中，诸子百家为了宣传其学说，借用了不少史料、神话或者寓言。庄子认为这些言论与大道理相差甚远，所以称之为"小说"。

东汉时，"小说家"开始自成一派，班固在《汉书·艺文志》中提到的所谓"小说家"，创作的内容基本出自野史，多是根据道听途说的内容加工改造而成。班固还提到孔子对"小说家"的评价：虽然只是小道理，但也有其合理之处。同时，这种"小说"用于治国安邦又未免不足，所以君子是绝对不会去涉足这类文字的。班固的这段表述，基本继承了庄子对"小说"的定位，认为其不能用于教化百姓、治国安邦，但同时也触及了小说的一些基本特点：来源于生活而又未尽真实。当然，此时的小说的意思已经不同于庄子的定位，开始接近现代小说的特点。

小说与其他文学形式一样，经历了漫长的酝酿和积累，到南北朝时初具雏形，到唐代才真正形成。又经过了宋、元、明、清几朝的发展，小说从成熟走向繁荣，日益被民众接受，但从文学地位上，小说还是没有改变末流的形象。戊戌变法时，梁启超试图借小说在民众中的广泛影响为变法助力，大力倡导小说界革命，至此，小说才得以翻身。

今天小说的概念，是借鉴了西方文艺理论的说法，是与诗歌、散文、戏剧并称的四大文学体裁之一。传统意义的小说，作者往往借助鲜明的人物形象、完整的故事情节和典型的社会环境，再现社会生活的某种状态，并以此来表达作者的思想感情或者对生活的态度。

人物、情节、环境是传统小说的三要素。小说中的人物，往往有生活的原型，但又综合了其他人的一些事迹，虽然生活中没有这个人，但这样的一类人却总能够在生活中找到一些影子。而一部优秀的小说之所以被人铭记，很大程度上也是因为它塑造了许多形象丰满、令人印象深刻的人物。情节是小说的生命，小说中的人物形象和主题都需要情节的推进来体现。与人物一样，小说的情节也必须来源于生活，但并不是生活的复制和照搬，有时它会以一种荒诞的形式出现，但是它一定有其内在的逻辑性，它比现实生活更集中、更典型，因而更具有代表性。至于环境，恩格斯说过小说就是塑造典型环境中的典型人物，所以环境是人物存在的前提，它与小说的主题有着极其紧密的联系。环境包括自然环境和社会环境两种，其中社会环境往往与人物和故事有直接关系，甚至有时社会环境就是故事情节的一部分，社会中的种种复杂关系，包括人物的身份、地位、社交等等都构成故事，也丰富了人物的内心世界。自然环境也不可或缺，它对表现人物心理、反映人物性格、连接情节以及表达主题等都有不可忽视的作用。

中国小说的发展按照时间基本分为古代部分和近现代部分，从先秦、两汉时的萌发，到现代小说的百花齐放，中国小说经历了漫长的发展历程。

3-3-1.唐代传奇有哪些经典名篇?

小说发展到唐代,渐趋成熟,唐传奇就是唐代小说的代名词。南宋文学家洪迈提出唐传奇可以与唐诗媲美的观点(《唐人说荟》例言)。唐传奇经历了从发扬、兴盛到衰落的过程。

发扬期主要经历了初唐和盛唐两个阶段。南北朝时期的小说,特别是志怪小说,多以描写神仙鬼怪为能事,到了初唐和盛唐,小说的描写对象开始转向生活中的人物。王度的《古镜记》最为典型。到了中唐,传奇达到鼎盛,内容题材丰富。神仙鬼怪类以《枕中记》和《南柯太守传》为代表,历史传奇小说当推《长恨歌传》,爱情类传奇代表作有《霍小玉传》、《李娃传》、《莺莺传》、《任氏传》、《柳毅传》等,侠义传奇的代表作当属《谢小娥传》。晚唐小说逐渐走向衰弱,但《传奇》等小说集作品仍有一定地位和影响。

唐传奇是文言短篇,属于文人的有意识创作,但创作者中基本没有专门的小说作家。此后,文言短篇小说的创作多借鉴唐传奇的样式。蒲松龄的《聊斋志异》就吸取了唐传奇的创作特色。唐传奇的创作特色对话本小说也有影响,比如叙述、议论相结合的手法,比如诗歌的融入,比如传神的细节描写和对话描写等。此外,很多题材和人物成为话本小说创作的素材。宋代时以其为蓝本的话本小说就有不少。

古代戏曲中也出现了许多以唐传奇为原型的经典曲目。如金代董解元的《西厢记诸宫调》和元代王实甫的《西厢记》,都以元稹的《莺莺传》中的故事为原型。明代汤显祖的戏曲"临川四梦"更是以三部传奇小说为原型。

3-3-2.宋元话本与唐传奇有什么区别?

唐传奇到宋元话本,中国古代小说完成了一次飞跃。二者的区别主要体现在以下几个方面:

首先是创作队伍的改变。唐传奇的作者基本上都是有身份、有地位的知识分子,沈既济、许尧佐、李公佐、白行简等都是进士出身,《玄怪录》的作者牛僧孺更是官至宰相。而宋元话本的编写者则以失意文人和低级官吏为主,还有"书会"中的才人、医生、商人等。唐传奇的描写内容基本局限于社会中上层。而宋元话本的创作者因为本身扎根于市民社会,所以小说的内容也往往直接取材于市民的日常生活,反映市民的情感和意识。更加明显的区别是,宋元话本往往将市民形象的下层民众作为小说的主角。

其次是思想观念的变化。受作家出身和审美倾向的影响,宋元话本小说在对某些问题的看法上也出现了明显的变化,突出表现在他们对婚姻、门第和女性等问题的看法上。唐传奇非常自觉地维护男子的中心地位。宋元话本中很多女性则大胆、泼辣,敢于追求自由的爱情和婚姻。

最后是语言的平民化。由于宋元话本的作者群阶层下移,话本突破了之前以文言为主的语言传统,开始采用白话进行创作,把文学创作推进到一个全新的阶段。这种文学的白话语言是在民间口语的基础上吸收了一部分文言成分的全新文学语言。这种白话语言由于更贴近生活,叙述时往往给人以鲜明深刻的印象和生活经验的启示,特别是人物语言的通俗化,使得小说中的人物显得更加鲜活和贴近实际。

3-3-3.明代拟话本相对于唐传奇有哪些演变?

从唐传奇、宋元话本，再到明代的拟话本，这是中国古典小说演变的一个过程。拟话本通常是指明代文人模拟宋元话本而写的白话小说，题材主要来自于普通市民生活，表现市民的生活情趣与价值追求。由于明代工商业发展很快，促进了文化的发展，特别是嘉靖以后，书坊的大量涌现，刺激了刻书业，拟话本创作兴旺繁荣。[①]许多拟话本直接取材于唐传奇，但又有了不少发展变化。

拟话本相对于唐传奇而言更贴近生活。唐传奇受五代志怪小说影响，所以其中的许多故事假托神仙鬼怪，而拟话本小说则更倾向于描写时事。而且，拟话本小说的取材相当广泛，除普通民众的生活外，对官场、考场中的丑恶、腐败也有所触及。

拟话本的说教功能增强。唐传奇的创作体现出明显的兴趣化特点，往往供读者做茶余饭后的谈资。到了明代，文人成为小说创作的主角，开始强调小说的说理和教化功能。例如《醒世恒言》第三十八卷《李道人独步云门》中，李清从仙界返回人间，赈济百姓，最后得道成仙，其中劝人行善、淡泊名利的教化意义溢于言表。

拟话本说教功能的增强与当时传统礼教的回归不无关系。明初统治者在思想、文化方面都加强了控制，同时也鼓励通俗文艺宣扬封建教化。在这种双重政策的引导和压力下，通俗文

---

① 程国赋《从唐传奇到话本小说之嬗变研究》,《江苏社会科学》1995年第1期，第112页。

学作家多以维护风化、劝善惩恶为己任，这与唐传奇"作意好奇"的风格和"鬼物假托"的手法完全不同。

3-3-4.小说发展到明清时期为什么出现空前的繁荣？

王国维对古典文学的发展有过一个经典的概括，即"一代有一代之文学"[①]。如战国的楚辞、汉代赋、南北朝骈文唐诗、宋词、元曲，到了明清时期，小说特别是长篇章回体小说出现井喷式的繁荣，究其原因有以下几个方面：

首先是市民阶层的需要。明代中后期，资本主义萌芽开始出现，都市更加繁荣，市民阶层也更为壮大。市民阶层虽然文化水平总体不高，但是他们同样有精神方面的需求。而在这一点上，传统的诗歌已经没有办法满足他们的需求，此时最能够满足市民阶层的小说，便乘势发展。

其次与意识形态的冲突相关。明清两代不断强化封建礼教以加强思想统治，但随着资本主义萌芽的出现，民众中反对封建礼教、追求个性解放的呼声暗潮涌动，再加上一些进步思想家的宣传引导，在文学上就亟需一个寄托和宣泄的出口。这时，小说便承担起了这一份责任。

再次，出版印刷业的快速发展，也是小说迅速繁荣的一个原因。在资本主义萌芽的过程中，明清两朝的出版印刷业率先走上了商业化的道路，市民阶级对通俗文学的需求急剧增长。于是，那些最能反映当时市民阶层思想和生活的小说就被反复

---

① 清·王国维《宋元戏曲史》，上海古籍出版社，1998年，第1页。

印刷，这也极大地扩大了小说的传播范围。同时，消费市场的繁荣又反过来刺激了小说的创作，促进了小说创作和传播的空前繁荣。

当然，从传承角度来说，明清小说的繁荣也是文学自身发展规律的产物。前有唐、宋、元三代的深厚积淀，上千年的小说发展过程中在艺术方法、情节建构、语言运用、人物塑造等方面积累了宝贵经验，这些都为明清时期小说的繁荣打下了坚实的基础。同时代的一些文学家和批评家摇旗呐喊，也将创作实践拉到了一个理论的高度，扩大了影响。如李贽、袁宏道等人，他们打破传统的文学偏见，对小说等通俗文学作出极为崇高的定性和评价，在理论上为小说的发展开拓了道路。

3-3-5.《金瓶梅》在中国小说史中具有怎样的地位？

《金瓶梅》与《水浒传》、《三国演义》、《西游记》并称"明代四大奇书"，但被统治者视为淫书而遭到封禁。该书于明朝隆庆至万历年间著成，作者笔名"兰陵笑笑生"，但具体是何人，至今争论不休。在此之前，我国的长篇小说的创作模式以"搜集＋加工"为主，题材上也限于历史故事或者神话传说。《金瓶梅》成书则完全基于文人的独立创作，小说以基本写实的方式表现民众的现实生活。可以说，《金瓶梅》是古典小说中人情小说的开端。

从《水浒传》"武松杀嫂"一段脱化而出，《金瓶梅》主要描写了西门庆从发家到败落的过程。"金瓶梅"中的"金"指潘金莲，"瓶"指西门庆的另一小妾李瓶儿，"梅"指西门庆宠婢庞春梅。小说以北宋为时代背景，但研究者大多认为故事内容直指明朝社会。

《金瓶梅》人物庞杂，涉及200多人，但并没有给读者以混乱的感觉。与以往小说中更多着重安排故事情节不同，《金瓶梅》在人物描写上浓墨重彩，小说在刻画人物性格方面也更注重从多个方面、层次入手，人物形象也更加丰满。

鲁迅在《中国小说史略》中提到，《金瓶梅》的作者对于当时的人情世故理解得非常透彻，并认为当时的小说没有一部超过《金瓶梅》。郑振铎也认为，要论能够体现当时中国社会百态的小说，没有一部可以出其右。

3-3-6. 中国古典小说"四大名著"有何艺术价值？

"四大名著"的说法确定时间不详，这种提法大致起源于"四大奇书"。明代时，《水浒传》、《三国演义》、《西游记》和《金瓶梅》并称为"四大奇书"。《红楼梦》问世之后，取代了《金瓶梅》的位置。

《三国演义》是历史演义小说的代表作，作者为罗贯中。全书以东汉末年黄巾起义到西晋统一这一百多年间的历史为背景，重点叙述了魏、蜀、吴三个政权的兴建、发展再到灭亡的过程。小说共120回，塑造了近200个历史人物，其中一些人物和事件为虚构。小说的众多人物中，以诸葛亮、关羽和曹操最为著名：在中国民间，诸葛亮是智慧的化身，关羽则象征着忠义，而曹操俨然是奸诈的代名词。当然，读者对人物形象的解读与小说中的政治倾向——"拥刘贬曹"有着密切联系。

《水浒传》是英雄传奇小说的代表作，作者施耐庵。小说以宋徽宗宣和元年（1119）发生的宋江起义为主要原型，艺术地再现了中国古代人民反抗压迫、英勇斗争的悲壮画面。小说的成功之处在于塑造了众多鲜明的梁山好汉形象。《水浒传》有不同版本，内容各有增删。

《西游记》是神魔小说的代表作，作者吴承恩。小说以唐贞观年间玄奘赴印度取经为背景，以一系列跌宕起伏、扣人心弦的神话故事，成功地塑造了唐僧师徒四人的不同形象。孙悟空身上体现出的那种桀骜不驯、不畏艰险、嫉恶如仇的性格正是人们所追求的。而这一形象在取经前和取经后截然不同的表现，也体现了小说在个体价值和社会价值两方面的追求："大闹天宫"中蕴含的是桀骜不驯的个体自由精神，"西天取经"则体现不畏艰险的追求探索精神。

《红楼梦》是世情小说的代表作，作者曹雪芹。小说具有曲折隐晦的艺术手法、凄凉深切的情感格调与强烈深刻的思想底蕴，也成功塑造了众多个性鲜明的人物形象。小说在古代民俗、封建制度、社会图景、建筑艺术、服装饮食等不同领域都极具研究价值，被誉为中国封建社会的"百科全书"。《红楼梦》是公认的中国古典小说的代表作，后世关于《红楼梦》的研究形成了一门专门的学问——"红学"。

🔖 3-3-7.中国现代小说与古代小说有什么区别?

文学史上一般将"五四"到新中国建立这一时期定义为"现代"，"现代小说"一般指创作于这一时期的小说。但"现代"不仅是时间概念，现代小说是与古典小说不同的一种新型小说。现代小说的"新"可以从以下几个方面来理解：

1.现代小说宣扬的理念和塑造的形象与古典小说完全不同。

"五四"和新文化运动带来了民主和科学的精神，这种精神也成为现代小说的主要理念。在形象塑造上，最平凡的工人、农民和知识分子开始成为小说的表现对象。

2.现代小说对人物性格的重视突破了古典小说的不足。中国的大部分古典小说重视故事情节，现代小说受西方性格小说的影响，大量作品都开始将重心转移到人物性格的刻画上。

3.现代小说开始重视小说的结构和体式。中国古典小说的长篇以章回体为主，短篇也可以看成是长篇的压缩，小说结构形式完全与情节发展重叠在一起。而现代小说无论短篇和长篇，都很重视结构。人物的形象和内心世界通过生活的某些横截面来体现，甚至采用电影蒙太奇式的组接法等来塑造。

4.现代小说在叙述视角和叙述人称上有重大突破。中国古典小说大多采用全知视角（或上帝视角）。在叙述人称上，也是以第三人称为主。现代小说中也有全知视角，但从某个特定人物的角度来叙述故事的小说成为主流，称为有限视角。小说在采用有限视角叙述时，人称可以是第三人称，也可以是第一人称。

5.现代小说对心理描写和心理分析非常重视。前面提到，中国古典小说缺少对人物细致的心理描写。而现代小说借鉴西方小说，在让人物自己来表现自己的传统基础上，增加了心理分析的元素，这也是中国小说现代化的一个重要标志。

🎋 3-3-8.为什么说《中国小说史略》是一部开山之作？

1920年开始，鲁迅先生应邀到北京各高校讲授中国传统小说的发展，《中国小说史略》（以下简称《史略》）就是在其讲义基础上增补而成，1923年正式出版，全书加上提要，总共为29篇。胡适称赞这本书是"开山的创作"①。

《史略》对中国传统小说的梳理，一方面依据朝代，涵盖汉、六朝、唐、宋、元、明、清等历史时期，展现了小说从发端、成形、成熟、转折到繁荣的发展历程。另一方面，立足于各个阶段小说的特点，并依此进行分类，从形式上来讲，有唐传奇、宋元话本、明朝拟话本等；从内容和主题上来分，则有六朝时的志人志怪小说，元明时期的讲史小说，明朝的神魔小说和人情小说，以及清朝的讽刺小说、狭邪小说、侠义公案小说和谴责小说等等。

全书在梳理各阶段小说的成就和特点的同时，对作品在创作上的得失也都给出了独到的见解。比如鲁迅先生认为《三国演义》在对刘备和诸葛亮的描写上还是存在着一些不足。《儿女英雄传》中的侠女形象脱离生活，人物形象过于类型化等。此外，《史略》对小说的社会历史背景和思想文化背景都作了系统的阐述，对历代的重要小说作家和代表性作品也都有较为详细的介绍。

可以这样说，《史略》是一本自成体系的中国小说通史。鲁迅先生在《史略》中采用的类型研究方式也成为此后小说研究的基本模式。

---

① 胡适著《白话文学史》，百花文艺出版社，2001年，第6页。

活动设计

A.小学

1.建议

阅读量不少于100万字，阅读《三国演义》、《水浒传》、《西游记》以及现代作家老舍的小说等。

2.活动设计

（1）创意：阅读摘记优秀作品展示、小说人物专题展示。

（2）目的：①培养学生良好的阅读习惯。②培养学生对小说人物形象的概括能力。

（3）时间：每学期一次。

（4）人员：各年级学生。

3.活动程序

（1）优秀阅读摘记展示活动

①各班语文老师组织好班级的阅览活动（包括课内阅读和课外阅读）。

②指导学生按规范做好阅读摘记，班级内定期（一般以一个月为限）评比、展示。

③期末由各班推荐优秀阅读摘记进行评选，并在校园显著位置展示。

（2）小说人物专题展示活动

①各班语文老师每学期组织小说人物专题写作。

②学期末将优秀作品推荐上报。

③学校组织评比、展示。

B.初中

1.建议

阅读量不少于200万字，《红楼梦》《封神演义》、"三言"、"二拍"、"四大谴责小说"、鲁迅小说、沈从文小说。

2.活动设计

（1）创意："一站到底"小说知识问答。

（2）目的：以活动形式促进学生的阅读兴趣和阅读欲望，抓住最佳的阅读时机。

3.活动程序

（1）上一学年结束时由语文老师布置本学年的阅读篇目。

（2）各班自行组织规定篇目的知识问答比赛，并将优秀选手推荐到相应年级组。

（3）年级在学期末组织"一站到底"小说知识问答。

C.高中

1.建议

阅读量不少于400万字，阅读"四大名著"评点本、《聊斋志异》、钱锺书《围城》、巴金《家》、林语堂《京华烟云》、张爱玲《金锁记》等。

2.活动设计

（1）创意：阅读交流会。

（2）目的：在确保阅读量的基础上提高学生的阅读品味，培养学生合理的阅读方法。

3.活动程序

（1）学期初由各班语文老师布置阅读篇目。

（2）各班利用阅览课或者课外学习时间组织学生交流阅读心得，并要求每学期上交一篇相关的读书心得（1000字以上）。

（3）学校在期末收集优秀读书心得，集中展示，并编辑成册，印发给学生。

第四节　戏曲杂剧

中国戏曲，兴于民间，与希腊悲喜剧、印度梵剧同样古老，同样经典，而当后两者逐渐进入博物馆，成为需要抢救的非物质文化遗产时，中国戏曲却在多年后又爆发出了蓬勃的生命力。君不见《游园惊梦》连演不衰，《白蛇传》场场爆满，《1699桃花扇》叫好又叫座。昆曲的声腔在海内外又渐次响起，在诗词、小说日渐式微的现代，戏曲持续上演华丽逆袭的好戏。

源于"百戏"的戏曲本是无名无分的艺术形式，它长期倚傍于杂技，看歌舞的颜色行事。两宋政局的孱弱让很多附着在杂技、歌舞上的文化形式渐渐淡出了人们的视线，唯独戏曲，却在此时蓬勃发展，以不可阻挡之势，在中国文学史上留下了浓墨重彩的一笔。文化在元代的萧条有目共睹，而戏曲却在这文化沙漠时代开出了绚烂的花朵，令人称奇。元朝以降，明清两代的戏曲，依然展示其逆势上扬的姿态，官府愈禁演，民间愈火爆，北方杂剧虽渐没落，南方戏曲却方兴未艾。社会舆论瞧不起戏曲艺人，但那些文化精英、风流才子却创作出一折折怀金悼玉的好戏。

戏曲之所以能历千年而韶光正好，与它出身民间是分不开的。从来没有哪个朝代可以以戏取士，戏曲向来都是不入流的行当。正是"野狐禅"的身份，让它少了很多羁绊。文雅典丽绝不是它追求的目标，文人案头绝不是它的最终归宿。它的生命力在于民间，在于草台班子的四方巡演；它不用取悦达官显贵，关注的是百姓的需求，在意的是百姓的叫好声。戏曲，是老百姓"捧"出来的。

"五四"以来，新文化运动兴起，西方话剧在我国渐热。话剧的出现为戏剧这一古老的艺术形式增添活力的同时，很大程度上也湮没了民族戏剧的本来面貌。一段时间以来，人们习惯于欣赏西方的话剧台词，习惯于圭臬般的"三一律"，却很少能够听懂圆润柔美、悠扬徐缓的曲词，很少有人能看懂戏曲的曲牌联套。幸而，当下戏曲又迎来了涅槃重生的时刻，正所谓"一代有一代之戏曲"，古老的戏曲在绵延不绝的发展中更加摇曳多姿、熠熠生辉。

3-4-1.戏曲为什么兴盛于元代？

首先，是戏曲自身的演进使然。经过漫长的孕育和发展，金末元初，以元杂剧为代表的戏曲进入了它的成熟期。历史记载，金章宗时，杂剧"凤凰四飞"已经在中都（燕京）演出。晋南地区出土的杂剧砖雕墓葬群所显示的歌舞说唱表演体制已经与后世的杂剧无异。

其次，市民文化的迅速崛起。自唐宋起，世家贵族走向衰落，商人地主阶层崛起。社会结构的变化导致城市勾栏、瓦肆的出现和市民游冶之风的兴起。人们的审美需求也开始发生变化，描摹世俗生活，曲尽世间百态，讲述悲欢离合的通俗文艺受到人们的喜爱。最著名的例子就是描写男女爱情的唐传奇《莺莺传》，宋时被改编为说唱流传于民间，而到了金章宗时期又被董解元改写为诸宫调，后来又成为元杂剧《西厢记》的蓝本。

此外，文人参与杂剧的编写，成为元杂剧兴盛的重要原因。金末元初，一批文人或绝意仕途，或为异族压迫，无仕进之望，遂流连于勾栏、瓦舍，这就使他们能够熟悉戏曲演出的形式，进而他们开始大量写作剧本，从而促进了元代文人杂剧创作的兴盛。

3-4-2.诸宫调和元曲有什么关系？

诸宫调就是在一出戏中使用若干宫调中的若干曲子，结构和表现形式更加灵活。它说、唱结合，使戏曲由单纯的歌舞向叙事过渡。宫调指每段乐曲的调高和调式，并用特定称谓做标志。每段乐曲都有所属之宫调，比如【端正好】属于仙吕宫，【一枝花】属于南吕宫。现存金代中叶董解元的《西厢记诸宫调》可以称为代表作，它的出现为元杂剧的诞生铺平了道路。元曲所用曲牌如【点绛唇】、【端正好】等皆出于诸宫调。每一宫调之下统摄若干支曲子，曲间有念白，这些元曲的样式皆出自诸宫调。

3-4-3.什么是元杂剧？

"杂剧"一词，宋代就有，它是包括滑稽戏、讶鼓、皮影等杂戏，采用大曲、法曲等乐曲的"百戏"的通称。至元代，杂剧走向成熟。杂剧有固定体式，每剧四折，或加一楔子，每折使用一种宫调。曲本讲、唱结合，采用代言体（第一人称叙事）。曲本中标示动作曰科，标示言语曰白，标示歌唱曰曲。

杂剧之中分末、旦、净、丑四种角色。杂剧每折之中只限一人唱，其余角色只能在楔子中唱。其作家多为布衣小吏，深知百姓疾苦，剧本反映现实生活，深受百姓喜爱。元杂剧在元代初期最为鼎盛，元代中后期开始衰落，渐渐与南戏相融。

3-4-4.什么是南戏？

南戏是与元杂剧并行的戏曲，流行于南方，语言轻柔曲折，体制更加灵活。元初期，元杂剧文学成就更高，南戏未能得到充分发展，元代中期以后，杂剧创作中心南移，剧作家郑光祖、宫天挺等久居余杭，北剧与南曲渐渐融合。南戏代表作有：柯丹丘的《荆钗记》，永嘉书会才人的《白兔记》，元人施惠的《拜月亭》，作者不详的《杀狗记》，最有名的当属元末明初高明写的《琵琶记》。20世纪初发现的《张协状元》，是迄今为止我国最早的也是保存最完整的剧本，证明了南戏在南宋时已经出现。

3-4-5.明代戏曲有什么特点？

明代出现了中国戏曲发展的第二个高峰，具体表现在三个方面。

一是家乐盛行，戏曲深入民间。尤其是江南一带，如汤显祖、沈璟等家中皆备戏班。署名为"据梧子"所撰的《笔梦》一书，详细记载了常熟士大夫钱岱家中的家乐戏班。明代无论是富户还是贫民，为看戏曲演出，均不惜废市罢业。

二是创作异常繁荣，作品数倍于元代。明代戏曲作者遍及社会各个阶层，有皇室贵胄，也有饱学鸿儒，如理学名臣邱濬，也有失意文人，如汤显祖、徐渭等。戏剧的社会地位、创作水平得到了极大提高。

同时，许多戏剧家对戏曲创作经验的分析总结，也使得戏曲批评得到了空前发展，如朱权的《太和正音谱》、魏良辅的《曲律》等。

明代对戏曲最重要的贡献是在南方孕育出了戏曲新样式——传奇，其唱腔（唱法）对作品的创作产生了极大的影响。南方方言驳杂，南戏（传奇）中有四大唱腔，弋阳、海盐、昆山、余姚，此外尚有多种声腔。嘉靖年间魏良辅等人对昆山腔做了重大改革，使得被士大夫目为"极厌观听"的昆山腔温润高雅，深得士大夫喜爱。明隆庆年间，梁辰鱼根据"昆山腔"写的《浣纱记》搬上舞台，大获成功。从此，传奇取代杂剧盛行于世。

3-4-6.《西厢记》对《红楼梦》产生了什么影响？

首先，《红楼梦》借用《西厢记》语言铺排情节。第四十九回贾宝玉觉得林黛玉与薛宝钗关系变好，就很纳闷，于是宝玉就借用《西厢记》来表示疑问，既有雅趣，又凸显出宝黛二人的亲近。

> 黛玉听了，便知有文章，因笑道："你念出来我听听。"宝玉笑道："那《闹简》上有一句说得最好，'是几时孟光接了梁鸿案？'这句最妙。'孟光接了梁鸿案'这五个字，不过是现成的典，难为他这'是几时'三个虚字问得有趣。是几时接了？你说说我听听。"黛玉听了，禁不住也笑起来，因笑道："这原问的好。他也问的好，你也问的好。"宝玉道："先时你只疑我，如今你也没的说，我反落了单。"

黛玉笑道:"谁知他竟真是个好人,我素日只当他藏奸。"因把说错了酒令起,连送燕窝病中所谈之事,细细告诉了宝玉。

其次,化用《西厢记》语言创设情境。《红楼梦》中有不少场景的描写化用了《西厢记》的词曲。如第二十五回宝玉早上起来寻找小红:

> 一时下了窗子,隔着纱屉子,向外看的真切,只见好几个丫头在那里扫地,都擦胭抹粉,簪花插柳的,独不见昨儿那一个。宝玉便趿了鞋晃出了房门,只装着看花儿,这里瞧瞧,那里望望,一抬头,只见西南角上游廊底下栏杆上似有一个人倚在那里,却恨面前有一株海棠花遮着,看不真切。

一段看似平淡无奇的生活场景描写,脂砚斋对此大加赞赏,"余所谓此书之妙皆从诗词句中翻出者,皆系此等笔墨也。试问观者,此非'隔花阴人远天涯近'乎?"

王实甫和曹雪芹对封建礼教扼杀人性、摧残爱情的恶行有共同的憎恶和强烈的悲愤。《老残游记·自序》中就说道:"王实甫寄哭泣于《西厢》,曹雪芹寄哭泣于《红楼梦》。"[1]曹雪芹在思想上超越王实甫之处在于《红楼梦》道出了平等自由的婚姻爱情观。

---

① 清·刘鹗《老残游记》,浙江古籍出版社,2010年,第1页。

当然,《西厢记》词曲优美,文采绚丽,莺莺、张生、红娘等人形象鲜明,曹雪芹在文中不止一次借宝黛之口称赞《西厢记》"词句警人","果然有趣"。

3-4-7.《窦娥冤》何以成为那个时代最受欢迎的作品?

在关汉卿众多作品中,《窦娥冤》是最有代表性的作品。日本学者青木正儿赞曰:"此剧为元曲悲剧的第一杰作。"[①] 该剧之所以深受欢迎,有以下几个原因:

第一,表达了普通民众的内心期许。《窦娥冤》深刻揭示了"官吏无心正法,百姓有口难言"的社会现实,但窦娥希望有"清如镜,明如水"的统治者来替她伸冤,戏曲的结局也是如此。显然,这里想要强调的是王法,清官终将战胜罪恶。符合中国普通民众的内心期待。

第二,符合大众的欣赏习惯。《窦娥冤》多种冲突交织,具有强烈的戏剧性。失去父亲、丈夫亡故、遇见歹人、遭遇贪官、被迫认罪,现实的残酷震慑着观众的灵魂;情节曲折复杂,节奏紧凑,极大地调动了观众的惊奇感。《窦娥冤》也被认为是中国最早的公案剧。

第三,人物形象极易引起情感共鸣。窦娥身上有坚强的一面,符合当时社会的伦理要求。她孝顺婆母、恪守妇道,她的反抗更多的是为了维护传统。因此,她的死亡能够激起当时的观众深深的同情和悲悯。

---

① 日·青木正儿著,隋树森译《元人杂剧序说》,山西人民出版社,2015年,第68页。

第四，通俗的语言符合演出需求。杂剧主要是给文化水平相对不高的老百姓看的，语言通俗是戏曲作品成功的一个重要标准。那段最著名的【滚绣球】，使用了大量的修辞手段，但其语言却直白易懂。

3-4-8. 如何理解戏曲中的"本色当行"？

一部好的戏曲，人们通常用"本色当行"来评价。"本色"和"当行"本是两个概念。

"本色"由诗论移植而来，本指戏曲的语言特色，延伸为指曲文语言切合剧中人物身份和个性，贴近社会生活；也指戏曲艺术地表现生活本来面目。"当行"本指精通某种业务或技能的行家，在戏曲创作上，要求曲文的创作符合舞台演出的要求，要可演可传。明代，戏曲理论家逐渐将"本色"、"当行"并用。"本色当行"的曲文具有如下特点：

一是俗文学性。突出语言的通俗性、生动性，根据扮演人物的要求、演出环境的需要，该俚俗俚俗，该典雅典雅。

二是可供舞台演出。要充分考虑舞台表演的要求，曲文要"胜场"，而非仅供于案头。

三是语言代言性格。演员与剧中人物之间的距离要尽可能缩短，作家创作人物语言时要"求肖似、合口吻"。

四是可唱性。曲文要曲词结合，曲调合拍。

3-4-9. 中国文学史上哪些剧目最有影响力？

元明清三代都有里程碑式的作品，元杂剧现实主义的代表作是"四大悲剧"——关汉卿的《窦娥冤》、马致远的《汉宫秋》、白朴的《梧桐雨》、纪君祥的《赵氏孤儿》。王实甫的《西厢记》则开辟了浪漫主义的道路。

元代高明根据宋元时期流行于民间的蔡伯喈的故事创作了《琵琶记》，标志着南戏的成熟，被誉为"曲祖"、"南曲之宗"。其后，徐渭创作的《四声猿》(《雌木兰替父从军》、《狂鼓史渔阳三弄》、《玉禅师翠乡一梦》、《女状元辞凰得凤》四出短剧总称)，其思想内涵在明代杂剧中无与伦比，艺术上亦庄亦谐，雅俗共赏。

明隆庆年间，梁辰鱼根据昆山腔写就的《浣纱记》搬上舞台，大获成功。从此，南方戏曲传奇取代杂剧鼎盛于世。

明末，戏剧大家汤显祖惊艳亮相，"临川四梦"(《紫钗记》、《牡丹亭》、《南柯记》、《邯郸记》)影响深远。尤以《牡丹亭》成就最高，词曲典雅，清远婉转，已有多种文字的译本。

清初，洪昇的《长生殿》和孔尚任的《桃花扇》双峰并峙，蔚为奇观。《长生殿》旋律优美，曲词文雅，结构细密，庄谐参差，交错有致。近代戏曲大家吴梅称其"集古今耐唱耐做之曲于一传中"[1]。《桃花扇》是清代传奇代表作，戏中故事都"确考时地，全无假借"[2]，通篇布局工整，词采出众，王公贵绅，争相传抄，康熙曾将剧本传入宫中观阅，之后誉满京华。

---

[1]　吴梅著，冯统一点校《中国戏曲概论》，中国人民大学出版社，2004年，第198页。

[2]　周妙中著《清代戏曲史》，中州古籍出版社，1987年，第143页。

❧活动设计❧

A.小学

1.建议

注重戏曲体验，多听、多看、多动，调动各种身体感官感受戏曲，积累经验。

2.活动设计

（1）创意：走近经典片段。

（2）目的：接触一段经典片段，知道一个艺术形象，了解一位戏曲作家。

（3）策略：模仿表演为主，念为主，辅以唱腔教学，以相关知识教学为延伸。

（4）时间：一节课。

（5）场地：视听室，有放映设备和话筒。

（6）人员：班级全体同学。

3.活动器材

放映设备、话筒。

4.活动程序

（1）播放一段经典曲目片段。

（2）看片段猜人物，猜剧情，激发学生学习兴趣。

（3）简介相关剧情，简单陈述作品、作家。

（4）选择其中关键唱段（或反映人物形象，或关键剧情）教唱。

（5）分组练习，教师指导。

（6）以小组为单位，轮流演唱。

（7）宣布优秀演唱小组。

补充：针对小学生的特点，知识教学宜简单，语言表述要浅显。剧情中和现代生活相去甚远的古代社会现象要做现代化、低龄化、简单化、趣味化处理。目前已有动漫京剧问世，教师可以在平时注意收集，以便和经典作品对比使用。

B.初中

1.建议

（1）了解《西厢记》、《窦娥冤》、《牡丹亭》等经典曲目。

（2）参观当地戏曲博物馆，了解戏曲历史和文化。

2.活动设计

（1）创意：听说读写赏，戏曲滋味长。

（2）目的：熟悉戏曲的文本体式和戏曲特征，初步建立戏曲知识框架。

（3）时间：四课时。

（4）地点：视听教室。

（5）人员：全体学生。

3.活动准备

（1）名家戏曲片段。

（2）经典戏曲文本。

4.活动程序

（1）悬笔听戏：播放经典戏曲选段视频，猜戏曲名称，简介作家、作品，并选出印象最深的一段戏，写下你的理由，在班级内交流。

（2）慧眼读戏：根据听戏的选择，将学生自动分成几个小组，共读戏曲文本，共同赏析。教师提出具体赏析要求，比如梳理剧情，概括人物形象，提炼主旨，了解作家，欣赏语言等等。

（3）众口说戏：每小组将自己的学习心得形成书面报告，在班级展示各小组学习成果。

补充：读戏、说戏环节注重全员参与，各司其职，各尽其才。设置不同的岗位协作完成活动，如分别设置主笔、主讲人、媒体制作人、演示演员等岗位。

C.高中

1.建议

（1）阅读元代或明代著名作家经典戏曲曲本。

（2）阅读相关戏曲理论书籍。

2.活动设计

（1）创意：作品体验式教学研究。

（2）目的：掌握戏曲的文本体式和戏曲特征，掌握戏剧赏析基本方法，学会研究性地赏读作品。

（3）时间：一学年。第一学期聚焦一部作品，收集前人研究成果，熟悉该部作品，了解对于该部作品的研究成果，利用假期形成自己的研究报告，与指导老师交流并修改。第二学期形成最终报告，并且准备交流。

（4）地点：教室。

（5）人员：全班同学。

3.活动准备

（1）教师事先简介中国戏曲历史，特别指出每一个时代的名家名作，给学生提供研究对象。

（2）学生确定研究对象，仔细阅读其代表作以及前人对该作家的研究成果，撰写研究报告。

（3）与老师交流自己的撰写情况，老师提出改进意见，修改后形成最后的研究报告。

4.活动程序

（1）事先抽签决定报告顺序。

（2）借助PPT等辅助手段，将自己的观点清晰地展现在同学面前。

（3）从作品整体把握、前人研究成果、语言特色感知、角色形象描述、作家意图洞悉、个性评价构建、研究困惑说明等方面介绍自己的研究成果。

（4）现场接受同学们的提问，在下一位同学作报告时思考同学们提出的问题，并且在下一位同学报告结束后现场回答。

（5）学期结束后评选出优秀研究报告，在校内展出，教师适时推荐给专业期刊发表。

补充：该活动对指导教师提出了较高的要求，有条件的话需要有多位教师分工指导。指导教师需要事先比较熟悉某位戏曲家，在学生撰写研究报告期间，指导教师要与学生多交流，以免学生走弯路。

第四章　语言文字

　　语言学是国学的基本内容之一，我国传统的语言学包括文字学、音韵学、训诂学等，在历史上统称为"小学"。一般来讲，文字学侧重字形的研究，音韵学侧重字音的研究，训诂学侧重字义的研究。

　　"文"与"字"在语言学中是两个概念。最早从学术角度阐述这两个概念的是东汉的许慎。"仓颉之初作书也，盖依类象形，故谓之文。其后形声相益，即谓之字。文者物象之本，字者言孳乳而浸多也。"① 许慎首先把字分为独体与合体。他认为，从描摹物体形状的图画演变来的象形字、抽象符号形成的指事字，形体结构是独体的，这是由文的纹饰引申为物象意义的，因此叫作文；在独体字的基础上，由象形字、指事字相互组合，构加部分都作为形符的形声字，即"形相益"，构加部分都作为声符的形声字，即"声相益"，这是由字的本义引申为文字形体"孳乳"意义的，这些合体结构的字才叫作"字"。许慎

---

① 东汉·许慎《说文解字》，上海教育出版社，2003年，第1页。

认为，"文"是仓颉最初造字的形体，"字"是在"文"的基础上不断发展的结果。

汉字是世界上最古老的三大文字系统（汉字、古埃及的圣书字和苏美尔人的楔形文字）中唯一沿用至今的文字。

第一节　汉字演变

汉字、古埃及的圣书字和苏美尔人的楔形文字，是世界上最古老的三大文字系统，沿用至今的只有汉字。

关于汉字的起源，有"结绳说"、"刻契说"等，影响最大的是"仓颉造字"说。传说仓颉造字，泄露了天地造化的灵秘之气，以至于"天雨粟，鬼夜哭"[①]。仓颉，是传说中黄帝的史官，有可能收集、整理、统一过汉字。但汉字书写符号系统复杂，不可能成于一人之手。可以设想，在"兽蹄鸟迹之道交于中国"[②]（《孟子·滕文公上》）的年代，我们的先人在生产实践中，在鸟兽的蹄迹中得到启发。于是，他们"依类象形"、"分理别异"，在一些写实性图画或原始花纹图案的基础上，将一些图案固定下来，逐渐创造了文字。

历史上的"文"是独体字，"字"是合体字，"文"与"字"是两个概念。根据许慎的说法，起源于象形字的独体字为"文"，由"文"派生出来的合体字是"字"。

汉字的完整体系在商朝时大体形成。其演变趋势是由繁到简，分成古文字和隶楷两个阶段。古文字阶段大概可以追溯到

---

① 陈广忠《淮南子译注》（上），上海古籍出版社，2017年，第290页。
② 杨伯峻《孟子译注》，中华书局，2016年，第113页。

公元前1400年到公元前300年，约1000年。唐兰先生根据字形特征，把这约千年的演变文字分为商代文字、西周春秋文字、战国文字以及秦文字四大类。商代文字主要都是借由甲骨文来认识，西周文字主要是透过铜器的铭文认识。春秋、战国之际，古文字变化剧烈。大约战国中期，俗体字的发展突飞猛进。秦系文字主要继承了西周的文字，有正体与俗体之分。秦代"书同文"的过程中，秦始皇在命令李斯创立小篆后，也采纳了经程邈整理的隶书。隶书是古今文字的分水岭，因为隶书奠定了现代汉字字形结构的基础。至唐，隶书向楷体过渡，衍生出草书。宋代印刷术发明之后，出现了宋体。

4-1-1.汉字起源于何时？

甲骨文是迄今为止公认的最早的汉字，距今已有3600多年。随着考古的发展，许多学者以出土的陶文为基础对汉字起源时间做出以下推测：

1.贾湖契刻、大地湾陶文。贾湖契刻发现于20世纪60年代初期，位于河南省舞阳县北舞渡镇贾湖村。1987年出土的甲骨契刻符号，距今约8000年，1978年甘肃秦安大地湾遗址发现的符号，距今7000余年。

2.半坡仰韶文化的彩陶符。1921年，陕西西安半坡仰韶文化遗址被发现。其后出土了不少距今约五六千年的彩陶，刻有许多重复出现的简单的几何符号。郭沫若、于省吾等学者认为这些简单的几何符号是文字。

3.陵阳河遗址的陶器符。1957年，山东莒县陵阳河遗址被发现，在随后出土的陶器上发现四个象形符号，距今4000多年。李学勤、高明等学者认为大汶口象形符号是最早的汉字。

📜 4-1-2.汉字起源的渊源物有哪些?

汉字起源的渊源物历来为学者所重视。流传较广的有以下五种:

1.八卦说。认为文字起源于八卦。八卦是二进制,与"数"理和计数工具有关,而数字是原始初文的重要组成部分。

2.河图洛书说。"河图"的传说发生在洛阳的孟津县,指的是"龙马负图出于河"献给伏羲的传说。"洛书"的传说发生在洛阳的洛宁县,指的是"神龟负文出于洛"献给大禹的传说,大禹据此定下九章大法以治理天下。

3.结绳说。据民俗学考证,很多原始部落都采用过结绳记事的方法。北魏先世的生活就曾是"不为文字,刻木结绳而已。"①结绳记事用来记录数目尚可,完整记事则难。

4.契刻说。古时双方需要契约或凭证的时候,就把一些数字符号或象形符号刻划在竹片、木片或陶器上以帮助记忆。这种形式有可能逐渐演化成类似青铜器上的族徽文或是竹简木牍之类的文书。

5.图画说。现代学者多认为汉字起源于原始的记事图画,出现了以梁东汉(认为"图画是文字的唯一源泉"②)和唐兰(明确提出"文字的起源是图画"③)为代表的"一元论"主张,以刘大白、郭沫若为代表的"二元论"(认为刻画和图画并存)主

---

① 北齐·魏收《魏书》,中华书局,2017年,第1页。

② 梁东汉《汉字的结构及其流变》,上海教育出版社,1959年,第25—26页。

③ 唐兰《中国文字学》,上海古籍出版社,2005年,第50页。

张，以汪宁生为代表的"三元论"（文字由物件记事、符号记事、图画记事这三类记事方法引导出来）主张。

4-1-3.汉字演变发展经历了哪几个重要的阶段？

从整个汉字演变发展历程看，甲骨文、小篆和隶书这三个阶段具有里程碑意义。

1.甲骨文——类似图符的汉字。各地出土的器物上保留着许多类似图画的象形符号，有的是类似图符的雏形文字。殷墟甲骨的辨识，确认了汉字出现的年代。甲骨文是现代汉字的源头。

2.小篆——第一次由官方统一规范定型的文字。与甲骨文相比，在小篆之前的金文（大篆）结构渐趋紧凑，字形渐趋稳定，行款排列顺序上也有了条理，但仍未摆脱甲骨文的图画风格，形体没有规则且未固定，结构松散，书写形式要描画进行。

大约从商代后期开始，汉字的形体结构一直保持着金文的形式，其后千年汉字使用差异很大。秦统一六国，秦始皇决定统一文字，汉字就此进入小篆阶段。小篆的特点是整体呈长方形，每字大小一致，且结构方正协调，笔划纤细匀称，笔顺形体固定。小篆的统一推行，是汉字发展史上第一次由官方主导的规范化行为，结束了春秋战国以来汉字使用的混乱局面，奠定了汉字的方块形的字形基础，也为汉字过渡到今文阶段奠定了坚实基础。

3.隶书——汉字形体结构演变的最后一站。小篆虽然由官方规范，但它的形体结构毕竟还没有完全摆脱金文（大篆）象形图画的书写特点，笔划结构繁杂，且不易书写，只能归属于古文字阶段。

小篆一统标准的同时，"简写体"汉字也悄然兴起，即快速简写的小篆（根据出土简牍，隶书起源于战国）。因这种"简体"首先从"徒隶"之手兴起，后人便把它叫作"隶书"。

成熟的隶书，省去了许多结构复杂的象形部分，改变了汉字原先象形图画式的特征，横画长，竖画短，字形宽扁，由此汉字也成了偏方形的抽象符号。

楷书早在东汉就已出现，书写也比隶书更为方便，形体更为端正大方，尤其是基本笔划更趋标准化。但楷书与隶书相比，差异仅是笔划的走势和笔法运用而已。

隶书的出现使汉字从此进入今文字或现代汉字阶段，史称"隶变"。从此，汉字正式定型。

4-1-4. 何谓"六书"？

关于汉字构造最早的理论是"六书"说，"六书"分别是指"象形、指事、会意、形声、假借、转注"。前面四种为造字法，后面两种为用字法。"六书"最初是周王室用来教育贵胄子弟的"六艺"之一，但《周礼》没有具体解说"六书"的内容。到了汉代，大儒郑众、班固和许慎等把"六书"解释为汉字构造的六种基本原则。许慎在《说文解字·叙》中分别给"六书"下了定义，并举例说明，此说法被认可并沿用至今。

4-1-5. "六书"产生的时间有先后吗？

"六书说"对文字学的发展贡献巨大，并成为汉字研究的中心和基础。但从汉字的创制历史看，"六书"起源则有早晚之别，这种差异同时是思维发展的过程。

第一阶段：象形、指事、会意。世界上任何一种独立形成的文字，都从记事图画脱胎而来。但"日、月"等象形文字，只能表示具体事物，于是指事造字法出现了。指事造字法是直接用指事性的符号表示抽象概念，或在象形字上加上指事性符号来表示抽象概念。但在象形字上加上指事性符号来表示抽象意义十分困难，急需一种新的造字方法弥补缺陷，于是出现了会意法。会意法造字就是将两个或两个以上的独体字合在一起，利用原有的象形或指事字来表示一种新的意义。从理论上讲，会意法造字只需要排列组合就能将几百个独体字组成很多汉字，但在实践中这种方法却并不成立。首先很难事事表意。其次是事事表意，那就造不胜造、记不胜记。再次是事事表意，等于把图画性极强的独体字合在一起，这样的文字难写、难记、难辨。所以，会意法造字仍难满足需要。

第二阶段：假借法。先人想到了字形和字音之间的联系，于是借用一个同音的表意字来记录一个词，或是借表意字来充当表音字，这就是假借法。

与假借法同时出现的一种用字法是转注，即"建类一首，同意相受，考、老是也"。①由于许慎定义不明，后人难辨。清代学者朱骏声认为转注是用已有的文字来表示新的意义。不同之处是，假借是借音，转注是借形。但是这两种造字方法的局限性也非常明显，即容易混淆，造成表意的不精确，造成认识混乱。于是，先人就在同音字旁加上"形旁"或"意符"以示

---

① 东汉·许慎《说文解字》，第1页。

区分，在同形的表意字旁加注"声旁"或"声符"以示区分，这等于把表意和表音两种方法结合了起来，于是形声字产生了。

第三阶段：形声字。形声字很好地解决了同音、同形造成的混淆的问题，使汉字既保持了历史的传承性，又克服了形意文字造字局限和表音文字形音相续的缺陷，大大增强了汉字的造字能力，基本满足了社会需要。

4-1-6.汉字造字本身蕴含了哪些文化价值？

纵观汉字演变历史，我们发现，中华传统文化起着重要的引导作用；反观汉字，我们会发现汉字本身就具有独特的文化价值。

1.造字方法的文化价值。汉字具有鲜明的"绘画性"，但汉字象形和绘画艺术有着质的区别。汉字重"象"，绘画重"形"。如"山"字，既有现实的"形似"，又有浪漫的"神似"，赋予"山"字特定的含义。就哲学来说，汉字以现实主义创造方法为主，如"人、象、鸟"等象形字，"末、刃、逆"等指事字；而"析、男、女"等会意字，"材、斧、闻"等形声字，都是在现实主义的基础上融入了浪漫想象。

2.汉字结体原则的文化价值。汉字结体原则是辩证相生、中正和平。

（1）汉字结构整体的文化价值。重心平稳是汉字结体的第一要求。"永"字八法，重心不失是字的基本需求，同时也是中国文化"中和之美"内涵的内在要求。行书和草书，不拘一格，追求整体平衡，《兰亭集序》中"之"字各有造型，但整部作品平衡有致。

（2）汉字线条直笔和曲笔的文化价值。汉字可以说是在线条的直笔和曲笔这一对"矛盾体"组合过程中结体形成。如"回"字曲带方圆，"正"字横竖相接，"同"字方圆相依，其中的生克变化，有着无穷无尽的奥妙，体现了对立统一。在各种组合中，实现特定的逻辑价值，体现着共性与个性、普遍性与特殊性的辩证关系。如同一偏旁的字群，每个汉字各不相同，都有着自身的特殊性，而它们共同的偏旁显示了该汉字的普遍属性，如"言"字做部首，造出如"讲"、"诉"、"话"等一系列字来。没有共性就没有个性，没有普遍性也就没有特殊性，这正是中正平和美学原则的体现。汉字，用几组简洁的符号，组成了无限复杂的表述系统，体现着阴阳生克同构的文化特征。

（3）汉字点、线、面构成关系的文化价值。首先是汉字既独立又有机关联，有着系统的整体性。如"木"字，由横、竖、撇、捺等几个笔划组合而成，作为基本符号元素，横、竖、撇、捺本身无多大意义，但按一定逻辑组合成字，其中横、竖、撇、捺等元素相互进行了信息交换，构成了"木"字。"木"字质变成为偏旁"木"字，进而构成"林"字，"木"字再起质变。整个汉字系统的演变过程，就是在不断信息、能量的交换中注入新的活力的进化过程。

总之，汉字以其独特的表意特征和内部构成形式，体现了汉民族独特的理念与智慧，承载了汉民族丰富的历史文化底蕴，成为了中华民族的象征，成为了东方文化的精髓。

4-1-7.汉字文化对于文言文解读有哪些帮助？

汉字是中国文化独特的"思维"和"情感"载体，我们可以通过汉字文化来观照汉民族的文化心理及其演变。汉字经过长久的文化浸染，已经深深地刻在中国人的精神生活中。如果从中华文化的发生发展学角度出发考察，通过汉字，几乎可以考察到中国记忆、中国思维的原点，这就是文言文阅读的汉字文化观照视角。纵观每一篇经典的文言文，几乎都有表现文章之"质"的汉字存在，如《劝学》讲"生（性）"、《季氏将伐颛臾》讲"均"、《寡人之于国也》讲"民"、《阿房宫赋》讲"爱"、《烛之武退秦师》讲"礼"、《谏太宗十思疏》讲"德"、《指南录后序》、《五人墓碑记》讲"义"、《始得西山宴游记》讲"合"、《赤壁赋》讲"适"、《逍遥游》讲"无"、《陈情表》讲"孝"、《项脊轩志》讲"成"、《滕王阁序（并诗）》讲"命"、《报任安书（节选）》讲"惑"、《渔父》讲"圣"、《秋声赋》讲"宜"、《六国论》讲"势"等。这些汉字，或者直通儒家政治、伦理、人格思想的核心，或者精辟地提炼了道家哲学的核心概念，这些"质"性汉字文化与具体的文本对接，互见互证，从而构成了中华民族的文化血脉。因此，汉字文化观照，其实是文言文解读的天然视角。所以，自觉的文言文解读，绝不会把汉字当作难以理解的文言表达来看待，仅仅停留在辨析古今意义、用法差别的技术层面上，而应自觉地站在汉字文化的高度来审视作品的内涵。

4-1-8.如何认识汉字历史上的简化现象？

汉字在演变过程中也有为了区别同音异义字而添加形旁，导致字形结构繁化的现象，但是简化是汉字演变的主流。汉字简化的过程就是汉民族思维抽象化的过程。

这种思维抽象化首先是指称事物形成概念，让汉字字形具有标识功能，这是思维抽象化的第一步。如随着思维的发展，"雨"才从图画到文字，慢慢确定为一个单一的、确定的形式和意义的联系，由此形成真正意义上的文字体系。

其次是类化事物。事物的概念产生之后，先人又开始识别各种事物之间的区别与联系，进行归纳分类，认知进一步提高。"彳、辶、犭、亻、扌、氵、纟"等偏旁的出现，就是认知功能进步的表现。形旁表示同种属的事物的集合，声旁大体上可以表示发音相同或相似的文字的集合。

再次，在简化的过程中有了分析综合的能力。分析综合需要理清同一类事物的共性和个性，这需要更高一层的认知能力。汉字笔画正是汉字使用者根据字形内部构造进行拆分和组合时产生的最小的字形构造单位。更加基础的点、横、竖、撇、捺就是所有汉字的共性，用这几个固定的笔画，又可以造出许多不同的汉字，这又涉及汉字的个性。

总之，汉字字形的演变发展史，就是汉字使用者对汉字概念的形成、分类与归纳、分析与综合等认识进化的过程，也是汉民族思维抽象化的过程。

活动设计

A.小学

1.活动建议

可以在课堂上开展"汉字演变连连看"活动，找一系列汉字以及其演变的过程，做成一些彩色卡片，将其演化的顺序排列好；可以分组进行，看哪个小组找得最准确，并给予一定的奖励。

2.活动设计

识字大赛。

（1）目的：培养团结合作的意识，激发学习汉字的兴趣。

（2）策略：通过游戏竞赛的方式，激发学生学习汉字的热情。

（3）时间：一节课。

（4）人员：全班同学，分小组。

（5）组织：学习委员、语文科代表。

（6）主持：语文科代表。

（7）裁判：自愿报名，每小组一位。

（8）准备：课前准备好十份卡片，每份卡片里面包含五张卡片。比如梦、马、火、山、爱、人、心、羊、象、水这十个字，按照图示打印出来，做成卡片，打乱顺序。

3.活动程序

（1）主持人宣布游戏的比赛规则。

（2）主持人宣布裁判名单和职责。

（3）选择一名同学将现在的简化字找出来，再请这位同学找下一位同学，将简化字之前的字依次对应找出来并贴好。以此类推，在过程中，可以修改前一位同学的选择，最后一位同学如选择正确，将获得相应的奖励。

（4）下课前5分钟结束比赛，统计得分，裁判团提交各项荣誉的提名表。

（5）老师作游戏比赛点评，宣布获奖名单。

B.初中

1.活动建议

在PPT上放一段有较多错别字的段落，然后让同学们进行抢答，发现一个错别字该小组就加一分，直到最后找出所有错别字为止，分数最高的小组可以得到应有的奖励。

2.活动设计

纠错大比拼。

（1）目的：纠正经常出现的错别字。

（2）策略：根据学生的认知水平，找出错别字，说明错字产生的原因。

（3）时间：一节课。

（4）人员：全班分小组，其他相关工作人员请语文科代表安排。

（5）准备：课前教师准备三段同学们作业中的有较多错别字的段落，或者选择课本中的段落，将一些字改为错别字，一段文章改15个字左右。

3.活动程序

（1）主持人宣布比赛规则，介绍裁判员、工作人员。

（2）主持人播放PPT时，请同学们抢答，直接站起来说错别字，一个错别字两分，答对加两分，答错扣一分，以此类推给所在小组加分扣分，最终分数最高的组将获得相应奖品。

（3）教师总结：这项活动能够让同学们认识到汉字容易出错的点，并且从中更好地了解汉字特性，提醒同学们落笔要谨慎。

C.高中

1.活动建议

可以制作一些气球，在下面挂上一些字谜让同学们参与其中来猜，猜对后可以选择继续闯关或者停止，从而获取奖励。

2.活动设计

"猜字谜"大战。

（1）时间：一课时。

（2）场地：教室。

（3）人员：本班同学两两分组进行，也可自愿组合。

（4）准备：由上课老师准备10个字谜，如下：

【字谜】：一家有七口，种田种一亩，自己吃不够，还养一条狗【谜底】：兽

【字谜】：一点一横长，一撇到南洋，南洋有个人，只有一寸长【谜底】：府

【字谜】：四方来合作，贡献大一点【谜底】：器

【字谜】：重点支援大西北【谜底】：头

【字谜】：群雁追舟【谜底】：巡

【字谜】：秀才翘尾巴【谜底】：秃

【字谜】：贪前稍变就成穷【谜底】：贫

【字谜】：上下串通【谜底】：卡

【字谜】：十一个读书人【谜底】：仕

【字谜】：二小姐【谜底】：姿

3.活动程序

（1）课前由上课老师将其做成PPT。

（2）主持人让同学们举手回答，如果答对一题，可以选择

继续闯关答下一题，答对一题个人加分，以此类推，最后分数最高者获胜，产生前两名，给予奖励。

（3）活动总结：这项活动能够充分地体现出汉字的博大精深，让同学们了解汉字中的秘密，十分有意义。

第二节 音韵训诂

音韵学也称作声韵学，是专门研究中国古代各个历史时期的汉字读音及其变化规律的一门传统学问。

训诂学是我国古代传统语言学的分支学科，以语言解释为主要研究对象。"训"的本义是劝导、教诲，引申出训释、解说义。"诂"就是解释古语。"训诂"合用始见于汉朝的典籍，训诂就是解释的意思。我国训诂学有两条发展主线：一是通释语义，以普通语言为研究对象；二是解释经书，以古代文献为研究内容。当代训诂学的任务：一是整理古代文献，二是总结语义发展规律，三是指导辞书编纂。

音韵训诂学源远流长，其发展阶段一般可分为：先秦时期的萌芽，两汉时期的兴盛，魏晋南北朝、隋唐时期的扩展，宋、元、明时期的衰弱，清朝时期的复兴、全盛、创新，现当代时期的更新等。不同时期的训诂异彩纷呈，各具特色。

4-2-1.音韵学的发展时期及特点是什么？

1.声训为主的时期

古代文字的研究包括字形、字义和字音三个方面。专门分析字音的著作出现得比较晚。三国时期魏国李登的《声类》是我国最早出现的韵书，已失传。目前我国现存最早的一部韵书是隋朝陆法言著的《切韵》。

2.韵书为主的时期

汉魏以前，汉字注音一般采取"譬况"的方法。这种打比方的注音方法，显然是很不准确的。汉代开始出现用一个同音字给某个字注音的直音法。陆法言的《切韵》开创了韵书修撰的体例。《广韵》是中国历史上第一部由官方修撰的韵书，是《切韵》最重要的增订本，使音韵研究进入了以韵书为主的时期。

与宋同期的金代，崇庆元年（1212）韩道昭撰写了《五音集韵》，《五音集韵》合并《切韵》的韵部为一百六十韵，每一个韵的字都是按照三十六字母排列的，这是韵书在技术上的改进。宋元之际的黄公绍的《古今韵会》和清李光地等撰的《音韵阐微》也都是按三十六字母排列。

至元，周德清撰写了史称"中国两大韵书"之一的《中原音韵》（另一部是《切韵》）。《切韵》对照古今，颇受到士大夫的重视；而《中原音韵》是为北曲而作，使用的范围狭窄，影响较小。但是《中原音韵》的价值，比《切韵》要高，因为它基本上是以实际语音为根据，标志着以韵书为主的音韵学发展日趋成熟。

3.声训全面发展的时期

明代，被誉为开中国古音韵学研究之先河的古音学学者陈第提出了"盖时有古今，地有南北，字有更革，音有转移，亦势所必至"[①]这个重要的古音学思想，为打破长久以来的"叶音

---

① 明·陈第著，唐瑞琮点校《毛诗古音考》，中华书局，1988年，第7页。

说"奠定了基础，开启了古音学的研究，并直接影响了顾炎武等学者，进而促进声训的全面发展。

　　清代出现了不少著名的古音学家。顾炎武用离析"唐韵"的方法研究古韵，成为古音学的奠基者。而著有《音学十书》、《诗经韵读》等著作的安徽歙县音韵学家江有诰，则以等韵为辅，创造性地从"一字两读"、"谐声偏旁"和"先秦韵文押韵"这三个方面入手来分析古韵，解决了平入相配和四声相配问题，进而勾画出了先秦语音系统的全貌。

4-2-2.音韵学中常用的基本概念有哪些?

　　反切：是一种注音方法，在汉语拼音发明之前，汉字认读的方法是用两个汉字来注出另一个汉字的读音，是中国古代对汉字字音结构分析的一种方法。如"都，党孤切"。

　　声纽：在传统音韵学上，声母简称为"声"，又叫"纽"，或者合起来叫"声纽"。早些时候并没有声纽、字母、声类等这些概念名称，直到唐代，才有人参照梵文的体文给汉语创制了表示声母的字母。

　　宋人三十六字母：是宋朝韵图代表中古汉语的声类的字母系统。字母即声母的代表字，这是由于古代没有拼音字母，只好找出作为声母代表的三十六个汉字替代。

　　韵书：相当于现在的写作字典，在中国这个"诗的国度"里写诗是读书人的必备技能，于是古人将同韵字编排在一起，供写作韵文者查检使用。

　　平水韵：因此书的刊行者刘渊是平水（今山西临汾）人而得名。早在金哀宗正大六年（1229），山西平水管理图书印刷的地方官员王文郁编成《平水新刊韵略》，收韵106韵。

等韵学：它最初是分析韵书中的反切。韵书产生之后，人们把韵母加上三十六声母，构成韵图，正像今天我们的普通话拼音表一样。韵图等于一种反切图或"查音表"，可以帮助人们正确拼读字音。

4-2-3.训诂主要包括哪些内容？

1. 解释词义

阅读古文首先要弄明白古文每个词的意义，因此解释词义是训诂的核心内容。如《史记·项羽本纪》："项王曰：'赐之彘肩。'则与一生彘肩。"[1]邢昺以"牲"释"生"，可见"生"、"牲"两字是通用的。而"牲"字，《说文》："牲，牛完全也。"[2]那么"生彘肩"的意思是"一个没有切细的完整的猪蹄"，因此下文"拔剑切而啖之"的内容才顺理成章。

2. 理解文句

（1）辨明句读：古书是不断句的，前人读书首先要辨明句读，句读不明，难以读懂文意。如《归田录·佚文》："公生于洛中，祖第正寝至易，箦亦在其寝。"[3]这里的断句就存在问题。孔子的学生曾参临死时，觉得睡的席子太华美，不合当时礼制，叫他的儿子扶他起来换席子。换席子以后，还没躺稳就死了。这里"易"字后不应用逗号，又"洛中"后也不应用逗号，逗号应移至"正寝"后，正确的断句为"公生于洛中祖第正寝，

---

[1] 文天译注《史记》，中华书局，2016年，第69页。

[2] 东汉·许慎《说文解字》，第30页。

[3] 宋·欧阳修《归田录》，中华书局，1981年，第40—56页。

至易簀亦在其寝。"

（2）疏通句意：古人注释古书，一般在诠释字、句外，还要串讲文意，以便更好地帮助读者理解文章内容。如"窈窕淑女，君子好逑"句，《毛传》说"言后妃有关雎之德，是幽闲贞专之善女，宜为君子之好匹"[1]，这就是疏通句意。

（3）阐明语法：《毛传》在串讲句意时，往往把词与词，或者句与句的关系确定下来，这就暗示了语法结构。这既涉及阐明语法问题，也关系到疏通句意、辨明句读的问题。

3.分析篇章结构

篇章结构是文章的组织形式，注重内容的彼此层次、转承呼应，是文章表达思想内容的脉络线索。如："学而时习之，不亦说乎？有朋自远方来，不亦乐乎？人不知而不愠，不亦君子乎？"[2]这三句并不关联，令人费解。但据《史记·孔子世家》记载，原来这是孔子在讲述自己定公五年整理《诗》、《书》、《礼》、《乐》时，教育学生的心情。依据文献，联系篇章，这样理解文章的篇章脉络就清楚了。

4.说明修辞手段

对修辞的重视也是古人在注释古书时常见的。因此通过对古书的注解，可以更好地了解古人用词造句在修辞上的妙用。如"东人之子，职劳不来。西人之子，粲粲衣服。"郑笺："东人劳苦而不见谓勤，京师人衣服鲜洁而逸豫，言王政偏甚

---

① 汉·毛亨传，汉·郑玄笺，唐·孔颖达疏《毛诗注疏》（上），上海古籍出版社，2013年，第28页。

② 宋·朱熹《四书章句集注》，第47页。

也。"①郑笺用"言王政偏甚也"一句使我们进而认识到对比手法的妙用。

4-2-4.训诂基本方法有哪些?

1.形训——因形求义

形训,是依据汉字的形体结构来解说字词含义的一种传统的训诂方法,也可以称之为"因形求义",即凭借对字形的分析来判定本字及其本义。如苏洵《六国论》中:"齐人未尝赂秦,终继五国斨灭,何哉?与嬴而不助五国也。"②其中"与"字,一般是"赐予"的意思,用在这里是讲不通的。"与"字繁体字写作"與",《说文》曰:"党与也。从舁从与。"③"党与"即朋群、朋党、朋友的意思。朋友有通财之义,故字"从舁(并举也。音yú)"会意,取共举与之的意思。"嬴"是秦国君的姓,"与嬴"即"党与秦"("和秦国结交成朋友")的意思,这样全句的意思就好懂了。

2.声训——因声求义

声训,即通过语音的线索来寻求语义的训诂方法,简单地说就是因声求义,也叫音训。

(1)第一种是音同为训。如《易·序卦》:"蒙者蒙也,物

---

① 汉·毛亨传,汉·郑玄笺,唐·陆德明释文《宋本毛诗诂训传》(第二册),国家图书馆出版社,2017年,第139页。

② 宋·苏洵《六国论》,丁放等选注《宋文选》,人民文学出版社,2013年,第242页。

③ 清·段玉裁《说文解字注》,中华书局,2013年,第722页。

之稚也。"①"蒙者蒙也",前一个"蒙"是卦名,后一个"蒙"指的是"蒙昧"。两个"蒙"字,字形相同而音义、词性并不完全相通。

(2)第二种是音近为训。如《说文·日部》:"晚,莫也。"②"晚"上古明母元部,"莫"上古明母铎部,声母相同韵相近。《说文·一部》:"天,颠也。"③"天"上古透母真部,"颠"端母真部,声近而韵同。

(3)第三种是音转为训。指在以古声钮系统为准的双声字之中,韵母相近、主要元音相同的字可以相互训释、转换。音转又可分为对转和旁转。对转如《卫风·氓》:"淇则有岸,隰则有泮。"④其中"泮"读为"坡","泮"训"坡"。旁转如《诗经·王风·扬之水》:"彼其之子,不与我戍申。"⑤其中"戍"训"守"。

声训的作用有两方面:一是探析词语源流,二是探求通假字的本字。

3.义训——比照互证

义训,是训诂的基本方法,指的是不通过语音和字形的分析来解释古代词语或方言词词义,而是直接用当代通行的词语去解释。义训的方法主要有三种:

(1)同义为训:凡是用与被解释词意义相同或相近的词来解释被解释词的意义的方法叫同义为训。

---

① 周振甫译注《周易译注》,中华书局,2016年,第310页。
② 东汉·许慎《说文解字》,第178页。
③ 东汉·许慎《说文解字》,第1页。
④ 吴兆基编译《诗经》(上册),长城出版社,1993年,第96页。
⑤ 吴兆基编译《诗经》(上册),第113页。

（2）反义为训：即以方言词互相解释。如"乱，治也。"① "乱"的本义是"治理乱丝"。从后世常用义看，"混乱"和"安定"意义相反，以"治"释"乱"成了反训。但从本义看，"理丝"和"治水"都有"治理"的意思，意义可以相通。

（3）义隔相训：即打破两个词语义隔阂，沟通语义。如《毛诗·小雅·黄鸟》："此邦之人，不可与明。"郑笺说："明当为盟。明，信也。"②

义训的训诂方法还有"设立界说"，即采用下定义的方式，如《说文·口部》："口，人所以言食也。"③或者运用描写、说明、比拟等方式，如《尔雅·释兽》"兕，似牛"、"犀，似豕"④等。义训时应注意释义的准确、通俗、具体、客观，否则容易望文生义，混淆语义。

4. 境训——观境求义

境训就是依据相关的语境因素探求或解说被释字词的含义。语境既包括内部语境（如语法规则、语义搭配等），也包括外部语境（如情景场合、文化背景等）。境训常用的方式有：

（1）依据上下文意判定字词含义。如《韩非子·五蠹》："兔走触株，折颈而死。"⑤要理解"走"字含义，就得联系"折颈而死"，可以看出兔子速度非常快，不然怎会折断脖子而死

---

① 晋·郭璞注，宋·邢昺疏《尔雅注疏》，上海古籍出版社，2010年，第76页。

② 汉·毛亨传，汉·郑玄笺，唐·陆德明释文《宋本毛诗诂训传》(二)，国家图书馆出版社，2017年，第80页。

③ 东汉·许慎《说文解字》，第32页。

④ 晋·郭璞注，宋·邢昺疏《尔雅注疏》，第574页。

⑤ 陈耀南导读，陈秉才译注《韩非子》，中华书局，2013年，第326页。

呢？所以"走"应该是"跑"，这样才符合事理。

（2）依据文章主旨判定字词含义。如李斯《谏逐客书》："臣闻吏议逐客，窃以为过矣。"[①]李斯此文多处用到"客"字，其准确含义是什么呢？是客人、宾客的意思，还是门客的意思呢？这就需要联系文章背景：文中的"客"既不是"宾客、客人"的意思，也不是"门客"的意思，而是指在秦国做官的其他诸侯国的人，即"客卿"。

（3）依据句法关系判定字词含义。要弄懂某些关键词含义，需要从一定的句法入手，才能准确理解。有时可以依据对文特点推敲。如陆机《文赋》："考殿最于锱铢，定去留于毫芒。"[②]从对句"去留"分析，"去"、"留"是两个反义词，是扬弃与吸收的意思。因此"殿"、"最"也应该是两个反义词，"最"是最好的意思，那么"殿"就是最劣的意思。

另外还可以从通假关系、词类活用、复词现象等方面判断字词含义，这都需要联系语句的语境准确理解。

4-2-5.训诂有哪些常用术语？

训诂术语主要是由汉代的一些训诂常用词语和格式逐渐形成的，在汉代以后不断丰富完善。下面就较为常见的作些简析、例举。

1.释义术语

释义常常采用"某，某也"或"某者，某也"的判断格式

---

① 西汉·司马迁《史记·李斯列传》，万卷出版公司，2017年，第117页。
② 张怀瑾《文赋译注》，北京出版社，1984年，第34页。

来解释字词。释义常用的术语分为以下几类：

（1）"曰"、"为"、"谓"。主要训释同义词之间的行为差别。如《毛诗·邶风·谷风》："习习谷风，以阴以雨。"毛传："东风谓之谷风。"①

（2）"貌"。主要用来训释形容人或事物行为性状。如《毛诗·卫风·氓》："氓之蚩蚩，抱布贸丝。"毛传："蚩蚩，敦厚貌。"②

（3）"犹"。主要是用比况的方式训释同义词。如《左传·庄公十年》："肉食者谋之，又何间焉。"杜预注："间，犹与也。"③

（4）"属"、"别"。主要指用共名训释别名的术语。"属"是指出被训释的词所代表的事物属于哪一类，如《说文·禾部》："秔，稻属。"④"别"是指出被训释的词所代表的事物属于哪一类而又有区别。如《毛诗·召南·江有汜》："江有沱。"毛传："江之别者。"⑤

（5）"辞"。主要是用来说明语气助词的术语。如《毛诗·周南·汉广》："南有乔木，不可休思。"毛传："思，辞也。"⑥

2. 释音术语

（1）"之言"、"之为言"。主要是用来说明音义相通的术语。

① 汉·毛亨传，汉·郑玄笺，唐·孔颖达疏《毛诗注疏》（上），上海古籍出版社，2013年，第198页。
② 汉·毛亨传，汉·郑玄笺，唐·孔颖达疏《毛诗注疏》（上），第310页。
③ 唐·孔颖达《春秋左传正义》，《十三经注疏》（下），浙江古籍出版社，1998年，第1767页。
④ 东汉·许慎《说文解字》，第186页。
⑤ 汉·毛亨传，汉·郑玄笺，唐·孔颖达疏《毛诗注疏》（上），第131页。
⑥ 汉·毛亨传，汉·郑玄笺，唐·孔颖达疏《毛诗注疏》（上），第70页。

如《礼记·礼器》："丧祭之用，宾客之交，义也。"郑玄注："义之言宜也。"①

（2）"读为"、"读曰"。主要是破读常用的术语，其特点是用本字来说明通假字，二字读音相同或相近。如《汉书·高帝纪》："公巨能入乎？"颜师古注："巨读曰讵。"②

（3）"读若"、"读如"。主要是用来注音或说明同借的术语。如《说文·犬部》："默，犬暂逐人也。从犬，黑声。读若墨。"③

3. 校勘术语

（1）"当为"、"当作"。主要用来纠正古籍原文中错字、误字的术语。如《礼记·文王世子》："兑命曰。"郑玄注："'兑'当为'说'，字之误也。《说命》，《书》篇名。"④《礼记·缁衣》："夏日暑雨，小民惟曰怨；资冬祈寒，小民亦惟曰怨。"郑玄注："'资'当为'至'，齐鲁之语，声之误也。"⑤

（2）"或为"、"或作"。主要用来说明古籍因版本不同而文字有异的术语。如《文选·七发》："从容猗靡，消息阳阴。"李善注："消息，或为须臾。"⑥《礼记·聘义》："温润而泽，仁也。"

---

①　汉·郑玄注，唐·孔颖达正义《礼记正义》(中)，上海古籍出版社，2008年，第960页。

②　东汉·班固《汉书·高祖上》，戴逸主编《二十六史·汉书（卷一）》，吉林人民出版社，1998年，第17—18页。

③　东汉·许慎《说文解字》，第265页。

④　汉·郑玄注，唐·孔颖达正义《礼记正义》(中)，第872页。

⑤　李学勤主编《十三经注疏·礼记正义（上、中、下）》，北京大学出版社，1999年，第1515页。

⑥　汉·枚乘《七发》，梁·萧统编，唐·李善注《文选》，上海古籍出版社，1998年，第1566页。

郑玄注："润，或为濡。"①

（3）"衍"。主要是校勘古籍时标明文中有误增之字的常用术语。如《论语·微子》："子路行以告，夫子怃然。"阮元《十三经注疏校勘记》："汉石经无'行'字、'夫'字。案《史记·孔子世家》亦无'行'字，因丈人章而误衍也。"②

其他如"脱"、"夺"等也在注明文句有脱漏的字时运用，不再例述。

4-2-6. 训诂包括哪些体式?

依据周大璞《训诂学要略》的研究，训诂体式基本分为"随文释义的注疏"和"通释语义的专著"两类。

1. 随文释义的注疏：注疏名称较多，最初叫传、说、解，也叫诂、训。后来又有笺、注、释、诠、述、订、校、考、证、义、疏、音义、章句等。

（1）传：就是"以今言传古言"，如解释《春秋》的，就有《左氏传》、《公羊传》、《穀梁传》。

（2）说、解："说"即说明，"解"即解释词语。如解释《诗》，就有《鲁说》、《韩说》两种,《礼记》有《经解》等。

（3）训、诂：汉代较为常用的注书方法，有时连用。如：《鲁诗故》（"故"同"诂"）、《尚书训》、《左氏传训诂》等。

（4）注、笺："注"就是把自己的阅读理解和体会记载在原文下面。如《水经注》、《老子注》。"笺"和"注"相似，是把

---

① 李学勤主编《十三经注疏·礼记正义（上、中、下）》，第1670页。

② 清·阮元校刻《十三经注疏（附校勘记）》（下册），中华书局，1983年，第74页。

原文中隐晦和太过简略的内容加以补充。

（5）订：就是对所注经书进行评议的意思。如《论语订释》、《孟子订释》等。

（6）义疏：就是疏通意义的意思。如《论语义疏》等。

（7）音义：即辨音释义，通过辨析字音来推测字义，也称音训、音诂、音注、音释。如《周礼音义》、《论语音义》等。

（8）章句：就是分析古文的章节和句读来解说古籍的大义。如《楚辞章句》等。

（9）集解：就是对同一典籍在语言和思想内容等方面汇集不同学者的解释，再用自己的思想去判断，以助读者理解。集解有两类，一类是跨典籍注解（两部书合起来注解），如西晋杜预所著的《春秋经传集解》；一类是集合各家之言对同一部典籍的注解，如《老子集解》、《庄子集解》等。

2.通释语义的专著：注疏的释义是随文注释，不必考虑某一词语在别的书或别的句中所含的意义，而通释语义的专著正好相反，要全面研究各个词语的含义，融会贯通，给出准确、简明的解释。依据周大璞《训诂学要略》论述，大体分为三类：

（1）单解语义的专著：《尔雅》、《释名》等。

（2）音义兼注的专著：《经典释文》、《群经音辨》等。

（3）形音义结合的专著：《说文解字》、《康熙字典》、《辞源》等。

4-2-7.训诂学有哪些主要的代表人物与经典文献?

无名氏与《尔雅》：作者不详，相传成书于汉初，誉为"辞书之祖"。它汇集了春秋战国至秦汉时期我国训诂学研究的丰富资料，加以系统整理，分类编排，开创辞书编辑的先河。

毛亨与《毛诗故训传》：毛亨，战国末年鲁国人，曾师从荀子，大经学家。《毛诗故训传》简称《毛传》，是现存最早最完整的《诗经》注解，也是最早的体例完备的传注体著作。

许慎与《说文解字》：许慎（约58—约147），被尊为"字圣"，东汉时期著名的经学家、文字学家。《说文解字》是世界上最早的字典之一，是后人掌握上古语音、词汇和读通先秦两汉古籍的文献语言学的奠基之作。

皇侃与《论语义疏》：皇侃（488—545），南朝梁经学家，其字不详。《论语义疏》全称《论语集解义疏》，成书于南朝梁武帝年间，是"南学"的主要经注之一。皇侃以何晏《论语集解》为主，博采各家学说，兼采老庄玄学，阐发经义。

刘孝标与《世说新语注》：刘孝标（462—521），名峻，南朝梁学者兼文学家。所著《世说新语注》注释重点不在训释文字，而以辑补史料为主，并对原书错误多予纠正。注中保存了大量六朝俗词语，为研究者提供了价值较高的资料，为后世所推崇。

孔颖达与《五经正义》：孔颖达（574—648），隋唐经学家。他曾奉唐太宗之命主编《五经正义》，对魏晋以来的经书注释进行了全面的梳理和总结，融合南北经学家的见解于一书，《五经正义》也成为唐代科举取士的"教科书"，影响巨大。

颜师古与《汉书注》：颜师古（581—645），唐初经学家，名籀。他是研究《汉书》的专家，擅长文字训诂、声韵和校勘学。颜师古另有《匡谬正俗》、《急就章注》、《广陵集》等著作。

顾炎武与《日知录》：顾炎武治学重考据，开清代朴学风气。最大的贡献是考订古音，分古韵为十部，奠定了古音学基础。三十二卷的《日知录》是他一生的考据结晶。

段玉裁与《说文解字注》：段玉裁（1735—1815），清代徽派朴学大师中的杰出代表。《说文解字注》是段玉裁在许慎《说文解字》析义基础上的扩展，典籍所涉训诂逐一采集考订，所引之书达226种之多，使简奥的原本脉络清晰，成为段玉裁的代表作。

章炳麟与《国故论衡》：章炳麟（1869—1936），清末民初小学家、朴学大师，原名学乘，字枚叔，号太炎，世称"太炎先生"。《国故论衡》系统论述了文字音韵学、文学、文献学、经学、诸子学等内容，其特点是从中国语言文字的民族特点着眼，联系中国古代文化背景，采用系统贯通的方法著述，成为后世的典范之作。

黄侃（1886—1935）：为章太炎门生，治学勤奋，英年早逝，但留下大批校勘笔录，后人将其整理编成《黄侃论学杂著》、《文字声韵训诂笔记》等。黄侃系统地总结前人治学方法，建立了训诂学理论体系，使之成为完全独立的学科。

王力（1900—1986）：现代语言学家、教育家、翻译家、中国现代语言学奠基人之一。主要著作有《中国音韵学》等，为现代音韵学、语言学研究开辟了新篇章。

4-2-8.训诂学发展分为哪些阶段？有什么特点与成就？

1.训诂萌芽——先秦时期字词训诂与思想阐发

先秦时期，是训诂的孕育萌芽时期。与后世训诂相比，先秦训诂主要有三大特点与成就：

一是形成以字词训诂为主的正文体。先秦的字词解释散见于文献资料的正文里，是正文的组成部分。

二是以补充材料或阐发思想为训诂的重点。先秦时期的训诂侧重解释字词，但更多的是补充材料或阐发思想。

三是初步出现训诂的基本方法和训诂专著。先秦时期形训、声训、直训的基本训诂方法已出现。先秦训诂虽然处于孕育发展阶段，但其成就初显。

2.训诂兴盛——两汉时期通释语义与典籍专著

两汉时期，遍注群经，通释语义，其体例与方法多为后世遵循，呈现出独特的特点；文献古籍的注疏注重语言文字的疏通与解释，风格朴实，成为后世古书注释的范例。这一时期，西汉出现了孔安国、扬雄，东汉出现了马融、郑玄、许慎等一批影响深远、贡献巨大的训诂学家，其成就突出表现在典籍注解、纂辑资料著书立说等方面。字典、辞典之类专书的出现，奠定了训诂的基础。这些注解主要有随文注解和通释语义两种形式，标志着训诂学走向成熟。

3.训诂扩展——魏晋南北朝、隋唐时期征引考辨与创新形式

魏晋南北朝时期逐渐形成儒、道、释三家争雄的局面。这时各家弟子争相诵经注疏，学术思想日趋活跃，文人们开始走出汉代儒家经学独尊的狭小天地，开始对史籍、佛教经典都作注解，征引考辨，训诂范围不断扩大，训诂形式有了新发展。

本时期训诂突出的特点与成就表现在：

一是扩大训诂范围。魏晋南北朝时期的注解，以儒家经典为主，《易》、《书》、《诗》、《礼》、《春秋》、《论语》、《孝经》等，都有数十家注解。

二是注重征引资料、考辨异同。如裴松之的《三国志注》，引书159种，补阙备异，考证审辨，注文差不多是正文的三倍，开创了注书新体例。

三是创新训诂形式。在这一时期，出现两种新的训诂形式：义疏和集解。

四是新注不断涌现。文献训诂新作和通释语义的训诂专书不断涌现，出现了许多训诂专著，如刘孝标《世说新语注》、郦道元《水经注》等。

4. 训诂衰弱——宋、元、明时期理学禁锢与突破

宋代训诂学突破传统的束缚，开拓了新的领域，治学方法和风格有不少值得后世借鉴。

一是疑古创新。宋儒大胆疑古、创新。但往往出现主观臆断的训释。我国经学史上有"汉学"和"宋学"之说，也称"朴学"和"理学"。汉学即朴学，宋学即理学。在宋代，训诂在一定程度上变成理学的工具。

二是宋代学者王圣美创立了"右文说"，为研究语音与语义关系提供了线索。王圣美认为，"凡字，其类在左，其义在右"。[①]此论虽然不免以偏概全，但深刻阐发了语音和语义关系，为因声求义的训诂方法提供了重要线索。

三是训诂学与金石学有机结合。如朱熹的《诗集传》就多处引用铭文印证经传文字，开创了训诂学的新局面。

5. 训诂复兴、全盛、创新——清朝时期治学严谨与方法科学

清朝时期是中国封建文化的鼎盛时期，训诂学的复兴由多

---

① 宋·沈括《梦溪笔谈》，时代文艺出版社，2001年，第144页。

种因素共同促成。

首先，文化建设备受重视。清朝统一后，对汉族知识分子采取笼络策略，康熙开设博学鸿词科，招揽名士，组织他们整理古籍，编纂图书，大大促进了训诂学的发展。

其次，学者提倡经世致用，研读经史，重视文字、音韵训诂。学者或隐居著书立说，或与新统治者合作，以期维护传统汉学，改善社会。

第三，学科融通，相互促进。萌芽于先秦的我国语言文字的研究，历经两汉隋唐元明近两千年的发展，不仅有了大量的文献注释，而且发展成文字学、音韵学、训诂学这三个相互区别又相互联系的学科。

清代训诂超越前代，其特点主要表现在：

一是治学严谨，形成科学系统的研究方法。清代学者不再静止孤立地考察字义，而是从语言的角度历史地系统地研究语言文字并揭示其规律。

二是普遍运用因声求义的训诂方法。清以前的学者考求训诂，有时不免为字形所蔽，多执形说义，望文生义，穿凿附会。因声求义而不局限于形体，是清代学者对训诂理论的巨大贡献。

三是全面展开古籍整理。清代学者坚持实事求是的态度，以明确的历史发展观，对古籍进行了全面细致的梳理，不仅新注了一批古书，而且给已有注释的古书重新作注，推动了训诂学的发展，名家辈出，成就空前。

6.训诂更新——现当代时期体系构建与科学定位

随着社会的进步发展，现当代训诂学取得了巨大发展，进入不断更新时期。

一是总结历代研究成果，使训诂学呈现崭新的面貌。章炳麟把研究语言作为训诂实践的主要内容，使小学从经学附庸变成独立学科，为现代语言学做出了巨大贡献。其门生黄侃则系统地总结前人的治学方法，建立了训诂学的理论体系，使之成为完全独立的学科。

二是大学开设训诂学，加强学术交流。1982年中国训诂学研究会成立，与训诂学研究有密切关系的学术团体如中国语言学会、中国音韵学研究会、中国文字学会等之间的交流增加，拓展了研究思路，培养了不少青年学者。同时，训诂理论著作大量出现，出版了大量的古籍新注和辞书。如《新华字典》、《辞源》等工具书，体现了现当代训诂学的巨大成就。

4-2-9.训诂学在语言学中的地位及其与相关学科的关系是怎样的?

训诂学侧重词义，与汉字字音、字形密不可分，还与语义学、文字学、音韵学、语法学、词源学、修辞学、方言学、词典学等关系密切。

训诂学与语言学相关学科的关系主要表现为：

一是与语义学关系尤为密切。训诂学属于语义学范畴，重点研究的是语义。两者的研究对象主要集中于语言的含义及其演变规律，两者的区别在于研究的重点不一样，训诂学还常常要涉及语法结构、篇章大意和修辞手段等，需要阐明涉及的名物制度、史实等内容。

二是与词源学的研究息息相关。首先，研究词源属于研究语义变化发展的一部分，研究的本身就是训诂学研究的一项任务。其次，研究词源必须掌握大量的诸如音变音转各种知识的训诂资料。

三是与语音学不可分割。因为语言的音与义同时产生，相互依存，所以不懂语音学就无法进行训诂。因声求义的训诂方法也揭示出训诂学与语音学不可分割。

四是与语法学密切相连。训诂离不开语法分析，否则无法弄清文意。

五是与修辞学不可分离。训诂的目的是弄懂文意，必然要涉及对各种修辞手段的分析。

六是与文字学难以分割。汉字属于表意文字，原始的汉字都是依据词义，用象形、指事、会意、形声等造字法创造出来的，尽管汉字字体不断变化，但因形求义亦是训诂的重要方法。

七是与词典学的一脉相承。词典学在过去和训诂学原本就是一家。

训诂学还与其他学科诸如文学、史学、法学、哲学、经济学以及校勘学、版本学等也有密切联系。训诂学依靠这些知识阐明语义，而语义的阐明又为这些学科提供考证的依据。

活动设计

A. 小学

1. 建议

（1）书写自己或班级同学的姓名，通过查字典弄清姓名音韵与含义。

（2）分班级开展探求姓名音韵与含义的活动。

2.活动设计

介绍名字音韵与含义游戏活动。

（1）目的：激发对字词意义探讨的兴趣，学会查工具书等，探求名字含义，初步感受音韵、训诂方式。

（2）策略：针对儿童对汉字含义理解浅显的特点，从名字含义入手，点燃对汉字音、形、义的探讨兴趣。

（3）时间：一节课。可以循环进行，但每次由不同姓氏的同学介绍，避免重复介绍。

（4）场地：室内外均可，可以做一些设计，营造氛围，说写结合。

（5）人员：班级的全体同学（也可以是一个年级），语文老师。

（6）组织：词义探寻小组（可由班长、学习委员、语文课代表、语文兴趣小组等组织）。

（7）主持：班长（学习委员、语文课代表）。

（8）裁判：2—3名，可以邀请老师参与，颁发优秀证书。

3.活动准备

（1）各班或各年级学生先自愿报名参加介绍名字音韵与含义活动，抽签分组，逐步动员全体学生参加。

（2）器材：各组小白板一块，白板笔一支。

4.活动程序

（1）主持人宣布比赛规则和参赛人员名单。

（2）主持人宣布裁判名单和职责。

（3）参赛人员依次上场介绍名字音韵与含义。

（4）每个参赛选手回答同学或老师提出的与他名字音韵与

含义有关的问题。

（5）下课前5分钟结束比赛，统计得分，评出优秀讲演人。

（6）主持人邀请裁判（老师）点评。

（7）宣布获奖者名单并为其颁发荣誉证书。

（8）整理、汇编本次活动资料，供同学们互相学习、交流。

B.初中

1.建议

（1）搜集自己喜欢的名人（历史文化名人、歌星、体育明星、主持人等）有关姓名方面的资料（一个或几个）。

（2）通过网络或文献资料了解姓名的起源、含义、演变等。做好笔记，写成演讲稿。

2.活动设计

名人姓名音韵、含义演讲活动。

（1）目的：激发对喜爱的名人名字含义探讨的兴趣，学会搜集资料，分类整理，了解、考证姓名含义的差异，初步体会音韵、训诂方法。

（2）策略：针对中学生崇拜名人的心理特点，引导他们理解汉字含义的演变和姓名起名的文化意义，加深对汉字音、形、义的探讨兴趣。

（3）时间：一节课。可以循环进行，但每次演讲介绍不同名人名字的演变及含义、音韵表现的方式（也可以按照历史文化名人、歌星、体育明星、主持人等分类组织）。

（4）场地：多媒体教室或者报告厅。

（5）人员：班级的全体同学（也可以是一个年级）分成A、

B两组同时讲一个或几个名人姓名音韵特点或名字含义，分上下场进行。

（6）组织：名人姓名含义演讲小组（由班长、学习委员、语文课代表等组成）。

（7）主持：班长（学习委员、语文课代表）。

（8）裁判：2—3名，可以邀请老师参与。

3.活动准备

各班或各年级学生先自愿报名参加介绍名人名字含义活动，抽签分组参加，逐步动员全体学生参加。

4.活动程序

（1）主持人宣布比赛规则和参赛人员名单。

（2）主持人宣布裁判名单和职责。

（3）参赛人员依次上场介绍名字含义。

（4）每个参赛选手回答同学或老师提出的与名人名字含义有关的问题。

（5）下课前5分钟结束比赛，统计得分，评出优秀讲演人或优秀团队。

（6）主持人邀请裁判（老师）点评。

（7）宣布优秀演讲人名单，并为其颁发荣誉证书。

（8）整理、汇编本次活动资料，供同学们互相学习、交流。

C.高中

1.建议

（1）搜集或挑选自己喜欢的一组词语（成语），组织成员（一般四人一组）分工合作，找出对应的文言文章或文献中的所有有关的语句，查找有关的资料，为探究活动做准备。

（2）利用网络或文献资料，从音韵特点、形体演变、含义变化、古今区别、文化内涵等方面进行专题探究，写成专题探究报告，定期开展活动。

2.活动设计

词语探究专题汇报活动。

（1）目的：引导学生学会探究性阅读，学会筛选、归纳、质疑和批判的探究能力，学会运用音韵、训诂的方式进行研究性学习。

（2）时间：一个学年。第一学期分组布置研究任务，确定研究方向，选好辅导老师。成员分工合作，查找相关资料进行研究，形成初步的研究报告。第二学期每隔两周推出两组的研究报告，且就两组的研究做探讨，讨论后补充修改，形成研究论文。全部结束后，在辅导老师审核后将论文推荐到学校进行研究性报告评比，优胜者由学校颁发荣誉证书，非常优秀的可以推荐发表。

（3）场地：多媒体教室或者报告厅。

（4）人员：两组负责人做研究性成果汇报，其他组员补充，非本次出场的人员旁听。指导老师参加。

3.活动程序

（1）副组长介绍本组研究课题、研究方向、资料整合、阶段成果等。

（2）组长作研究成果报告（本组在阅读研究中的收获，这部分是重点）。

（3）组员提出在研究中的困惑或质疑，提出问题后进行互相探讨。

（4）回答同学对该研究方面的疑问，接受同学的建议或提供的有关资料。

（5）小组就同学的疑问或建议对研究报告进行修改，补充相关资料或形成新观点。

（6）每学期结束评出十大优秀研究成果，安排展出，并上报学校颁发荣誉证书。

（7）整理、汇编研究报告，集结成册。优秀的研究报告推荐发表。

第三节　成语妙趣

　　《辞源》1915年版最早提出"成语"这个概念："谓古语也。"[①]成语的两个基本特征是：具有意义的整体性和结构的凝固性。成语专家莫彭龄先生认为，成语是传统上习惯使用的固定短语，带有书面语色彩，常见的基本格式是"四字格"。[②]他还认为，成语也是语言文化的"全息块"。他从语言和文化相结合的视角出发，把成语研究放到了一个全新的高度，提出了"成语文化"的概念，这是一个有厚度和广度的概念。

　　成语是熟语的一种，大多来源于古代传说、典故和古诗文等；成语的结构大多不能随意变动顺序；成语常常带有感情色彩，除了中性的，还包括褒义和贬义的。

4-3-1. 成语有哪些基本形式和基础特征？

　　现存成语共有5万多条，其中96%为四个字组成，如"美不胜收"、"津津有味"、"恍然大悟"等。也有三字的，如"忘年交"、"鸿门宴"、"白日梦"等。也有四字以上的，如"树倒猢狲散"、"城门失火殃及池鱼"等。有的成语分成两部分，中

[①]　商务印书馆编辑部编《辞源（修订本）》，商务印书馆，1995年，第642页。

[②]　莫彭龄《关于成语定义的再探讨》，《常州工业技术学院学报》1999年第1期，第54—59页。

间有逗号隔开，如"一日不见，如隔三秋"、"只见树木，不见森林"等。

成语的基本特征：

1. 结构固定性

成语的结构和构成是固定的，语序也不能随意改变。例如"镜花水月"，不能改为"水月镜花"；"黄粱一梦"也不能改为"一梦黄粱"。

2. 意义整体性

成语在意义上具有整体性，并不是对其构成意义的相加。如"明日黄花"，原来的意思是指"重阳节过后逐渐萎谢的菊花"，现多比喻"过时的事物或消息"；而"七月流火"常被错误地理解为"七月骄阳似火"，实则指"农历七月，大火星西行，天气转凉"。

3. 语法功能的多样性

成语在句子里充当着一个短语的角色，从而在句中充当不同的成分，所以成语的语法功能具有多样性。如"纸醉金迷"，"形容奢侈豪华、腐朽享乐的生活"，也"比喻使人沉醉的繁华富丽的环境"，可以做谓语或定语。

4-3-2. 成语与俗语、谚语的区别有哪些？

俗语和谚语都属于口语，不限于四个字；而成语大都属于书面语，大多是四字。使用俗语，使描写生动活泼；使用成语，则使文字铿锵有力。

俗语是反映人民生活经验和愿望的常用语，有的来自人民群众的口头创作，有的来自诗文名句、历史典故等。它的句子简练形象。如"八抬大轿请不去"、"不打不相识"和"吃饱了撑的"等。

谚语，是俗语的一种，多是通俗易懂的短句或韵语，总结了农业生产等各方面的社会活动经验，如"今冬麦盖三层被，来年枕着馒头睡"、"路遥知马力，日久见人心"和"寒从脚起，病从口入"等。

成语是语言中经过长期使用和锤炼形成的固定短语。它以精练为特色，文字上更趋典雅，且大都有一定的出处。

4-3-3.成语的来源有哪些?

大部分成语都有源头:有源于神话传说和寓言故事的，有源于古诗文名句的，有源于历史典故的，有源于截用或改易古人语句的，有来源于外民族语言的，等等。下面分类说明。

1.源于神话传说和寓言故事

源于神话传说的成语如"精卫填海"，相传精卫本是炎帝神农氏的小女儿，一日她到东海游玩，淹死在水中。死后她发誓要复仇填平东海。她每天从山上衔来草木和石头，投入东海后就会发出"精卫、精卫"的悲鸣。这一成语原比喻仇恨极深，立志报复，后形容意志坚决，不畏艰难。

这类成语还有:嫦娥奔月、女娲补天和夸父逐日等。

源于寓言故事的成语如"捕风捉影"，源于《汉书·郊祀志下》。比喻说话做事没有丝毫事实根据。

这类成语还有:杯弓蛇影、伯乐相马、拔苗助长等。

2.源于古诗文名句

成语里有一部分是直接源于古诗文名句的。如"似曾相识"

就源于北宋晏殊的词《浣溪沙·一曲新词酒一杯》中的"无可奈何花落去，似曾相识燕归来，小园香径独徘徊"。[①]形容见过的事物再度出现。

3. 源于历史人物和历史事件的典故

如"敝帚千金"源于曹丕在《典论·论文》里所说："里语曰，家有敝帚，享之千金。"[②]比喻自己的东西虽然微贱，但对自己来说，却是十分珍贵的。如"亡羊补牢"源于《战国策·楚策》："臣闻鄙语曰：亡羊补牢，未为迟也。"[③]比喻出了问题以后想办法补救，还不为迟，可以防止继续受损失。

4. 源于截用或改易古人语句

如"近水楼台"这个成语源于北宋的范仲淹和苏鳞。范在任杭州知州时，身边的很多官员得到他的提拔或推荐，只有在杭州所属的外县做巡察的苏鳞没被推荐。一次，苏鳞因事到杭州见范仲淹，趁机写了一首诗，其中有这样两句：近水楼台先得月，向阳花木易为春。[④]暗示范只提拔身边的人。范看到诗后，立即写了封推荐信，使苏的愿望得以实现。"近水楼台"比喻由于环境或职务上的便利而获得优先的机会。

---

① 北宋·晏殊《浣溪沙·一曲新词酒一杯》，上海古籍出版社编《宋词三百首》，上海古籍出版社，2015年，第14页。

② 三国·魏·曹丕《典论·论文》，易健贤译注《魏文帝全译》，贵州人民出版社，2008年，第249页。

③ 西汉·刘向《战国策·楚策》，缪文远编著《战国策》，中华书局，2011年，第90页。

④ 宋·苏鳞《献范仲淹诗》，走木《范仲淹用人之误："重近轻远"》，《领导科学》，1991年03期，第19页。

5.源于外来民族的成语

自魏晋至隋唐时期，我国翻译了不少流行于西域和印度的佛经。佛经里的一些故事和典故，慢慢地演化成了成语。如"一尘不染"、"回头是岸"。明清后，我国跟世界各国的文化交流逐渐多起来。西方神话传说里的部分故事和典故译成汉语的部分格言，也变成了国人使用的成语，如"以眼还眼"。

6.改造的成语

如"物极则反"这个成语原出于《周易·丰》："日中则昃，月盈则食。"①意思为事物发展到极限就会向相反的方面转化。南北朝时，北周的庾信作《哀江南赋》就把它改为"物极不反"，表达他那无可奈何的愤慨之情。我们现在常常使用的"物极必反"就是通过改造出现的成语。又如"脱胎换骨"原出于宋代释惠洪《冷斋夜话》卷一的"然不易其意而造其语，谓之换骨法；窥入其意而形容之，谓之夺胎法"。原本是道教用语，指修道者得道以后就转凡胎为圣胎，换凡骨为仙骨。现比喻通过教育思想得到彻底改造，彻底改变立场。

7.新生成语

社会在不断的变化中产生了新的成语。如分秒必争、推陈出新、厚今薄古、百花齐放等。

4-3-4.成语中的数字是指具体数目吗?

成语中的数字，只是作为概数来统称的。一般都是非确指的虚指，如"一树百获"中的"百"就是虚指，比喻培养人才

---

① 周振甫译注《周易译注》，中华书局，2016年，第207页。

可以长期有很多的收益。只有极个别是表示确数，如"八仙过海，各显神通"就是实指八个神仙过海，各显神通。这类成语还有三从四德、七窍生烟、十恶不赦等。

成语中的数字常含有夸张的含义。如百无禁忌、千方百计等。

有些成语中的数字，原本是实指或确指，后来才演变为虚指或概指。如"六韬三略"，《六韬》《三略》都是古代有名的兵书，这一成语后来泛指所有的兵书，这样，"六"和"三"也就变成了虚指。"十室九空"也是如此。

有个别数字成语中一些固定的结构有特别含义。如"七 A 八 B"和"A 七 B 八"的结构，多表示杂乱无章的意思。而"千 A 万 B"式，这种格式中的"千 A"和"万 B"往往是同义成分。比如千军万马＝万马千军、千门万户＝万门千户。

4-3-5."成语接龙"等游戏蕴含着怎样的文化背景？

在游戏中练习使用成语，是一种将知识性和趣味性完美结合的巩固学习的方式。成语接龙不仅能巩固学生学过的成语，同时对于团队的协作和默契也是一种相当大的考验，能起到一举多得的效果。成语接龙的长兴不衰，充分体现了大家对成语的喜爱和文化传统在学习和生活中的重要地位。

成语是中华民族的优秀文化瑰宝。通过成语游戏，可以更好地练习并巩固知识，也能更好地传承中国的文化传统。

❧活动设计❧

A. 小学

1. 建议

（1）看《中国成语故事连环画》20本。

（2）背诵并掌握成语故事100个。

（3）举行"成语听写大赛"。

2. 活动设计

成语听写大赛。

（1）目的：激发学生学习成语的热情，使其能够熟练地运用成语，并感受"合作就是双赢"的意识。

（2）时间：一课时。

（3）场地：教室。

（4）方法：一个小组选出一名队员，在100个成语范围内进行听写。

（5）主持：学习委员。

（6）裁判：学生4名，语文老师1人。

3. 活动准备

（1）一周前布置任务，根据年级确定范围。

（2）按照平日学习所产生的小组，选出一名组长。

（3）先做好组内的选拔工作，然后再进行班内组间的比赛。

（4）游戏设置总成绩前四名奖，再设四名进步鼓励奖，总成绩由裁判计分产生，进步鼓励奖由各组提名产生。

（5）器材：各组小白板一块，白板笔四支。

4.活动程序

（1）主持人宣布游戏的比赛规则和规定。

（2）主持人宣布裁判名单和相关职责。

（3）主持人说出一个成语，各选手写出一个，评委根据正误给分。

（4）下课前5分钟结束比赛，统计得分，各组上交荣誉奖提名表。

（5）班长作成语听写比赛点评，语文老师作小结。

（6）宣布获奖名单。语文老师给获奖者发一本《中华成语故事连环画》以示鼓励。

5.活动规则

每小组基本分为100分，写对加10分，写错减10分。

B.初中

1.建议

搜集、整理广告中活用成语的案例。

2.活动设计

妙用成语。

（1）目的：培养学生对成语的生活化运用能力。

（2）概念：在正确掌握成语的基础上，运用所学的成语为生活中的事物做广告，让语文学习与生活接轨。

（3）时间：一课时。

（4）场地：教室。

（5）活动设想：每四人为一组，请用一个成语为生活中的事物做广告。假设你是某公司的创意总监，你要设计一个朗朗上口的广告词，让大家一下子记住这个产品。

参考成语广告：

一毛不拔（某牙刷广告）

一笔勾销（某涂改笔广告）

臭名远扬香飘万里（某臭豆腐广告）

千军万马难抵名笔一挥（某钢笔广告）

停电24小时依旧冷若冰霜（上海某冰箱广告）

3.活动准备

（1）老师于一个月前分配搜集和整理成语广告的任务，学生自行组织并开展活动。

（2）活动结束后，设最具创意奖三名，获奖者奖品为一本《成语词典》。

C.高中

1.建议

（1）熟悉、掌握并运用常用的成语500个。

（2）能够找出并修改成语的错误。

2.活动设计

"撕成语"大战。

（1）目的：熟记高考常用的一些成语，并能改正成语中的错误。

（2）时间：一课时。

（3）场地：操场。

（4）策略：模仿国内真人秀节目"撕名牌"活动，将此次活动设计成"撕成语"大战。

（5）人员：本班同学分成"宝宝队"和"青春队"。

（6）道具：准备撕纸40张和有错别字的成语400个。记号笔两支。

3.活动准备

（1）高考成语考试范围内易错的成语400个。

（2）由同学先选出各自的领队（一人），负责各队200个有错别字的成语的准备。

（3）用红色笔写"宝宝队"成语，用绿色笔写"青春队"成语，每张撕纸上各写5个有错别字的成语。

4.活动规则

通过奔跑成功撕到对方的撕纸，并且改正被撕者撕纸上的五个成语中的错别字，然后交到裁判手中。两组以计时的多少和改正的总数为综合成绩，然后确定一组获胜。

5.活动奖励

奖励用时最少的两名同学。其他同学以奖状表扬鼓励为主。

第四节　俗语论道

　　俗语大多数是人们在生活中创造出来的，是对生活经验的直接反映。俗语具有结构固定、风格通俗、使用广泛的特征，它包括谚语、歇后语、惯用语，还有俚语、土语方言等。

　　在网络语言以及快餐文化日渐泛滥的今天，应该怎样激发中小学生学习传统俗语的兴趣，弘扬和传播优秀传统文化呢？这是我们需要重点研讨的话题。诚然，学习语言的途径不一而足。一是感受与鉴赏：通过参观博物馆、查阅地方志等实践活动，了解地方文化，积累各个地方的民间语言，体会中华文化的博大精深。二是思考与领悟：选读生动活泼的俗语，领悟其中的丰富内涵，探讨其传统的文化内涵和鲜活的时代精神，养成对语言、文字以及各种文化现象独立思考、质疑探究的习惯，涵养深刻和富有批判精神的思维能力。三是应用与拓展：可以通过制作PPT、写作小论文、趣味问答、有奖竞猜等形式，开展丰富多彩的竞赛活动，能在日常生活中和其他领域的学习中，正确、熟练、有效地运用语言，增强文化意识，尊重和理解多元文化，积极参与先进文化的传播和交流。

4-4-1.俗语有哪些来源?

1.源于生活与实践。"三句话不离本行"是人们耳熟能详的俗语。据说是有兄弟俩为分家争吵,邻居们前去调解。厨师说:"锅碗瓢盆哪有不磕磕碰碰的。"裁缝说:"针过得去,线也要过得去。"船工的妻子则笑着说:"你们是三句话不离本行,卖什么吆喝什么。"大家都笑了,原来船工妻子是做买卖的。

2.源于与书面语的相互转化。如杜甫有诗句"朔方健儿好身手"[①],化为俗语"大显身手"。在流传过程中,俗语也被书面语采用,如《红楼梦》第三十回金钏对宝玉说:"金簪子掉在井里头——有你的只是有你的"。[②]

3.源于历史沿革及人物传说。有三种情况:一是与朝代、国名有关。商朝灭亡后,首次出现专以做买卖为生的人,就出现了"商人"。二是历史人物的故事传说。比如"赔了夫人又折兵"。三是源于历史上的某些制度或做法,比如民间称新婚男子为"新郎"、"新郎官"等。

4.源于流传中的讹变。有些语词,人们在使用时因谐音替换、以易代难等原因将其改动,衍生出新的词汇。如游牧民族中,青壮年男子白天外出放牧,留妇孺和长者在帐篷里。游手好闲的小伙子乘机混进帐篷,长者便骂小伙子"混帐东西"。久而久之,"混账"成为骂人的话,多指言语行动无礼无耻,后来

---

① 唐·杜甫《哀王孙》,顾青编注《唐诗三百首》,中华书局,2016年,第164页。

② 清·曹雪芹,清·高鹗,古木校点《红楼梦》,上海古籍出版社,2009年,第223页。

"帐"又写作"账",与"混进帐篷"已经无关了。

4-4-2.俗语在形式上有哪些类别?

1.歇后语

歇后语有比喻和解释两部分,而"歇(隐)"去后半部分就可以揣摩出前半部分的本意,故名为"歇后语"。

2.谚语

谚语贴近日常生活,以短句或韵语为主,有农用谚语、事理谚语、常识谚语等。

3.俚语

俚语是指民间具有地方特色的词语,通常用在非正式的场合。

4-4-3.俗语通常包含哪些传统价值观?

我们从小受俗语的熏染,俗语很多时候是我们的行为指南,成为生活和思考的定式,甚至成为我们观念和立场的支撑。

1.受儒家思想影响的传统价值观

儒家思想内涵丰富,儒家倡导的"德",首先表现在仁爱、礼义、谦卑、孝顺等价值取向和行为准则上。如"君子爱财,取之有道"[①]、"百善孝为先"[②]等。

儒家思想的哲学背景是中庸之道,而中庸的至高目标是"和",所以君子处世还讲究"忍",如"忍得一时愤,终身无

---

① 清·佚名著,陈才俊主编《增广贤文全集》,海潮出版社,2011年,第87页。
② 清·王永彬《围炉夜话》,北京燕山出版社,2001年,第108页。

烦恼"①。

2.受小农意识影响的传统价值观

中国传统的经济模式使国民的性格有强烈的自足性，其心理表现就是知足常乐。人们足不出乡，安土重迁，自然产生了一种乡土情结。如"金窝银窝不如自己的草窝"。

3.受面子观念影响的传统价值观

"面子"二字，常常置人们于两难境地。争面子，根本原因是内心的虚荣，图的是一时的快意，这是中国人特有的一种精神气质。

4.受佛教文化影响的传统价值观

佛教自东汉时期传入中国，经过历代高僧以及帝王公侯的弘扬，深入社会各个阶层，产生了许多相关的俗语。如"救人一命胜造七级浮屠"②、"诸恶莫作，众善奉行"③。这些俗语里蕴含了丰富的佛教伦理观念，旨在劝人存善念、行善事，悲悯人间一切疾苦乃至万物。

4-4-4.怎么理解俗语中许多矛盾的表达？

俗语中有许多矛盾的表达，如"万般皆下品，唯有读书高"与"百无一用是书生"。从不同角度来解读，在"官本位"的体制下，读书人希望"学而优则仕"。然而不幸落第的书生，

---

① 张鲁原编著《中华古谚语大辞典》，上海大学出版社，2011年，第228页。

② 明·冯梦龙《醒世恒言》（第十卷·刘小官雌雄兄弟），华龄出版社，1998年，第151页。

③ 中国佛教文化研究所点校《增一阿含经》卷一，宗教文化出版社，1999年，第6页。

没有生产技能，于是"百无一用是书生"。这反映了中国传统价值观的多元性与复杂性。

4-4-5.中国俗语有哪些鲜明的地方特色？

1.上有天堂，下有苏杭

苏杭受到推崇，因为秀丽的自然风光、富庶的经济和文人墨客留下的诗词佳句。

2.无绍不成衙，无宁不成市

没有绍兴师爷成不了衙门，没有宁波商人成不了市面。绍兴旧时多出幕僚，俗称"师爷"；宁波多出商人，形成著名的宁波商帮。

3.念佛念一世，不如过桥石板铺一记

"世"，方言中音"西"；"过桥石板"，跨越水沟以连通道路的石板；"一记"，一块。民间注重实际功德，有修桥铺路做好事为求来生的说法。

很多俗语是一代代口耳相传的，从中可以窥见鲜明的地方色彩和当地风物的痕迹。如：

城外楼外楼，城里天香楼。（指两个著名饭馆）

初二、十六，店员吃肉。（旧杭州商界习俗）

年三十的火，年初一的穿。

打得船来，过了端午。（譬喻丢失时机）

4-4-6.日常生活中让人受益的谚语有哪些？

谚语的内容涉及到社会生活的各个方面。大体有以下几种：

气象：观察气象的经验总结。如：

1.蚂蚁搬家蛇过道，大雨不久就来到。

2.朝霞不出门，晚霞行千里。

3.天上钩钩云，地下水淋淋。

农业：农事经验的总结。如：

1.枣芽发，种棉花。

2.今冬麦盖三层被，来年枕着馒头睡。

3.春雷响，万物长。

卫生：卫生保健知识的总结。如：

1.冬吃萝卜夏吃姜，不用医生开药方。

2.饭后百步走，活到九十九。

3.伤筋动骨一百天。

社会：为人处世、待人接物、治家治国等的总结。如：

1.人不可貌相，海水不可斗量。

2.若要人不知，除非己莫为。

3.良药苦口利于病，忠言逆耳利于行。

学习：学习经验的总结，激励人们发奋学习。如：

1.刀不磨要生锈，人不学要落后。

2.世上无难事，只怕有心人。

4-4-7.谚语和成语、歇后语有什么区别？

谚语的内容涉及到社会生活的各个方面，语义浅显。

成语来自古代经典、历史故事等，是古代汉语词汇中长期沿用的固定短语。

歇后语一般由两部分构成，前半截是比喻，后半截是说明。

4-4-8.歇后语有哪些类别?

歇后语有多种类别:

第一,谐音类。如:

空棺材出葬——目(墓)中无人。

这类歇后语利用同音字或近音字相谐,引申出所需说明的另一种含义。因为语义巧妙地隐藏在语音中,颇能引发读者的阅读兴趣。

第二,喻事类。如:

弄堂里搬木头——直来直去。

这类歇后语巧用比喻,需要对设比的事理有所了解,才能领悟其隐喻意义。

第三,喻物类。如:

棋盘里的卒子——只能进不能退。

这类歇后语通常用生活中常见的事物作比,领悟意思并不困难。

第四,故事类。如:

刘备借荆州——只借不还。

典故、寓言和神话传说是这类歇后语常用来引述的内容,熟悉历史故事是理解歇后语的基础。

《活动设计》

A.小学

1.建议

积累喜欢的谚语和歇后语。

2.活动设计

歇后语串烧。

（1）目的：激发学习歇后语的兴趣，培养团结合作的意识。

（2）策略：通过游戏的方式，激发学生的学习热情。

（3）时间：一节课。

（4）人员：全班同学，分小组。

（5）组织：学习委员、语文科代表。

（6）主持：语文科代表。

（7）裁判：自愿报名，每小组一位。

3.活动准备

（1）按照座位自然分成四大组，每组推选一名组长。

（2）四位组长和学习委员、语文科代表一起研究活动策略，做好组内分工。

（3）游戏设置各类荣誉奖项，购置奖品，让参与者享受过程，享受成果。

4.活动程序

（1）主持人宣布游戏的比赛规则。

（2）主持人宣布裁判名单和职责。

（3）游戏第一轮：必答环节——主持人说歇后语的上半句，各小组代表接后半句，每一组回答3题，答对加分，答错不扣分。

（4）游戏第二轮：抢答环节——主持人说歇后语的上半句，各小组抢答，答对加分，答错扣分。

（5）下课前5分钟结束比赛，统计得分，裁判团提交各项荣誉的提名表。

（6）老师作游戏比赛点评，宣布获奖名单。

B. 初中

1. 建议

（1）背诵常见谚语50句。

（2）背诵常见的歇后语50句。

2. 活动设计

辩论。

（1）目的：深入理解俗语的含义，培养辩证思维。

（2）策略：根据学生的理解水平，选择俗语中矛盾的表达，展开小组之间的论辩，各抒己见，自圆其说。

（3）时间：一节课。

（4）人员：全班选拔正反两方的选手参加辩论，其他相关工作人员请语文科代表安排。

3. 活动准备

（1）阅读阶段：开展俗语大阅读，选出矛盾的俗语语句。

（2）讨论适合在全班范围内开展辩论的话题，即确定辩论主题。

（3）确定主持人、裁判员及比赛规则。

（4）设置荣誉奖项，购置奖品，让每一个参赛者享受活动的乐趣。

4.活动程序

（1）主持人宣布比赛规则，介绍裁判员、工作人员以及正反双方的代表。

（2）根据辩论程序，围绕辩论主题开展论辩。

（3）双方代表谢幕。

（4）辩论会主席点评，公布辩论结果。

C.高中

1.建议

（1）背诵常见的谚语50句。

（2）背诵常见的歇后语50句。

2.活动设计

俗语讹变的规律研究学术报告交流。

（1）目的：引导学生学会研究型阅读，学会筛选、比较、质疑与判断。

（2）时间：一个学年。第一学期布置阅读，形成研究报告。第二学期以文化沙龙的形式开展交流，交流分小组交流与全班交流；小组交流完后，每组派一位代表陈述观点以及研究成果，最后在老师的指导下，修改完善研究报告。

（3）场地：教室。

3.活动准备

（1）研究自己感兴趣的阅读对象。

（2）阅读不同学者的评论，学会从相关的评论中筛选信息，形成自己的观点。

（3）做拓展阅读，为自己的观点做支撑。

（4）完成研究报告。

4.活动程序

（1）介绍自己的研究方向和阅读过程。

（2）介绍在研究中的困惑和质疑。

（3）介绍研究成果。

（4）接受同学的提问。

（5）收集所有同学的研究报告并集结成册。

第五章　自然视窗

　　中华民族对自然界的探索，已有几千年的历史。春秋战国时期，迎来了我国古代哲学的第一个高峰，也开启了自然探索之旅。在这个时期，虽然人们对各类自然现象的研究并没有形成独立的学科，但天文、历法、气象、算学、几何等方面的研究在当时均居世界领先地位，同时，对声、光、力等现象的研究也发展到了一定的水平，从而带动了中国古代自然科学的全面发展，并奠定了其在世界上的地位。

　　中国古代人们往往专注于自然科学在生产生活中的应用，而忽略了将实践经验转化为理论成果，而且受儒家思想和政治制度的影响，更多的读书人选择了入仕从政，自然科学只能成为少数人的追求，这些在一定程度上限制了自然科学的纵深发展。即便如此，中国古代在自然科学方面仍然做出了巨大贡献，如"四大发明"，成为我们民族传统文化的骄傲。

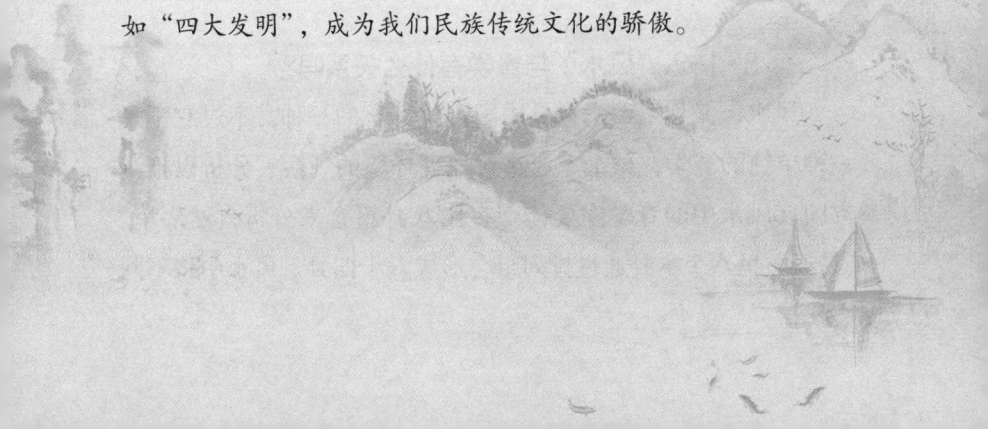

第一节　算学经纬

　　中国古代数学的核心为算学，偏重代数运算，形成算法。算学又分内算与外算。内算主要研究天文、历法、占卜等，外算指的是《九章算术》所载的内容以及有关测量方位、地形之高、深、远、近的方法。中华算学起于文明萌芽之初，兴于两汉，在宋元发展到顶峰。明清时期随着西方数学传入，我国近代以后逐步融入世界数学发展的大潮当中。

5-1-1.《周易》中有算学吗？

　　《周易》相传为文王所演，分为"《易》经"、"《易》传"两部分。从《周易》来看，世界上的事物皆分阴阳，八卦就是阴阳系统的具体分类，"⚊"代表阳，"⚋"代表阴，以这两种符号为基础，有八种不同组合方式。具体来说，是乾卦☰，坤卦☷，巽卦☴，震卦☳，坎卦☵，离卦☲，艮卦☶，兑卦☱。

5-1-2."风水"与算学有什么关系吗？

　　风水，又称堪舆术，是中国古代算学的一种。不过它不是一种单纯的算学，风水家通过对地理环境的观察、分析以推测吉凶。风水中的算学主要体现在用八卦组合来分析自然环境。《易经》里八个本卦通过排列组合形成六十四卦。风水中将不同的方位对应于八个卦象，而卦象之间的组合会产生不同的效果。如"乾"为天，"坤"为地，乾坤互动，意味着万物诞生。

5-1-3.取名字与算学有关吗?

阴阳五行是中国古代的一种物质阐释学说，阴阳最初指日光的向背，后又用来解释两种对立消长的势力。五行最早出现在《洪范》中，战国后期，邹衍融合阴阳五行并将其用于推演朝代更替，"阴阳五行说"至此初步成型。我们的长辈在起名字时都讲究阴阳五行的搭配，是运用数学的方法追求一种内在的和谐，是算学的一种应用。

5-1-4."逢凶化吉"有科学依据吗?

人在短时间内遇到诸多不顺，找不到合理的解释，通常会抱怨自己"倒霉"。遇到困难俗称遇到"坎儿"了。坎在《周易》中代表水，也代表危险。坎卦是由两个坎组成，分为上坎和下坎，又称"习坎"。"习"有重复、反复之意。面临坎险，最重要的是以孚信之心待人处事。《易经》中的"孚"一般都指诚信、孚信。心怀诚信，勇往直前，竭尽全力，才可能创造奇迹。"习"还有另一种解释，即练习。没有人一帆风顺，只能有计划有目的地认识它、分析它、化解它。遇到"习坎"，智慧之人能入于险中，又出乎险外。每个人的一生，都可能会面临困难和危险，要有忧患意识，做到有备无患。同时也要学会合理地利用资源，如果遇到某些自己看不清的险境，要主动咨询朋友和身边的明白人。

5-1-5."几何"的由来是怎样的?

"几何"最初在古代汉语中有"多少"的意思,它并不表示一个确定的数量,而是一个根据语言情境有所变化的词,例如曹操的诗"对酒当歌,人生几何"①。"几何"作为数学概念在中国最早出现在明代数学家徐光启《几何原本》的译本中。《几何原本》是古希腊数学家欧几里得的一部伟大的数学著作。徐光启《几何原本》译本中"几何"的译名是泛指度量和与度量有关的内容。这是我国现存的第一部数学译著,也是第一次将西方数学的逻辑体系和推理方法引入中国。

我国古代数学在宋元时期达到了鼎盛,之后却停滞不前。到明代,传统数学几乎失传,数学书籍也大量失散。明末清初,西方数学开始传入中国,当时一些学者对传入的数学知识做了许多有价值的翻译和研究工作,使停滞的数学进入了一个新的发展时期。在外来的数学译著中,除《几何原本》之外,还有《割圆勾股八线表》、《测量全义》等三角学著作。到了清代,除了古代初等数学,还有解析几何、微积分等近代数学也陆续传入中国。鸦片战争以后,学者们又翻译了一批近代数学著作,例如《代数学》、《微积溯源》、《决疑数学》等书籍,系统介绍了代数学、三角学、微积分学和概率论的前沿成果。在翻译的同时,数学家们通过中西数学著作的比较研究,对数学的研究和探讨也更进了一步,取得了很多成就。

明清时期西方数学的传入对中国数学发展的影响是巨大

---

① 三国·曹操《短歌行》,《曹操集译注》,中华书局,1979年,第19页。

的，它推动了当时停滞不前的中国数学迅速前进，中国数学开始由初等数学向高等数学发展。

5-1-6.中国古代计算工具的演变过程是怎样的？中国古代有哪些进制？

算筹是中国古代特有的一种记数工具，用它进行十进制记数已有两千多年的历史。算筹是用一些长短粗细相同的小棍做成的一种计数工具。用算筹计数有纵、横两种排列方式。由算筹演变而来的算盘，是中国古代算学的又一创造性发明，与算筹相比，算盘计算快速、轻便实用，是计算工具的一大进步与突破，而且对今天的计算机也产生了一定的影响。

"半斤八两"作为一个成语表示彼此实力相当。可能很多学生会觉得奇怪，半斤是五两，怎么会和八两一样呢？其实，我们祖先是以十六两为一斤来计算的，所以半斤就是八两。这种度量衡一直延续到上世纪五十年代，是十六进制。不过十六进制通常只用于重量、货币的度量，古代度量衡的主流还是十进制。事实上，中国是最早使用十进制的国家，商代的甲骨文上就有十进制的计数法。除了十进制和十六进制以外，古代还有二进制和十二进制等。《易经》中卦是通过阴爻和阳爻组成的二进制数；时间的度量上使用十二进制，十二个时辰为一天等。

5-1-7."勾股定理"等著名的数学定理都是谁发现的？

勾股定理是描述直角三角形三边数量关系的重要定理，在西方被称为毕达哥拉斯定理。那么究竟是谁最先发现了勾股定理呢？在公元前一世纪的中国古代数学著作《周髀算经》中，记载了西周初算学家商高在公元前1000年前发现了"勾三股四弦五"的特例。《周髀算经》卷上记载，在公元前七世纪，陈子提出欲求斜边长可用"勾股各自乘，并而开方除之"的方法。所以，在中国勾股定理又被称为商高定理或陈子定理。商高发现勾股定理比毕达哥拉斯（公元前约500年）要早几百年。

除了勾股定理之外，中国古代数学还有很多伟大的成就。例如剩余定理和祖暅原理。《孙子算经》中的剩余定理又称孙子定理，是古代求解一次同余式组的方法。祖暅原理，是由祖冲之与儿子祖暅在研究球体积的计算方法时提出的。

5-1-8.我国关于圆周率的计算取得了哪些突破？

准确地推求圆周率的数值，是数学领域的一个重要课题，攻克这道难关，是中华民族对数学的特殊贡献。

我国古代的数学家们对这个问题的研究远远领先于西方。我们的古人经过长期的观察与反复的试验，探究出圆周与直径的基本关系，最早在成书于公元前一世纪的《周髀算经》中就提出了"径一周三"的观点。这种说法虽然不够准确，但是基本方向正确。此后，经过历代数学家的不断探索，推算出日益精确的圆周率数值。到了魏晋时期，著名数学家刘徽在为《九章算术》作注时，创造了推算圆周率的新方法——割圆术（公元263年）。他推算的圆周率的数值是3.14。值得注意的是，刘徽在割圆术的演算中，已经认识到了数学中的"极限"概念。后来人们为纪念刘徽对数学的贡献，把他算出的圆周率数值称为"徽率"或"徽术"。

在圆周率计算过程中，最具有代表性的是南北朝时期的数学家祖冲之。公元480年左右，在刘徽割圆术的基础上，祖冲之进一步研究计算，得出精确到小数点后七位的结果。这一成果使他成为世界上第一个把圆周率的准确数值计算到小数点之后七位数字的人，而且这一最精准的圆周率世界记录一直保持了九百多年，以致于有数学史家呼吁应将这一成果命名为"祖率"。直到1000年后，这个记录才被阿拉伯数学家阿尔·卡西和法国数学家维叶特所打破，祖冲之提出的"密率"，也是直到1000年以后，才有德国人发现，被命名为"安托尼兹率"。

5-1-9."九九口诀"和"增乘开方"对数学有何价值?

在古代，人们背诵的乘法口诀与我们今天背诵的顺序是不同的，他们先从"九九八十一"开始。因为口诀开头两个字是"九九"，所以，人们就习惯于把它称之为"九九歌"。

九九乘法表是中国人发明的。根据《九章算术》记载，伏羲氏根据八卦，作九九合爻之变。在《管子》、《老子》、《战国策》等先秦典籍中，也有"二七十四"、"六七四十二"等字句，可见九九乘法表在春秋战国时代就已相当普及。九九乘法表的主要价值是改进算法和提高运算速度。相比之下，古代埃及做乘法却要用倍乘的方式进行，如算23×13，就需要从23开始，23×1，23×2，23×4，23×8，然后注意到$13 = 1 + 4 + 8$，于是$23 + 23 \times 4 + 23 \times 8$加起来的结果就是$23 \times 13$。从比较中不难看出中国人使用九九表的优越性了。九九乘法口诀还有一个突出的优点，就是利用汉语发音的优势，朗诵起来音节明快，朗朗上口，便于流传。后来发展起来的珠算口诀也继承了这一优势。

"增乘开方法"是中国古代的一种开方和求高次方程数值解的方法，由宋元时期数学家所创造。11世纪贾宪在《黄帝九章算法细草》中首创了这种开任意高次幂的"增乘开方法"。后来经12世纪刘益的继续研究与探索，又进一步地发展和完善了"增乘开方法"，直到13世纪秦九韶最后完成。另外，《孙子算经》、《张邱建算经》、《缉古算经》以及传本《夏侯阳算经》都有开方问题的记载。"增乘开方法"的主要作用是奠定了中国古代方程论的基础，方程论也因此形成了一门比较完整的学科，而且是最能体现中国传统算学机械化特征的典型范例。

活动设计

A.小学

1.建议

（1）了解中国古代数学中的勾股定理的发展历史。

（2）了解毕达哥拉斯发现勾股定理的过程。

2.活动设计

认识勾股定理。

（1）目的：激发学生学习几何的兴趣。

（2）策略：通过线段的度量等使学生掌握一些基本的几何方法。

（3）时间：一节课。

（4）场地：室内。

（5）主持：教师。

3.活动准备

纸、笔和三角板，四到五人一组，分成若干组。

4.活动过程

（1）用三角板画两条垂直的线AB、AC，分别截AB=3cm，AC=4cm，连接BC，测量BC长。

（2）将AB长改为5cm，AC长改为12cm，连接BC，测量BC长。

（3）引导学生自己概括出勾股定理。

（4）老师点评各小组表现。

B.初中

1.建议

（1）了解中国古代数学中的勾股定理。

（2）了解勾股定理的一些证明方法。

2.活动设计

证明勾股定理。

（1）目的：了解勾股定理历史，感受数学文化。

（2）策略：让学生在玩拼图游戏中体验"出入相补"的思想，欣赏勾股定理的证明思路。

（3）时间：一节课。

3.活动准备

四到五人一组，分成若干组，每组分工合作，并制作四张全等的直角三角形纸片。

4.活动过程

（1）请拿出准备好的四张全等的直角三角形纸片，把自己的拼图方案展示在桌面上。

（2）请大家根据自己画下的图形，仿照赵爽弦图中利用面积证明勾股定理的方法。

（3）小组指派两名代表上台展示证法，互相补充。

C.高中

1.建议

（1）了解中国古代和西方勾股定理的历史。

（2）了解相关的数学家。

2.活动设计

勾股定理和数学文化。

（1）目的：通过介绍，使学生体验勾股定理中蕴含的文化思想。

（2）策略：通过阅读勾股定理相关文献，体会勾股定理简单的形式所体现的深刻内涵。

（3）时间：一节课。

3.活动准备

勾股定理相关文献。

4.活动过程

（1）阅读勾股定理相关文献。

（2）分小组分别召开研讨会，每小组推荐一位同学发言，挖掘并阐述勾股定理中蕴含的丰富的数学文化思想。

（3）教师点评。

第二节　天文历法

　　天文学可以说是中国古代自然科学中发展得最早的学科之一，主要原因是天文学与人类的生产、生活息息相关。我国古代天文学的成就不仅有对天文现象和规律的发现，而且有对天文观测仪器的发明，也出现了许多有重要影响的天文著作。我国古代的天文学在相当长的时间内不是独立的一门学科，其构想和发展过程与中国复杂的历史文化是紧密相关的。也可以说它不仅仅属于"自然科学"，还具有一定的"政治特征"。王朝天文机构的建立，往往表明了统治者为了给自己的政权提供合法的依据与象征，因此这不仅是一件科学方面的事务，还是政治上的大事。朝廷为了保障天文学成为统治工具，甚至对天文学施行严格的垄断措施，其中最典型的表现就是历代王朝对"私习天文"行为所颁布的各种禁令。

5-2-1. 天文学与气象学有何关系？对人类有何影响？

　　中国古代自然科学通常分为四大类：天文学、数学、中医药学、农学。中国古代天文学非常发达，当时的多项成就领先于世界。比如在春秋时代就有哈雷彗星的确切记录，比欧洲早六百多年；战国时期，世界上最早的天文学著作《甘石星经》诞生。天文学的巨大成就，带动了气象学的发展，再加上"天人合一、人地和谐"的人文思想的影响，我国古代的气象学与天文学之间自然产生了密切的联系。

我们的祖先在采集果实和渔猎的过程中，逐步积累了对动物活动规律、植物生长规律、寒来暑往、月圆月缺等自然现象的认识。随着以原始农牧业生产为主的新石器时代的到来，人们逐渐发现了天象与气候之间的密切关系，并且开始有意识地运用这些知识服务于生产与生活。到了商代，天文气象资料迅速增长，从河南安阳殷墟出土的甲骨文就可以找到佐证。在周朝，生产力有了前所未有的发展，特别是铁器农具的使用和牛耕技术的推广，有力地促进了天文气象的发展和农业科技的进步，也涌现了一批科学家，他们努力探索天气变化的原因，用朴素的自然观解释世界。其中"二十四节气"就是中国人历经长期的实践探索在天文气象学方面的智慧结晶。

5-2-2.我国古代天文学与政治有何关系？

中国古代的天文学和现代有很大不同，不仅在农业发展中起到了重要的作用，而且有浓重的政治色彩。这体现在天文学始终受控并服务于皇权，统治者把天文观象用于占卜皇权盛衰、国家兴亡和自然灾害，因此，有学者称之为"政治天文学"。这与统治阶级奉为圭臬的"君权神授"理论一脉相承。

战国时代，吕不韦主持编撰的《吕氏春秋》中就提出要按天道法则行事。天道之法就是"月令"，其他所有的事物，包括气候、物候、历数、礼仪、祭祀等，都依据天象确定。天子所为，就是在规定的时间地点，按规定的方式和程序，循礼举行祭祀；臣民则做好相关生产、宗教和社会活动。这种以天文历法为基础的"月令"行为，实际上是把"敬天"的宗教和"通天"的巫术做了社会化的处理。其目的是要确定"君权神授"的权威。

5-2-3.古代著名的测量仪有哪些？它们有何作用？

古代的天文学家在从事天文观测时，发明了很多仪器，重要的有圭表、浑仪、浑象、日晷和仪象台等。

圭表是一种测量天象的仪器，由垂直的表和水平的圭组成。圭表的主要功能是测定冬至日的准确时刻，并确定回归年长度。此外，根据观测表影的变化轨迹可确定日影方向和节气。目前保存完好的圭表在河南登封的观星台上，如图1。

图1

图2

浑仪，又称浑天仪，也是我国古代一种重要的天文观测仪器，如图2。"浑"，在古代有圆球的意思，古人认为天就像一个蛋壳，日月星辰是镶嵌在蛋壳上的弹丸，地球是蛋黄，人们观测天体就像站在蛋黄上观察蛋壳上的弹丸，所以人们把这种观测天体位置的仪器叫作"浑仪"。

浑象，是一种用于演示天象的仪器。通过它的演示，我们可以直观、形象地了解日、月、星辰的相互位置和运动变化，可以说它是现代天球仪的鼻祖。我国现存最早的、保存完好的天体仪安置在北京古观象台上。浑象外形如图3。

图3

图4

日晷，又称"日规"。晷，就是影子。日晷就是利用太阳的影子测时的一种仪器。其主要构件是铜制的指针和石制的圆盘。铜制的指针称"晷针"，在圆盘中心垂直穿过，在圭表中起着立竿成影的作用，因此，晷针又称"表"。石制的圆盘称"晷面"，晷面平行于赤道面。如图4是故宫内的日晷。

图5

水运仪象台，是一座大型天文观测仪器，由宋代苏颂、韩公廉等人设计制造。它高约12米，宽约7米，呈上窄下宽的正方台形，全部为木建筑结构，如图5。它把浑仪、浑象以及报时装置巧妙地融为一体。

5-2-4.数学对天文学有哪些推动作用？

数学在古代天文学的发展中起到了巨大的推动作用，三角函数、圆锥曲线、函数和数列等在古代天文学中都有广泛涉及。比如《授时历》于1280年编制成功时，郭守敬在给忽必烈的奏报中提到：自西汉《三统历》到北宋《纪元历》共一千一百八十多年，历法改了七十次，其中新创法有十三家。从《纪元历》到至元十七年，又一百七十多年，《授时历》考正共七事，新创法又五事，都涉及到对天文数据的重新测定。此外，采用数学方法来进行测定的还包括冬至时刻、回归年长度、太阳月亮的位置、交食的辰刻、二十八宿距度和太阳出入时刻，其中测二十八宿距度远远超过北宋崇宁年间观测的精细度。回归年长度采用了《统天历》的数据而加以证明。创法五事都是对天文计算的改革。

古代很多的天文学家同时也是数学家。最典型的当属南北朝时期的祖冲之。他曾修订历法，从对天文的观察中，得到一些极精确的计算法。例如他算得月球绕地球一周时长为27.21223天，这与现代公认的27.21222天极为接近。这一点就可以奠定他在天文学史中的重要地位。

5-2-5. 年、月、日是如何产生的？"北京时间"是什么意思？

远古时代，人们在生活和生产实践中，渐渐发现日月星辰的升落、气候的变换、动物的出没和植物的枯荣等自然现象与人类的生存密切相关。于是在观察自然现象的过程中，总结了一些规律，古代历法由此而生。

太阳的升落造成了白昼和黑夜的交替，古人日出而作，日落而息，久而久之便产生了"日"这个时间单位。"年"这个时间单位反映了春夏秋冬四季交替，直接关系着农事的耕种收藏。

年嫌其长，日嫌其短，人们开始观测月亮的隐现圆缺变化，发现其周期约为30日，进而产生了"月"这个时间单位。这便是最初的观象授时。

古人纪时是凭视觉做出判断，最初把一昼夜模糊地划分为十二辰，但并没有等距离划分的标准。到西汉初期，汉武帝颁行太初历后，才正式将一昼夜划分为12时段，并参照天象变化分别给以命名。之后，古人用日晷测日影或铜壶滴漏纪时，将一昼夜划分为一百刻或一百刻的近似值。清朝后期，钟表传入我国，将一昼夜划分为24小时、1440分、86400秒，时段的划分较前精细。20世纪中后期，出现了石英钟和原子钟，可以确定每秒的量度。

钟表出现之前，人们通常把太阳在正南方的时刻记作中午（十二点），这时在地球的另一边是午夜（零点）。在观测者所在地点观察太阳的位置，由此确定的时间叫作地方时。在同一经线上的地方时是一样的。随着交往的日益频繁，建立一个统一的时间系统变得必不可少。1884年，国际经度会议决定在世界范围内实行统一的分区计时制度。将地球表面划分为24个时区，每15经度范围内为一个时区。选取各时区内一个具有代表意义的城市作为该时区标准时间的名称。比如，东八区就选取了北京作为标准时间的名称。

5-2-6. 历法有哪几类？为什么公历、农历同时存在？

迄今为止，世界历法分为三种：阳历、阴历、阴阳合历。

阳历：也称太阳历，以地球围绕太阳公转的运动周期为基础。现今世界通行的公历就是阳历，平年365天，闰年366天。

阴历：也称太阴历，以月球的运动为依据，把朔望月作为基本周期。这种历法在一些文明古国的上古时代多采用过。现在阿拉伯国家通行的"伊斯兰历"中有一种太阴历制度，就是"阴历"。

阴阳合历：它同时考虑太阳和月亮的运动，把回归年、朔望月并列为制历的基本周期。阴阳历历月的平均长度接近朔望月，阴阳历历年的平均长度接近回归年，是一种"阴月阳年"式的历法。我国农历就是一种典型的阴阳历。

春秋战国时期，各诸侯国分别使用黄帝、颛顼、夏、殷、周、鲁六种历法，合称"古六历"，皆为阴阳合历。其中夏历在历史上应用的时间最长。16世纪以后，西方历法开始传入我国。辛亥革命后，中华民国成立，宣布从1912年1月开始使用公历，这是第一阶段；1949年9月21日，中国人民政治协商会议在北京举行第一次全体会议，27日通过了关于中国国旗、国歌、国都、纪年的决议，从1949年10月我国开始使用公元纪年法，这是第二阶段。但在民间，夏历依然被广泛地使用，由于农业人口在中国占大多数，夏历中的二十四节气跟农业密切相关，农谚也都是根据农历编成的，潮水的涨落、日蚀或月食在农历中也有固定的日期，所以我国民间一直延续使用农历。这就是日历中同时存在公历、农历两种历法的主要原因。

5-2-7.为什么十九年要置七闰？为什么有"一年两头春"？

我国的农历，又称"阴历"，主要依据朔望月（月亮绕地球周期），同时兼顾回归年来确定，也就是一种阴阳合历。农历一年十二个月，一般六大六小，只有354日，比一个回归年少11.2422日。不到三年必须加一月，使朔望月与回归年相适应，也就是用置闰办法来调整回归年与朔望月之间的关系，使月份与季节吻合。中国古代历法的每一次变化，主要内容之一就是调配回归年与朔望月的长度，使之匹配。

为什么十九年要置七闰呢？因为春秋中期之后，根据圭表测影的方法，已初步掌握了一个回归年的长度为365.24219日。根据这个数值，年、月、日的调配就有了可能。四分历由回归年的长度365.24219日推出朔望月长度（朔策）为29.53085日。19年中要有235个朔望月才能与19个回归年日数大体相等，而1年12个月，19年即228个月必须再加上7个闰月才能达到目的。这就是十九年七闰的来源。

农历乙丑年，也就是公历2009年，出现两个立春日，分别是正月初十和十二月二十一，这种一年之中出现的两次立春现象就被称为"一年两头春"。由于农历的历月是以月亮圆缺变化的周期（朔望月）为根据制定的，在19年中设置7个闰年，闰年增加一个月，为13个月，一年为383天或384天，比一个回归年长18天左右，所以在闰年中至少有25个节气，必然会出现两个相同的节气。对应的第二年一般就只能有23个节气了。

5-2-8. 公元纪年与干支纪年如何换算？

干支是天干和地支的总称。我们的祖先将甲、乙、丙、丁、戊、己、庚、辛、壬、癸这十个字称为"天干"，将子、丑、寅、卯、辰、巳、午、未、申、酉、戌、亥这十二个字称为"地支"。将天干中的一个字与地支中的一个字按顺序配成

60个组合，古代称为"六十花甲子"。

（1）公元纪年与干支纪年的换算

由于公元4年为甲子年，所以可以将天干与地支按照下表进行编号：

公元纪年与干支纪年换算表

甲	乙	丙	丁	戊	己	庚	辛	壬	癸		
4	5	6	7	8	9	0	1	2	3		
子	丑	寅	卯	辰	巳	午	未	申	酉	戌	亥
4	5	6	7	8	9	10	11	0	1	2	3

公元纪年换算成干支纪年方法：先找出公元年的尾数相对应的天干，然后，将公元纪年除以12，用余数在地支中找出所对应的地支。这样，公元纪年就换算成了干支纪年。例如，公元1975年，用该年尾数5找出对应的天干为"乙"。然后，用1975除以12得余数为7。用余数7找出相对应的地支为"卯"。那么，公元1975年则为干支历乙卯年。

（2）公元前纪年与干支纪年的换算

由于公元前1年为庚申年，所以可以将天干与地支按照下表进行编号：

公元前纪年与干支纪年换算表

甲	乙	丙	丁	戊	己	庚	辛	壬	癸		
7	6	5	4	3	2	1	0	9	8		
子	丑	寅	卯	辰	巳	午	未	申	酉	戌	亥
9	8	7	6	5	4	3	2	1	12	11	10

具体换算方法与上述相同，例如，公元前155年，因为年份尾数为5，所以取天干中的"丙"，155除以12的余数是11，所以相应地取地支中的"戌"。因此，该年则为丙戌年。

❀活动设计❀

A. 小学

1. 建议

（1）了解二十四节气，背诵《二十四节气歌》。

（2）了解并认识常见星座。

（3）熟记十天干和十二地支；掌握干支纪年、纪月、纪日、纪时。

（4）会根据公元纪年推算干支纪年。

2. 活动设计

根据公元纪年推算干支纪年比赛。

（1）目的：激发学习历法的兴趣，提高计算能力，让学生了解并能识别常见星座。

（2）策略：通过图片及视频资料了解常见星座，能够识别常见星座，从而了解地球所处的宇宙环境。

（3）时间：一节课。

（4）场地：教室。

（5）人员：四年级或五年级的全体同学。

（6）组织：游戏创意小组（由班长、学习委员、数学科代表、文艺委员等组织）。

（7）主持：课代表/文艺委员/学习委员。

（8）裁判：2—3名，可以邀请老师参加。

3.活动准备

（1）一张"一甲子数次表"和"星座认知表"。

（2）准备一些小纸条，每张写上一个公元数和对应的干支纪年，装在一个纸盒中。

（3）按照"实力均衡"的原则，分成若干小组，并选举产生组长。

（4）各小组集体研究接龙策略，做好组内分工。

（5）游戏设置总成绩前三名奖，还可以根据需要设置最佳团队奖、最佳勇气奖、最佳创意奖、热情志愿者等荣誉奖。总成绩由裁判计分产生，荣誉奖由各组提名产生。

（6）器材：每个同学准备一张纸，一支笔。

4.活动程序

（1）主持人宣布游戏的比赛规则。

（2）主持人宣布裁判名单和职责。

（3）比赛开始，主持人从盒子中抽出一张小纸条，报出公元纪年数。

（4）算出的同学抢答……循环答题。

（5）下课前5分钟结束比赛，统计得分，各组上交荣誉奖提名表。

（6）班长作游戏比赛点评。

（7）宣布获奖名单。

5.活动规则

（1）每小组基本分为100分，答对加10分，答错减10分。

（2）算出的同学直接站起来抢答。

（3）如果答错，其他组同学可以继续抢答，直到答对为止。

（4）最后根据总分多少决定优胜团队。

（5）荣誉奖根据各组评选票数决定。

补充：还可以设置个人挑战赛，通过小组比赛选出8位优秀选手，以抽签形式决定两两PK，抢答完成7题，先抢得4题者胜出。胜出的4强选手再进行抢答比赛，决出冠军、季军、亚军，使游戏内容更加丰富。

B.初中

1.建议

（1）掌握二十四节气。

（2）阅读适合中学生的天文学相关书籍，如《阅读宇宙》、《大众天文学》、《美丽星空》、《恒星和行星》、《通过哈勃看宇宙》、"天文爱好者"丛书等系列书籍。

（3）理解农历置闰方法。探访天文学遗址及古迹，参观天文馆，会使用简易天文望远镜观测星空。

2.活动设计

制作二十四节气的手抄报。

（1）目的：引导学生自主阅读，掌握二十四节气的相关知识，培养学生自主学习能力，激发学生竞争意识。深入了解天文学，培养学生语言表达能力及写作能力。

（2）策略：通过阅读或参观了解天文历法相关知识，制作关于二十四节气的手抄报。

（3）时间：一个月，安排在初一第一学期的寒假。

（4）场地：家、图书馆等。

（5）人员：班级全体同学，每人一份。

3.活动准备

（1）学习地月系相关知识〔参见华师大版义务教育教科书《科学》（7年级上册）第7章地月系〕。

（2）网购或借阅相关书籍。

（3）版面大小：A3纸。

（4）根据实际需要设置各类奖项若干名，其中内容占60%，书写和版面设计各占20%。

4.活动补充

（1）可以把获奖作品在班级展示，以让学生进行二次学习。每个季节开始再安排一次（一学期两次）相关季节的6个节气专题讲座，以便学生更深入地掌握二十四节气的知识。

（2）关于农历置闰方法，可以用手抄报结合专题讲座的方式进行学习。

C.高中

1.建议

（1）了解中国古代天文学的起源与发展。熟悉现代历法。

（2）了解中国历法发展史，了解我国古代天文学对政治经济等的影响。

（3）阅读适合高中生的天文历法相关书籍。

2.活动设计

中国天文历法发展史研究学术报告交流。

（1）目的：引导学生学会研究型阅读，学会比较、提炼、质疑和批判。

（2）时间：高一学年。第一学期布置阅读，利用寒假形成研究论文；第二学期分组互相交流批改论文，选出优秀论文，每周用一节课推出三篇优秀论文，在班级里交流；全部结束之后，在老师的指导下修改完善论文，形成论文集。

（3）场地：教室。

（4）人员：每节课出场三位同学，其他同学做听众兼评委。

3.活动准备

（1）布置阅读任务，提供阅读参考书目。

（2）以中国的天文历法发展为主线，读懂不同阶段的天文历法，分析其优缺点。

（3）认识推动天文历法发展完善的关键人物。

（4）完成中国天文历法史研究论文。

（5）器材：电脑。

4.活动规则

（1）阅读过程中可以讨论，但是写作过程中必须独立完成。

（2）可以参考别人的相关学术成果，但是必须注明出处。

（3）不能在网络上进行复制粘贴。

（4）班级交流时，应介绍自己的阅读过程，阅读中的收获，以及在研究中的困惑或者质疑，并接受同学的提问。

（5）每节课结束全体同学都要给三位同学的报告打分，并记录主要优点和不足。

（6）学期结束评选十大优秀研究报告，并安排展出。

（7）学年结束收集所有同学的研究报告集结成册。

5.活动补充

班级交流结束后，再组织一次天文历法知识竞赛，类似于"一站到底"的形式，激发学生学习兴趣。或组织一次天文历法知识辩论赛。

第三节　山水地名

　　地球表面呈现出千姿百态的自然景观，山的沉稳、水的灵动都是自然之美的灵魂。水的形象丰富多彩，有宛如平镜的湖泊深潭，有欢快跳跃的山涧小溪，有飞流直下的山川瀑布，有波涛汹涌的大江沧海。而每一条奔腾入海的江河，都发源于山，成长于山。山的姿态气象万千，有的高插云天，有的层峦叠嶂，有的峭拔险峻，无不展现出大自然的鬼斧神工。

　　自古以来，祖国的壮美河山就是国人引以为豪的宝贵财富。山水文化是我国特有的审美形态，从开天辟地、万物诞生的神话传说到帝王登泰山而封禅的历史记载，从哲人在山水风云中抽象出宇宙构成原理到诗人借山水抒怀的千古绝唱，从文人游历名胜、寄情山水的诗文歌赋到平民百姓劳动中传唱的山歌水谣，无不贯穿着中华民族特有的自然山水与人文精神有机融合的文化特征。

　　我国地域辽阔，地名众多：有的历史悠久，流传至今；有的如今虽荣耀不再，但曾在历史长河中占有一席之地，屡见于文献名著；有的几经变更，仍折射出曲折的历史背影；有的地名虽已湮灭消失，却可考诸青史。取自诗歌典故的地名，儒雅隽美；反映自然地貌的地名，千奇百怪；记录历史印记的地名，令人敬畏；反映姓氏望族的地名，弥足珍贵；反映功能分区的地名，形象直观。地名不仅是一个称呼，一个地理符号，更是一块活化石，一个万花筒，它包涵了自然和人文、艺术和经济、过往和现在、民族和姓氏等多种元素，而且还会因我国的地域差异、人口流动融合等出现一些生僻变化的读音，是中华文化的集成，值得我们去了解和研究。

每个地名自有一段来历，蕴含着丰富的文化，述说着动人的故事，反映着中华山河的自然之美，体现着中华文化的博大精深，蕴藏着中华悠久深厚的历史。所以，重视祖国的地名文化、走近它、了解它、探究它、运用它是十分必要的。

5-3-1.中国有哪些名山、名水？

中国是一个多山的国家，主要山脉有阿尔泰山、昆仑山、祁连山、贺兰山、横断山、大兴安岭、长白山、太行山、秦岭、武夷山等。

在千姿百态、各具特色的中国名山中，"五岳"（东岳泰山、西岳华山、南岳衡山、北岳恒山、中岳嵩山）为皇家帝王所偏爱，成为巡猎、封禅、祭

泰山

祀的名山。后被道教所继承，被视为道教名山。佛教名山也具有很高的地位。据统计，佛教名山在中国有二百多处，遍及全国。最有影响的当属"四大佛教名山"，包括山西五台山——文殊菩萨的道场，浙江普陀山——观世音菩萨的道场，四川峨

眉山——普贤菩萨的道场，安徽九华山——地藏王菩萨的道场。道教名山除上述"五岳"之外，还有一百多处，名气最大的当属湖北武当山、四川青城山、江西龙虎山与安徽齐云山，被称为"道教四大名山"。

五台山

还有一些以风景独特而闻名的山。古人云"五岳归来不看山，黄山归来不看岳"[1]，"天下名景集黄山"。怪石、云海、奇松、温泉被视为安徽黄山"四绝"。飞瀑泻泉、云雾缭绕的江西庐山自古就是人们探奇寻幽的胜地；福建的武夷山，给人一种"武夷山水天下奇，千峰万壑皆画图"[2]的美感；浙江温州的雁荡山以奇峰、怪石、飞瀑、幽洞、深谷闻名于世。此外，九寨沟、武陵源、黄龙、长白山天池这些世界级风景名胜区，也都坐落在群山怀抱中，各有千秋。

---

[1] 明·徐霞客《漫游黄山仙境》，过竹、黄利群主编《山水文化》，高等教育出版社，2014年，第172页。

[2] 郑国铨《中国山水文化导论》，《中国人民大学学报》1992年第3期，第49页。

黄山

龙虎山

中华大地幅员辽阔，地形起伏，季风性气候显著，独特的地理气候形成了中国特有的江河、湖泽、海洋、泉瀑等各类水体。文明始自河流，中华大地水系丰富而富于变化，自北往南，由西向东，奔流着数不清的江河，在民族心理中已成为一种根深蒂固的情结，甚至是一种图腾和象征。中国外流河自北到南分布着松花江、辽河、海河、黄河、淮河、长江、珠江七大水系；中国的内流河主要有塔里木河和黑河。

中国是一个湖泊众多的国家，从西到东以海拔为序分布着五大湖群，即青藏高原湖群、蒙新高原湖群、云贵高原湖群、东北平原湖群和长江中下游平原湖群。著名湖泊有：鄱阳湖、洞庭湖、太湖、西湖、玄武湖、青海湖等。民间有"洞庭雄阔，鄱阳奇伟，太湖深秀，西湖妩媚"的说法，每个湖泊各有自己的性格特征。

泉水滋养了大地，也滋养了人类，给了我们秀美的山川景色，也呈现了不同的气质类型：温泉四季如汤，冷泉刺骨冰肌；承压水泉喷涌而出，飞翠流玉；潜水泉清澈如镜，汩汩外溢；喷泉腾地而起，水雾弥漫；间歇泉时淌时停，含情带意；还有离奇古怪的水火泉、甘苦泉、鸳鸯泉等。我国名泉主要有：济南趵突泉、庐山三叠泉、杭州虎跑泉、陕西临潼华清池等。

5-3-2.中国山水文化表现形态有哪些？

以山水为表现对象的文化形态或以山水为载体的文化形态称之为山水文化，包括山水面貌、山水诗文、山水绘画、山水音乐、山水园林、山水神话和传说等等。

山水面貌，包括山的高度、形态特点，水的长度，流域范围，以及外在形态所蕴含的内在气质等等。

山水诗文是以山水为载体的文化形态，起萌于先秦，发展于两汉，兴盛于魏晋南北朝，成熟于唐宋。唐宋时期，大量山水诗人寄情山水，触景生情，落于文字，将山水文化推上了历史的高峰，在整个社会文化中产生了巨大影响。

山水绘画始于魏晋南北朝，发展于隋唐。唐末中国山水画开始成熟，宋代的山水画达到高度成熟，产生了多位"百代标程"、"照耀千古"的大山水画家，如孙位、荆浩、关仝、李成、范宽、董源、巨然等，他们都有千古名作流传后世。

山水园林艺术从崇尚自然到创造写意，将自然山水赋予了思想、意境、追求，传递了艺术家的价值观、人生观和审美倾向。中国山水园林在世界园林史中独树一帜，题材主要由假山、水池、花木、建筑组合而成，是一种综合艺术，园林艺术讲究诗情画意，追求意境的创造。明、清两代是中国园林创作的高峰。明代以江南的私家园林为代表，清代康熙、乾隆时期是皇家园林创建的活跃时期，社会的稳定与繁荣给建造大规模写意自然园林提供了有利条件。江南私家园林以苏州"四大名园"

为代表，分别是建于宋朝的沧浪亭、建于元朝的狮子林、建于明朝的拙政园以及建于清朝的留园。皇家园林的代表有北京的圆明园、颐和园和承德的避暑山庄等。

5-3-3.中国山水的经典著作有哪些?

1.《山海经》。《山海经》是一部富于神话传说色彩的地理著作。一般认为成书于战国时代。它记述了古代神话、地理、物产、宗教、巫术等内容，也包括民俗、民族、历史、医药等方面的知识。全书现存18篇，其中《山经》5篇、《海经》9篇、《大荒经》4篇。

2.《水经注》。《水经》是我国古代记载河道水系的专著，作者和成书年代不详。该书记载境内河流137条，语言简略。《水经注》是注释《水经》的地理专著，北魏郦道元注，共40卷。注者详细介绍了中国境内一千多条河流以及与这些河流相关的郡县、城市、风俗、物产、历史、传说等。此外，该书还记录了不少渔歌民谣和碑刻墨迹。

3.《梦溪笔谈》。《梦溪笔谈》作者是北宋科学家、政治家沈括，这是一部涉及中国古代自然科学、社会历史现象及工艺技术的综合性笔记体著作。英国科学史家李约瑟评价《梦溪笔谈》是中国科学史上的里程碑。该书分为《笔谈》、《补笔谈》和《续笔谈》三个部分，记述了天文、历法、气象、地理、农业等诸多领域内容，可以看作是中国古代的百科全书。

4.《徐霞客游记》。《徐霞客游记》是中国明末著名地理学家和旅行家徐霞客的地理名著。《徐霞客游记》主要按时间记述作者1613至1639年间旅行观察所得所感，对所到之处的地理、地质、水文、植物等现象均作了详细记录，在地理学和文学上都做出了巨大贡献，堪称后人游记写作的典范。

5-3-4.如何欣赏山水文化？

鉴赏的本质是审美，欣赏自然山水不仅要求审美主体身临其境，而且要选取恰当的观赏视角和观赏契机，这样才有助于全方位多层面地获取审美愉悦。

首先，欣赏角度的变化。

1.远观和近观。一般来说，观赏高大雄伟的地理事物或现象适宜远观，便于领略景观的整体轮廓，又能感悟到景观的内在神韵。同理，对于依附在山上的体积庞大的景观，也适宜远观。相反，对于比较小巧的景观，或者是欣赏景物的局部，则适合近观。有的景观甚至需要身临其境，探幽著微，如洞穴峡谷、"一线天"之类的自然景观。

远观

近观

2.移步换景。自然山水的魅力在于不断变化的状态中，一步一景，摇曳多姿，变化无穷，美不胜收。在观赏的过程中，观赏者的心理也会随着景色的变化跌宕起伏。比如乘船游览桂林漓江百里画廊，观赏舟行云流、浪石烟雨、九龙戏水、八仙

移步换景

仰望

过江等，一路佳景纷至沓来，都是在不断移动变化中完成的。

3.平视、俯瞰和仰望。通过不同的俯仰角度的变化欣赏同一景物，容易获得一种富有层次的审美感受。平视适宜于观赏平坦开阔的景色，比如洞庭湖；仰望，适宜于观赏巍峨的高山等景色。李白有诗云："飞流直下三千尺，疑是银河落九天。"[1]仰观瀑布，更觉气势磅礴，雄伟壮观；俯瞰，"会当凌绝顶，一览众山小"[2]，站得越高，视野就越开阔。

4.特定角度。有时欣赏一些地貌的特殊造型，只能在特定的观赏点才能获得某种形象或者产生某种意境。最典型的是甘肃莫高窟的月牙泉，只有登上旁边的沙漠之巅，才能看到完整的貌似月牙的泉水。

---

① 唐·李白《望庐山瀑布》，郁贤皓编选《李白集》，凤凰出版社，2014年，第9页。

② 唐·杜甫《望岳》，陈瑞主编《学生应知应会唐诗宋词鉴赏300首》，商务印书馆国际有限公司，2016年，第257页。

甘肃敦煌鸣沙山视角下的月牙泉

其次，观赏时机的把握。

1.不同季节。清明踏春，重阳登高，深秋红叶，冬雪腊梅。很多自然景观都是在特定的时间、天气和季节变化中才能出现，或者说最有情致。欣赏以植物生态为主题的山水风光最好在春季或夏季，如黄山处于亚热带季风区，山中多雾，夏季的雨后往往是最好的观赏时机；而欣赏吉林的茫茫雾凇自然应在冬季。

2.不同天气。有些自然景观会随天气变化而呈现不同的风采，欣赏该类景观应选择适合的天气。如泰山观日出只能选择在天晴的黎明；观赏海拔较高的名山胜景最好应选择雨过天晴时，既可以观云海，又可观日出日落。

3.特殊时辰。有些景观只有在特定时间和特定条件下才会出现。如农历八月十八，钱塘江大潮最为壮观；海市蜃楼、峨眉山的"佛光"、漠河的北极光现象等都要把握好特定的气象条件才能见到。

5-3-5.地名仅仅是一个单纯的地理符号吗？

地名是一个空间称谓，但它并不仅仅是一个单纯的地理方位符号，往往是人们对某种自然或地理实体赋予一定人文内涵的体现。

地名不仅直观地表现出它的实体属性（山、水、路、桥），如泰山、淮河，还具有方位属性，如河南、山东；不仅能反映当地的自然特征，如黄冈、凉州、铜陵，还能反映该地的社会属性，如山海关、都江堰、滕王阁、菜市口；此外，地名还能反映传统中华文化的特色，如慈溪、神农架。因此，地名不仅具有社会性和时代性，而且具有民族性和地域性。

地名是一种典型的社会现象，它随着人类社会的出现而产生，又随着人类社会的发展和自然环境的变化而演变。地名也是一种语言现象，在不同的地域中会有方言地名，这使得地名的语言现象丰富多彩。地名还是一种文化现象，有其丰富的文化内涵和地域特色。从一地的地名中我们可以看到该地的文化交融，如少数民族地区具有民族特色的地名和汉化地名并用，如北京地名中的游牧文化印记。这些都在告诉我们一个地区的文化特色、文化变迁、文化交融、文化包容度等文化现象。

5-3-6.为什么许多地理名称在不同地区发音不一样?

中国幅员辽阔，地形复杂，南北方在语言上的差异较大，形成多种方言。所以即使是同样的地形，在汉语地名的称呼上北方人的称呼和南方人的称呼差异很大，同时由于南方地区地形多样，即使在相邻的地区也会产生多种方言，加上少数民族众多，更增加了地名的地域差异。

例如对于湖泊的称呼，北方游牧民族由于长期在内陆生活，没有见过海，所以习惯把大湖称为"海"，他们入关之后，在定都北京时把很多的湖泊定名为某某海，如北海、什刹海；而南方称之为"湖"，如西湖、洞庭湖。南方习惯把小水坑叫作"塘"，而北方则称为"淀"，如白洋淀。

中国的文字中多音字比较多，作为地名出现的时候要更加注意，有的地名读法是沿用了当地的古音，这个在南方比较多见。而且古代南方语言类型比较多，发音差异很大，如果不注意就要读错字。如乐亭的乐，唐山当地的发音读 lào，而在四川乐山，发音就是 lè；浒墅关的浒，读音为 xǔ，而水浒的浒，读音为 hǔ。

5-3-7. 研究地名对于提升教师素养有何价值？

地名具有社会性、时代性、民族性和地域性等多种特征，因此研究地名、关注地名的变化对提升教师人文素养具有多重意义。

地名是一个地区自然环境和人文环境的体现，地名的变迁能让我们从侧面看到一个地域环境的变迁；同时地名的社会性和时代性使得地名带有不同时期的历史印痕，它承载了社会生活的各个侧面——政治、军事、经济、文化以及意识形态等，所以地名会随着历史的进程发生相应的变化。

1. 地名变更反映了自然环境的变迁。有的古代地名能反映出该地古时的自然地理特征，如桃花源、竹洲岛，反映出当时的生态环境特征，通过与当前该地的生物分布及种类的对比，可以研究当地自然地理条件的变化，进而可以分析导致这些变化的自然和人为原因。

2. 地名变更反映了人文环境的变迁。它的变化能够反映出一地的社会功能、行政区划、族群分布等信息的变化。如北京的地名中用牲畜命名的很多，是受元朝统治者的游牧民族文化影响，后来职能发生变化，清末民初用谐音字进行了美化，如猪市口改成珠市口，驴市胡同改成礼士胡同等。

3.地名的变迁反映了地名历史角色的变化。纵观中国的地名，有的地名出现较早，并且一直沿用至今，如邯郸、洛阳、长沙、徐州，在古代曾扮演着重要的政治角色（如首都、重要军事据点），现今还扮演着重要的经济、政治角色。

中华历史悠久，从一地的地名变迁能看到一地的历史沿革，所以很多历史悠久的城市都有地方志，方志中必定有对该城市名字更替的记录和说明，这里不仅能看到这个地名自身的发展过程，也能看到不同时期当地的自然、人文环境的变迁，也能反映这个地名在当时所起作用的变化。

5-3-8.中国有哪些自然景观和文化遗址进入世界文化遗产名录？

世界文化遗产是由联合国教科文组织建立的世界遗产委员会所确立的一个概念，这个组织的宗旨就是保护全世界具有杰出普遍性价值的自然或文化处所。1972年，联合国教科文组织在巴黎成立了联合国教科文组织世界遗产委员会，并通过了具有历史意义的《保护世界文化和自然遗产公约》，开启了促进各国之间友好合作、共同保护和恢复人类共同遗产的新航程。至2017年7月8日，中国已有52处自然文化遗址和自然景观列入《世界遗产名录》，遗产数量位列全球第二，其中，文化与自然双重遗产4项，自然遗产（景观）12项，文化遗产36项。

（一）文化与自然双重遗产名单及列入时间

1.山东泰山 1987.12

2.安徽黄山 1990.12

3. 四川峨眉山 1996.12

4. 福建武夷山 1999.12

（二）自然遗产名单及列入时间

1. 四川黄龙 1992.12

2. 湖南武陵源 1992.12

3. 四川九寨沟 1992.12

4. 云南"三江并流"自然景观 2003.7

5. 四川大熊猫栖息地 2006.7

6. 中国南方喀斯特（云南石林、贵州荔波、重庆武隆）2007.6

7. 江西三清山 2008.7

8. "中国丹霞"（广东丹霞山、福建泰宁、湖南崀山、贵州赤水、江西龙虎山和龟峰、浙江江郎山）2010.8

9. 云南玉溪澄江化石地 2012.7

10. 新疆天山 2013.6

11. 湖北神农架 2016.7

12. 青海可可西里 2017.7

（三）文化遗产名单及列入时间

1. 甘肃敦煌莫高窟 1987.12

2. 周口店北京人遗址 1987.12

3. 长城 1987.12

4. 陕西秦始皇陵及兵马俑 1987.12

5. 明清皇宫：北京故宫（北京）1987.12，沈阳故宫（辽宁）2004.7

6. 湖北武当山古建筑群 1994.12

7.山东曲阜"三孔"（孔庙、孔府及孔林）1994.12

8.河北承德避暑山庄及周围寺庙1994.12

9.西藏布达拉宫（大昭寺、罗布林卡）1994.12

10.江西庐山1996.12

11.江苏苏州古典园林1997.12

12.山西平遥古城1997.12

13.云南丽江古城1997.12

14.北京天坛1998.11

15.北京颐和园1998.11

16.重庆大足石刻1999.12

17.安徽古村落：西递、宏村2000.11

18.明清皇家陵寝：明显陵（湖北钟祥市）、清东陵（河北遵化市）、清西陵（河北易县）2000.11，明孝陵（江苏南京市）、明十三陵（北京昌平区）2003.7，盛京三陵（辽宁沈阳市）2004.7

19.河南洛阳龙门石窟2000.11

20.四川青城山和都江堰2000.11

21.山西云冈石窟2001.12

22.吉林高句丽王城、王陵及贵族墓葬2004.7.1

23.澳门历史城区2005

24.河南安阳殷墟2006.7

25.广东开平碉楼与古村落2007.6

26.福建土楼2008.7

27.山西五台山2009.6

28.河南嵩山"天地之中"古建筑群（少林寺、东汉三阙、

中岳庙等）2010.7

29.浙江杭州西湖文化景观2011.6

30.内蒙古元上都遗址2012.6

31.云南红河哈尼梯田2013.6

32.中国大运河（北京、天津、河北、山东、河南、安徽、江苏、浙江）2014.6

33.丝绸之路：长安—天山廊道的路网（河南、陕西、甘肃、新疆）2014.6

34.土司遗址（湖南、湖北、贵州）2015.7

35.广西左江花山岩画文化景观2016.7

36.福建厦门鼓浪屿2017.7

活动设计

A.小学

1.建议

（1）通过收听天气预报了解各省省会的名称及在中国的位置。

（2）组织学生进行中国政区拼图游戏，游戏过程中记忆各省级行政的全称和简称，了解各省主要的山水风景名胜。

2.活动设计

（1）创意

连连看：中国各省级行政单位的全称和简称及省会配对游戏。

猜一猜：中国主要地名和山水名胜景观的谜语竞猜。

（2）目的：让学生掌握常用中国省级行政区的地名全称、简称和对应的省会，熟悉它们在中国的空间位置，掌握中国主要山水景观的分布，了解它们名称背后的故事，让学生具备一定的地理素养，提升对地名学习的兴趣。

（3）时间：一个学期。期中前布置收看天气预报和开展中国政区图拼图游戏，每月一次识别省名、简称和省会拼图挑战赛，让学生形象记忆各省位置、全称、简称、省会及主要山水景观；期中后开展课上5分钟的连连看或猜一猜地名的游戏，并且纳入小组学习积分；期末各组拿出自己制作的地名配对游戏卡开展挑战赛。

（4）场地：教室。

（5）人员：按小组PK。

3.活动准备

（1）布置收看天气预报和拼图练习。

（2）学习省级地名的由来。

（3）器材：中国行政区挂图一幅，中国行政区大拼图，小组积分展示牌，电脑。

4.活动程序

（1）以小组为单位派出一名代表从纸箱中摸出5块行政拼图，说出它们的全称、简称、省会，并放到中国地图的对应位置，每块拼图每项1分，全对计20分，答错扣相应分。

（2）把全称、简称、省会打乱，以小组为单位派代表到电脑上完成连连看活动，答对一组计3分，答对越多越好。

（3）猜地名游戏，答对一个加2分，答错一个扣2分。

（4）根据小组学习积分换取奖品。

B.初中

1.建议

（1）学习地名命名的方法。

（2）阅读《三国演义》或《水浒传》等名著，收集其中主要的古地名。

（3）以班级为单位，举办家乡的山水景观摄影展。

2.活动设计

（1）创意

分一分：家乡地名分类。

帮一帮：帮古地名回家。

（2）目的：让学生能够掌握地名命名的方法，了解地名的沿革和地名文化的内涵，并且在实践中应用。

（3）时间：一个学期。

（4）任务

①期中前，学习了解地名命名的方法，收集史书或名著中的古地名20个。

②期中后，对家乡地图上的街道名称进行分类，了解其背后的故事；上网查询所收集的古地名今天的名称和位置，以小组为单位，期末形成实践报告，进行交流。

（5）场地：教室。

（6）人员：按小组PK，一个小组交流，其他小组当听众并兼做评委打分。

3.活动准备

（1）学习地名的分类方法。

（2）收集史书或名著中的20个古地名。

（3）器材：本地交通旅游图、电脑。

4.活动程序

（1）学习地名命名的方法。

（2）将本地地图按照小组数量进行分区，小组各自抽取一个分区，学生对图中的街道命名进行分类，探究命名的由来，可以上网和去图书馆查询。

（3）每组阅读一本名著或史书，收集20个感兴趣的古地名。

（4）上网查询这些古地名今天的名称和位置。

（5）以小组为单位，形成学习地名的实践报告，其他小组打分。

（6）教师指导，学生修改，形成报告。

C.高中

1. 建议

（1）组织"我为某景区代言"演讲比赛。

（2）阅读地理名著《徐霞客游记》。

（3）学习地名命名的方法。

（4）了解家乡的方言特色及在地名中的体现。

（5）研究家乡的地方志。

2. 活动设计

学生自选我国一山水景区，通过收集资料或亲自游玩体验，制作PPT，以导游的身份介绍该景区的地理位置、景观特点、风土人情、地名文化以及特色小吃等。

（1）目的：让学生活学活用，并通过对某一山水景观或地名的研究，对祖国的自然、历史、文化有更深的了解，增加对祖国的热爱。

（2）时间：一个学年。第一学期学习收集资料，利用节假日游玩相关景区或者研究一个地名；第二学期每周用一节课安排三名学生展示交流，教师指导后再修改，形成报告。

（3）场地：教室。

（4）人员：每节课三位交流学生，其他同学做听众兼评委。

3.活动准备

（1）教师布置阅读书目。

（2）学生确定研究主题。

（3）学生收集相关资料。

（4）器材：电脑。

4.活动程序

（1）交流前提前一周抽签决定要汇报的三名学生及顺序，每人汇报10分钟，5分钟答辩。

（2）介绍自己的研究主题和收集资料的过程。

（3）介绍自己的研究成果。

（4）同学提问，发言人答辩。

（5）评委评分（5分制，汇总取平均分），提出建议。

（6）发言的三个学生课后修改。

（7）学期末将学生研究成果汇编成册。

第四节　物候农学

　　农业是人类生存的基本保障，因此农业科学产生、发展的历史源远流长，甚至可以追溯到人类的起源时期。古代天文、历法、物候、测量等知识的形成，都与人类早期的农业生产实践密切相关。

　　影响农业的因素有很多，物候是影响农业的首要因素。农历二十四节气就是对物候与人们生活、生产之间的关系的系统思考。它发源于春秋时期的黄河流域，但影响遍及全国，它科学地揭示了天文气象变化的规律，是中华民族先民经验和智慧的结晶。对于以农耕为主要生活方式的古老中国而言，二十四节气为农人预判、把握气象气候提供了科学的指导，将天文、农事、物候和民俗实现了完美的结合，成为中国农耕文明时代一个典型的文化标志。

　　卷帙浩繁的中国农书，为古代农业实践与研究的辉煌成就提供了有力的佐证。从刀耕火种到铁犁牛耕，从有巢氏筑屋到大禹治水，从四川的都江堰到新疆的坎儿井，从北魏贾思勰的《齐民要术》到明朝宋应星的《天工开物》，从7000多年前长江流域河姆渡文化中发现的稻谷化石到今天袁隆平研制的亩产超过1000公斤的超级水稻，无不渗透着中华民族勤劳智慧的优秀品质，记载着中国人民为人类生存和发展所做出的突出贡献。

我们必须明确，中华民族传统文化的形成与农业生产的发展有着密不可分的关系。这样，我们在与其他民族文化的比较中就能感悟到，任何一个民族自身传统文化的形成，往往与其历史机遇、地理环境以及经济形态息息相关。

5-4-1.什么是二十四节气？

阴历和阳历的平均长度虽然都接近回归年，但因为两三年才加一个闰月，因此都不能完全体现气候变化。二十四节气是中国古人对于天文、天象的观察所得，由于它能反映农时季节、气候、物候等自然现象的变化，方便人们安排农事活动，便广泛地流传起来。为了便于记忆，二十四节气被编成一段顺口溜。

春雨惊春清谷天，夏满芒夏暑相连，

秋处露秋寒霜降，冬雪雪冬小大寒。

从现代天文学的角度看，所谓二十四节气就是将地球绕太阳运动的轨道按角度平均分成24份，每个节气正好在轨道上的一段固定位置；从时间上来讲，由于地球公转的速度不均匀，从而导致了节气间隔不是绝对均等，大多是15天左右。下页图片即反映了节气与阳历日期之间的对应关系。

二十四节气与公历日期的关系，也有人编成顺口溜。

上半年来六廿一，下半年来八廿三；

每月两节日期定，最多只差一两天。

早在春秋战国时期，古代先民就有了日南至、日北至的说法。战国后期《吕氏春秋》问世，其中"十二月纪"，就有了立春、春分等八个节气名称。这八个节气已经清楚地划分出四季。到秦汉年间，二十四节气已完全确立。

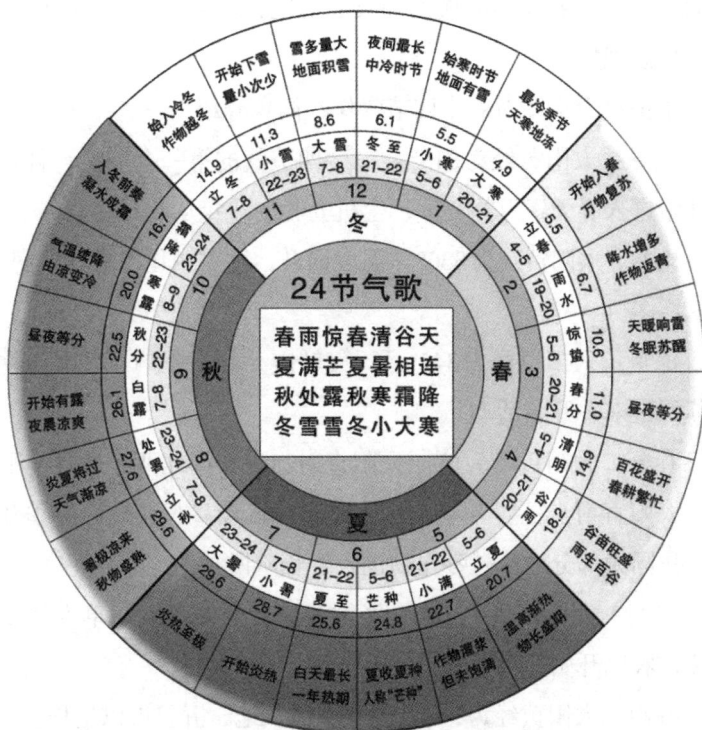

图例
春季：2月4日或5日立春，平均气温5.5℃，开始入春，万物复苏。
夏季：5月5日或6日立夏，平均气温20.7℃，温高渐热，物长盛期。
余类推

　　二十四节气划分的主要根据是地球绕太阳公转的轨道。以春分点（黄经0°，此刻太阳直射赤道）为起始点，每前进15°为一个节气，运行一周又回到春分点，为一回归年。二十四节气反映了太阳的周年运动。

　　节气的名称也非常有意思。白露、寒露、霜降三个节气从文字上即可看出水汽凝结、凝华现象，也反映出气温逐渐下降的过程和程度。每一个字的选择和运用都极为准确。小满、芒种则反映有关农作物的成熟和收成情况；惊蛰、清明反映的是自然物候现象。

下面结合上图对二十四节气作一简单介绍：

立春：太阳黄经为315°。二十四节气的第一个节气，含意是开始进入春天，万物复苏，生机勃勃，一年从此开始。

雨水：太阳黄经为330°。温度回升，冰雪融化，空气湿润，雨水增多。

惊蛰：太阳黄经为345°。天气转暖，春雷震响，冬眠动物将苏醒过来并开始活动。

春分：太阳黄经为0°。太阳直射赤道，南北两半球昼夜平分，太阳直射点位置开始北移，北半球逐渐昼长夜短，春季开始，我国大部分地区越冬作物进入生长阶段。

清明：太阳黄经为15°。气候清爽，温暖湿润，草木始发新芽，农民开始春耕春种。

谷雨：太阳黄经为30°。雨水滋润大地，五谷得以生长。

立夏：太阳黄经为45°。夏季开始，气温迅速升高，雷雨增多，植物生长旺盛。

小满：太阳黄经为60°。大麦、冬小麦等夏收作物，开始结果、籽粒饱满，但尚未成熟，所以叫小满。

芒种：太阳黄经为75°。"芒"指有芒作物，如小麦、大麦等。这时最适合播种有芒的谷类作物。此时，长江中下游地区进入梅雨季节。

夏至：太阳黄经为90°。太阳直射北回归线，北半球正午太阳最高。夏至这一天北半球白昼最长、黑夜最短。炎热季节由此开始，万物在此时生长最旺盛。过了夏至，太阳直射点开始南移，北半球白昼逐渐变短，黑夜逐渐变长。

小暑：太阳黄经为105°。天气很热，但还不是最热，所以叫小暑。一般是初伏前后。

大暑：太阳黄经为120°。一年中最热的节气，长江流域的许多地方经常出现40℃以上高温天气。

立秋：太阳黄经为135°。秋天开始，秋高气爽，月明风清。

处暑：太阳黄经为150°。火热天气已是强弩之末，暑气将散，气温下降的转折点。

白露：太阳黄经为165°。天气转凉，水汽结露。

秋分：太阳黄经为180°。太阳直射赤道，地球上昼夜平分。此后，阳光直射点由赤道向南半球移动，北半球开始昼短夜长。

寒露：太阳黄经为195°。露水日多，气候将逐渐转冷。

霜降：太阳黄经为210°。天气已冷，开始有霜冻，所以叫霜降。

立冬：太阳黄经为225°。冬季开始。黄河中下游地区即将结冰，各地农民都将陆续转入以农田水利基本建设为主的劳动中来。

小雪：太阳黄经为240°。气温下降，北方开始有少量降雪，所以叫小雪。

大雪：太阳黄经为255°。黄河流域一带渐有积雪，而北方有些地区已是严冬了。

冬至：太阳黄经为270°。太阳直射南回归线，北半球白昼最短，黑夜最长，开始进入数九寒天。冬至以后，太阳直射点位置逐渐向北移动，北半球的白昼逐渐变长。

小寒：太阳黄经为285°。冷气积久而寒，但还没有达到极点。

大寒：太阳黄经为300°。一年中最冷的时节。

大寒以后，周而复始，冬去春来。至此地球绕太阳公转了一周，完成了一个循环。英国大诗人雪莱在其著名的《西风颂》中写道："如果冬天来了，春天还会远吗？"看来二十四节气不仅有实用价值，还有哲学意味。

5-4-2.什么是七十二物候？

物候是随着季节变化而出现的周期性现象，一般指动植物的季节性行为和地理景观的季节演替。具体来说，物候主要包括植物物候、动物物候和水文气象。物候知识在我国起源很早。到了近代，人们利用物候知识来为农业生产和生活服务，已经衍生为一门科学，即物候学。物候学记录植物的生长荣枯，动物的养育迁徙，从而了解随着时节推移对动植物生长繁育带来的影响。

七十二物候就是物候学中的一个时间概念，基本上每一个节气对应三个物候，每一物候均以一种物候现象做相应参照物，叫"候应"。"候应"包括生物和非生物两大类，前者如"鸿雁来"、"桃始华"等，后者如"水始涸"、"虹始见"等。下面对七十二物候分别作说明。

1.立春三候

"东风解冻"：东方温暖，土地的冰冻层开始融化。

"蛰虫始振"：地下冬眠的虫子振奋精神准备活动了。

"鱼陟负冰"：鱼儿感觉到温度的变化，纷纷游到上面，但是冰没有完全融化。

2. 雨水三候

"獭祭鱼"：河道中的冰开始融化，水獭将捕到的鱼放在岸上，好像陈列祭品。

"候雁北"：北方开始变暖，大雁成群结队地向北飞，寻找栖息地。

"草木萌动"：气温上升到0℃以上，早春植物开始生长。

3. 惊蛰三候

"桃始华"：惊蛰节气，桃花开始绽放，大地开始出现生机。

"仓庚鸣"：黄鹂鸟开始尽情地鸣叫。

"鹰化为鸠"：地上的植物生长使鹰很难捕捉到食物，斑鸠却多了起来。

4. 春分三候

"玄鸟至"：天气渐暖，小燕子从南方飞回北方。

"雷乃发声"：这个时节空气中的水分增多，轰隆隆的雷声增多了。

"始电"：春分时节雨水渐多，地面湿度越来越大，雷鸣时常伴有闪电。

5. 清明三候

"桐始华"：桐树生长速度快，到了清明时节，树上已经开出了淡紫色的花。

"田鼠化鴽，牡丹华"：清明时节，田鼠好像小鸟般多了起来，国色天香的牡丹花也盛开了。

"虹始见"：空气中水分增多，在明媚的阳光下人们经常会看到七色彩虹。

6. 谷雨三候

"萍始生"：萍是指水面上水草等植物生长形成的植物面，水温升高，植物生长。

"鸣鸠拂其羽"：鸣鸠就是斑鸠鸟，斑鸠鸟经常用嘴啄自己的羽毛。

"戴胜降于桑"：谷雨时节桑树很多，是戴胜鸟捕捉食物的最好时机。

7. 立夏三候

"蝼蝈鸣"：蝼蝈是蛙的一种，立夏时节青蛙的叫声格外响亮。

"蚯蚓出"：立夏节气，地温升高，蚯蚓从土壤中纷纷钻出。

"王瓜生"：王瓜又叫土瓜，立夏之后，野生的土瓜开始长大成熟。

8. 小满三候

"苦菜秀"：到了小满，各种苦菜都开花了。

"靡草死"：靡草即蔓草，生长较早，生长很快，但生长时间较短。

"麦秋至"：古人把作物成熟的时间叫秋。小满三候，小麦基本成熟。

9. 芒种三候

"螳螂生"：收割麦子的季节，螳螂频频出现在田间地头。

"鵙始鸣"：鵙就是伯劳鸟，这种鸟芒种中期开始鸣叫。

"反舌无声"：老鸟忙着觅食，口中常衔着食物，无暇发声。

10. 夏至三候

"鹿角解"：夏至时节，梅花鹿的角开始脱落。

"蜩始鸣"：夏至的气温非常适合蝉的生长，蝉的鸣叫声很热闹。

"半夏生"：半夏是一种喜阴的中草药，这时在炎热的夏季，喜阴的植物生长茂盛。

11. 小暑三候

"温风至"：温风是以天气最热时的高温和小暑时的次高温相比产生的一种特殊的感觉。

"蟋蟀居壁"：气温升高，蟋蟀钻出洞穴，爬到阴凉的墙壁上乘凉。

"鹰始鸷"：这时天气炎热，雄鹰选择在清凉的高空活动，变得更加凶猛。

12. 大暑三候

"腐草为萤"：大暑季节气温高，雨水多，萤火虫在腐烂的稻草边飞舞。

"土润溽暑"：最热天的雨水渗入土壤，很适合农作物的生长。

"大雨时行"：此时雨水来得快，去得也快。

13. 立秋三候

"凉风至"：此时我国大部分地区早晚已经能够感受到凉风了。

"白露降"：空气中的水蒸气遇到庄稼会形成露珠。

"寒蝉鸣"：这时节的蝉叫声也传来阵阵寒意。

14. 处暑三候

"鹰乃祭鸟"：鹰捕到的鸟较多，铺在地上像祭祀一样。

"天地始肃"：气温下降，很多植物不再生长，叶子开始发黄脱落。

"禾乃登"：禾指的是庄稼，登指的是将收割后的庄稼放在场上。

15. 白露三候

"鸿雁来"：白露时节，北方天气开始变冷，大雁开始集体南迁越冬。

"玄鸟归"：白露时节，气温降低，食物减少，燕子也开始南迁。

"群鸟养羞"：秋天鸟类吃食以储存能量，或收集食物以过冬。

16. 秋分三候

"雷始收声"：秋分时节，雨水较少，很难形成雷电。

"蛰虫坯户"：这个时节虫子会在土壤中修建自己的巢穴。

"水始涸"：地面的一些小水塘开始干涸了。

17. 寒露三候

"鸿雁来宾"：最后一批大雁南飞。古人称先入者为"主"，后至者为"宾"。

"雀入大水为蛤"：雀鸟不见了，海边出现很多蛤蚌，并且条纹与颜色与雀鸟很相似，古人误以为是雀鸟所变。

"菊有黄华"：寒露的后几天，耐寒的秋菊盛开了。

18. 霜降三候

"豺乃祭兽"：这个时节是豺狼捕捉猎物的最佳时间。

"草木黄落"：这时夜间的气温常常降到0℃以下，植物停止生长，草木枯黄。

"蛰虫咸俯"：咸是指全部，指的是夜间温度低，蛰虫全部钻到了地下。

19. 立冬三候

"水始冻"：水面较浅处或小水沟开始出现薄冰。

"地始冻"：土地开始冰冻。

"雉入大水为蜃"：野鸡一类的大鸟不多见了，而水边却可以看见外壳与野鸡条纹、颜色相似的大蛤。

20. 小雪三候

"虹藏不见"：此时节空气湿度不大，不具备彩虹形成的条件。

"天气上升"：天高云淡。水汽少，很难有云出现。

"闭塞而成冬"：闭门而居，人们要在室内度过冬季。

21. 大雪三候

"鹖鴠不鸣"：鹖鴠是指一种从夜晚鸣叫到天明的鸟，这一时节，天气变冷，鹖鴠也不叫了。

"虎始交"：冰天雪地，老虎开始进行求偶行为。

"荔挺出"：荔挺是一种形似蒲而体积略小的草，这一时节，荔挺萌动而抽出新芽。

22. 冬至三候

"蚯蚓结"：此时的蚯蚓被冻僵成一团，像绳子打了结一样。

"麋角解"：麋鹿的角自然脱落。

"水泉动"：地下的泉水或井水有热气向上冒起。

23. 小寒三候

"雁北乡"："乡"通"向"。南方的大雁开始向北迁移。

"鹊始巢"：喜鹊重新加固自己的巢穴。

"雉雊"：雉鸡在冰天雪地中不断发出叫声，寻找自己的伙伴。

24.大寒三候

"鸡乳"：母鸡开始孵化小鸡。

"征鸟厉疾"：猛禽像箭一样扑向地面的猎物。

"水泽腹坚"：水面结冰到了最厚的时候。

七十二候候应表							
春季	节气	立春	雨水	惊蛰	春分	清明	谷雨
	初候 次候 末候	东风解冻 蛰虫始振 鱼陟负冰	獭祭鱼 候雁北 草木萌动	桃始华 仓庚鸣 鹰化为鸠	玄鸟至 雷乃发声 始电	桐始华 田鼠化鴽，牡丹华 虹始见	萍始生 鸣鸠拂其羽 戴胜降于桑
夏季	节气	立夏	小满	芒种	夏至	小暑	大暑
	初候 次候 末候	蝼蝈鸣 蚯蚓出 王瓜生	苦菜秀 靡草死 麦秋至	螳螂生 鵙始鸣 反舌无声	鹿角解 蜩始鸣 半夏生	温风至 蟋蟀居壁 鹰始挚	腐草为萤 土润溽暑 大雨时行
秋季	节气	立秋	处暑	白露	秋分	寒露	霜降
	初候 次候 末候	凉风至 白露降 寒蝉鸣	鹰乃祭鸟 天地始肃 禾乃登	鸿雁来 玄鸟归 群鸟养羞	雷始收声 蛰虫坏户 水始涸	鸿雁来宾 雀入大水为蛤 菊有黄华	豺乃祭兽 草木黄落 蛰虫咸俯
冬季	节气	立冬	小雪	大雪	冬至	小寒	大寒
	初候 次候 末候	水始冰 地始冻 雉入大水为蜃	虹藏不见 天气上升 闭塞而成冬	鹖鴠不鸣 虎始交 荔挺出	蚯蚓结 麋角解 水泉动	雁北乡 鹊始巢 雉雊	鸡乳 征鸟厉疾 水泽腹坚

5-4-3.影响物候的主要因素有哪些？

1.纬度位置

一般来说，从赤道（低纬度）向南北两个方向（高纬度），离赤道越远温度越低，花开得就越迟，候鸟来得也越晚。右图为我国部分地区杏花开放盛期物候图，可以看得出，杏花开放盛期与所处的纬度有直接关系。

物候现象不仅受纬度影响，也受季节、月份的影响。中国地处亚欧大陆的东部，大陆性气候十分显著，冬冷夏热，气候变化非常明显。冬季南北温差悬殊，夏季却普遍高温。以北京和南京为例，两地相差纬度6度，在阳历三四月间桃李盛开期，两地物候相差19天。

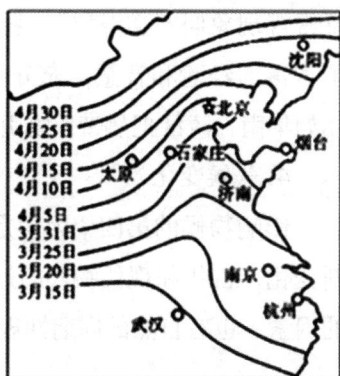

我国部分地区杏树开花盛期物候图

但到了洋槐花盛开的四五月间，两地物候相差只有9天。

2.海陆位置

为了说明海陆位置的差异对物候的影响，我们把中国与德国做个比较。德国，从西到东，随着离海渐远，气候的海洋性逐渐减弱，大陆性逐渐增强，所以德国同一纬度的地带，春初东面比西面冷，而到夏季东面比西面热。中国西部高耸，东部渐次降低，所以冬春从西伯利亚南下的寒潮，可以长驱直入地进入江南地区。因此我们可以得到一个结论：大陆性强的地区，冬季严寒而夏季酷暑，温差对比强烈；反之，大陆性弱的地区，不同季节温差较小。海陆位置对农业生产影响很大。

3.海拔高度

海拔高度是影响物候的第三个因素。一般来说，植物的抽青、开花等物候现象会随着海拔的升高而推迟，而乔木的落叶、枯萎等物候现象则随着海拔的升高而提早。但有时也会有例外的情况，在一定高度区域内，高处气温反而比低处更高，这种反常规现象叫"逆温层"。我国劳动人民在长期的实践中积累了丰富的经验和智慧，充分利用"逆温层"效应，现了增收，比如华南丘陵区把热带作物引种在山腰取得了成功。

4.气候变化

影响物候的第四个因素是气候的变化。由于全球气候在不断变化，古代和现代物候的迟早是不同的。这种变化既有人为的因素，也有自然的周期性规律。

5-4-4.研究物候有什么意义？

1.栽培作物

农作物的区划是合理配置作物、推广栽培作物的先决条件。物候观测资料对于农作物的区划往往有较大的参考价值。美国曾经从中国移植多种经济作物，在移植之前美国做了充分的准备工作。只有充分了解了某种植物原产地的物候条件，才可能据此把该植物引种到条件相同的其他地区。

2.减少虫害

害虫的繁殖、生长和灭亡是有一定周期规律的。利用物候图使农作物的播种期提早或延迟，能错过害虫的猖獗期，从而减轻或避免害虫的侵害。

3.土地利用

中国民间有"三山六水一分田"的说法，山区面积明显大于平原，所以开发、保护并合理利用山区的土地就成为一个很迫切的问题。开展山区物候观测，并合理利用山区垂直分布带，对于解决科学开发和利用山区土地资源这一现实问题，具有重要意义。

4.绿化环境

利用物候资料能帮助选择造林的适宜品种、适宜区域以及移植树苗、采集树种的最佳时间，对绿化环境、建造防护林系统工程会产生重要影响。

5-4-5.我国古诗词和农谚中蕴含的物候知识有哪些?

1.我国古诗词中的物候知识

物候包括植物的生长过程和动物的活动规律，这些现象往往与气候和节令的变化有关。中国古代诗歌中有大量的关于物候知识的呈现:

竹外桃花三两枝，春江水暖鸭先知。[1]

天寒水鸟自相依，十百为群戏落晖。过尽行人都不起，忽闻冰响一齐飞。[2]

黄梅时节家家雨，青草池塘处处蛙。[3]

飒飒西风满院栽，蕊寒香冷蝶难来。[4]

五月天山雪，无花只有寒。笛中闻折柳，春色未曾看。[5]

---

[1] 宋·苏轼《春江晚景》，陈瑞主编《学生应知应会唐诗宋词鉴赏300首》，商务印书馆国际有限公司，2016年，第700页。

[2] 宋·秦观《还自广陵》，钱钟书《宋诗选注》，人民文学出版社，2005年，第80页。

[3] 宋·赵师秀《约客》，钱钟书《宋诗选注》，第227页。

[4] 唐末·黄巢《题菊花》，萧涤非等《唐诗鉴赏辞典》，上海辞书出版社，1983年，第1302—1303页。

[5] 唐·李白《塞下曲》，郁贤皓选编《李白集》，凤凰出版社，2014年，第119页。

2. 我国农谚中的物候知识

①根据动物的行为现象来判断天气的农谚：

雨中闻蝉叫，预告晴天到。

麻雀囤食要落雪。

燕子低飞要落雨。

泥鳅静，天气晴。

②根据二十四节气来判断天气与农时的农谚：

清明要晴，谷雨要淋。谷雨无雨，后来哭雨。

立夏到小满，种啥也不晚。

小满前后，种瓜种豆。

小暑不种薯，立伏不种豆。

立秋处暑云打草，白露秋分正割田。

白露早，寒露迟，秋分种麦正当时。

秋分谷子割不得，寒露谷子养不得。

5-4-6. 为什么说"我们三代以前都是农民"？

要了解这个问题，首先要了解中国农业是如何起源的。中国是东亚农业起源中心的主体，有着悠久的历史。中国传统农业主要有以下特点：

形成时间：起源早，独立发展，自成体系。

经济构成：种植业为主，家庭饲养业为辅，自给自足的自然经济。

生产力发展：依靠牛耕和不断改良的生产工具、生产技术，把精耕细作的农业生产方式日臻完善。

生产方式：以家庭为单位，农业和家庭手工业相结合，"男耕女织"式的小农经济。

土地所有制：以地主土地所有制为基础的土地私有制。

从本质上来说，中国古代农业对中华民族的滋养和贡献是无与伦比的，农业不仅养活了庞大的人口，而且创造了灿烂的文明。但是从全球视野来看，中国农业一直自给自足的自然经济范畴中盘桓，商品化程度低。从传统农业延续至近代，仍然处于由传统农业向现代农业的转化之中。直到鸦片战争爆发，传统"男耕女织"的自然经济结构才开始解体。从清末到改革开放，我们都在进行着工业化的进程。改革开放以来，传统农业加快向现代农业转变，工业化和城镇化迅速推进，越来越多的农业人口转而从事工业和服务业乃至新兴产业，这是几千年以来的生产方式和劳动者身份的划时代的转变。但是，这个过程与漫长的农业生产相比，只是近几十年才发生的事情。所以说"我们三代以前都是农民"这句话非常形象地反映了这种生产生活方式的深刻变化。

5-4-7.农业是怎样从"刀耕火种"到"铁犁牛耕"的?

根据历史的演进过程，农业分为原始农业、传统农业和现代农业等不同历史形态，依次演进。[1]

"刀耕火种"是原始农业的主要特点。农学中把这种农业又称之为迁移农业。当时的农民没有固定的农田，他们得到一块土地之后，先把地上的树全部砍倒，把枯死或风干的树木焚烧后，种上植物的种子，靠自然肥力滋养植物生长，从中获得

---

[1] 李根蟠《中国古代农业》，商务印书馆，2010年，第10页。

粮食和蔬菜。当土地的肥力减退时，就离开此地再去开发新的土地，因此称为迁移农业。"刀耕火种"形象地表现了原始农业生产方式的特点。

"铁犁牛耕"是传统农业的主要特点。传统农业的主要动力系统由原来的人力升级为畜力牵引，主要工具由石、木器升级为金属农具。"铁犁牛耕"产生于春秋战国时期，它的出现，推动了生产力的发展，也促进了井田制的解体。从战国开始到南北朝时期，精耕细作的农业生产方式逐渐走向成熟，铁犁和牛耕的普遍应用成了这一时期农业生产工具和动力的主要特点。唐朝的农业迅速发展，其重要原因之一是"铁犁牛耕"的进一步推广。

总之，"铁犁牛耕"曾经见证了我国传统农业的辉煌，它的文化价值也渗透到我们的情感和习惯之中，但今天它更多的是作为一种历史的见证。而现代农业，必须与时俱进，进行新的农业技术革命。

5-4-8."五谷"、"六畜"的前世今生如何？

"五谷"在古代是我国传统粮食作物的统称。"谷"原指有壳的粮食。关于"五谷"的具体内容，古代有多种不同的说法。《周礼·天官》中提到"五谷"，汉代郑玄注："五谷，麻、黍、稷、麦、豆也。"[1]《孟子·滕文公上》中的五谷，赵岐注释为稻、黍、稷、麦、菽。传统俗语"五谷丰登"一般泛指粮食丰

---

[1] 汉·郑玄注，唐·贾公彦疏，彭林整理《周礼注疏》(上)，上海古籍出版社，2010年，第155页。

收。"五谷"这一名词的快速传播，应该说得益于《论语》。《论语》中记载：孔子带着学生出门远行，子路掉了队，落在后面，他遇见一位用杖挑着竹筐的老农，于是问他："你有看见夫子吗？"老农说："四体不勤，五谷不分，孰为夫子？"[①]这里的"五谷"是指五种谷。"五谷"这一概念的出现，标志着我国古代的人们早已经有了比较清楚的分类概念，同时反映出当时的主要粮食作物品种。

"六畜"，是指六种最常见的家养动物，包括牛、羊、马、猪、狗、鸡，它们最开始都是野生的，人类为了经济或其他目的而驯养以后变成了家畜。在中国人的传统观念中，"六畜兴旺"不仅表示家畜兴旺，而且代表着家族人丁兴旺。《三字经》中有"此六畜，人所饲"[②]的记录。这六种家禽作为人类的忠实朋友，各有所长，在漫长的农业社会里，它们与人类和谐相处，为人们的生活提供了重要帮助和基本保障。

5-4-9."都江堰"、"坎儿井"对古代农业有什么价值？

在我国几千年的历史中，同江河湖海的和谐相处与艰苦卓绝的斗争相辅相成，其中重要的成绩就是修建了不少闻名世界的水利工程。"都江堰"和"坎儿井"就是我国古代农田水利工程的杰出代表。

"都江堰"的名称与地名有关，它位于成都平原西部都江堰市附近，是一座利用岷江之水灌溉成都平原的大型水利工

---

① 杨伯峻《论语译注》，中华书局，2006年，第220页。
② 李逸安译注《三字经·百家姓·千字文·弟子规》，中华书局，2016年，第14页。

程，是战国时期著名水利专家李冰父子主持兴建的，迄今已两千二百多年。它的设计和建造十分科学，集防洪、灌溉及航运功能于一身。都江堰水利工程不仅在当时对经济建设发挥了重要的作用，而且2000多年以来，它一直在水利上发挥着难以取代和超越的兴利除弊的巨大作用，造福人民，尤其是"与自然和谐相处，因势利导"的治水思想，更是今天水利工程应该继承发扬的，对整个自然科学建设乃至社会科学建设都是一笔宝贵的财富。

"坎儿井"，又称"井穴"，是一种古老的以地下为主体的水平集水工程，是一种适用于西北高原荒漠地区的特殊灌溉系统。坎儿井的主要特点是开发利用地下水资源，通过截取地下潜水并建设地下水道来进行农田灌溉、提供居民用水。适用于山麓、冲积扇缘地带。坎儿井与万里长城、京杭大运河并称为中国古代三大工程。

坎儿井的结构，由竖井、地下渠道、地面渠道和"涝坝"（小型蓄水池）四部分组成，地下水来源于春夏时节大量融化的积雪和雨水。人们根据山的坡度和水流的走向，准确选择坎儿井的位置，有效地保护并利用了水源。作为一项特殊的水利工程，坎儿井不受炎热、狂风影响，因而流量稳定，保证了自流灌溉过程与效果，体现了我国古代先民因地制宜的治水策略。

除了都江堰和坎儿井，我国古代著名的水利工程还有春秋时期的芍陂（安丰塘）、秦始皇时期修筑的郑国渠和灵渠、隋炀帝时期的京杭大运河等。它们都是中华民族智慧和科学技术发展的结晶，集中体现了中国古代劳动人民在水利水运、建筑、测量等工程领域的科学设计水平与创造精神，尤其是对古代农业生态环境科学利用和充分保护的意识，对今天的生态保护与经济发展来说仍有借鉴意义。

5-4-10.怎样解读中国文化与农业经济的关系？

中国自古以来就是一个以农业为主的国家，农业人口数量庞大，农业对中华文明的形成、发展和延续具有举足轻重的作用。

打开一部中国古代文明史，农业文化与传统文化的渊源便清晰可见。农业文化对人类文明的主要价值，不仅体现在提供了实践经验和有形的创造，而且唤醒、激发了人们发现、发明和创新的动力与意识，这为中华民族注入了一股强大的、不断进取的、持续发展的活力，这是其他任何一个领域都无法取代的。

至少在中国古代文明进化史中，我们可以得到这样的结论：农业是人类社会进步的阶梯，农业生产力水平的不断提高促进了社会进步和文明的演进，农业与文化之间存在天然的血缘联系。没有农业，中国的传统文化就失去了根基，没有传统文化，中国的农业就少了灵魂。

5-4-11.《齐民要术》对中国农业有哪些贡献？

翻开中国古代科技史，农业科技是最重要也是最突出的一个分支。如果说在古代农学发展史上，要找出一部最有代表性的农学著作，那么《齐民要术》无疑是首选。《齐民要术》是北魏时期科学家贾思勰集其一生心血所完成的科学巨著，是我国古代农学体系形成的标志，其中所蕴含的传统农业技术、农业思想、农业经济的发展规律乃至农耕文化博大精深，在体例结构上也成为中国古代农书、农学体系的奠基之作。

《齐民要术》大约成书于东魏武定二年（544）左右。全书分为十卷，计九十二篇，正文大约七万字，注释四万多字；《自序》和《杂说》置于书前。书中引用前人著作近200种，积累并记载的农谚有三十多条。全书系统介绍了粮食作物、蔬菜和果树的栽培方法，各种经济林木的栽培，野生植物的利用，家畜、家禽、鱼、蚕的饲养和疾病的防治，以及农、副、畜产品的加工、酿造等。另外，书前的《自序》之中还引述了历代圣君贤相、有识之士等注重农业的典型事例以及取得的显著成效，用以彰显农学的重要价值。多数学者认为，《杂说》部分是后人之作的可能性较大。

《齐民要术》在中国科学发展史中堪称是一部"农业百科全书"，它比较系统地总结了黄河中下游地区农业生产技术的成就，初步建立了农业科学体系，收录1500年前中国农艺、园艺、造林、蚕桑、畜牧、兽医、配种、酿造、烹饪、储备、治荒的相关知识和技能，是我国乃至世界上保存下来的最早的一部农业科学著作。书中所引《氾胜之书》《四民月令》等汉晋重要农书现已失传，因此在科学资料的保存与传承上，《齐民要术》也做出了不可磨灭的贡献。

活动设计

A.小学

1.建议

（1）向学生讲解传统农业文明对社会发展的贡献。

（2）与学生互动，了解古代农业传统生产工具；了解农业经历了从原始农业、传统农业到现代农业的发展阶段；熟悉传统节日食品等实物的文化内涵。

（3）熟背有关中国传统农业的古诗五首（比如《伐檀》、《七月》、《悯农》、《岁晏行》、《归园田居》等）。

（4）了解《二十四节气歌》及相关的谚语。

2.活动设计

走进中国传统农业。

（1）目的：让学生了解古代传统农业的起源和特点，培养学生对我国古代农业文明的自豪感。

（2）策略：师生互动。

（3）时间：一节课。

（4）场地：课堂。

3.活动准备

收集整理农业生产工具文字资料及其图片，比如古镰——收割，石刀——切割，曲辕犁——犁地，筒车——灌溉等。课前让学生自己收集农业工具的图片、文字资料等。

4.活动过程

（1）故事导入，引入课题。比如通过课件《神农氏的传说》，了解农业文明的起源。

（2）分别探究，师生互动。

①在农业生产中，生产工具都有哪些？（出示图片）学生介绍，教师补充。

②你还知道哪些农业工具？（学生介绍自己收集的图片、文字资料等）

③教师用课件演示一些农业工具。（播种、除草、灌溉等

工具）

④播放课件：丝绸之路、中国茶文化。总结：先进的农业生产工具促进了生产力的提升，为农业生产发展做出了重要贡献。

（3）课堂总结：师生共同交流收获、感想，共同朗诵有关农业的经典诗歌。

B.初中

1.建议

（1）结合所学历史和地理知识，探究农业在传统经济中的地位和作用。（参考教学章节：初中地理/人教版（新课程标准）/八年级上册/第四章：中国的经济发展/第二节：农业）

（2）初步了解我国传统农业在地区分布上的差异。

2.活动设计

农业——传统经济中的"领航者"。

（1）目的：让学生了解我国传统农业的主要类型和在传统经济中的重要作用，初步了解农作物的地区差异。从而让学生提高观察及动手能力，激发学习兴趣，增强合作、探索意识。

（2）策略：自主学习、合作研究、读图填图、总结归纳。

（3）时间：一节课。

（4）场地：教室。

3.活动准备

教师根据初中地理和历史课有关农业主要类型和发展阶段的资料及图片制作多媒体课件。学生搜集传统农业发展中的代表性事件，结合生活经验了解有关农作物的地区差异知识。

4.活动过程

（1）导入话题

同学们对农业这两个字很熟悉，我们大都去过农村或者在农村生活过，请各位简单描述一下自己印象中的农村。（学生讨论回答）

（2）师生互动

同学们在谈论的过程中，有没有注意到农业的劳动对象是什么？（学生讨论回答）

教师归纳：我们把这种利用生物的生长规律，通过人工的方法培育并获得成果的行业，称为农业。

实践辨别：以下活动哪些属于农业范畴？（养鸡、养花、养蚕、捕鱼、打猎、采草药、种果树、种甘蔗等）

（3）探究引申

多媒体展示各种农产品，提问：下列水果中，哪些产自本地？其他产自哪里？我国主要的粮食作物有哪些？（学生讨论回答）

（4）归纳总结

我国地域辽阔，自然环境复杂多样，东西部、南北方都存在着巨大差异。因此各地需要充分利用自然条件，保护环境生态，因地制宜发展农业。

C.高中

1. 建议

（1）了解中国古代农业的主要耕作方式。

（2）了解中国古代农业经济的基本特点和发展的主要特征。

（3）理解生产工具的革新与经济发展的辩证关系。

（4）理解节气与物候对农业生产的积极意义。

2.活动设计

悠久灿烂的中国古代农业。

（1）目的：激发学生学习积极性。巧妙地引导学生主动认识历史和探究历史。

（2）策略：采用多种教学手段，通过情境再现，让学生身临其境，鼓励学生进行问题探究，层层剖析和比较。

（3）时间：一节课。

（4）场地：课堂或者与农业有关的博物馆或纪念馆等。

3.活动准备

（1）搜集"神农"创制原始农具、教导民众（"神农能殖嘉谷"）的传说。

（2）找出黄梅戏《天仙配》中"夫妻双双把家还"唱段中关于农业生产的唱词。

（3）搜集河姆渡先民为中华民族古文化的形成和发展做出的重要贡献及其表现的文字资料。

（4）整理古代土地制度的演变及其代表性时间和生产工具。

（5）搜集有关历代统治者发展农业措施和农业技术发明的有关人物和故事。

4.活动过程

（1）通过历史图片和历史资料提出问题、设置悬念，引导学生探究历史，熟悉地理，循循善诱，深入浅出。

（2）组织学生自编自演历史剧，或以小组讨论等形式，让学生在历史情景中感受历史文化，让学生在合作交流中探究历史内涵。

（3）鼓励学生大胆地提出问题和回答问题，引导学生用科学方法分析问题和解决问题，为学生展示自我提供交流平台。

（4）总结提升：我国古代人民利用勤劳的双手和无穷的智慧创造了中国古代农业文明，不仅值得我们自豪，而且更激励着我们把握当下，有所作为。

第六章　艺术精粹

　　艺术，是通过塑造形象具体地反映社会生活、表现作者思想感情的一种社会意识形态。中国历代的诗人、书画家、音乐家等艺术家，在数千年的历史长河中，创造了种类繁多、数量丰富的艺术瑰宝。

　　我国传统艺术的内容十分丰富，主要包括书法、绘画、音乐、舞蹈、曲艺、园林、雕塑、工艺美术、服饰等。艺术起源于人类的劳动实践，是社会生活反映在人们头脑中的产物。传统艺术以其鲜明的历史印记、浓郁的人文内涵、淳厚的艺术气息，深受中国人民的喜爱和欣赏，而且也已经成为全人类共同的文化遗产。

第一节　园林民居

　　建筑是人类文明物质形态的典型呈现。无论是中国的长城，还是埃及的金字塔，无论是玛雅古迹，还是希腊神庙，无不承载着历史文明的深刻蕴涵。建筑里潜藏着文明的前世今生，书写着人们的悲欢离合，镌刻着生命中刻骨铭心的记忆。可以说，建筑是人与自然对话和往来的最重要空间。

　　如果说，我们生命的深处都有一种乡愁，那么，充满古典意味的园林和民族特色的民居就是我们一辈子要寻找的故乡。

　　中国是园林艺术起源最早的国家之一。中国园林的设计水平、艺术风格、建造工艺在世界园林史上具有重要地位。中国传统园林艺术蕴含了独特的民族精神，在世界园林史上独树一帜。"虽由人作，宛自天开"[①]、"景随步移，以物寓人"等建造理念，使中国园林融合了文学、书画、雕刻等各类艺术，具有极强的审美综合性和文化包容性。

6-1-1.为什么中国园林被称为"世界园林之母"？

　　中国古典园林以亭台楼阁、山水和植物为基本要素，融合了诗画、意境、情趣，以其独特的艺术魅力和精湛的技术工艺，

　　[①]　明·计成著，赵农注释《园冶图说》，山东画报出版社，2010年，第48页。

在世界园林发展史上有着重要的位置和深远的影响。

中国园林的历史可以追溯到几千年以前，如《诗经》中有周文王的灵囿。中国园林技艺对日本、朝鲜等周边国家也产生过深远影响。

两晋时期，中国的园林文化已传入日本。中国的道家和佛教思想在日本园林中广泛应用，如各地园林中的"蓬莱仙岛"、"净土神山"等。唐宋以来，中国文人崇尚的自然田园文化直接影响了日本造园，这一时期日本园林呈现出闲逸静雅的风格、崇尚自然的布局。

中国园林对欧洲、美洲的园林发展也有深远影响。在古罗马时期，中国的桃树和杏树就作为园艺植物被引入西方。17—18世纪，西方人将中国的园林文化带去欧洲。这一时期，英国园林一改过去严谨的"几何布局"结构，凸显自然风格，并引入中国式殿宇、亭桥、叠石等，逐渐发展成"英中式"风格。"英中式"园林当时风靡欧洲各国，成为造园的主流。法国凡尔赛宫廷花园，至今仍保留着中式风格的叠石和石雕。后来在美国兴起的"现代园林"也深受"融入自然"等中国造园理念的影响。

中国不仅在园林建造的实践上卓有成就，影响深远，而且产生了举世公认的园林理论著作——《园冶》。作者是明末造园家计成，该书比西方的同类著作早100多年。《园冶》系统总结了中国历代的造园经验，全面阐述了造园的理论及规划、设计、施工等各方面的内容。

1983年，德国著名园艺学家玛丽安娜·鲍榭蒂在《中国园林》一书中，赞扬中国园林是"世界园林之母"，此话得到世界园林界的公认。

6-1-2. 中国园林是如何将艺术和技术熔于一炉的?

中国古典园林集建筑、雕刻、书画和诗文等多种艺术于一体，凝聚了中国古代艺术家和工匠的智慧，沉淀了传统文人对美的理解。建筑是园林的重要组成部分之一，讲究因地制宜，往往是以自然山水作为构图主体，将建筑配合山水布置，曲折连环，可望可行，可游可居。

中国园林中的雕刻，以砖雕、木雕、石雕为主。园林雕刻往往用抽象的形式表达主题，起到装饰景观、点缀环境等作用。中国园林与中国国画一样，以写意来表现意境和灵气。

绘画与中国园林密不可分。它们都以自然为蓝本，一个用笔墨纸砚去描绘，一个用山水楼阁去营造。中国绘画讲究虚实有度、疏密有致，园林布局也非常注重这些原则。至于园林中的书画作品，不但各种匾额要请名家题词，许多书画作品也是园林装饰和陈设的重要内容。

优秀的诗文在园林中起着画龙点睛的作用。造园大师在构思和设计园林时，往往用诗文构出主题，并在建造时根据诗文的意境布局亭台楼阁，设计山水花木的位置和功能。园林主体建筑完成之后，还要在亭台、洞门或山石上题诗作文，追求"文以园生辉，园以文益美"[1]的效果。

---

[1] 蒋湘琴《中国园林设计对界面的山水美学思想的传承》，《理论与创作》2011年02期，第111页。

6-1-3.中国古典皇家园林和私家园林的代表有哪些?

中国古典园林分为皇家园林与私家园林。在功能构思上，私家园林一般基于主人居住、待客、读书、游乐等；而皇家园林，往往还有祭祀、游乐、处理政务等功用。在建筑布局上，皇家园林往往对称均衡，庄严宏伟；私家园林则往往依山就势，曲径通幽。在花木景观上，皇家园林更多选用苍松翠柏等高大乔木，以体现威严和气势；私家园林往往选取清新雅致、象征风雅的花木，如松、竹、梅、莲等。中国的"四大名园"中，北京颐和园、承德避暑山庄是皇家园林的代表，而苏州拙政园和留园则是私家园林的代表。

颐和园是中国清代皇家园林，位于北京西郊，主要由一山（万寿山）、一水（昆明湖）组成。园内布局沿着中轴线层次分明，分别建有佛香阁、德辉殿、排云殿等建筑。园林布局构思巧妙，山水既独立成景，又相互依托，体现了实用性与艺术性的有机融合。

拙政园是中国南方地区私家园林的代表，由明代御史王献臣所建。拙政园具有三大特点：一是以水见长，山水萦绕，显得天然雅致；二是庭院错落，实现住宅与园林之间的自然过渡，依水围合，亭榭精美；三是花木取胜，春日山茶如火，夏日荷花玉立，秋日层林尽染，冬日寒梅独傲。

留园建于明万历年间，是当时太仆寺少卿徐泰时的私家园林，时人称"东园"。"留园"，其名有"长留天地间"之意。留园以建筑艺术精湛著称。富丽堂皇的厅堂、安静闲雅的书斋、松鹤环绕的庭院、幽僻小巧的天井、错落有致的亭台，在巧夺天工的设计与组合中呈现出私家园林经典而雅致的艺术境界。

6-1-4.为什么说"建筑是凝固的音乐"？

"建筑是凝固的音乐"[①]，这句名言把建筑的审美形象提升到了一种新的高度。因为建筑内在的空间节律、组合、比例、对称、均衡等造型特点和音乐有相似之处。建筑的每一个组成部分在空间中的展开往往会构成一个序列，这个序列通过连续和重复，通过高低起伏的变化、浓淡疏密的点缀、虚实进退的调整，表现出一种起承转合、抑扬顿挫的律动，在观赏者的心中，仿佛也产生了不同形式的旋律感。如果你去江南的古镇，无论是坐着摇着橹的小船沿河游赏，还是独立于高高的石拱桥上凭吊远去的乡愁，你都会被马头墙、观音兜以及鱼鳞般的瓦屋顶与小桥流水的协奏扣动心弦。

6-1-5.中外民居各自有着怎样的特点？

民居是人类文明中的重要文化创造，具有不同的地域风格、民族文化特色和审美情调。它们的形成和发展，都与本地区的地貌、气候、自然资源以及社会政治、经济、文化习俗等有着密切的关系。

作为居住场所，无论古今中外，都追求使用过程的私密性，因此空间的内向和含蓄就成为一般民居的共性。但是放在中外文化的语境下，这种私密性也存在不同的理解和体现方式。

---

① 德·艾克曼辑录，朱光潜译《歌德谈话录》，人民文学出版社，1982年，第186页。

中国民居如北京四合院和徽派民居等更加倾向于封闭，除了安全的考虑外，中国正统的儒家观念、内敛性格以及礼教对女性的禁锢都使得民居外墙高深甚至不开窗，或者院落内的阻隔比较多。而西方的不少民居更趋向开放，往往不设围墙，窗户较多，追求明亮和通畅。

同时，在建筑用材上，中外民居也有着各自的取向。西方的不少民居建筑偏重石头，中国的民居建筑偏重木材，这些各有利弊。

6-1-6.如何看待中国传统民居的拆迁问题？

由于中国经济的持续发展，城市化速度加快，不少地区的文化保护规划没跟上，以致不少经典的民居建筑被轰然荡平。如何化解经济发展、城镇建设与传统文化保护之间的矛盾，成为当下的一个重要问题。

面对这个问题，城镇建设的决策者首先要澄清认识上的误区，要认识到不少旧事物里面所包含的文化价值。许多乡村和城镇在拆迁的过程中逐渐丢失它自身的乡土价值和文化传统。这样的乡村和城市，已经找不到文化与传统，当然也不会成为人们心中的精神归宿。文化是人类的"根"与"魂"，反映了一个地方和民族的精神特质。"城市融入大自然，让居民望得见山、看得见水、记得住乡愁"①是新型城镇化理念的核心。

除了对传统建筑的合理保护和修缮外，在新建筑的营造上，也可以借鉴传统建筑的某些设计理念，让现代建筑合理地

---

① 习近平，2013年12月12日在《中央城镇化工作会议》的讲话。

融入中国传统建筑的元素。例如，著名建筑设计师王澍曾说他的建筑理念是向乡村学习，他最有代表性的作品——宁波博物馆，就是在拆迁的废墟中，又将旧砖碎瓦拾起来，砌到他的新建筑的墙体中，造新如旧。他还将老房子中那些消失的美丽造型如冰纹格、花窗等运用变形的手段重新融入到新建筑的装饰中，把读者带到了文静悠闲的古代，让人徜徉其中流连忘返。

6-1-7.北京的"四合院"表现了怎样的传统文化？

四合院是一种传统合院式建筑，基本格局为中心庭院与四周房屋的围合，故名四合院。四合院既用围合的形式保证它的私密性，又用中间院落敞开的形式便于人际交流以及享受自然。无论从建筑布局还是装饰上来审视，四合院都蕴含着深刻的儒家文化内涵，它的布局体现了中国传统的风水学说；它装饰的每一个细节都体现着传统文化的丰富内涵，表现出人们对幸福生活的美好期盼，例如在雕刻中我们常常见到以蝙蝠、寿字组成的图案，就有"福寿双全"等寓意。

活动设计

A.小学

1.建议

（1）了解自己故乡的风土人情。

（2）分年级参观城市博物馆或历史文化博物馆。

2.活动设计

寻访城市博物馆。

（1）目的：了解一座城市的乡土人文历史，培养对于自己乡土城镇的文化情感。

（2）策略：以活动课程的方式，设计好参观方案。

（3）时间：半天，安排在合适的教学时间内。

（4）场地：当地城市博物馆或历史文化博物馆，从安全角度考虑，距离以近为宜。

（5）人员：可以是一个年段的同学，老师应参与全程的引导和管理。

（6）组织：以方案为依据，分成若干个小组，分工合作，确保活动安全和参观效果。

（7）主持：学校课程活动负责教师、年段长和班主任老师。

3.活动准备

（1）提前以图文故事的形式编印城市历史文化资料，让学生事先大致了解自己的城乡历史，激发参观的兴趣。

（2）提前联系好车辆，规划好行进路线，确保安全。

（3）制定活动方案、安全预案，并向有关部门报批。

4.活动程序

（1）策划编写活动方案。

（2）印发城市历史文化资料，展出城市历史文化，开展城市历史文化故事班会活动。

（3）年段集会，宣讲参观目的和安全事项。

（4）有秩序地参观城市博物馆。

（5）优秀观后感作品征集和展出。

B.初中

1.建议

（1）理解古典人居空间的美学意义。

（2）分年级组织参观古典园林景观、历史文化古镇或街区。

2.活动设计

寻访古典园林景观、历史文化古镇或街区。

（1）目的：理解物质文化遗产的内在文化意义，培养对于民族文化的情感。

（2）策略：以一种课程活动的方式，设计好参观方案。

（3）时间：在合适的教学时间内安排半天时间。

（4）场地：一处古典园林、一座历史文化古镇或一片历史文化街区，从安全角度考虑，宜以在自己学校所在区域的园林、古镇或街区作为寻访首选地。

（5）人员：可以是一个年段的同学，老师应参与全程的引导和管理。

（6）组织：以方案为依据，分成若干个小组，分工合作，确保活动安全和参观效果。

（7）主持：学校课程活动负责教师、年段长和班主任老师。

3.活动准备

（1）提前以图文形式编印所寻访古典园林、古镇或历史街区的文化资料，让学生事先大致了解古典园林、古镇或历史街区的文化内涵，以增进寻访时对于古典空间的理解。

（2）提前联系好车辆，规划好行进路线，确保安全。

（3）编制活动方案、安全预案，并向相关部门报批。

4.活动程序

（1）策划编写活动方案。

（2）印发古典园林、古镇或历史街区资料，或展出相关历史文化展板。

（3）年段集会，宣讲参观目的和安全事项。

（4）有秩序地参观古典园林、古镇或历史街区。

（5）优秀摄影作品、观后感作品征集、评奖和展出。

C.高中

1.建议

（1）调查自己居住地的传统民居遗存情况。

（2）撰写调查报告。

2.活动设计

中国传统民居调查。

（1）目的：理解传统民居遗存的文化价值，深化对于古典空间的意义思考，培养对于民族文化的深层次情感。

（2）策略：以一种实践和学术性相结合的课程探究活动方式，开展当地传统民居遗存状况的调查。

（3）时间：可以在教学时间内，以教师组织的形式开展定向田野调查；也可以在非教学时间，以学生个体调研的方式进行。

（4）场地：可指定调查区域或让学生自主寻访。

（5）人员：高一或高二年级的学生。

（6）组织：如教师组织，应事先做好相应活动方案，递交安全备忘录；如学生自主探究，应事先做好相应安全提示工作。

（7）主持：如集体组织，可由课程负责教师主持；如学生个体探究，也可以通过组建学生小组的方式，由组长负责。

3.活动准备

（1）提前安排有关传统民居田野调查方法及意义的讲座。

（2）器材：数码照相机、测量工具等。

4.活动程序

（1）策划中国传统民居田野调查活动方案。

（2）班级或年段集会，开设中国传统民居田野调查方法讲座，同时宣讲安全注意事项。

（3）教师集体组织或学生个体分小组进行当地传统民居遗存田野调查。

（4）拍摄传统民居影像，撰写田野调查报告。

（5）优秀田野调查报告征集、评奖和结集出版。

第二节 水利桥梁

"水者何也？万物之本原也，诸生之宗室也，美恶、贤不肖、愚俊之所产也。"这句话出自古代思想家管仲的《管子·水地》。管仲对水的解释揭示了水之于人类、之于万物的作用，没有水，万物不能生存，没有水，世界无法和谐。人类进入农业社会以后，灌溉引水一直是民生之大事。兴修水利是为民造福的事业，但也要付出艰辛，承受风险，甚至献出宝贵的生命。一部水利史，既是一部科技发展史，也是一部社会发展史。

俗语有云："逢山开路，遇水叠桥。"从古至今，我们的祖先建造了无数造型各异的宏伟桥梁。我们不仅可以从它的遗存了解其创建时期的设计构思和施工技巧，进而了解当时的科技水平，而且还可以从它的发展中看出历代政治、经济、文化的演变。很多经典的桥梁也成为文人骚客所吟诵的对象。

🎍 6-2-1.中国古代著名的四大水利工程是哪几个？

四川都江堰、陕西郑国渠、广西灵渠和浙江它山堰被称为中国古代四大水利工程。

都江堰：由秦国的李冰父子主持兴建，时间约在公元前256年至公元前251年之间，其位置在今四川都江堰市。都江堰是全世界迄今为止唯一留存的、最早无坝引水的大型水利工程。（详解见5-4-9.“都江堰”、“坎儿井”对古代农业生态有什么价值？）

郑国渠：始建于公元前246年，是由韩国名为郑国的人在秦国主持兴修的一项大型水利工程，位于今陕西关中平原偏北部。为纪念郑国的功劳，秦国将其取名为郑国渠。郑国渠的建成，使关中平原成为沃野良田，为秦统一六国奠定了客观基础。

灵渠：灵渠位于今广西省兴安县，由史禄受秦始皇之命主持，于公元前214年完工。灵渠沟通了湘水和漓水。“斗门”的巧妙运用，使灵渠成为世界上最早建造并使用船闸、最早跨越山岭的运河。两千多年来，灵渠一直是内地和岭南的主要交通水道。如今，灵渠依然在灌溉、供水和旅游方面发挥着作用。

它山堰：始建于唐太和七年（833），由当时的县令王元玮主持修建，位于今浙江省宁波的鄞江镇西南，是一个御咸蓄淡的灌溉工程。堰用条石砌成，堰身中空，内用大木梁做支撑。堰下可抵御甬江上涌的咸潮，堰上可拦溪水分南塘河。堰坝可灌溉数千顷农田，并引入宁波市，供居民饮用。它山堰历经唐宋至元明清屡次疏浚治理，为当地的农田水利做出很大贡献。目前堰坝尚在，已无引灌功能，只作为文物观赏及旅游胜地。

6-2-2.开凿京杭大运河是隋炀帝的主要罪状吗？

京杭大运河是迄今为止世界上最长的运河，南起浙江杭州，北至北京通州，全长一千七百九十四公里。

公元584年，由工程专家宇文恺主持修建的广通渠完工，可航行“方舟巨舫”。公元604年，隋炀帝杨广即位。好大喜功的隋炀帝下令以东都洛阳为中心，修建大运河。最先修建的是通济渠，渠长近一千公里，却只用时半年。当时为了赶工程，大约有四五十万百姓为此献出宝贵生命。公元605年，隋炀帝下令征调十余万人，对邗沟进行大规模的修整。之后第六年，隋炀帝又下令拓展江南河，想直达会稽（今绍兴市）。公元608年，隋炀帝在东汉末年曹操开凿的河北五渠基础上，又拓展扩建了一条航运能力更大的运河——永济渠。永济渠的修筑使河北诸郡上百万的百姓疲于劳作。广通渠、通济渠、邗沟、江南河、永济渠等五条运河呈扇形将东南和东北等地贯通起来，形成了后来京杭大运河的基本网络。隋以后，历朝历代对大运河又进行过维修和整治，如唐代改造通济渠和永济渠，宋代修建汴京四渠，直到元朝修建济州河、通惠河和会通河后，京杭大运河正式打通。

修建大运河，过度挥霍劳力，不顾百姓死活，说隋炀帝有过不无道理，但唐代诗人皮日休在《汴河怀古》中却这样写道："尽道隋亡为此河，至今千里赖通波。若无水殿龙舟事，与禹论功不较多"。功过是非，当辩证待之吧！

6-2-3.古代劳动人民利用水能发明了哪些劳动工具？

勤劳智慧的中国人民修建了许多水利工程，同时也利用水能发明了许多劳动工具。

大约在西周时期，桔槔、辘轳等结构简单的提水工具开始出现。到了汉代，著名政治家杜诗发明了水排，这也标志着中国复杂机器的诞生。欧洲类似的机器在11世纪时才出现。三国时，魏国马均在继承前人智慧的基础上发明了翻车。翻车，是一种刮板式连续提水机械，又称"龙骨水车"。翻车是古代链传动的成功应用，是农业灌溉机械的一项重大发明和进步。南北朝时的著名数学家祖冲之，发明了水碓磨。隋朝时，有人发明了筒车，筒车以水流做动力，达成取水灌溉之目的。到宋代时，筒车已大量普及了。元代的著名农学家和农业机械发明家王祯，发明了"水转大纺车"。这种用水力驱动的纺车是当时世界上最先进的纺纱机械。

6-2-4. 我国古代桥梁发展的历程是怎样的？

我国桥梁的发展跟社会政治、经济、文化的发展紧密相连，大致分为四个阶段。第一阶段是夏、商、西周时期古桥的创始阶段，代表桥型从带有明显个人或者家庭意味的蹬步、独木桥发展成具有公共桥梁性质的多跨木梁木柱桥、浮桥、城门悬桥和水闸桥。第二阶段是春秋战国到秦汉的发展成熟时期，此时索桥、拱桥已经诞生，还有多跨木梁木柱长桥、七星桥、浮桥及木石梁桥等。到了东汉时期，梁、索、浮、拱四种基本桥型都已齐全。另外，秦国为了贸易、迁都与兼并别国，建造了特殊的桥型——栈道，更有一类是别处都没有的，即为了点缀风景的园林桥。第三阶段是晋、隋、唐、宋时期的鼎盛阶段。晋朝在黄河上建造了伸臂木梁桥，隋朝创建了40余孔的石拱联拱和敞肩拱的赵州桥。唐代国力强盛，社会稳定，工商业、运输交通业以及科学技术水平等都达到极高的水平，唐代由水部郎中主持修建了11座国家级桥梁。在这个时期，石桥墩砌筑工艺水平大大提高，石桥飞速发展。第四阶段是元、明、清时代，主要是对一些古桥进行修缮和改造。比如在金代建造的永定河上的卢沟桥。明代建造了江西南城的万年桥、贵州盘江桥等。清代提高了索桥的技术，在川滇一带修建了不少索桥，如泸定桥等。另外，清代还提高了园林桥的艺术性，如灞桥、文昌桥、万年桥等。同时，清代还开始从国外引进建造了铁路桥和公路桥，这是我国桥梁史上的一次技术革命。

6-2-5.我国古代桥梁所特有的艺术风格是什么？

我国古代桥梁除了技术上符合当时的生产力发展水平外，在桥梁的建造上还很重视审美，让桥的位置、形式都与自然融为一体，桥既是一座凌空越阻的建筑物，又是屹立在山水园林之中的一件艺术品。如北京颐和园里的玉带桥，玲珑又不失刚健。我国古代桥梁通常是通过附属建筑和石作雕刻来展现其特有的艺术风格的。不少古代石桥，工匠常常会把全桥的一石一拱都进行精细的艺术加工，雕刻图式通常取材于民间神话，如治水的龙、分水的犀、镇水的狮等，其中特别著名的是卢沟桥上的石刻狮子、赵州桥的望柱，姿态万千，逼真奇巧。比如亭阁建筑的运用，无论是用在多跨梁桥还是用在伸臂式桥上，都会恰到好处地交融成一幅"飞阁流丹，下临无地"的壮丽景观。又如在高山急流上的一线悬索两岸楼台的造型，更增添了桥梁的雄伟气概。

6-2-6.为什么说赵州桥达到了艺术与技术的完美统一？

赵州桥，位于河北省赵县，为隋代著名工匠李春等人建造，是世上最早也是迄今为止保存最好的大型石拱桥，距今已有1400多年的历史。后宋哲宗赐名，改名为安济桥。该桥与北京的卢沟桥、福建的万安桥和广东的怪桥并称"中国四大古桥"。赵州桥达到了艺术与实用功能的完美统一，历代诗铭记载比比皆是。当时战乱已经结束，社会开始走向安定繁荣，此时在赵州洨河上建桥，可促进两岸经济发展，因此很多人都愿意捐助建桥。赵州桥的建桥材料主要是青白色的石灰岩，当时开采石料的工具及工艺都已经比较发达。赵州桥造型优美，结构奇特，远远望去似初露云端的明月，非常精美。赵州桥在造型上结构独特，采用单圆弧拱形式、敞肩结构，在建筑手法上，采用了纵向砌置法，拱的厚度统一，每券各自独立操作，使得赵州桥经历了千百年来的天灾人祸，都能保持原状，巍然屹立。赵州桥结构科学而又奇巧多姿，实现了技术与艺术的完美统一。

📜 6-2-7.中国古代名诗与名桥如何珠联璧合、相得益彰？

有人说，中国的桥都有诗情画意，古往今来，诗人词客都喜欢在桥上低吟浅唱，题笔留字。如宋代沈与求有诗句"画桥依约垂杨外，映带残霞一抹红"[1]，元朝陈孚有诗句"象梳两两蝉鬓女，笑拥红娇买藕花"[2]。除了咏桥自身的美，还有用诗歌吟诵桥和周围景色的。如唐代白居易的诗"晴虹桥影出，秋雁

---

[1] 宋·沈与求《石壁寺山房即事》，《丛书集成续编（新文丰）》第126册中《沈忠敏公龟溪集》，台北市新文丰出版公司，1988年，第662页。

[2] 元·陈孚《嘉兴》诗之二，清·顾嗣立编《元诗选二集》，中华书局，1987年，第215页。

橹声来"①，元代张可久的小令"长桥卧柳枕苍烟，远水揉蓝洗暮天"②。另外，诗人们还喜欢借桥寄情，抒发感慨。如元代著名词曲作家马致远在《天净沙·秋思》中写道："枯藤老树昏鸦，小桥流水人家，古道西风瘦马。夕阳西下，断肠人在天涯。"③这首词中渲染了一种黯淡凄凉的气氛，成为愁思的千古绝唱。南唐后主李煜的生命绝唱《虞美人》中写道："雕栏玉砌应犹在，只是朱颜改。问君能有几多愁，恰似一江春水向东流。"④后人因而把南京秦淮河上的一座小虹桥称为"愁思桥"。而且，我国因诗而名的古桥数不胜数。比如江苏苏州寒山寺里的枫桥，就是因为唐代诗人张继的《枫桥夜泊》而得名："月落乌啼霜满天，江枫渔火对愁眠。姑苏城外寒山寺，夜半钟声到客船。"⑤再比如，扬州瘦西湖旁的平山堂，堂西有座二十四桥，也是古代吟咏不绝的桥。杜牧有诗云"青山隐隐水迢迢，秋尽江南草木凋。二十四桥明月夜，玉人何处教吹箫?"⑥

① 唐·白居易《河亭晴望》，《全唐诗》卷447，中华书局，1960年，第5034页。

② 元·张可久《水仙子·访梅孤山苍·孤山宴集》，隋树森《全元散曲简编》，上海古籍出版社，1995年，第318页。

③ 元·马致远《天净沙·秋思》，毛治中、罗仲鼎、安仁注《唐诗三百首 宋词三百首 元曲三百首》，浙江古籍出版社，2017年，第521页。

④ 南唐·李煜《虞美人》，陈瑞主编《学生应知应会唐诗宋词鉴赏300首》，商务印书馆国际有限公司，2016年，第615页。

⑤ 唐·张继《枫桥夜泊》，陈瑞主编《学生应知应会唐诗宋词鉴赏300首》，第334页。

⑥ 唐·杜牧《寄扬州韩绰判官》，《唐诗选》下，人民文学出版社，1981年，第225页。

❧活动设计❧

A.小学

1.建议

（1）了解中国古代著名的四大水利工程。

（2）就近参观家乡水利工程。

（3）举行关于家乡水利工程的绘画大赛。

2.活动设计

"我爱我家乡"——关于水利工程手抄报比赛。

（1）目的：激发学生学习传统文化的兴趣，鼓励学生通过编写手抄报等形式获得更深的情感体验，爱家乡、爱文化、爱民族。

（2）时间：一周。

（3）场地：可在校园宣传窗展出。

（4）人员：根据不同年级特点，鼓励全员参加。

3.活动程序

（1）老师布置实地考察任务：利用双休日参观当地水利设施，如水库、古代水利工程等，并搜集一些文字和图片资料。

（2）班级可分四人小组，分配任务：1人负责整理资料，1人负责版面设计，1人负责绘画，1人负责抄写文字。

（3）在老师引导下，班级选出5名有绘画、书写等特长的同学担任评委。总分10分，6分起评。

（4）奖项：每班可设创意奖、绘画奖、书写奖、综合奖。奖品：水利工程的光盘和书籍。

B.初中

1.建议

（1）重新阅读并讨论以前学过的教材。

（2）阅读《水墨图说——中国古代发明创造之桥梁建筑》（黄明编著）。

（3）动手造桥：自己动手设计桥梁，以图画、泥塑、纸工等各种形式展示。

2.活动设计

用纸造一座"桥"。

（1）目的：学生在设计、制作和交流的过程中，培养想象力、创造力、表达与交流能力以及动手操作的能力等诸方面的素养。

（2）策略：先通过资料、课堂教学等方式学习桥梁的形状和结构，再指导学生设计、用纸造桥，最后介绍并评价造好的"纸桥"。

（3）时间：两节课。

（4）场地：科学教室。

（5）人员：初一学生。

3.活动准备

（1）老师布置任务：重新复习小学学过的桥梁相关内容，重点是六年级科学上册中《桥的形状和结构》、《用纸造一座"桥"》，阅读桥梁方面的材料。

（2）小组准备：旧报纸数张、胶带、剪刀、尺子等。

4.活动过程

（1）根据复习，讨论造桥过程中会遇到的问题及解决办法。

（2）分小组设计、制作"纸桥"。

（3）分小组派代表介绍自己的桥，对别的小组的桥进行评价。

（4）老师给予鼓励性评价，不要分等级。

C.高中

1.建议

（1）每人至少阅读一本有关古代水利或桥梁方面的通俗读本。

（2）参观家乡古代水利工程、古桥，或利用旅游等机会参观著名水利设施和著名古桥。

（3）可进行寻访相关水利工程或古桥的诗文创作。

2.活动设计

古代水利工程或桥梁的调查报告。

（1）目的：引导学生批判接受传统文化，学会调查、分析和研究。

（2）时间：一个学期。前半学期布置阅读和参观，掌握第一手资料。后半学期形成调查报告，并在班级展示。

（3）场地：室内外均可。

（4）人员：全员参与。展示时，其余同学做听众兼评委。

3.活动程序

（1）布置阅读任务。

（2）选择一个感兴趣的古代水利工程或桥梁，参观并搜集有关资料。

（3）熟悉调查报告的写作流程，并设计构思。

（4）对选择的水利工程或桥梁进行研究分析，确定要表达的观点及重点。

（5）完成调查报告并上交。

（6）教师指导学生修改报告。

（7）安排课堂展示，主要介绍调查报告的创作流程及内容。

（8）评委可设疑请展示同学答辩。

（9）再次修改报告，最后结集成册。

4.奖项及奖品

评出班级十佳调查报告，并在学校宣传窗展出。奖品：有关古代水利或桥梁工程的光盘和书籍。

第三节　书法国画

中国传统的书法是以汉字为对象，以毛笔为工具，书写成各种字体，使其富有美感，抒发思想感情的一门艺术。书法艺术博大精深，气象万千，被誉为无言的诗，无行的舞，无图的画，无声的乐。书体也随文字的嬗变而变化，文字先后经历了甲骨文、金文、大篆、小篆、隶书、草书、楷书、行书等字体，在汉代基本定型。

篆刻是以刀代笔来表现书法之美的造型艺术。篆刻从殷商的"印模"演化而来，在文字普遍使用之后逐渐形成，先在印面写上篆体印文，然后用刀为主要工具镌刻。它随着社会经济的发展，作为凭信使用日益广泛，在秦汉时期达到高峰。书法与篆刻艺术的诞生和发展是与汉字的嬗变紧密相关的。

"国画"一词产生于汉代，当时的人们认为我国居天地之中，故称"中国"，将中国的传统绘画称为"中国画"，简称"国画"。当时的国画都是画在绢、帛或者纸上，然后加以装裱的卷轴画。作画的工具和材料有毛笔、墨、颜料、纸、绢等，题材分人物、山水、花鸟等，作画方法是用毛笔蘸水、墨、彩作画于绢或纸上，创作技法可以分为工笔和写意两种类型。中国画在内容和方法上，体现了创作者对自然、社会及其相关的政治、哲学、宗教等方面的洞察和理解。

书法篆刻和国画艺术是我国传统艺术领域中的重要组成部分，从某种意义上说，它们也是中华民族的文化之根，见证了中华民族的荣辱与兴衰，反映了我们民族含蓄内敛的人文修养。学习、继承、发扬中国传统书画艺术，就是弘扬优秀的传统文化。

6-3-1.先秦书法对后世的书学产生了哪些影响？

先秦时期的书法主要表现为甲骨文、金文、石鼓文以及简书等形式。这一时期，文字书写从实用性开始走向艺术化。随着文字的变革与发展，书法从最初的简单幼稚逐渐走向丰富成熟，可以从不同阶段做个梳理。

一是甲骨文。甲骨文是指远古时代"刻在龟甲、兽骨等上面的文字"，其具体可考的时代为殷商和西周。甲骨文从上到下、从右往左的书写形制开启了后世文字以及书法艺术的先河。在笔法上，甲骨文具有直笔多、方笔多、转折多、弯笔少的特点。

二是金文。金文是在青铜器、钟鼎等金属器具上铸刻的文字，又称钟鼎文。金文产生于商代，兴盛于两周，终止于秦汉。其书法艺术特征为富于造型之美，为隶书出现奠定了基础。

三是石鼓文。初唐发现于陕西凤翔，因其刻石状如鼓形，因此得名石鼓文，内容以记载秦国君王们狩猎游乐事件为主。

四是竹木简帛朱墨书迹。是指春秋战国时期用毛笔在玉、石、帛以及简牍上用朱砂或墨汁书写的文字。由于书写工具的改进，毛笔快写使书体由篆变隶，线条向点画转化，并出现了笔法的萌芽。这一时期的"睡虎地秦简"更具古隶特点，而且发现了后来书法家式的署名"喜",表明书法作者不仅是书法的创作者,而且署名已经成为书法作品中不可或缺的元素。

6-3-2.如何理解篆刻艺术之"印从汉出"的观点?

篆刻的学习与书法一样,开始都需选择一些优秀的范本,汉印在数量、内容、风格、精美程度等方面远胜前朝,达到我国印章艺术中的全盛时期。"西泠八家"的奚冈曾提出"印从汉出"的观点,是因为治印离不开篆法、章法和刀法这三个方面,而汉代治印技术在这些方面都具有开创性和引领性。

首先,篆法的成熟。汉代出现了比前代更适用于印面的文字——缪篆。缪篆在印面上的特征是以字就章,结体方正匀称,笔画合理增减,形随印变,从而形成汉印宽厚、博大、沉雄的时代风貌。

其次,看似平整,实则多样的章法。汉印在章法艺术上,"于平整处求变化"。初看汉印貌似章法简单,千印一面,不生动,内容单调(以名章为主),实则变幻无穷,于平整中求奇崛。比如汉印根据印面的需求,注意笔画的增减、线条的延缩、章法中的分朱与布白、非简单对称、视觉的平衡等等。

再次,刀法上给后世以启迪。汉印(尤其是汉官印)主要用金属做印材,制作工艺以铸印为主,其坚固程度值得推崇。其中以汉印急就章中的刀法特征最为鲜明,似为冲凿而成,这种有意或无意的治印之法,成为近代篆刻大师齐白石的刀法源头。

6-3-3.魏晋作品何以成为书法史上不可逾越的高峰?

魏晋书法在承袭汉代书法优良传统的基础上开拓创新,里程碑式的书法典范的出现，奠定了其在书法史上的地位。具体原因有以下几个方面：

一是文化基础。秦汉时期在文化教育上的强化和统一，在客观上为书法艺术的繁荣发展创造了条件。汉初以来文字学和书法艺术得到社会的普遍重视，书法往往成为汉代士人的利禄之门。此时社会上出现了专门的教学机构，重教崇艺，蔚然成风。

二是思想基础。汉末以来社会动荡，政治分裂，玄学清谈盛行，信札成为士大夫等贵族阶层之间思想交流的重要载体，其书体更是书法的自由天地。书法世家也逐渐增多，如三国魏之钟氏，西晋之卫氏、陆氏，东晋之王氏、庾氏等。

三是理论基础。秦汉以来，专门普及文字和书法研究的论著的出现树立了理论典范。著名的有汉代合编秦代李斯等人的《仓颉篇》、《爰历篇》和《博学篇》而成的《训纂篇》，作为小篆的识字教材；史游编纂的《急就篇》等，皆为后世书法家所宝重。

四是技术基础。书法艺术在魏晋时开始走向了完全的自觉阶段。书法艺术成为社会各阶层普遍欣赏的对象，文人开始有意识地追求书法创作或者书法鉴赏，并把其作为自觉的艺术审美活动。不同字体也开始成熟并趋于稳定，书法家在书写过程中产生了相应的基本笔法。

五是名家楷模。魏晋以来陆续出现了几位书法艺术的集大成者。汉末的张芝有"草圣"之称；汉魏的钟繇被后世誉为"楷书之祖"；晋末的王羲之更是登峰造极，获得了"书圣"的美誉。

6-3-4.如何理解"晋人尚韵，唐人尚法，宋人尚意，元明尚态"？

任何艺术都会受到时代环境的濡染，书法也不例外，正因为这样，清代书法家梁巘在其《评书帖》中提出了"晋人尚韵，唐人尚法，宋人尚意，元明尚态"①的论断。

"晋人尚韵"，表达的是魏晋南朝时期的书法艺术以风度韵致见长。当时的书法尊崇"神采为上，形质次之"②，大都表现出一种飘逸脱俗、姿致萧朗的风貌。这与当时社会动荡不定、社会门阀士族信奉老庄玄学思想中超然物外的空灵心态有关。其代表是"二王"（王羲之、王献之父子）。

"唐代尚法"，表达的是唐代书法以崇尚法度为主要特征，唐代书法家在结体和用笔等方面更加规范细致。比较著名的有欧阳询"三十六法"、唐太宗"笔法诀"、张怀瓘"用笔十法"等，最受后人推崇的是"永字八法"和"五指执笔法"。森严雄厚的"唐楷"和豪放的"狂草"，正是这一"尚法"风气的产物。

"宋人尚意"，表达的是宋代书法往往是通过追求书法的意趣表达遁世的心境。宋代书法家思想逐渐摆脱了唐代严谨的法度，转向道家禅学，崇尚自然。苏轼便是其中最典型的代表，

---

① 清·梁巘《评书帖》，雒三桂著《中国书法史》，人民美术出版社，2009年，第209页。

② 南朝·王僧虔《笔意赞》，沈尹默著《学书有法：沈尹默讲书法》，中华书局，2006年，第84页。

他的观点是："诗不求工字不奇，天真烂漫是吾师。"[①]苏轼的《黄州寒食诗帖》、黄庭坚的《诸上座帖》都能体现这一点。

"元明尚态"，说的是元代、明代时期的书法变革注重写字形态的美感，偏重于摹仿古人。众多书法家纷纷效仿晋人，以刻帖为摹写对象，其中赵孟頫影响最大。元、明两代的书法家风格大都徘徊在晋唐之间，在字的形态方面用功最多。

总之，人们的审美欣赏角度会受社会经济和文化发展等因素的影响而改变，艺术也随之打上时代的烙印。上述概括只是某一时期书法的主流走向，而不是说不同特点之间一点也不相通，如唐代颜真卿既写出了法度森严的《多宝塔碑》，也写出了尚意的《祭侄文稿》。

6-3-5.影响书坛走向的主要书家、书论及碑帖有哪些？

先秦：殷商时期的甲骨文以《祭祀狩猎涂朱牛骨刻辞》为代表，西周时期代表作有《大盂鼎》、《散氏盘》等，春秋战国时期有《秦公簋》、《石鼓文》等。这一时期的书法家没有得到记录与流传。

秦汉：这一时期涌现了一批杰出的书法家，以李斯、蔡邕、张芝为代表。李斯在小篆创造推广方面功不可没，传《泰山刻石》等为其所书；蔡邕精通隶书，《熹平石经》为其代表作；张芝有"草圣"之誉，传《冠军帖》为其所书。这一时期其他著名的碑帖还有：端庄典雅、法度森严的《礼器碑》；飘逸秀丽，

---

① 明·董其昌《画禅室随笔》，浙江人民美术出版社，2016年，第106页。

舒展洒脱的《曹全碑》等。

魏晋南北朝：书法家以锺繇和王羲之、王献之父子为最。锺繇有"楷书之祖"之誉；王羲之有"书圣"之称，代表作《兰亭序》被誉为"天下第一行书"，他与其子王献之被后世尊为书法界"二王"。这一时期著名碑贴还有《三体石经》等。

隋唐五代：书法家有李世民与智永，其代表作分别是《温泉铭》和《千字文》；有"楷书四大家"中的欧阳询、颜真卿和柳公权，其中颜、柳二人的书法被称为"颜筋柳骨"，代表作分别是《多宝塔碑》和《玄秘塔碑》；有"颠张醉素"之称的草书大家张旭与怀素，其代表作分别是《古诗四帖》和《自叙帖》；有以草书与书论著称的孙过庭和他的《书谱》。

宋代：书法家有被称为"宋四家"的苏轼、黄庭坚、米芾和蔡襄，苏轼的《黄州寒食诗帖》丰腴跌宕，黄庭坚的《诸上座帖》纵横拗崛，米芾的《蜀素帖》豪放俊迈，蔡襄的《自书诗帖》端庄浑厚、婉美淳淡。宋代还有以"瘦金书"著称的赵佶与其《千字文》。

元代：赵孟頫为"楷书四大家"之一，他通音律、能诗文、工书法、精绘画，书法中尤以楷书和行书见长。

明代：书法家有以台阁体为最的沈度和沈粲，代表作分别为《敬斋箴》、《梁武帝草书状》；有"华亭派"代表董其昌与他的《行草诗卷》；有文人艺术家徐渭与其《七言绝句轴》，以及有争议的书家张瑞图和王铎，其代表作分别是《行书五绝诗轴》和《行书临帖轴》。

清代：书法家有引领清初书坛的傅山与朱耷（八大山人），传世之作有傅山的《行草七言诗轴》、朱耷的《草书小山野水七言联》；有以篆书著称的邓石如和他的《篆书四箴四条屏》；
有海派大师吴昌硕与其《临石鼓文轴》。

中国历史上影响书坛走向的书论有：汉代蔡邕的《笔论》
和《九势》，魏晋时期卫铄的《笔阵图》，唐代孙过庭的《书
谱》、张怀瓘的《书断》，清代梁巘的《评书帖》等。

6-3-6.如何提升教师的书法欣赏水平？

汉字从诞生起，它的书写艺术实践就从未间断过。汉字独
有的形、音、意的特点，使得其形和结构通过点、划的组合变
化多样。书写时通过利用笔墨的变化规律（即笔法和墨法），
表现每一汉字的特点（即结体），加上单个汉字或者多个汉字
与书写载体之间的位置、大小的安排（即章法），从而产生意
蕴丰富、变化万千的艺术形式，抒发书者的情感，这样的书写
才够得上"书法"。

要提升书法欣赏艺术水平可以从以下三个方面入手：

一是看笔墨变化之美。王羲之在《书论》中指出："每书欲
十迟五急，十曲五直，十藏五出，十起五伏，方可谓书。"[1]这
是形容用笔过程中笔法的变化。卫夫人在《笔阵图》中说："多
力丰筋者圣，无力无筋者病。"[2]这是从用笔的力度和具体笔画
方面形象地说明了笔法不同，产生的效果和意象也不同。笔随
墨出，墨由笔活，自古笔法与墨法相辅相成，不可分离。

二是看结构变化之美。书法结构有"字法"（也即"结字"

---

[1] 晋·王羲之《书论》，房弘毅著《王羲之书论四篇》，中国书店出版社，2006年，第44—45页。

[2] 晋·卫夫人《笔阵图》，沈尹默著《学书有法：沈尹默讲书法》，第108页。

或"结体")以及"间架结构"、"分间布白"等。书法是线条的艺术，点画间的主与次、疏与密、连与断以及由此形成的形体在正与欹方面做到和谐统一。

三是看章法变化之美。书法中的章法是指整幅作品的"分间布白"。它是书法形式美感体现的重要元素，讲究字与字、行与行甚至整幅作品通过笔墨的变化气脉连贯，映带呼应，计白当黑，同中求异。

四是看意境自然之美。一幅优秀的书法作品必然融合了书家的精神气质，蕴含了书家对自然的独特审美。它们通过有形的文字及其万象变化，创造出无形的意境，进而表达丰富的意趣和个性，即古人所说的"神韵"。

6-3-7.中国画如何分类？主要特点是什么？

中国画的主要材料与工具：文房四宝和颜料。

笔：通常有软毫、硬毫、兼毫三种。

墨：主要有松烟、油烟、漆烟。

纸：主要有熟宣、生宣、半生熟三种宣纸。

砚：中国名砚有三种，第一是广东的端砚；第二是安徽的歙砚；第三是山东的鲁砚。

色：颜料分为矿物色和植物色两大类，矿物色也叫石色，主要有石青、朱砂等。

中国画的种类：从作品内容上分为人物画、山水画和花鸟画三科。

人物画可分为水墨人物、水墨淡彩人物、白描人物等。花鸟画可分为水墨花鸟、白描花鸟、工笔重彩花鸟等。山水画可分为水墨山水画、白描山水、青绿山水、泼墨泼彩山水等。

从绘画表现形式上可分工笔画、写意画。

中国画与西洋画的区别：中国画更重视主观，借物抒怀；西洋画更注重客观，表达对世界的一种认识和理解。具体说来，主要有下列不同点：

其一，西洋画讲究块面，中国画讲究线条。

其二，西洋画注重透视法，有平行透视和成角透视；中国画不注重透视法。

其三，西洋画重解剖学，中国画中的人物画不讲解剖学。

其四，西洋画注重写实，中国画不用写实法而用写意法。不求形似，而求神似。

6-3-8.中国古代人物画的代表画家及其作品有哪些？

中国古代人物画，主要描写对象是人，直观地反映现实生活。在不同的画种中，人物画最有直观性，也最富有认识价值与教育意义。

《人物龙凤图》战国

人物画的出现比花鸟画和山水画要早，周代就有奖善惩恶、规范人们思想道德的历史人物壁画。到了战国和秦汉，出现很多以现实生活和神话故事为题材的人物。湖北省内楚国墓出土的战国时代的《人物龙凤图》帛画，栩栩如生，是我国最早的人物画作品。

两汉时期受社会思潮的影响，学术风气同"百家争鸣"的春秋战国时比，发生了很大的变化，这种变化促进了人物画发展。魏晋隋唐时期，人物画向专业化方向发展，以顾恺之为代表的第一批人物画大家登上了历史舞台，他的代表画作《洛神赋图》以及"以形写神"的艺术观影响深远。

唐代人物画发展到了高峰的阶段，肖像画、仕女画成为一代时尚。杰出的画家出现了一大批，以吴道子、阎立本、周昉、张萱等人为代表，吴道子更是把富于表现的人物宗教画推到一个无数后人敬仰的层次。这一时期的代表作品有《步辇图》、《虢国夫人游春图》、《簪花仕女图》等。

五代十国和两宋是人物画走向深入的时期，工笔重彩着色人物画日渐成熟，趋向丰富精美。宋朝政治宽松，文化繁荣，北宋末期张择端的《清明上河图》就是那个时代的精彩记录。

《清明上河图》（局部）宋·张择端

写意人物画自出现以来，受禅宗思想的影响，从重视教育作用转向重视审美作用，从注重画面中的人物传神转向更多地抒发画家的内心情感。元明清以来，更多的文人画家在画中描写市井百姓和国家大事。清代人物画，在乾隆、嘉庆时期出现鼎盛局面，其中任颐最为突出，他的人物画设计巧妙，善于勾勒和泼墨，细笔或阔笔运用自如，恰到好处。

6-3-9. 中国古代山水画的代表画家及作品有哪些?

山水画，是主要以山川风景为题材的画科，它起源于秦汉。南北朝时期，山水画出现了快速的发展，开始出现专门画山水画的画家和首批记述山水画的文章。隋唐时期山水画有了更大的发展。隋代以展子虔为代表的画家为我们提供了这一时期山水画的重要导向。他多次出仕，视野开阔，对人物、山水和车马都有研究，被称为"唐画之祖"。《游春图》是他留传下来的孤品，内容是人们春天出游的情景。

《游春图》隋·展子虔

唐朝的画家李思训直承展子虔的画风，他特别喜欢用青绿色画山水，画面构图宏伟、大气，充满活力，形成了独特的青

《匡庐图》五代·荆浩

绿山水画派。在唐朝，水墨山水画也开始出现。唐代诗人王维首次把山水画和诗有机结合起来，成为文人画的始祖，从此文人画步入了一个新阶段。

五代、两宋时期，进入山水画的黄金时代。五代时北派的山水画家荆浩和关仝，他们生活的环境多崇山峻岭，广阔的环境给了他们一种宏大的视野和刚毅的气质。荆浩的代表作《匡庐图》气象万千。他的弟子关仝喜欢描写秋山、寒林、村落和关山风景。与北派相对应，南方有以董源和巨然为代表的"南派山水"画家。

在文人画发展史上，具有重大影响的是赵孟頫，他把诗、书、画、印结合起来。"元四大家"（黄公望、王蒙、倪瓒、吴镇）不断将文人画发扬光大，逐渐成为画坛的主导。

明清时期也出现了众多山水画家，代表人物有沈周、文徵明、唐寅、董其昌等。

🎋6-3-10.中国古代花鸟画的代表画家及作品有哪些?

花鸟画是一个比较宽泛的概念，它的表现对象除花鸟之外，还有畜兽、虫鱼、花草、果蔬等。六朝时期，花鸟绘画就已出现。例如顾恺之的《凫雁水鸟图》。唐代，花鸟画已经走向独立。韩幹堪称代表画家，他通过刻苦努力，在花鸟画方面取得了很高成就，他不仅喜欢画肖像、人物，而且特别擅长画马。

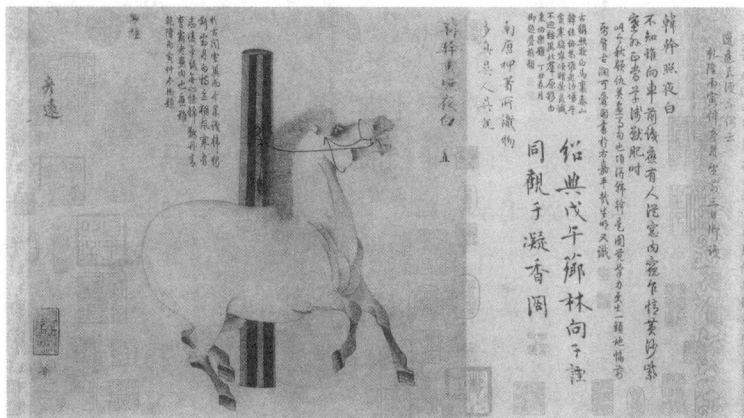

《照夜白图》唐·韩幹

五代时期，徐熙、黄筌为代表的两大流派引领画坛。徐熙的画风格流畅，并开创"没骨"画法；黄筌的画精致、工整。画坛中有"黄筌富贵，徐熙野逸"①的说法，精辟地总结了他们画风的特征。

---

① 中央美术学院美术史系、中国美术史教研室编著《中国美术简史》，高等教育出版社，1990年版，第121页。

清代的石涛、朱耷（八大山人）和"扬州八怪"等都在花鸟画发展史上独树一帜。他们常通过艺术作品来表现内心的忧伤，不论是笔墨还是造型均能表达内心深处的挣扎与纠结。此后任颐作为集大成者，拓展了花鸟画的内容和形式，由此花鸟画得到了进一步完善和发展。

近代的徐悲鸿、齐白石、张大千等，他们的艺术成就都丰富并完善了传统中国绘画，他们的作品既继承传统又追求创新，中西结合。徐悲鸿为当代中国美术教育奠定了坚实的基础。齐白石

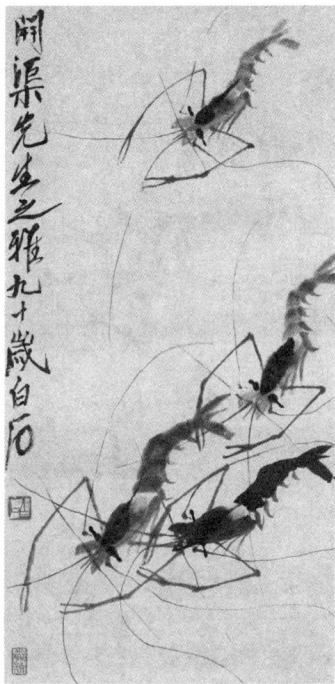

《虾》齐白石

的率真与童趣，潘天寿用笔的骨力，都表现了一种与时俱进的时代精神。

活动设计

书法部分

A.小学

1.建议

（1）了解书法中的楷书。

（2）熟悉"楷书四大家"，能够掌握正确的书写方法。

2.活动设计

争当小小书法家，看谁写得整齐美观。

（1）目的：激发学生了解和学习书法的兴趣，从中了解楷书的特点，为形成良好的书写习惯打下坚实的基础。

（2）策略：根据不同年级儿童心理特点，通过比一比的形式，采用硬笔或毛笔书写正楷，点燃学生学习激情。

（3）时间：一节课。

（4）场地：教室内。

（5）人员：班级的全体同学（也可以是一个年级）。

3.活动准备

（1）教师布置活动任务。

（2）按班级人数设立书法小组；各小组选出组长，根据本小组情况，做好组内分工，分工合作（选贴、临写等）。

（3）器材：书写纸、硬笔、毛笔、墨汁、砚台、宣纸、垫板、范本。

4.活动过程

（1）每个小组组长上报硬笔和毛笔书写人选以及书写内容（所涉及的古诗词、名言等等）。

（2）各小组开始书写。

（3）完成后每个小组派代表介绍书法内容，并作组内点评。

（4）将优秀作品进行展示，可通过投票的形式评选出最佳书法、最佳小组等奖项。也可以调动全年级或全校师生投票，选出最具书法特色的小小书法家。

B.初中

1.建议

（1）了解书法的起源与发展过程，知晓各种书体特点，能说出几种书体的代表人物。

（2）通过参观书展，向书法家学习一些书写技巧，初步掌握正确的行书书写方法。

2.活动设计

找一找，追寻古代书法的足迹。

（1）目的：通过"创作最美书法"活动，以书法中的行书作为载体，了解古代书法的师承、书体的演进，从而增加继承和发扬传统文化的动力，为写得一手好字打下基础。

（2）策略：找一找，借助网络及相关书籍寻找到"最美书法"，并进行临摹，在这一过程中逐渐找出古代书法流传有序的"师承关系"和书体的演变，由此增强民族自豪感和历史使命感。

（3）时间：一节课。

（4）场地：机房内。

（5）人员：班级的全体同学。

3.活动准备

（1）按照书体类别成立搜寻小组。

（2）准备白纸、钢笔等书写工具，实物投影仪，机房，展板。

4.活动过程

（1）教师布置任务，分小组搜寻书法名帖。

（2）学习小组借助网络及相关书籍寻找相应的书法名帖。

（3）由组内人员完成评定，分析相应名帖的书法特点、作者的师承关系。

（4）借助网络及相关书籍临摹相应的书法作品。

（5）小组之间交流搜寻成果。

（6）将各小组成果做成展板展示，并进行多样评价。

C.高中

1.建议

（1）了解生活中存在的书法活动情况。

（2）寻找自己最感兴趣的书法内容，并进行学习和创作。

2.活动设计

走进展览馆，走近书法。

（1）目的：通过组织参观书法展，了解当前的书法走向和发展情况等。

（2）策略：建立观摩小组，通过实地观摩，以观后感的形式完成书面创作。

（3）时间：一节课。

（4）场地：教室内。

（5）人员：班级的全体同学。

3.活动准备

（1）组织：按照书写爱好成立观摩小组，每个小组推荐出发言人，班级推荐出两位主持人。

（2）准备：组织观摩活动，用照片记录观摩，制作PPT呈现观摩结果；多媒体设备。

4.活动过程

（1）主持人开场，介绍此次活动的起因及目的，确定发言顺序。

（2）各小组代表发言，结合PPT呈现观摩过程及创作，可加入视频、背景音乐增加气氛等。

（3）不同组别间互动答疑，相应组别要做好问题记录，相应组内人员共同解答。

（4）教师对观摩活动报告做出适当评价。

（5）全班投票选出最佳观摩小组、最佳创作能手。

（6）课后，组内对观摩报告进行修改和补充，将观摩报告编辑成册。

国画部分

A.小学

1.建议

（1）低年级通过实践活动了解并熟悉"文房四宝"，即笔、墨、纸、砚。

（2）高年级了解中国画包括人物、山水、花鸟三大种类，并初步练习。

2.活动设计：

水墨人物画欣赏。

（1）目的

①了解中国水墨人物画的基本知识及其艺术表现的特点，激发学生学习中国画的兴趣。

②在欣赏、感受的基础上，引导学生尝试用中国水墨画的

形式表现身边的人物，初步掌握水墨人物画基本的表现方法与步骤，表现出人物特点。

③培养学生水墨的表现力以及对水墨画的热爱。

（2）重点、难点

重点：了解水墨人物画特点，掌握表现方法。

难点：掌握水墨人物画的造型以及墨色关系的处理。

（3）课前准备：每位学生创作一幅水墨人像作品。

3.活动过程

（1）请学生展示自己的水墨人像作品，介绍表现的人物，总结表现的体会与经验。

（2）评价作品的优点与不足。

（3）教师分析作品，总结经验。

（4）提出要求，激发兴趣。呈现全身人像以及构思与表现有主题的画作。展示周昌谷的作品《两个羊羔》，挖掘作品主题。

（5）研究作品的表现形式：主体如何安排？画面可以分成哪几个部分？表现的区别在哪里？

（6）交流与总结：主题如何突出，主体、落款与背景的照应等。

（7）小组讨论，个别指导：你想选择哪个人物作为画面的主体形象？为什么？主题画面如何设计？展开充分的交流，教师帮助学生选择与形成自己的表现主题与构思。

（8）学生创作，教师指导。

（9）作品展示，师生评价。

B.初中

1.建议

（1）了解中国画的分类（人物、山水、花鸟三大类别）并尝试技法。

（2）了解不同画种的代表画家3名和代表作5幅，重点欣赏《清明上河图》。

2.活动设计

（1）课题：写意花鸟画的欣赏。

（2）课时：1课时。

（3）类型：绘画练习与欣赏。

（4）目标：认识和理解写意花鸟画的基本特点，认识和理解写意花鸟画与静物画、动物画的关系，学习写意花鸟画的基本表现技法，理解写意花鸟画的艺术特色和人文特点。

（5）方法：示范演示、讨论。

3.活动准备

欣赏用挂图，自己收集的中外写意水墨画。

4.活动过程

（1）作品欣赏

①展示悬挂写意花鸟画，同学畅谈自己的感受。

②教师对花鸟画介绍，侧重讲述其人文特色，如内容的独特，和诗、书的结合等，并与静物画、动物画作比较，请同学找不同。

③在同学们发表的意见基础上，从不同文化的角度分析写意花鸟画与静物画、动物画的异同。

（2）技法学习

结合演示，介绍几种写意水墨画的章法特点和用笔用墨方法。

①笔法：中锋、侧锋、逆锋、拖锋。

②墨法："墨分五彩"——焦、浓、重、淡、清。

（3）怎样画梅花：以梅花为题，讲解示范梅花小品的画法。

枝干苍劲曲折，侧锋挫出，渐转中锋。注意：枝干水分不要多；花要圆、不露锋，花瓣墨色有浓淡；最后点花心、花蒂。

（4）临摹练习

以梅花为素材进行组合训练。要求学生在练习过程中仔细体会笔墨的应用变化、构图的基本常识和用笔墨造型的基本规律。

（5）课堂小结

梅花五瓣具有一种象征意义，即快乐、幸运、健康、顺利、和平。梅花集高洁、秀雅、坚毅于一身，色、香、韵、姿俱佳，特别是水中孕蕾、雪中开花的优秀品格，为无数仁人志士所倾倒，历史上多少文人墨客都留下了对梅的赞美。请同学们课后创作一幅梅花小品，来装饰你的居室，学习梅的品质和精神，努力学习，勇于面对困难和挫折，奋发图强。

C.高中

1.建议

了解人物、山水、花鸟三大种类的中国画，了解不同画种的代表画家4名和代表作6幅，了解近现代代表画家及艺术成就，了解中西方艺术的差异。

2.活动设计

（1）课题：中国古代山水画欣赏。

（2）目的：了解中国古代山水画的性质、画法、艺术风格和艺术传统，陶冶情操，培养审美趣味。

（3）重点：着重理解中国古代山水画独特的艺术传统。

（4）难点：如何理解"意境"。追求意境的创造，既是中国古代山水画的重要艺术传统之一，也是中国古代美学思想的重要方面。

（5）时间：1课时。

（6）准备：图片、录像资料、自制课件。

3.活动过程

（1）展示图片，激发审美兴趣。

（2）小组交流，说出自己最欣赏的作品，并说明理由。

（3）教师结合中国山水画的发展脉络，介绍不同时期山水作品审美特征的变化。

（4）中国山水画的分类：主要有青绿山水、水墨山水、浅绛山水、小青绿山水、没骨山水等。

（5）代表作品赏析：范宽《溪山行旅图》、王希孟《千里江山图》。

（6）中国山水画特点总结

①善于运用空白的艺术手法，称之为"计白当黑"。

②在空间的处理上，采用"以大观小"、"小中见大"的手法。

③在长期的发展中，产生了许多行之有效的表现程式，各自形成独特的艺术传统和体系。如表现各种山石就有各种皴法。

第四节 音乐舞蹈

《诗·大序》云："情动于中而形于言，言之不足故嗟叹之；嗟叹之不足故咏歌之；咏歌之不足，不知手之舞之足之蹈之也。"可见音乐、舞蹈也和诗歌一样，是人类历史上最早的表现人们内心情感的艺术形式。

"中国传统音乐"这一概念是相对于"中国新音乐"产生的，鸦片战争以前，人们通常说到的"中国音乐"即"中国传统音乐"。此后，"西学东渐"为传统的中国音乐注入了西方音乐的思想和技术，很多中国音乐家在了解西方的音乐体系以后，创作出具有西方技术特征的音乐作品，虽然旋律具有本土特征，但在作曲技法上与中国传统音乐具有很大差异。至此，"中国音乐"的含义产生了巨大的改变。20世纪20—30年代之后，为了将两者加以区分，人们通常使用"国乐"一词专指在中国古代音乐基础上形成、到近代又有一定发展的音乐。"中国传统音乐"包括古代音乐和国乐，并与"中国新音乐"相区别。

在数千年的文明历史中，中国传统音乐从调式、律制及旋律等方面形成体系，逐渐形成独有的特征，这成为中国与其他国家传统音乐区别的标志。中国传统音乐逐渐在音乐理论、创作手法、表演形式等方面形成特有的风格。我们今天需要学习、研究、总结中国传统音乐的特殊规律，进一步形成理论体系并将其发扬光大。

舞蹈是一种动态的人体艺术，具备社会审美形态，本质上是将人的内在生命力外化为有节律的动态造型艺术。舞蹈起源于远古时代，甚至早于语言的诞生。先民们为了满足生产生活、图腾崇拜、巫术宗教祭祀活动以及表达自身情感、内在冲动等需要，用舞蹈模拟劳动、祭拜、战斗操练等活动。

中国舞蹈是艺术长河中的一颗璀璨明珠，发展的脉络十分清晰，但限于当时人类的认知水平和科技水平，祖先并没有给我们留下可以直接看到的舞蹈形象，留下的仅仅是夹杂在古籍中的零散文字记载和一些并非动作图解的图像。

"中国古典舞"的恢复，直至20世纪50年代才开始提到议事日程上。在一代舞蹈家的努力下，中国古典舞的艺术才得以恢复和发展。中国古典舞经历了20世纪50年代、80年代和21世纪后三个重要发展时期，得到了迅速、稳定的发展。同时我国不同民族还创造了风格各异，或柔美或刚健的民族舞蹈。在与各国的文化交流中，中华各民族的舞蹈向全世界传递着中国的文化内涵与魅力。

6-4-1.什么样的音乐是中国传统音乐？

中国传统音乐是在五千年历史中逐渐形成的，历代人民使用本民族特有的旋律、表演形式、创作手法创造的带有民族特征的音乐。创作时间的先后并不是区分传统音乐与新音乐的依据，比如流行于清末民初的学堂乐歌，它的曲式、调式、创作手法等诸多特征源自于西方音乐，所以不属于中国传统音乐。而《二泉映月》《渔舟唱晚》虽产生于近代，但它们的创作模式、音乐风格和表演形式属于中华民族所固有的，所以属于传统音乐。

6-4-2.中国传统音乐中的器乐代表曲目有哪些?

中国传统音乐中最有代表性的曲目当属古琴独奏曲《流水》、二胡独奏曲《二泉映月》以及民族管弦乐曲《春江花月夜》。下面分别介绍。

1.《流水》——古琴独奏曲

古琴曲《流水》是一首流传了数百年的经典作品。在众多版本当中，川派琴师张孔山的《流水》版本最具特色，也是人们最熟悉的一个版本。这个作品背后还有一段传说。相传琴师俞伯牙在一次出使途中在山间偶遇樵夫钟子期，子期身为一个砍柴人，竟然听懂了琴声讲述的巍巍高山和洋洋流水，伯牙惊叹不已，与子期结为知音，相约来年再聚。第二年，伯牙来到相约之地，却惊闻子期已因病离世。伯牙带着瑶琴来到子期坟前，一首《高山流水》奏毕，哀叹道："我唯一的知音已不在人世了，这琴还弹给谁听呢?"[①]遂愤然挑断琴弦，摔碎瑶琴，从此不再弹琴。

《流水》共分为一个引子、九个段落和一个尾声，作品的基本框架与中国传统的"起承转合"创作思路相吻合。起（1~3），旋律低沉、饱满浑厚的引子部分引出作品的主题——清澈飘逸的"流水"；承（4~5），这一段技巧丰富，时而轻抚琴弦，似

---

① 秦·吕不韦《吕氏春秋·本味》，钟书主编《左传·吕氏春秋·战国策》，上海文化出版社，2016年，第265页。

委婉清泉从山间涌出，时而以滚、拂等手法演奏出时高时低、变幻莫测的旋律，似滔滔江水延绵不绝；转（6~7），用泛音技法演奏出飘逸自由的旋律，似平静水面的旖旎波光；合（8~9），第5、6段的旋律再次呈现，呼应主题，尾声清透的泛音将人们带入充满遐想的意境之中，回味无穷。

2.《二泉映月》——二胡独奏曲

《二泉映月》是二胡演奏作品中流传最广、影响力最大的一首，创作者是中国民间二胡演奏家阿炳（原名华彦钧）。"二泉"是阿炳当年卖艺的场所——无锡惠山名胜"天下第二泉"。在这首作品中，他仿佛在向人们倾吐内心的苦痛与挣扎，体现了一位饱尝世间冷暖辛酸的盲艺人内心的不平与怨愤。阿炳的运弓时快时慢、时强时弱，仿佛是复杂心情的表露，书写了一个生活艰难却又与命运抗争的悲凉故事。

作品由引子、六个段落、尾声构成。乐曲的引子部分非常短小，似是故事前的一声叹息。主题前半部分音区较低，旋律平稳，后半部分旋律和节奏产生丰富变化，情绪对比强烈。另外五个段落以第一段中的主题为基础进行变奏，层次复杂。

这首作品在世界乐坛中具有很高的地位，尤其是中国艺术家的演奏，更是把这首曲子的情感演绎得淋漓尽致。

3.《春江花月夜》——民族管弦乐曲

《春江花月夜》是一首深受中国百姓喜爱的民族管弦乐曲。这部作品原是一首明清时期的琵琶古曲，原名为《夕阳箫鼓》，直到1925年由中国著名民乐作曲家柳尧章和郑觐文合作改编为民乐合奏曲，更名为《春江花月夜》，一直沿用至今。经过数代人的传承，作品最初所表达的离愁别绪和落寞之情逐渐演变为对良辰美景的描绘，生动地描绘了江南水乡的迷人夜色和宁静悠远的心境。

6-4-3.中国传统音乐体现了怎样的包容性?

中国民族众多，各民族的不同文化在长期的交流中相互影响、吸收，形成缤纷多彩的音乐文化宝库。中国传统音乐体系主要由中国音乐、欧洲音乐、波斯-阿拉伯音乐三个体系构成。

1.中国音乐体系奠定主流

中国音乐体系最鲜明的特征，是以"宫、商、角、徵、羽"为基本音阶的中国传统五声调式体系。它综合了中原文化、草原文化、荆楚文化以及中国其他地区民族音乐艺术成果，从而形成中国多民族共有的音乐体系。

2.欧洲音乐体系带来影响

受多民族繁衍和迁徙以及丝绸之路的影响，哈萨克族、柯尔克孜族等都很早就采用了欧洲音乐体系。近百年来，维吾尔族、锡伯族也有一些音乐作品汲取了欧洲音乐体系的元素。

3.波斯-阿拉伯音乐体系作为补充

波斯-阿拉伯音乐体系中具有很多活泼幽默的元素，中国采用波斯-阿拉伯音乐体系元素的民族主要有：维吾尔族、塔吉克族和乌孜别克族等。

6-4-4.中国舞蹈起源于何时?

最早的舞蹈是远古人类生活的一种方式，是生产劳动、战斗演习、图腾崇拜、宗教祭祀等活动的再现。

中国古代一直有舞蹈、诗歌、音乐三位一体的传统，它们互生互补、相得益彰，对思想情感的表达高度和谐。

中国舞蹈在原始社会是图腾舞蹈。图腾崇拜与巫术都属于中国古代原始宗教信仰，但两者存在诸多不同。首先从性质上来看，图腾是原始人类崇拜的偶像，而巫师则是人与神之间的桥梁。其次从活动形式来看，图腾舞蹈是集体舞蹈，而巫舞则是巫师的单独表演。第三，从舞蹈的价值来看，在巫术中，歌和舞被作为巫术的手段，用于营造气氛，而图腾是民众通过舞蹈表达心中的诉求。最后，从舞蹈发展上看，巫舞比原始的图腾舞蹈前进了一大步，它从比较粗糙的集体舞蹈转向专业的、个人的舞蹈表演。

在这里，还值得一提的是我国各民族的民间舞蹈。比如蒙古舞、藏族舞、傣族舞等。我国不同民族在不同的生态环境与历史文化背景中，创造出不同的舞蹈形式来表达内心情感、再现生活情景，产生了众多风格独特、璀璨夺目的民族民间舞蹈。

6-4-5."中国古典舞"是什么时候提出的？

中国著名戏曲艺术家欧阳予倩先生在1950年首次提出"中国古典舞"这个概念。他最有价值的观点是，中国古典舞需要从戏曲舞蹈脱胎出来，即从戏曲中保存下来的舞蹈入手，系统整理研究中国的古典舞蹈，从而形成一个独立的艺术体系。1951年中国古典舞作为国家文化艺术项目立项，在周恩来总理的关怀下，1954年成立了北京舞蹈学校，从此中国古典舞以独立的艺术形式走上历史舞台，并逐渐完善自身特有的风格。此后中国古典舞不同流派百花齐放，各展芬芳。袖舞、剑舞、敦煌舞、昆舞、汉唐舞等舞种纷纷亮相，推动中国古典舞崛起、繁荣并走向世界。

6-4-6.中国古典舞的独特韵味在哪里?

舞蹈最基本的表达元素是肢体语言,但是中国古典舞的肢体语言不在于外化的手段,而在于内涵的传递。中国古典舞的独特韵味主要在于"身韵",通过"形、神、劲、律"四个方面来体现。

"形"是指外在的姿态、动作、动作和动作之间的连接、姿态与姿态之间的过渡。

"神"是指内在的灵魂,即舞蹈要表达的情感与思想。我们往往通过肢体语言去捕捉和感受舞蹈的灵魂,因此舞蹈的"神"是起着主导作用的艺术灵魂。

"劲"就是舞蹈的力度,指舞蹈赋予舞者外部动作的有层次、有对比的处理力度。"劲"不仅贯穿于动作过程中,在舞蹈的结构中也有重要的体现。

"律"就是节奏,包含动作自身的律动性以及它依循的规律。从行业术语来说,动作与动作之间的衔接必须要"顺",这就是所谓正律。为了表现舞蹈的曲折有致,古典舞有时也采用"反律"。

新一代的古典舞教师胡伟、朱兮对中国古典舞造型和肢体语言进行了深入研究,他们概括了中国古典舞在造型上的原则。一是"万变不离其圆"。这表现了中国舞蹈传递了传统文化中追求圆满的思想。二是"阴阳向背"。舞蹈中左右两手常常分别表达阴阳的不同概念,但最后总能归于统一。三是"三面不统一"。即在中国古典舞中,舞者的头、身和脚交错运行,从而产生一种纵横有度、交错相宜的美感。

他们还认为中国古典舞在路线上周而复始、循环运行。中国古典舞的运动路线形成了一种独特的"圆道观"。"圆道"也就是循环之道。这充分体现了中国传统文化中最根本的哲学观念：身段舞姿的求圆体现在诸多环节，动静要求圆，势势都要圆。中国古典舞改变了时空运动的单一"直线结构"，而存在于"环形结构"之中。循环往复、周而复始是中国古典舞人体运动的变化规律和运行轨迹。

同时，中国古典舞在动律上逆行反转，不守常规。"逆向起动"是中国古典舞在动作设计上最突出的特点，给人一种奇峰迭起、瞬息万变的效果。古典舞讲究动作往来逆顺的运动动律和整个过程的走向趋势，能够体现人体运动的自然规律，揭示东方人体文化中对运动的自然之"理"的认识，传达出对自然万物生命运动的理解，并身体力行地付诸本民族独特的艺术实践中。

📖 6-4-7.袖舞和剑舞是怎样的舞蹈？

袖舞是中国古典舞中具有悠久历史的舞蹈形式。"长袖善舞"就是对它的形象概括。这里有两点需要注意：第一个是"袖舞"而不是"舞袖"，因此它不是局部的动作，而是全身皆舞；第二，袖舞中的袖是长袖而非短袖。正因为这两点，袖舞的造型和效果就特别生动优美。袖舞是通过指、腕、肘、肩的协调而完成的身袖合一的舞蹈，强调以身带袖，袖随身走，体现肢体主导、长袖显形的运动规律。刚与柔表面上看是一种抽象的概念，本质上是人的品格与袖的形质特征的相互关联。因此袖舞具有"化"字之妙，微妙之美，变化、演化、幻化乃至无穷的审美意境。

剑舞是中国古代武舞的一种，最晚在西汉时期已经出现，唐代开始盛行。公孙氏的剑舞是历史上剑舞的典范。宋元以后，剑舞逐渐从舞台消失了。明清的戏曲，给了剑舞广阔的空间，使剑舞重放光彩。现代的京剧大师梅兰芳就借鉴太极剑法创造了《霸王别姬》中的双剑舞，给人留下了深刻的印象。剑舞追求的最高境界是"人剑合一"。剑舞的训练强化身法运用，强化肢体的表现力和协调性，而不是强化剑法的实用效果。

活动设计

传统音乐部分

A.小学

1.建议

了解古琴与古筝结构、音色及演奏方法的区别。

2.活动设计

欣赏古琴曲《流水》与古筝曲《高山流水》。

3.活动过程

（1）了解两首作品的不同风格。

（2）通过乐器实物展示、现场演奏等方式使学生了解古琴与古筝的不同。

B. 初中

1. 建议

了解广东音乐，加强对中国传统音乐的了解。

2. 活动设计

欣赏中国传统曲目《步步高》《雨打芭蕉》等。

3. 活动程序

（1）了解广东音乐的基本特点及主奏乐器。

（2）探究高胡和二胡之间的渊源，挖掘两者的异同，并简单了解中国弓弦乐器的其他种类。

（3）通过乐器演奏（或学过乐器的同学示范演奏），了解中国弓弦乐器的演奏方法。

（4）简单学习两种乐器的演奏姿态和手法。

C. 高中

1. 建议

了解几首风格独特的地区民歌。

2. 活动设计

欣赏陕西、内蒙、广西等地民歌代表作。

（1）从民歌中感受当地风土人情，尝试描述当地人民的性格特点，并分析各地民歌特色的形成原因。

（2）学习中国民族调式，并尝试分析作品结构和调式，了解中国民族调式与西洋调式的区别。

古典舞蹈部分

A.小学

1.建议

学习古典舞的基本动作。

2.活动设计：

初识中国古典舞。

（1）学习古典舞基本动作。

（2）随音乐做古典舞基本动作小组合。

B.初中

1.建议

通过欣赏几部古典舞作品，探求古典舞的独特韵味。

2.活动设计

欣赏《扇舞丹青》、《袖舞》、《剑舞》、《敦煌舞》等，从"形"、"神"、"劲"、"律"四个方面分析作品。

C.高中

1.建议

通过学跳古典舞，进一步体会古典舞的独特韵味。

2.活动设计

学跳古典舞《惊鸿舞》和《踏歌》。

第五节　曲艺杂谈

　　曲艺是中华民族说唱艺术的统称，它是将民间文学通过说唱的形式呈现的一种民间艺术。关于说唱艺术的起源，据说可追溯到战国时期荀子的《成相篇》。说唱，又称"说书"。《墨子·耕柱篇》也曾记载："能谈辩者谈辩，能说书者说书。"在中国的说唱音乐中，其歌唱部分和说话部分采用的方式是不一样的。"说"中包括小品、相声、评书、评话，"唱"中包括京韵大鼓、扬州清曲、东北大鼓、单弦牌子曲、温州大鼓等；似说似唱有四川金钱板、山东快书等；又说又唱的有山东琴书、徐州琴书等；且说且唱且舞的有东北二人转、宁波走书、凤阳花鼓等。

6-5-1.说唱艺术是怎样起源的？

　　因为有着变文的存在，有人认为中国的说唱音乐来源于外来的佛教。这种说法存在争议，因为民间说唱无本子流传。

　　中国最早的曲艺作品可以追溯到战国时期荀子的《成相篇》，它虽然还不是讲故事，但已经是一种当众说唱的艺术形式。"成相"其实是战国时期一种流行于民间的吟诵歌谣的艺术形式。《汉书·艺文志》"杂赋"类中曾录有《成相歌辞》11篇，后散佚。现存的《成相篇》三首，是模仿当时民间《成相歌辞》

所作。

自汉代以来，叙事歌曲和四六文体在民间流行，人们把已有的歌唱形式与说话形式组合在一起，为说唱艺术提供了条件。

民间的说唱小说，有说夹唱的表演。如唐赵璘《因话录》中在提到僧文溆"聚众谈说"后，接着就说"教坊效其声调，以为歌曲"[①]。从"谈说"可以学习歌曲声调，显然所谓谈说是夹有歌唱的。

6-5-2.现存最早的说唱艺术的文本是什么?

中国古代的说唱音乐艺术，讲故事是其主要内容，说和唱是其主要形式，有时也用乐器伴奏。后来说唱音乐中"说"的基础是中国民间叙事诗，在汉代至南北朝达到相当成熟的地步。讲故事的说唱，在唐代民间已经很流行。可惜，民间说唱的本子没遗留下来。敦煌变文是现存最早的说唱本，其最初是含有宗教意味的佛教徒说唱音乐的专门名称。在佛教变文的名称传开之后，民间也就渐渐把变文扩展到非佛教的说唱领域了。

6-5-3."说书"与"曲艺"有何关系?

简单地说，说书是曲艺中的一种形式，二者之间是子属关系。说书操作简单又富于表现力，反映现实，许多熟悉的历史故事和民间传说被改编为说书的脚本，备受人们喜爱。除评书之外，曲艺还包括大鼓、评书、相声、单弦、弹词、坠子和二

---

① 唐·赵璘《因话录》卷四角部,《唐国史补 因话录》,上海古籍出版社,1979年,第94页。

人转等多种百姓喜闻乐见的艺术形式。

如《老残游记》中"明湖居听书"一节中的"书"指的是梨花大鼓，书中记载了梨花大鼓在当时济南府明湖演出的盛况。这种说书方式，用一面鼓、两片梨花做道具，故称"梨花大鼓"，演说的内容往往是一些前代名人的故事。主人公王小玉就是一个著名的说唱艺人，她在说唱艺术中汲取了京腔、昆腔小调等，创造出了梨花大鼓的新调式，说唱艺术炉火纯青。

6-5-4.相声是怎样逐渐发展而成的？

相声是一种以说为主的民间曲艺形式。明朝开始盛行于民间，流行于京津冀地区，普及海内外。后来逐渐从一个艺人摹拟口技为主发展成为单口说话，从此称为"相声"。后由单口相声发展出对口相声、群口相声等多种形式。

相声是一种扎根于民间，来源于生活，深受群众欢迎的曲艺表演形式。据记载，最早成为专业相声艺人的是清朝道光咸丰年间的北京民间艺人张三禄。此后相声艺术的发展经历了一个繁荣时期，门派林立。20世纪末，以侯宝林、马三立为首的一代相声大师相继陨落，相声艺术陷入低谷。21世纪，在网络视频等新兴媒体的推波助澜下，相声艺术又有了进一步发展。

2008年，在国务院颁布的第二批国家级非物质文化遗产名单中，相声名列其中。

6-5-5.京韵大鼓是怎样逐渐发展而成的？

京韵大鼓又叫"京音大鼓"，属于鼓词类的曲艺音乐。京韵大鼓发源于清末的京津冀地区。

民间艺术家刘宝全对传入京津地区的河北木板大鼓进行了改进，以北京语音声调作为说唱的标准，又先后吸收了石韵书、马头调和京剧的部分唱腔，创造了新的腔调，专攻短曲，京韵大鼓由此问世。因此被称为"鼓王"的刘宝全先生一直被认为是京韵大鼓的代表人物。

京韵大鼓在流传的过程中还曾经出现过不少的名字，比如当时在北京称为"京调大鼓"、"小口大鼓"、"音韵大鼓"，在天津则被称为"卫调大鼓"和"文武大鼓"。直到1946年，北京成立曲艺公会后，"京韵大鼓"之名才最终确定。

6-5-6.苏州评弹有怎样的前世今生？

苏州评弹是评话和弹词的总称，是流行于江南水乡的一种具有代表性的地方剧种。它起源于苏州，吴侬软语是苏州评弹在语言上的突出特色，至今已有400多年的历史。苏州评弹形式上是徒口说唱配以优美婉转的乐曲。因为鲜明的地方特色，备受江、浙、沪地区的人们喜爱，400多年来长盛不衰，名家辈出，流派纷呈。

最著名且具有代表性的评弹艺人是为乾隆皇帝演唱过评弹的演奏家王周士。

评话和弹词在内容和形式上也有所不同：评话内容多为历史演义和侠义故事，在演出形式上通常是一人登台开讲，演出中常穿插一些妙趣横生的笑料；而弹词在内容上大多是儿女情长的传奇小说和民间故事，在演出形式上一般由两人说唱，演出者上手持三弦，下手抱琵琶，自弹自唱。苏州评弹，因其轻便灵活的形式、优美动听的音乐、动人心弦的内容、生动传神的说唱，赢得了广大群众特别是江南民众的喜爱，也被海外华侨视为乡音的代表。

2008年，在第一批国家级非物质文化遗产扩展项目的名单中，苏州评弹赫然在列。

活动设计

A. 小学：模仿相声、小品表演

1. 建议

（1）欣赏相声、小品20个。

（2）分年级举行模仿相声、小品大赛。

2. 活动设计

我是最佳"模仿王"。

（1）目的：激发欣赏曲艺的兴趣，培养良好的鉴赏习惯，渗透团队的合作意识。

（2）策略：根据不同年级儿童心理特点，通过游戏和模仿的方式，点燃学生的激情。

（3）时间：一节课。可以循环进行，但每次时间不宜过长，防止出现审美疲劳。

（4）场地：室内外均可，没有干扰，最好做一些小设计，利用环境，营造气氛。

（5）人员：班级的全体同学（也可以是一个年级），如果邀请老师参加更好。

（6）组织：模仿创意小组（可以由文艺委员或语文科代表等组织）。

（7）主持：文艺委员或善于活跃气氛的同学。

（8）裁判：5名。可以邀请老师点评，并作总结陈词。

3.活动准备

根据年级确定由简单到复杂的模仿。按照"实力均衡"的原则，分成若干小组，并选举产生组长；各小组集体研究模仿的范围，并做好组内具体分工；游戏设置总成绩前三名奖，还可以根据实际情况设置最佳团队奖、最佳上镜奖、最佳表演奖、最佳"模仿王"等荣誉奖；总成绩由裁判组计分产生，荣誉奖由各组提名产生。

4.活动程序

（1）主持人宣布模仿的比赛规则和范围。

（2）主持人宣布裁判名单和职责。

（3）主持人宣布比赛开始。

（4）下课前5分钟结束比赛，统计得分，各组上交荣誉奖提名表。

（5）老师作模仿比赛点评。

（6）宣布最佳"模仿王"等获奖名单。

5.活动规则

（1）从模仿的语言、语气、动作和神态等方面对模仿者做出评判。

（2）临场发挥好的可加10分。

（3）最后根据总分多少决定优胜团队。

（4）荣誉奖根据各组评选票数决定。

B.初中：唱京韵大鼓，说山东快板或表演东北二人转

1.建议

（1）欣赏京韵大鼓骆玉笙的《哭黛玉》、山东快板《三个叫花子闯江湖》、东北二人转《小拜年》等。

（2）琢磨人物的说唱及语气等。

2.活动设计

排练演出京韵大鼓、山东快板、东北二人转。

（1）目的：培养学生对曲艺的审美体验。

（2）时间：两节课。

（3）场地：大教室或小舞台。

（4）人员：班级分成五组人员，组内人员做好搜集、整理和分配角色等工作的分工。

3.活动准备

每组的演出者做好对角色的模仿和把握，借好道具和表演服装。

4.活动规则

（1）语言、腔调和韵味必须是当地的方言味。

（2）表演过程中肢体语言也是评分的一部分。

（3）临场发挥好的可加10分。

（4）最后根据总分多少决定优胜团队。

（5）荣誉奖根据各组评选票数决定。

C.高中：创作相声、小品等

1.建议

（1）平时欣赏中国经典的相声、小品50部。

（2）剖析相声中的精彩对白和小品中的幽默内涵。

2.活动设计

"我是小小创作员"汇报表演交流会。

（1）目的：引导学生学会模仿和创作相声、小品，学会"正能量"的呈现。

（2）准备时间：一个学年。第一学期布置欣赏和创作，形成文字稿；第二学期每周用一节课推出三位同学的创作，并通过周末的排练，到学期结束前两周进行汇报表演交流。

（3）场地：教室。

（4）人员：每节课出场三组同学，其他同学做听众兼评委。

3.活动程序

（1）每节课结束全体同学都要给三组同学的创作和表演打分，并记录主要优点和不足。

（2）学期结束评选十大优秀"我是小小创作员"，并安排展出。

（3）推荐第一名参加学校元旦文艺汇演。

第七章　生活撷英

浩浩中华史，上下五千年。我们无法呈现中华传统文化生活的全部内容，只能择其要点，由几条线索做一个梳理，借此找到生活与文化之间的相关性，彰显中华民族生活中传统文化的魅力。

中医是传统文化的瑰宝，它包含着先民同疾病进行斗争的丰富经验，也蕴含着他们对生命、生命与自然的关系的体验和认知，而且其中有许多的奥秘至今无法用语言阐述清楚。随着现代科学的发展，中医的秘密不断被发现和挖掘，中医不仅沉淀了一系列有关养生保健的理论知识，还形成了大量行之有效的知识体系与技能。

中国武术，不仅可以帮助人们抗击外来侵扰，而且可以强体健身，延年益寿，具有悠久的历史和广泛的群众基础。它简单实用，门派众多，体系清晰，影响广泛，形成了不同风格的实践成果和理论体系，浸透着传统文化的智慧和鲜明的民族特色。

东方饮食文化源远流长，我们的祖先为中国的饮食增添了丰富的内容，形成了独具魅力的饮食文化。炎黄子孙将饮食变成美妙的享受，进而把它上升到文化层面。

博戏所以能形成文化，首先是因为它拥有广泛的群众基础。博戏形式活泼，地域文化元素和民间特色鲜明，独具风韵，汇聚了先民的智慧与心血，形象生动地演绎着中国古代文明的传奇与风情。

第一节　中医精要

　　中医是历代人民同各种疾病作斗争的智慧结晶，是在古代朴素的唯物论思想的引领下，研究人体生理、病理以及疾病的诊疗和防治的一门科学。中医作为相对于现代西医的一种概称，泛指中国传统的医学。这一传统国粹在世界医学史上，具有独特的地位和重要的影响力。

　　千百年来，中医药学一直有效地指导着我国古代人民的防病治病、养生保健，为中华民族的生存和发展做出了巨大贡献。即使在科技突飞猛进的今天，中医仍以其特有的理论和神奇的诊疗效果，奠定了它在医学科学中的重要地位，深受劳动人民的信任和喜爱。随着科技的深入发展，中医的神秘面纱逐步揭开，它的价值与优势不断得到展现，在世界医学的大舞台上，越来越大放异彩。

7-1-1.中医是怎样产生的？有哪些代称？

　　中医产生于原始社会，经过历代杰出医药学家不断探索和总结，形成了具有独特理论风格和诊疗特点的医学体系。春秋战国到汉代，是中医理论奠基阶段。汉代以后，中医在治疗经验、治疗理论等方面得到了进一步完善。明清以来，中医理论更趋丰富完整，如叶天士的"卫气营血"等论断，至今仍指导着中医临床实践。

在西医没传入中国时，并无"中医"之称，与"中医"相关的称呼有"岐黄"、"悬壶"、"杏林"、"大夫"、"郎中"等。

第一个称呼叫"岐黄"。相传黄帝和臣子岐伯、雷公等探究医术，以问答形式记录成专著《黄帝内经》，又称岐黄之术，该专著对后世中医发展影响极大，故"岐黄"成了中医最早的称呼。

第二个称呼为"悬壶"。传说一老翁专职卖药，竹杆上面总是高高地挂着一个葫芦，他的药无比神奇，药到病除。此后，有人就把"悬壶"（壶即葫）作为行医的代称。

第三个称呼为"杏林"。相传三国时期名医董奉治病不收钱，只要求治愈的病人种杏树。几年后，杏已成林，硕果累累。他又告诉病人，以谷换杏，换来的谷子救济贫民。人们有感于他的医术医德，便以"杏林"代指良医。

第四个称呼为"青囊"，本指古代医家装医书的布袋。据传三国时期，华佗落狱临死前，为报答一个狱吏的善待之恩，将自己装满医书的布袋相送，该狱吏后来改行行医。此后，人们用"青囊"借指医术、医生。

第五个称呼为"橘井"。传说汉朝有个道士名叫苏耽，成仙前告诉母亲一个秘密：家乡来年有瘟疫流行，用院中井水泡橘叶煎汤服用即可痊愈。第二年，瘟疫流行，这法子果然奏效，而"橘井"也就逐渐成为良药之典的代称了。

7-1-2.中医的基本原理与主要治疗方法有哪些？

中医的最重要的特点是整体观，它强调"天人合一"、"形精合一"的整体意识。与西方医学理念相比，中医更追求从整体的角度看待病理问题，重视人和自然的统一性。

中医的第二个特点是"辨证论治"。"辨证"强调诊断疾病的过程中通过综合分析从而做出正确的诊断。"论治"即根据诊断，确定相应的治疗疾病的原则、方法、药物等。

诊断疾病的望闻问切"四诊法"相传是春秋战国时期神医扁鹊在总结了前人经验的基础上提炼出来的。望诊：要求对病人的神志、皮肤、四肢、五官、舌苔等进行仔细的观察，从而获得第一手的体征资料。闻诊：包括听声音和嗅气味。听病人说话、呼吸、咳嗽、嗳气等声音，闻病人各种分泌物的气味。问诊：在望、闻的基础上，医生提问了解病人的发病时间、发病经过、主要症状，还要询问病人的既往病史、家族病史等。切诊：中医的切诊以切脉为主，医者用手按桡动脉部位，根据动脉搏动情况来辨证疾病。

中药的气亦称性，中药的气和味说的就是中药的性质和滋味。中药的"四气"包括寒、热、温、凉。中药的"五味"包括酸、苦、甘、辛、咸。中药的四性就是根据临床使用疗效反复验证后总结提炼出来的；中药的五味不仅仅是药的滋味，也涉及到药物的性能。

7-1-3.中医历史上有哪些名医？

1.扁鹊：中医医祖。他是战国时期名医，姬姓，秦氏，名缓，字越人。他在医学上最大的贡献就是在前人的基础上提炼出来"望、闻、问、切"的诊断方法，奠定了中医诊断学的基础。

2.张仲景：中医医圣。他名机，字仲景，是汉末著名医学家，写出了著名的医学专著《伤寒杂病论》。此书的价值在于首开辨证论治之先河，并由此奠定了中医治疗学的基础。《伤寒杂病论》被称为我国传统中医药学的"万世宝典"。

3.华佗：字元化，东汉末年著名医学家，我国传统外科医学的开拓者，民间称他为外科圣手。他用"麻沸散"成功实施手术，是世界医学史上最早应用全身麻醉进行外科手术并成功的案例。他还是用于强体健身的古代健身操"五禽戏"的创编者。

4.皇甫谧：字士安，自号玄晏先生，魏晋时期著名医学家。他的医学专著《针灸甲乙经》，是我国第一部针灸专著，书中详细记载了人体各部穴位的适应症和禁忌症。

5.葛洪：字稚川，东晋医药学家，传染病预防医学的先导者。他在传染病预防和制药方面有许多重要的发现和发明，对部分传染病的病因、传染性、治疗方法有科学的独特见解，这在当时十分难能可贵。

6.孙思邈：中医药圣，唐代著名医学家和药物学家。他一生主要致力于临床药物研究，其著作为《千金要方》。该书分类记载药方6500个，可以看作我国最早的临床医学百科全书，对后世影响极大。

7.钱乙：儿科之祖，字仲阳，北宋著名儿科医学专家。他去世后，他的学生收集整理了他重要的医案和临证经验，辑成《小儿药证直诀》三卷。该书系统总结了小儿病患的辨证论治方法，被后人视为儿科医学的开山之作。

8.朱震亨：字彦修，元代著名医学家。他倡导的著名中医养生论断是"阳常有余，阴常不足"①，申明人体阴气之重要，后世称之为滋阴派创始人。

9.李时珍：字东璧，晚年自号濒湖山人，明朝著名医药学家。他用毕生精力，历时三十余年，完成了巨著《本草纲目》，达尔文誉之为"中国古代百科全书"。此书被译成十余种文字，流传于世界各地，被奉为医学圣典。

10.叶天士：名桂，号香岩，清代著名医学家。他对内、外、妇、儿、五官各科无所不精，是典型的全科医生，也是温病学派奠基人物。

7-1-4.中医有哪些关于增强体质、预防疾病的方法?

早在两千多年前，《素问·四气调神大论篇》中就很注重"圣人不治已病治未病，不治已乱治未乱"②。这里的"治未病"就包括未病先防与即病防变两方面的意思。

1.心态平和。重视精神调养。强烈的反复的精神刺激，会引起人体气机紊乱、气血阴阳失调而发生疾病。如能做到恬淡虚无，平心静气，精神快乐，那么人体的气机就会畅通，气血趋向平和，正气越来越旺盛，自然会减少疾病的发生。

2.饮食起居。《素问·上古天真论篇》云："食饮有节，起居

---

① 元·朱震亨《阳有余阴不足论》，鲁兆麟等点校《格致余论》，辽宁科学技术出版社，1987年，第1页。

② 《素问·四气调神大论篇》，《黄帝内经》(上)，时代文艺出版社，2001年，第6页。

有常。"①饮食讲究均衡的营养，均衡在先，营养在后，避免饮食不节、不洁、偏嗜。

3.适量运动。"动则不衰"是中医养生的传统观点。中医认为应该掌握动静结合、持之以恒、运动适度、循序渐进、因时制宜、因人制宜的原则。

4.针灸保健。我国古代先民在很久以前就学会了用针灸方法强身健体，即用毫针刺入人体的某些穴位，激发经络，调和阴阳，促进新陈代谢，全面调节脏腑机能，起到强身防病作用。

活动设计

A.小学

1.建议

（1）结合自然课，教师讲解中医代称的来历。

（2）要求学生课外阅读有关中医代称的书籍。

2.活动设计

中医代称故事会比赛。

（1）目的：通过中医代称来历的故事，使学生感受我国中医文化的悠久历史，领悟"杏林春暖"、"悬壶济世"的含义，领悟医术、仁术的含义，萌发探究历史、探究医学的兴趣。

（2）时间：2节课。

（3）场地：大教室或操场。

（4）形式：围坐。

（5）人员：小学高段学生。

①《素问·上古天真论篇》，《黄帝内经》(上)，第3页。

（6）组织：故事会创意小组（班干部）。

（7）主持：卫生委员2名。

3.活动准备

（1）布置学生课外阅读有关中医代称的书籍、诗词、故事。

（2）根据学生特长、口才、讲叙能力、兴趣爱好安排活动。

（3）每班推选1-2名主讲者。

4.活动程序

（1）主持人宣布比赛规则。

（2）演讲者讲述故事。

（3）学生举手补充故事。

（4）主持人点评总结。

（5）全体学生选出讲故事优胜者。

（6）给优胜者颁奖。

补充：主持人开场可朗诵与中医代称相关的诗词，如："岐黄之术传古今，济世悬壶消百病"。然后提问：何为"岐黄"？何为"悬壶"？通过今天的故事会，同学们一定会从中找到答案。

B.初中

1.建议

（1）课外阅读：学习中医"治未病"相关知识。

（2）拜访当地老中医。

（3）结合生物课知识，写一篇如何预防疾病的短文。

2.活动设计

预防常见病知识竞赛。

（1）目的：通过对中医"治未病"预防理念的学习，学生自觉地采取各种有利于健康的行为，加强锻炼，均衡营养，加减衣服以适应自然环境温湿度的变化等，养成良好的生活习惯和卫生习惯，从而减少疾病的发生。

（2）时间：2节课。

（3）场地：大教室。

（4）人员：班主任、全体学生、校医。

（5）组织：设立竞赛筹备小组，各班班干部为筹备小组主要成员，分工落实：竞赛策划，主持，参赛人员的人选。

3.活动准备

（1）印发预防常见病的相关知识的资料。

（2）校医准备竞赛题。

（3）制订竞赛形式、规则。

（4）每班组队参加。

4.活动程序

（1）每班参赛队员入场就坐。

（2）主持人宣布竞赛形式、规则。

（3）主持人主持竞赛（得分高者胜出）。

（4）学生自由举手提问，校医作答。

（5）主持人请校医进行总结发言。

（6）给优胜者颁奖。

C.高中

1.建议

（1）熟知中国古代十大名医的特点以及所处的社会环境。

（2）了解中国古代十大名医为人类健康做出的贡献。

2.活动设计

关于中国古代十大名医征文。

（1）目的：通过了解十大名医的成就和贡献，深刻理解中医文化的博大精深，阐释其中所蕴藏的智慧及贯穿儒释道诸家的精神。激发学生萌发献身医学事业，服务人类的志向。

（2）时间：一学期。

（3）人员：学生会干部、校红十字会员、全体学生。

3.活动准备

（1）校红十字会会长布置会员阅读了解十大名医的经历、贡献成就。

（2）发布征文启事、规则、要求、时限。

（3）成立征文评选小组。

4.活动程序

（1）发布征文启事。

（2）收齐征文后，评选小组阅读评选。

（3）在校红十字会年会上给予优胜者以奖励。

第二节　武术搏击

武术又称"国术"、"武艺"、"中国功夫"等，它历史悠久，普及性广，是中华民族的优秀文化遗产之一。在长期的历史进程中，武术的形成和发展凝聚着历代劳动人民的智慧，形成了鲜明的民族体育特色。

秦汉时期，手搏、剑道等项目盛行。唐代始兴武举，把武术纳入科举范畴，标志着武术从民间进入官府，客观上促进了全民练武活动的开展。宋代，民间陆续出现了使拳、踢脚、弄棒、打套子等表演，宫廷中则有枪对牌、剑对牌等对练项目。这些对练项目一是加强宫廷安保，一是为了给皇帝娱乐表演。明清时代，武术已经蔚为大观，拳种流派林立，"十八般武艺"及各家拳法，无论是在朝廷还是在民间，都广泛流传。

7-2-1.什么是武术和搏击？什么是武术套路？

武术是以技击动作为主要内容，以套路、格斗、功法为运动形式，注重内外兼修、充分体现中国文化中外圆内方、攻守有度的中国传统体育项目。

搏击即搏斗打击。在现代的体育运动项目中，已将"搏击"定义为徒手的竞技运动项目，它有广义和狭义之分。广义的搏击指现今公认，也比较流行的搏击类运动项目，有中国武术中的散打和截拳道、日本的空手道和柔道、韩国的跆拳道、泰国的泰拳、巴西柔术及拳击、自由搏击等。狭义的搏击就是格斗。中国传统武术中的技击，就是搏击之术。

武术起源于人们的日常生活与生产实践，体现了历代劳动人民的执着、智慧与探索精神，浸透着传统文化的睿智，并逐步发展成为中国传统体育项目之一。

武术的基本技术主要包括武术的技法、功法和基本动作，掌握武术技术是提高运动水平的基本方法。

武术套路，即武术运动的主要形式，也称"套"或者"套子"。大多由4段或6段组成，在结构上有起势和收势。竞赛套路一般分为以下几种类型：规定套路、自选套路、传统套路、对练套路等。

7-2-2.武术的基本技法有哪些？

四击：拳术术语，包括踢、打、摔、拿四种技击方法。其中"踢"是腿法，包括蹬、踹、弹等具体动作及要领；"打"是拳法，包括冲、撞、挤等具体动作及要领；"摔"是摔法，也称跌法，包括掤、揣、滑等具体动作及要领；"拿"是擒拿方法，包括刁、拿、锁等具体动作及要领。

六合：指的是六种重要的武术技法要领，主要涉及手、眼、身、精、气、神六个概念。其中手、眼、身相合为"外三合"，精、气、神相合为"内三合"，总称"六合"。六合之说形成之后迅速流传，逐渐为不同流派所认同和采用，形成武术界的共识。

八法：武术术语，是指武术运动中的八种主要技术方法。

包括手、眼、身法、步、精神、气、力、功八种，操作要领都有具体的要求。八法拳诀是：拳似流星眼似电，腰如蛇行步赛粘，精要充沛气宜沉，力要顺达功宜纯。总之，要求精神集中，动随神走，心到神知，动作到位。

十二型：武术术语，指武术运动中的十二种运动形态，包括动、静、起、落、站、立、转、折、轻、重、快、慢等十二种。古人特意用了如下的比喻来形容，可谓形象生动，深入浅出：动如涛，静如岳，起如猿，落如鹊，站如松，立如鸡，转如轮，折如弓，轻如叶，重如铁，快如风，缓如鹰。以此来要求技术动作形神兼具，体现内外兼修的传统文化。

7-2-3.武术的拳种有哪些？

武术拳种的划分目前最流行的有两类，一类是按地域划分，有"南派"、"北派"之说；一类是按拳种风格来划分，有"内家"、"外家"之说。实际上，中国武术的拳种内容十分丰富，流派众多，体系庞大，根据近年全国武术挖掘整理工作中的统计资料表明，境内流传至今的传统拳种已达到130多种，其中比较著名的有：长拳、查拳、花拳、红拳、华拳、南拳、虎拳、猴拳、戳脚、醉拳、咏春拳、太极拳、硬门拳、形意拳、八卦掌、通背拳、三皇炮捶等等。

7-2-4."十八般武艺"是指什么？

"十八般武艺"本来是指使用十八种兵器的技艺，后来引申为泛指多种武艺。中国古代兵器种类繁多，远不止十八种，为什么传统说法中常有十八般兵器的说法呢？南宋著名的军事理论家华岳的《翠微北征录》曾有这样的描述："臣闻军器三十有六，而弓为称首；武艺一十有八，而弓为第一。"由此可见兵器概貌，特别是弓箭在古代兵器中的独特作用。元朝之后，"十八般武艺"开始被广泛用于戏曲和小说之中，而且含义不断被演绎；后来还出现过"九长九短"、"六短十二长"，以及"大十八般"、"小十八般"等对十八般武艺的不同说法。综上所述，取多数人公认的解释，较为常见的是"刀、枪、剑、戟、斧、钺、钩、叉、镗、棍、槊、棒、鞭、锏、锤、挝、拐子、流星"。

🎋 7-2-5.中国历史上最有影响的十位武术家是谁?

越女：女剑术家。春秋后期越国（今浙江绍兴一带）人。本无名氏，因越王勾践加号为"越女"而得名。

关羽（?—219）：武功赫赫，刀术盖世，忠义为本。东汉末年因打抱不平，亡命涿郡，与刘备、张飞结为金兰之好，"寝则同床，恩若兄弟"。

郭子仪（697—781）：唐代大将。华州郑（今陕西省渭南市华州区）人。自幼习武学文。因武功精湛，唐玄宗天宝年间为武进士，历任天德军使、九原郡太守、兵部尚书、中书令等职。

岳飞（1103—1142）：民族英雄。字鹏举。相州汤阴（今属河南省安阳市汤阴县）人。他武艺高强，建立了一支纪律严明、作战骁勇的"岳家军"。

张松溪（生卒年不详）：内家拳主要代表人物。明代嘉靖年间鄞县（今属浙江省宁波市鄞州区）人。《宁波府志·张松溪传》记载：他曾拜孙十三老为师，学得内家拳法，擅长搏击，内家拳艺享誉江南。

戚继光（1528—1588）：明代抗倭名将，著名军事家，民族英雄。字元敬，号南塘，又号孟诸，登州（今山东省蓬莱市）人，生于山东济宁。戚继光出生于武术之家，是将门之后，自幼随父习武，渐有所成，炉火纯青。16岁时戚继光袭武职登州卫指挥佥事，屡建奇功。

袁崇焕（1584—1630）：明末抗清英雄。字元素，广东省东莞市人。自幼习文练武，为人慷慨，富谋略，好谈兵。明万历四十七年中武进士，初授福建省邵武知县。

陈王廷（1600—1680）：武术家，陈式太极拳创始人。亦名王庭，字奏廷（庭）。河南省焦作市温县人。自幼习文学武，文武双全，明末时为文、武庠生。承祖传武术，拳械皆精。

董海川（约1813—1882）：八卦掌创始人，另一说法是八卦掌主要传人。原名明魁，又单名海，字海川。祖籍山西省洪洞县，在河北省文安县长大。自幼习武，嗜武成癖，豪爽聪慧，勇冠乡里，技艺精湛。

霍元甲（1868—1910）：清末爱国武术名家、迷踪拳大师。字俊卿，绰号"黄面虎"。祖籍河北省沧州市东光县，在天津市静海县长大。霍元甲生于武术世家，又多方访贤问道，汲取百家之长，弃其所短，武功日益精湛，终于将迷踪拳发展为迷踪艺，完成了从技击到艺术的完美嬗变。

7-2-6.武术重要典籍有哪些？

《手搏》：我国古代专门记述徒手搏斗技术的书。作者不详。班固《汉书·艺文志》中有著录此书，凡6篇。班固认为手搏属"习手足"之类技击技术。因此可以将此书看作迄今为止中国最早的一部拳术古书。

《古今刀剑录》：中国古代专门记述刀剑及其使用的兵器专著，作者为梁陶弘景。该书记载了从夏禹至梁武帝时期历代帝王所用之刀剑，为研究我国刀剑工艺提供了珍贵史料。

《角力记》：我国古代有关角力与拳术的专著。产生于五代十国到宋初这段时间，宋代郑樵所撰的《通志·艺文略》有著录，但未提及作者。

《武编》：中国古代讨论武艺的兵书。明唐顺之编撰，分前后两集。前集主要内容是战术兵法，计54门；后集记录古代战事，分计133门。前集中第五卷集中阐述了牌、射、火器、弓等各种兵器。

《武备要略》：中国古代武艺兵书。明程子颐撰，崇祯年间有刻本行世。该书最大的价值是收集保存了许多古代珍贵的武术资料，深入浅出，图文并茂，形象生动，记述详备。

《纪效新书》：中国古代著名兵书。明戚继光著，18卷正文，卷首1卷。该书为戚继光任浙江参将期间抗倭练兵时之作；文字通俗，每篇皆配以图说，所载皆其行兵布阵征战实用有效之法，故以"纪效"为书名。

《易筋经》：我国古代武术内功专著。明天启四年（1624）问世，一说为天台紫凝道人假托达摩之名所作。简单地说，《易筋经》就是改变经络的闭塞不通现状，通过修炼丹田之气打通全身经络的内功方法。

《内家拳法》：我国古代介绍内家拳的武术专著。作者是清代的黄百家，阐述了内家拳的精要与独到。

《无隐录》：我国古代著名武艺专著，为明末清初著名武家吴殳先生晚年之作，可谓传统武术之集大成者。

《双剑谱》：我国古代剑术专著。作者王守一（河南南阳人）、苌乃周（河南荥阳人），成书于清乾隆四十五年（1780）。该书以图文并茂的方式精妙地叙述了作者创编《双剑谱》的经过和特点。深入浅出，注释鲜明，是一部不可多得的剑术典籍。

活动设计

A.小学

1.建议

（1）练习基本功、基本动作、动作组合。

（2）练习少年拳第一、第二套。

（3）选编、练习特色拳。

2.活动设计

武术基本动作展示。

（1）目的：激发学习武术的兴趣，培养爱国情操和良好的运动习惯。

（2）策略：根据不同年级儿童心理特点，通过游戏、比赛方式，点燃学生的学习激情。

（3）时间：一节课，或阶段性地组织。可循环进行，但每次时间不宜过长，防止出现厌倦情绪。

（4）场地：室内外均可，没有干扰，最好做一些小设计，利用音乐，营造气氛。

（5）人员：班级的全体同学（也可以是一个年级），如果能邀请老师参加更好。

（6）内容：动作展示。

（7）组织：由班长或体育委员、纪律委员等进行组织。

（8）主持：科代表、纪律委员。

（9）裁判：2—3名，可以邀请体育老师参与支持。

3.活动准备

（1）规定各年级展示的基本动作（腿法：各种直摆性、屈伸性腿法，扫转性腿法，劈叉性腿法；步型：弓步、马步、虚步、仆步、歇步、坐盘、丁字步、横裆步；平衡：前提膝平衡、侧提膝平衡、前控腿平衡、侧控腿平衡、朝天蹬扣腿平衡、燕式平衡、望月平衡、侧身平衡；跌扑翻滚：抢背、倒跟头；跳跃：腾空飞脚、腾空双飞脚、腾空摆莲、旋风脚、大跃步前穿。），然后进行动作组合。

（2）动作展示设置总成绩一、二、三等奖（目的是让参加者都享受快乐，都有成就感，都有进步），总成绩由裁判计分产生。

（3）器材：武术服、腰带、练功鞋等。

4.活动程序

（1）主持人宣布各年级展示的动作要求及规则。

（2）主持人宣布裁判名单和职责。

（3）抽签决定出场展示顺序。

（4）宣布获奖名单。

5.活动规则

（1）总分为100分，10个基本动作，每个动作8分，上场5分，退场5分，场上精神状态和服装10分。

（2）在规定时间内完成。

（3）最后根据总分排名。

补充：如果以年级为单位组织时间较长，也可以班级为单位组织。

B.初中

1.建议

（1）练习基本功、基本动作、动作组合。

（2）练习健身拳、六合拳、自己编选的拳术。

（3）对练短棍或其他器械套路。

2.活动设计

武术基本动作展示、套路展示、对练展示。

（1）目的：给学生提供武术展示平台，培养良好的运动习惯，创建校园武术文化。

（2）策略：根据不同年级学生心理特点，通过套路、对练的比赛方式，创建校园武术文化。

（3）时间：一节课，或阶段性地组织。

（4）场地：室内，没有干扰，最好做一些小设计，做些宣传，营造气氛。

（5）人员：班级的全体同学（也可以是一个年级），如果能邀请老师参加更好。

（6）组织：动作展示内容由体育教师、班长、体育委员商定。

（7）主持：学生会主持人。

（8）裁判：3—5名，可以邀请体育老师参与支持。

3.活动准备

（1）规定各年级展示的内容（武术基本动作展示、套路展示、对练展示）。

（2）设置总成绩一、二、三等奖（目的是让参加者都享受快乐，都有成就感，都有进步），总成绩由裁判计分产生。

（3）器材：武术服、腰带、练功鞋等。

4.活动程序

（1）主持人宣布各年级展示的动作要求及规则。

（2）主持人宣布裁判名单和职责。

（3）抽签决定出场展示顺序。

（4）宣布获奖名单。

5.活动规则

（1）基本动作展示：总分为100分，10个基本动作，每个动作8分，上场5分，退场5分，场上精神状态和服装10分。

（2）套路展示：年级学习的套路评分参照武术比赛评分规则。

（3）对练展示：年级学习的对练动作参照武术比赛评分规则。

（4）在规定时间内完成。

（5）最后根据总分多少排名。

补充：如果以年级为单位组织时间过长，也可以班级为单位组织。

C.高中

1.建议

（1）形神拳基本动作、套路展示，器械套路、自选套路展示。

（2）男：刀术。女：太极剑。

2.活动设计

武术基本动作展示、套路展示、器械套路展示、自选套路展示。

（1）目的：给学生提供多方面的武术展示平台，培养学生自编武术套路的能力，营造校园武术文化。

（2）策略：根据不同年级学生心理特点，通过规定套路、自选套路的比赛方式，建立校园武术队。

（3）时间：一节课，或阶段性地组织。

（4）场地：室内，没有干扰，最好做一些小设计，做些宣传，营造气氛。

（5）人员：班级的全体同学（也可以是一个年级，各个班级挑选同学参加），如果能邀请老师参加更好。

（6）组织：动作展示内容由体育教师、班长、体育委员商定。

（7）主持：学生会主持人。

（8）裁判：3—5名，可以邀请体育老师参与支持。

3.活动准备

（1）规定各年级展示的内容（武术基本动作展示、套路展示、自选套路）。

（2）设置总成绩一、二、三等奖。

（3）总成绩由裁判计分产生。

（4）器材：武术服、腰带、练功鞋等。

4.活动程序

（1）主持人宣布各年级展示的动作要求及规则。

（2）主持人宣布裁判名单和职责。

（3）抽签决定出场展示顺序。

（4）宣布获奖名单。

5.活动规则

（1）基本动作展示：总分为100分，10个基本动作，每个动作8分，上场5分，退场5分，场上精神状态和服装10分。

（2）套路展示：年级学习的套路评分参照武术比赛评分规则。

（3）自选展示：要求规定的动作必须有，套路时间范围参照武术比赛评分规则。

（4）在规定时间内完成。

（5）最后根据总分多少排名。

补充：如果以年级为单位组织规模不够，也可以学校为单位组织。

第三节　养生保健

　　养生保健的思想在中国起源很早，在夏朝之前，人们就知道用舞蹈疏通经络，预防关节疾病。先秦时期，已产生了系统的养生理论著作，即《黄帝内经》。此后的医学家和养生家们的养生思想都在《黄帝内经》的基础上产生，但他们又进一步对养生理论和实践措施进行了挖掘和拓展，形成了具有中国传统特色的保健养生体系。

　　源于中华民族生息繁衍的客观需求，人们历经数千年的探索，不仅积淀了一系列有关养生保健的理论知识，还创立了大量行之有效的养生保健、延年益寿的实践知识与技能，如吐纳、导引、太极拳、食疗、药膳等。实践证明，中华养生具有确切的保健功效，如针灸、推拿等除了有治病功效外，也成为保健养生和预防疾病的常用方法。伴随着科学的发展与社会的进步，预防、保健和康复等养生手段，越来越受到世人的青睐。

7-3-1.中华养生为什么强调"天人相应"？

　　在我国传统文化中，"天人合一"是一个非常重要的概念与共识，即人与自然、人与环境只有达到和谐相处，顺应天时，保健养生、健康长寿才可能实现。我国古代医学经典《灵枢》对这一点有非常精辟的阐述："春生、夏长、秋收、冬藏，是气之常也，人亦应之。以一日分为四时，朝则为春，日中为夏，日入为秋，夜半为冬。"①说明养生要顺应一年四季的变化，也要尊重一日四时的起居规律。

我国传统医学把人与自然看作一个整体，强调"天有所变，人有所应"，提倡要适应自然环境的变化，才能有效避免外邪侵袭。《灵枢·本神篇》反复告诫人们，要"顺四时而适寒暑"②。医学经典《素问·四气调神大论》明确提出"春夏养阳，秋冬滋阴"③的时序养生原则，同时指出"虚邪贼风，避之有时"的预防观点，这种防病养生的思想对后代预防医学和保健养生都带来重要启示。

7-3-2.古老的中华养生有何方法？

1.精神调摄

传统医学把心安看作是养生的第一要素。最早的医学著作《黄帝内经》就提出了"恬淡虚无，真气从之，精神内守，病安从来"④的养生思想。这就是强调精神调养对人体健康的重要性。只有做到清心安神，健康长寿才可能实现。反之，情绪暴躁，反复无常，过度喜怒哀乐，都会对人体脏腑功能产生干扰，导致身体自然节奏的紊乱。

---

① 清·黄元御《灵枢悬解·顺气一日分为四时》，《素问悬解　灵枢悬解　难经悬解》，山西科学技术出版社，2012年，第466页。

② 《灵枢·本神篇》，《黄帝内经》（下），第391页。

③ 《素问·四气调神大论》，《黄帝内经》（上），第6页。

④ 《素问·上古天真论篇》，《黄帝内经》（上），第3页。

2. 运动养生

养生保健功法种类繁多，有五禽戏、八段锦、太极拳、放松功、内养功、强壮功、意气功、真气运行功法、空劲功、形神桩等等。这些功法有动有静，合理应用，不仅能增强体质，提高免疫力，有效预防疾病，而且对一些慢性疾病有一定的治疗和恢复作用。

3. 饮食调养与药膳

中医学的饮食理论认为，食物具有气和味的特点。食物不仅滋养人体，也可以调整人体的气血、阴阳。适宜的饮食、丰富的营养既可以养精补形，又可以调节阴阳平衡。这不但保证机体健康，而且也是防病治病的重要方法。近年来，随着人们对药膳与食疗的喜好和需求，药膳食疗业已展现出广阔的发展前景。

4. 推拿保健

针、灸、推拿按摩不仅是中医治疗的手段，也是养生保健的重要方式，三者常配合使用。

5. 睡眠养生

充实高质量的睡眠是现代人最容易忽视的，清朝著名的文艺理论家李渔曾告诫人们"养生之诀，当以睡眠居先，睡能还精、养气、健脾益胃、壮骨强筋"。①

---

① 清·李渔著《闲情偶记》(下)，时代文艺出版社，2001年，第531页。

7-3-3.中华养生保健有哪些论著?

1.《黄帝内经》

《黄帝内经》也称《内经》,由《素问》和《灵枢》两部分组成,不仅是中医第一宝典,也是养生第一宝典,是我国现存最早的医学典籍。它在医学方面所阐发的人与天地相应的思想、脏腑经络学说、治疗法则、整体观念,为中医学理论奠定了基础,至今依然是中医的学习教材,被称为"医之始祖"。

2.《养生三要》

作者是清代医学家袁开昌,本书集20余种医学经典著作及30多位医家的论述于一书,是养生经典之集大成者。

3.《闲情偶寄》

明末清初文艺理论家李渔所著,其中有"颐养"部,主要论及养生等内容。该书自康熙十年(1671)刊刻以来,一直备受瞩目,它用轻松优美的文笔阐述了富有生活哲理的养生知识,因此成为养生学的经典著作。林语堂曾对该书给予极高的评价,赞扬该书是"中国人生活艺术的指南"[①]。

4.《食疗本草》

作者孟诜,唐代医药学家,精通医药和养生之术。此书后经张鼎增补改编,在民间广泛流传,是我国古代比较系统全面的食疗专著。

5.《养性延命录》

作者南朝陶弘景。全书分上下两卷,包括教诫、食诫、杂

诚、服气疗病、导引按摩等内容，记载了部分养生保健的方法和依据，包括情志调摄、饮食起居、保健和治疗方法等。

6.《东坡养生集》

明清之际王如锡辑。以养生为视角，系统地收集了苏轼及同时代人关于养生的精妙见解，不仅关注了苏轼在医药、服食等方面的实践与探索，更强调了苏轼在精神调养方面的思考与尝试。

7.《老老恒言》

清朝秀才曹庭栋撰写，是老年养生的宝典。全书共五卷，本书延续了《黄帝内经》的养生思想，主要体现在"首在养静"、"顺应自然"等几个方面。

8.《修龄要指》

作者是元末明初医学家冷谦，这是一部中医养生学专著，也是中国古代健身与气功学的代表作。

9.《寿亲养老新书》

宋代陈直撰，元代邹铉续增。这是一部以老年人养生为主题，详细叙述修身养性、介绍药物治疗与饮食调理、按摩穴位等保健内容的养生专著。

7-3-4."治未病"的原理与太极拳有什么关联？

"治未病"的说法来自《素问·四气调神大论》，其特殊价值在于体现了中医预防医学的深刻思想内涵。这种预防为主的思想，将养生和预防疾病紧密地结合在一起，对后人有极大的指导意义。

人体本身有一套非常完整的自我调节系统，可以保证人体内的各种功能都按正常秩序运行。人体内环境有三种调节：神经调节、体液调节、各脏器组织的自我调节。人体的免疫力就是因为有这些调节功能在发挥作用。"治未病"思想的高明之处，实际上就是充分调动人体的自身功能，增强免疫力，来保障或者提高健康水平。

太极拳是对人体内、外环境都起调节作用的一种运动形式，是主动、积极的调整手段。其动作根据太极两仪，巧妙地再现和处理阴阳、动静、升降、开合之理，演化出动中求静，静中求动的各式太极拳，并且以腰为轴，上下相随，周身组成一个整体的定式。动作要求身心并练，姿势如行云流水，在运动中要求心静用意，以意引动，动作与呼吸自然协调，在高级的审美享受中，强身健体。

❧活动设计❧

A.小学

1.建议

（1）介绍饮食、起居方面的保健方法。

（2）了解家人是怎样进行养生保健的。

2.活动设计

良好的生活习惯。

（1）目的：激发学习健康知识的兴趣，培养良好的生活习惯，渗透养生保健意识。

（2）策略：根据不同年级儿童心理特点，通过讲述自己和身边家人的生活习惯，点燃学生了解、学习保健养生知识的热情。

（3）时间：一节课。可以循环进行，但每次时间不宜过长，防止出现审美疲劳。

（4）场地：室内外均可，没有干扰，最好做一些小设计，利用环境，营造气氛。

（5）人员：班级的全体同学（也可以是一个年级），如果能邀请老师参加点评更好。

（6）组织：合作小组（由班主任、校医、体育教师等组织）。

（7）主持：班长或班主任。

（8）裁判：可以邀请老师参与支持。

3.活动准备

（1）根据年级确定生活起居、饮食的保健范围。

（2）按照"实力均衡"的原则，分成若干小组，并选举出组长。

（3）各小组集体研究讲述策略，做好组内分工。

（4）活动可以根据需要设置"最佳团队奖"、"最佳勇气奖"、"最佳创意奖"等荣誉奖（目的是让参加者都享受快乐，都有成就感，都有进步）。"健康小达人"、"健康小组"荣誉奖由各组提名和教师代表协商产生。

4.活动程序

（1）主持人宣布裁判老师名单和职责。

（2）主持人抽取讲述小组人员的出场顺序。

（3）各组依次讲述。

（4）教师嘉宾点评。

（5）班长宣布获奖名单。

5.活动规则

（1）小组内合作答题，可以商量补充发言。

（2）小组可以表演一天的生活，对好与不良的习惯进行对比评判。

（3）经评委认定，根据讲述或表演决定"健康小达人"、"健康小组"荣誉奖等名单。

补充：如果以年级为单位组织该活动，如果活动时间较长，还可以设置初赛和复赛进行选拔，使活动内容更加丰富。

B.初中

1.建议

（1）分组研究、查阅保健养生方法。

（2）学练一套保健养生的方法。

2.活动设计

养生保健方法介绍。

（1）目的：增加传统文化积累，鼓励学生深入阅读，加强学生对健身养生的体验。

（2）概念：以古代养生方法做理论基础，通过演练动作手段，编成有故事的情节，展示古人的认知世界，塑造接近于历史真实的医者或智者形象。

（3）时间：一节课。

（4）场地：体育馆、小舞台。

（5）人员：班级分成A、B组，A组演出，B组做观众，并在结束以后作点评；B组演出，A组做观众，并在结束以后作点评。

3.活动准备

（1）每组同学选择一个保健方法，先介绍再演练。

（2）团队集体讨论演练话题，并制定一个发展流程，比如：起因——练习——修正——演练——成效——推广。

（3）讨论出场顺序和表演时间。

（4）每个团队确定一个穿针引线的人，推动情节的发展，担任导演兼旁白的角色。

（5）器材：服装、垫子等。

4.活动程序

（1）导演先作简单的剧情介绍。

（2）组员登场表演。

（3）观众、教师等代表点评。

5.活动规则

（1）表现形式灵活多样，可以是边演练边介绍，也可以是配乐叙述演练，可以是对话，还可以是齐练等等。

（2）每个人都必须上场表演。

（3）最后由点评老师、校医、体育教师等评判出"最佳保健养生方法"等不同奖项。

C.高中

1.建议

（1）养生保健的由来及发展。

（2）学练"八段锦"。

2.活动设计

保健养生的发展。

（1）目的：引导学生学会研究型阅读，学会比较、提炼、质疑和批判；学练"八段锦"养生功法。

（2）时间：一学期的课余时间。

（3）内容：布置阅读，形成研究报告论文；"八段锦"练习计划实施。

（4）场地：室内外均可。

（5）人员：学生自由组合团队。

3.活动准备

（1）布置阅读，查找资料，从古至今做一个统计分析，然后搜集整理形成报告。

（2）研究保健养生起因、发展、应用、风格等等。

（3）在对不同时期的养生进行系统的阅读之后进行分析和概括，形成自己的基本观点。

（4）再做延伸阅读，为自己的基本观点寻找更丰富的支撑。

（5）完成研究报告。

（6）器材：电脑、图书等。

4.活动程序

（1）介绍本组的研究方向和阅读过程。

（2）介绍研究成果（阅读收获，这部分是重点）。

（3）提出组内在研究中的困惑或者质疑。

（4）接受其他同学对该研究领域的提问。

（5）教师记录主要优点和不足。

（6）评选"优秀研究报告"，并安排展出。

（7）收集所有同学的研究报告集结成册。

（8）全组演练"八段锦"。

5.活动规则

（1）阅读过程中进行讨论。

（2）参考别人的相关学术成果，必须注明出处。

（3）不能在网络上进行复制粘贴。

（4）答辩中每个提问者只能提出一个问题。

（5）答辩者至少要回答同学提出的三个问题。

（6）优秀报告应由教师负责写出评语。

（7）每组提供研究报告电子稿，便于编辑成册。

（8）讲述练习心得，互相交流。

补充：专人负责，专业指导。

第四节　茶艺美食

　　我国传统文化源远流长，各行各业都有其特定的文化内涵，而饮食作为日常生活之必需，也有着自己独特的魅力。西方人把吃饭看作生存的条件，因而更注重饮食的营养价值；而中国人往往把吃饭看作是一种享受，因而我们的祖先就不仅重视饮食的营养价值，而且更加重视它的审美价值。相对于西式快餐，传统中餐带给人们味觉、视觉方面的享受是无与伦比的。

　　茶在中国人的日常生活中占据着非常重要的地位，茶文化是中国文化内涵的一种具体表现。酒文化也是中华文明的有机组成部分，中国已有数千年的酿酒史，不仅是世界上酿酒最早的国家之一，而且也是名酒最多的国家之一。

7-4-1. 中国的"十大名茶"以及饮茶的讲究有哪些？

　　中国是茶文化的发源地，是世界上最早种茶、制茶、提倡饮茶的国家。中国名茶品类众多，至少在长江以南，几乎每个地区都有自己的地方品牌。享誉全国的名茶就有几十种，所谓中国"十大名茶"，其实有多种说法，不同时期、不同评价组织、不同媒体所推崇的"十大名茶"有所差异，认可度比较高的主要有以下几种：西湖龙井、君山银针、武夷岩茶、安溪铁观音、洞庭碧螺春，还有信阳毛尖、黄山毛峰、六安瓜片、祁门红茶、云南普洱、江西云雾、福鼎白茶、湖南黑茶等。

我国古人饮茶，早已经脱离了止渴的基本需求，而是更加注重于一个"品"字，讲究的是一种情趣。茶叶的种类大体可以分为绿茶、青茶、白茶、黑茶、红茶、黄茶和花茶七大类。

科学研究表明，适当饮茶能降低心脑血管发病风险，它的科学原理就在于茶水中含有一种叫作茶多酚的活性物质，具有解毒、抗辐射和抗氧化的作用，其功用还包括消除疲劳、提神明目、消食减脂、利尿解毒、预防龋齿、消除口臭等等。

茶虽然有很多功效，但是并不适合所有人饮用，也不是所有的时间都可以喝茶。饮茶还是有些规矩和讲究的，比如儿童和孕妇、有胃病的人、体寒的人、有心脏病的人都不适宜饮茶，特别不宜饮用浓茶。同时也不能喝过夜茶，不能空腹喝茶，不能和药物同时服用，酒后不宜喝茶，饭前、饭后半小时不宜喝茶等等。

7-4-2.我国古代有哪些名酒？酒的品质是由什么决定的？

中医认为，适当饮酒能通经脉、行气血、活筋骨、除疲劳，有益于身体健康，甚至可以起到防病治病、保健养生的作用。在中国民间，农事节庆、婚丧嫁娶、生日寿庆、祭奠祈福、庆功盟誓、迎送宾客等民俗活动中，酒都成为必需品。决定酒的品质的主要因素有色、香、味、洁、格等。

我国古代的名酒有：

1.女儿红：又名"花雕酒"，是糯米酒的一种，主要产于中国浙江绍兴一带，是绍兴传统名酒。在以前绍兴一带有一种很流行的习俗——生女必酿"女儿酒"。"女儿红"用优质糯米、麦曲做原料，色如琥珀，醇厚甘鲜，回味无穷。

2.状元红：本名龙泉红酒，清代雍正年间，上蔡人探花程元章时任总督、巡抚，建议皇上品尝，皇上饮后连连称赞，并下令此后凡考中状元者，必以此酒宴请宾客，此后"龙泉红酒"便更名为"状元红酒"。

3.竹叶青酒：以优质汾酒为基酒，在汾酒中配以十余种名贵药材，采用独特生产工艺加工而成，具有保健养生之功效，是传统保健名酒。

4.桑落酒：产自山西永济市，距今已有1600年历史，多以优质的高粱、豌豆、绿豆等为原料，经过蒸馏、发酵、勾兑等各项工序，贮藏一年后方可饮用。因用桑落泉的泉水酿制，味道独特，是我国传统名酒之一。

5.屠苏酒：是中国古代酿制的一种药酒，往往在春节时饮用，故又名岁酒。屠苏是古代的一种房屋，酿酒常常在这屋子里完成，故称屠苏酒。据说该酒是汉末名医华佗创制而成的，其配方主要有大黄、白术、桂枝、防风、花椒、乌头、附子等，由中药入酒浸制而成。

6.杜康酒：据说因杜康酿造而得名，后来杜康居住的这个村子家家酿酒，于是这个以酒闻名的村子就叫杜康村，成为中国酒文化的一个地方标志。杜康村位于河南省洛阳市南35公里处，因酒闻名，吸引了古今中外无数名人对它讴歌赞颂，扩大了酒文化的影响力。

7-4-3.中国饮食文化中的境界和特点有哪些?

饮食境界是我国古人对饮食文化的一种分析。古人将饮食分为果腹、饕餮、聚会、宴请、养生、解馋、觅食、猎奇八种境界。不同的境界,饮食的规格和规矩都有所不同,例如,满汉全席,本来是清朝宫廷中满汉两种不同风格融合起来的一套菜,菜品的数量、品种、规格、烹饪技术,还有在正规宴席上,菜怎么吃、什么时候吃等等,都有一套严格的程序。

与西方人相比,中国人饮食以热食和熟食为主,水也要喝热水或者开水,特别是泡茶,水的温度就十分讲究。中国的饮食文化包括食物原料选取的广泛性、进食心理选择的丰富性、食品制作的艺术性、不同历史时期的传承性、各区域间饮食文化的通融性等等。

菜品注重色、香、味兼备,注重食医合一、饮食养生、本味主张、孔孟食道等思想。

7-4-4.中国"八大菜系"各有什么特色?

中国八大菜系包括:鲁菜、川菜、粤菜、闽菜、苏菜、浙菜、湘菜和徽菜。

1.鲁菜:北方典型菜系,发源于山东,由济南和胶东两地的地方菜演化而成。特点是咸鲜为主,注重火功,精于制汤,丰满实惠,风格大气。代表性的菜肴有"糖醋黄河鲤鱼"、"清汤燕窝"等。

2.川菜:西南内陆典型菜系,发源于四川,四川盆地雾多潮湿,饮食多辣。川菜以成都、重庆两地的菜肴为代表。风格上选料讲究，注重配色，调味多变，善用麻辣，口味醇浓。代表性菜肴有"麻婆豆腐"、"辣子鸡丁"等。

3.粤菜：粤菜以广州、潮州、东江三地的菜为代表。花色品种繁多，形态新颖变化，以炒、烩、煎、烤、焗著称，口味以生、脆、鲜、淡为主。代表性的菜肴品种有"白切鸡"、"烤乳猪"等。

4.闽菜：闽地环海，盛产海鲜，因此闽菜多以海鲜为原料，色调美观，滋味清鲜，别具风味。烹调方法擅长炒、溜、煎、煨，尤以"糟"最具特色。刀工讲究，擅长汤菜，口味清鲜。代表性的菜肴有"佛跳墙"、"荔枝肉"、"红糟鱼"等。

5.苏菜：江淮菜系代表，由苏州、扬州、南京、镇江四地菜为代表构成。特点是咸中带甜，鲜香酥烂，浓而不腻，口味平和。烹调手法以炖、焖、烧、煨、炒著称于世。用料讲究，注重配色，造型精致。代表性的菜肴有"清汤火方"、"松鼠桂鱼"等。

6.浙菜：由杭州、宁波、绍兴、温州等地的菜肴为代表组成，以杭邦菜为主。菜肴制作精细，形态丰富，口味清纯，变化多端。擅长炒、炸、烩、溜、蒸、烧。用料广博，刀工精细，火候及调味分寸适度。代表性的菜肴有"西湖醋鱼"、"龙井虾仁"等。

7.湘菜：两湖流域菜系，以湘江流域、洞庭湖区和湘西山区的菜肴为代表。特点是食料丰富，强调原料入味，口味香鲜、酸辣、软嫩。烹调方法上主要是腊、熏、煨、蒸、炖、炸、炒。代表性菜肴有"腊味合蒸"、"东安子鸡"等。

8.徽菜：主要由沿江、沿淮、徽州三地区的菜为代表构成。

其特点是选料朴实，大油重色，讲究火功，注重食补。口味以咸鲜为主，本味醇厚。在烹调方法上擅长烧、焖、炖。代表性的菜肴有"臭鳜鱼"、"火腿炖甲鱼"等。

❦活动设计❧

A. 小学

1. 建议

（1）了解本地古人饮食的相关资料，归纳特点。

（2）收集有关吃的俗语、本地名吃、传说、故事等。

2. 活动设计

（1）目的：从挖掘本地饮食文化入手，了解中华饮食的内涵。

（2）策略：根据不同年级儿童心理特点，通过不同的方式，点燃学生学习激情。

（3）时间：一节课。可以循环进行，但每次时间不宜过长，防止出现审美疲劳。

（4）场地：室内外均可，没有干扰，最好做一些小设计，利用环境，营造气氛。

（5）人员：班级的全体同学，如果能邀请老师参加更好。

3. 活动程序

（1）课前谈话：了解中国人的饮食观。

①说说你最爱吃什么？

②交流你知道的与饮食有关的俗语，了解饮食文化是怎么形成的。

（2）畅聊家乡味。

课前老师让孩子们搜集家乡的特色美食，做好和大家交流的准备。

（3）食之有谱。

进入"美食争霸赛"，主持人导入：小美食家们你们好，请拿出你的资料袋，选择两个菜系，采用填写和粘贴的方法完成下面表格。温馨提示：菜系名要亲手写上去，其他内容可以粘贴上去，看看哪个小组做得又快又好。

（4）小组交流汇报。

①学生交流。

②教师小结：我国幅员辽阔，特产丰富，物产和风俗都存在很大差异，因此形成了我国历史上各具特色的饮食习俗和不同风味的饮食流派，你能以家乡为例，说说中华美食具有怎样的特点吗。

③师生交流。

（5）关于各地特色小吃。

①你们吃过或者听说过本地有哪些特色小吃？

②学生交流。

（6）食之有情。

①再过几个月，就是我国的传统节日中秋节了，在这天人们都要吃什么食品？

②请再说说，在其他的传统节日里有哪些特色美食。

③饮食文化在中华民族的传统节日中有突出的体现，在平时的日常生活中、在很多传统风俗习惯中有没有呢？举例说明。

（7）总结。

小结：人类饮食从茹毛饮血到煎炒烹炸，从觅食充饥到佳肴美食，中华饮食经历了漫长的发展与成熟的过程。如今，享受美食已经成为我们的生活中的一部分，"健康养生"已经成为我们对饮食的更高追求。（播放"厨艺大师"视频）在这些烹饪艺术家的手里，中国的味道，舌尖上的文化，正在进一步传承与创新，不断地丰富着中华饮食文化。请大家用自己的语言，把你的感受说给家人听。

B.初中

1.建议

（1）看关于饮食文化的书籍。

（2）品尝各地的美食。

（3）搜集当地古人饮食的相关资料，提炼特点。

2.活动设计

（1）目的：从饮食文化的视角了解人类的发展规律，体会劳动人民的智慧，激发学生的民族自豪感。

（2）策略：让学生能够畅所欲言，在活动中释放自己的才能。

（3）时间：2节课。

（4）场地：各班教室。

（5）人员：各班级分成A、B组，A组介绍，B组做观众，并在结束以后作点评；B组介绍，A组做观众，并在结束以后作点评。

3.活动准备

（1）每位同学选择一个自己喜欢的地区美食，并且尽可能多地列出这个地区的美食。

（2）走访附近的长者，向他们了解家乡饮食文化，并做好资料的收集和整理。

4.活动程序

（1）食之有源。

①师：中华民族的饮食文化给了我们生命，也滋养了我们的精神，应该感谢我们文明的先祖（出示伏羲、神农氏图片），是他们帮助大众找到了食物的来源，教会了人们养殖和种植。饮食当然也离不开饮食器皿的支撑，它是我国饮食文化的基础，体现了古代劳动者的智慧。大家一起到食器博物馆去看一看。

②出示课件。

③板书：历史悠久。

（2）食之有意。

①同学们边看边想：筷子里寄托了怎么样的情感呢？

②播放视频。

③春节家人团聚，要围坐在一起吃饭，这是中国人的一种传统文化习俗，那么，在餐桌上我们都要注意什么礼仪呢？

④同学讨论发言。

⑤师：这些都被称为饮食礼仪，所谓"夫礼之初，始诸饮食"。可见我们中国的饮食礼仪十分发达，这也印证了我们自古就是礼仪之邦的观点。

⑥板书：礼仪。

（3）食之有别。

古老的中国与西方的饮食文化在就餐方式、食物种类等方面到底有哪些不同之处呢？（出示图片）为什么会形成这些差别?

C.高中

1.建议

（1）看关于饮食文化的书籍。

（2）品尝各地的美食。

（3）了解各地美食文化。

2.活动设计

感悟饮食。

（1）目的：通过了解中华饮食的发展历程，让学生更具体地感受中华民族劳动人民的聪明才智；探究中华饮食文化的内涵和特点。

（2）时间：一个学年。第一学期布置阅读，形成研究论文；第二学期每周用一节课推出三位同学的研究报告；全部结束之后，在老师的指导下，修改完善研究报告。

（3）场地：室内外均可。

（4）人员：每节课出场三位同学，其他同学做听众兼评委。

3.活动准备

（1）选择自己最喜欢的菜肴图片，做成书签，送给老师、同学或者家人。

（2）设计一张自己家乡的饮食手抄报，放在班级宣传栏，供班级师生欣赏。

（3）每个学生出一期"家乡饮食"的黑板报。

（4）器材：电脑。

4.活动程序

（1）根据自己搜集的资料来撰写个人体会。

（2）交流本次研究活动的体会，评选出优秀活动个人。

5.活动规则

（1）阅读过程中可以讨论，但是写作过程中必须独立完成。

（2）可以参考别人的相关内容，但是必须注明出处。

（3）不能在网络上进行复制粘贴。

（4）优秀的个人体会应由教师负责写出评语。

（5）每位同学提供研究报告电子稿，编辑成册。

补充：每节课事先通过抽签决定三位同学的出场顺序，每位同学的介绍时间为10分钟。

第五节　精彩博戏

　　在我国光辉灿烂的文化史中，博戏文化是其中重要的部分。博戏，我们从字面上可以理解为，内容广博、形式活泼的各种民间游戏。

　　古代博戏内容十分丰富，有蹴鞠、马球、围棋、象棋、麻将、斗鸡、斗蟋蟀、叶子戏等等。《战国策》记载，在当时的齐国国都临淄，蹴鞠游戏非常盛行。围棋是我国文化体育方面的一项创造发明，同时也是人类历史上最悠久的棋艺之一，被人们形象地比喻为"黑白世界"。而象棋则凝聚了中国社会发展的实践经验和哲学思考。千百年来，这些凝聚着古代劳动人民智慧与心血的传统游戏，书写了影响一代又一代人的博戏传奇。博戏能健体娱心，丰富人们的业余生活，逐渐成为人们的一种文化需求。

7-5-1.什么是博戏？

　　对博戏的解释主要有以下三种：

　　一是古代的一种运动或棋戏。《史记·货殖列传》把它看作是一种以奔跑追逐为主要形式，以与动物玩耍或用动物取乐为主要内容的游戏。

　　二是赌输赢、角胜负的游戏。宋张世南《游宦纪闻》卷五记载："三山溪中产小鱼，斑纹赤黑相间，里中儿絭之，角胜负为博戏。"[①]

三是杂戏。据清潘荣陛《帝京岁时纪胜·岁时杂戏》记载："博戏则骑竹马、扑蝴蝶、跳白索、藏矇儿、舞龙灯、打花棍、翻筋斗、竖蜻蜓……踢毽子亦博戏中之绝技矣。"

7-5-2.流传于民间的博戏有哪些种类？

博戏在民间流传历史久，参与面广，有些常见的玩法直到今天也深受人们喜欢。

1.技巧竞技

有比速度的，荡秋千、赛马；有比节奏和准确率的，蹴鞠、马球、踢毽子、射箭；有比稳定性的，顶瓮竞走与赛海马；有比技巧的，爬滑木、跳板、抛绣球与打陀螺等等。

2.儿童游戏

老鹰捉小鸡、跳皮筋、捉迷藏、丢手绢、弹槐豆、堆宝塔、拉大锯、斗拐、摔泥凹凹……

3.斗赛游戏

斗牛、斗羊、斗鸭、斗鸡、斗鸟、斗狗、斗蚁、斗鱼、斗蟋蟀……

4.季节游戏

放爆竹、元宵观灯、元宵节转黄河、九九消寒图、放风筝、冰嬉……

[①] 宋·张世南撰，张茂鹏点校《游宦纪闻》，中华书局，1981年，第47页。

5. 观赏游戏

舞狮子、舞龙、踩高跷、跑竹马、跑旱船、皮影戏、木偶戏、拉洋片儿……

6. 杂艺游戏

抖空竹、跳竹竿、玩嘎拉哈与抓子儿……

7. 智力游戏

猜谜语、射覆与猜枚、绕口令、翻交交、解九连环、拼七巧板……

8. 驯化小动物游戏

猴戏、鼠戏、蛙戏、蜡嘴鸟演剧……

9. 助兴游戏

酒令与茶令、猜火柴、击鼓传花……

10. 棋艺俘戏

下象棋、下围棋、下五道、五子棋、打马、骨牌……

11. 赛力竞技

拔河、扳手腕、赛龙舟、举重、角抵、相扑与摔跤、马上拉力……

7-5-3. 为什么说围棋是"世界三大棋"之首？

关于围棋的起源一直有不同的说法。据我国西晋张华在《博物志》中说，围棋是由尧帝制造出来教育自己的儿子使用的；据明代陈仁锡辑录的《潜确居类书》中记载，围棋是由夏禹的臣子乌曹所创造。总之围棋起源于中国应该没有争议，时间至少应该在商代以前。

有人认为象棋与围棋相较，象棋更好，其实围棋、象棋各有奥妙。象棋更能体现中国文化内敛的精神，而围棋则体现了扩张和全局意识。围棋高超的运算、精彩的搏杀、巧妙的理论，对一个人的修养、空间思维都是一种很好的锻炼。围棋流传至今，经久不衰，可见它的独特魅力。

7-5-4.古代蹴鞠比赛与现代足球运动有何区别?

《战国策》最早记录了蹴鞠运动的情况，所以至少在2300多年前，蹴鞠已成为一种民间盛行的体育娱乐活动了。蹴鞠呈球状，其外表是皮革制，内装米糠或稻谷，形状大小不统一。蹴鞠是一种游戏，规则不够健全，而现代足球的比赛规则则十分健全。严格地说，足球的概念一般指的是现代足球运动，蹴鞠的概念指的是古代的足球运动，二者的区别不仅是球的大小、形状、材质、内部构造的不同，更重要的是运动形式、内容和价值也都差别较大。足球运动今天已经发展成为全世界最为瞩目的一项运动，但是如果追溯到它的昨天，就可能与蹴鞠相关。

❖活动设计❖

A.小学

1.建议

（1）了解古代博戏中的季节游戏的种类、方法和简单规则。

（2）学会三种以上古代博戏中的儿童游戏的玩法，并能在活动中进行玩耍。

（3）熟练掌握古代博戏中的智力游戏3到5个。

2.活动设计

（1）拼七巧板

①目的：提高学生动手、创新能力，培养勤于思考、勇于探索的精神。本活动适合一二三年级的学生开展。

②准备：根据班级人数四人一套七巧板，秒表4到6块。可以和数学课堂上的拼七巧板的活动相结合。

③时间：一节课。

④场地：教室内。

⑤规则：a.四人一组一套七巧板，在规定时间内完成的拼图种类和个数多者为胜。b.四人一组一套七巧板，规定图形和每个图形使用的块数，按规定全部完成所用时间短的组为胜。

注意：统一大小的器材，统一口令后开始比赛，时间到口令响后的拼装无效。

（2）绕口令

①目的：学习传统的绕口令，增强学生对绕口令的发展过程的了解，培养语言表达能力。本活动适合四五六年级学生使用。

②准备：a.每名学生通过各种途径搜集不同类别的绕口令3到4个。b.小组长负责把搜集到的绕口令归类梳理。c.将绕口令制作成PPT形式，比赛时使用。

③时间：一节课。

④场地：教室内。

⑤规则：a.规定绕口令，在最短时间内标准、流利地说完为胜，说的过程中有一个字发音错误或者发音不清楚时，两个字加时1秒钟，以用时短者为胜。b.规定时间内以说的绕口令

的字数多者为胜，如有字发音不标准、不清晰时扣除这些字，不列入最终成绩。c.此活动可以以个人形式比赛也可以分小组比赛。

注意：比赛时坚持以发音准确、吐字清晰、节奏感好为评分标准。

B.初中

1.建议

（1）了解古代博戏的分类标准，能辨别各种游戏的类别。

（2）学会围棋、五子棋、象棋等棋类游戏的基本玩法和规则。

（3）熟练掌握象棋的玩法，利用象棋创编新的玩法，并能在日常生活中进行熟练运用。

2.活动设计：

象棋游戏。

（1）目的：提高棋类游戏的运用能力，拓展思维，培养友谊第一、比赛第二的意识，在活动中培养健全的人格。

（2）准备：二人、四人或者八人一副象棋。

（3）时间：两节课。

（4）场地：教室一间、活动室一间。

3.活动规则

（1）两人一副象棋的比赛，每两组胜者对胜者，负者对负者，依次进行；四人和八人的组别先小组内进行比赛，按照两人一副象棋的形式进行，小组内的第一名继续比赛，直到决出最终的第一名。

（2）个人赛，抽签进行捉对厮杀，采用淘汰制进行比赛，直到决出第一名。

注意：根据时间安排，可以规定每局的挑战时间，在规定的时间内完成比赛。也可以采用积分制进行比赛。

C.高中

1.建议

（1）了解古代博戏的分类标准，能辨别各种游戏的类别。

（2）学会围棋、五子棋、象棋等的基本玩法和规则。

（3）熟练掌握围棋的一种玩法，利用围棋创编新的玩法，并能在日常生活与活动中进行熟练运用。

2.活动设计

（1）围棋游戏

①目的：提高棋类游戏的运用能力，拓展思维，培养友谊第一、比赛第二的意识，在活动中培养健全的人格。

②准备：二人一副围棋。

③时间：两节课或者一个下午。

④场地：教室一间、活动室一间。

⑤规则：a.两人一副围棋的比赛，每两组胜者对胜者，负者对负者，依次进行，直到决出第一名。b.个人赛，抽签进行捉队厮杀，采用淘汰制进行比赛，直到决出第一名。

注意：根据时间安排，可以规定每局的挑战时间，在规定的时间内完成比赛。也可以采用积分制进行比赛。

（2）五子棋游戏

①目的：提高棋类游戏的运用能力，拓展思维，培养友谊

第一、比赛第二的意识，在活动中培养健全的人格。

　　②准备：二人一副围棋。

　　③时间：两节课或者一个下午。

　　④场地：教室一间、活动室一间。

　　⑤规则：a.两人一副围棋的比赛，每两组胜者对胜者，负者对负者，依次进行，直到决出第一名。b.个人赛，抽签进行捉对厮杀，采用淘汰制进行比赛，直到决出第一名。

　　注意：根据时间安排，可以规定每局的挑战时间，在规定的时间内完成比赛。也可以采用积分制进行比赛。

第八章　民俗大观

　　民俗即为民间风俗，它与个人生活最为贴近，是人类文化生存空间的组成部分。其内容博杂，涉及语言、行为、精神、物质等领域，凝结着传统智慧，潜移默化地规范着人们的思想与行为。本章所涉民俗从民族文化讲起，讲述中华民族的形成过程，然后重点介绍多彩的节令民俗、礼仪民俗、服饰民俗以及信仰民俗等。

第一节　多彩民族

原始社会末期，私有制产生，以血缘关系为基础的氏族共同体瓦解，代之而起的是以地域为基础的人群共同体，也就是民族。

汉族是世界上最古老的民族之一，前身为华夏族，也称"夏"、"诸夏"、"华"、"诸华"。"诸"是众多的意思，称"诸夏"、"诸华"，与周王朝时分封了众多诸侯国相关。华夏族以中原地区为中心，称四面的民族为四夷，分别为"东夷"、"南蛮"、"西戎"、"北狄"。汉朝时，华夏族才改族称为汉族，但到20世纪之前使用得最多的称谓还是"华夏人"。汉人移民海外时，自称为"华夏人"，这就是"华人"这一称谓的由来。因为华夏文明不断发展与延伸，"华人"也逐渐突破了汉人的范围，包含了其他少数民族，成为中华民族的代称。

在古代中国，个人或群体的"族性"是可变的。韩愈在《原道》中说："孔子之作《春秋》也，诸侯用夷礼则夷之，夷而进于中国则中国之。"[1]意思是华夏之人进入四夷，采用了夷狄的文化习俗，便成为夷狄之人；相反，夷狄之人到了中原，采用

---

① 唐·韩愈《原道》，孙昌武选注《韩愈选集》，上海古籍出版社，2013年，第259页。

了华夏文化习俗，便成为华夏族。这样的观念使不同文化的人群自然走向融合。在中国历史上，曾出现过多次民族的大互动和大交融，每一次变动之后，无论是少数民族还是汉族，都呈现出新的面貌，最终形成了以汉族为中心的多民族结构体系。

19世纪末20世纪初，梁启超、孙中山等贤达在其著述、演讲中，使用了"中华民族"的概念。后来，孙中山先生提出了"五族共和"，"中华民族"有了"民族共同体"的内涵，即以民族平等、民族团结达到民族融合、民族和谐，共同抗击外部的侵略和压迫。尤其是抗日战争时期，大规模抗战打破了原来地域隔阂的状况，全民族的统一战线使大多数中国人有了共同的历史命运与集体记忆。现今的"中华民族"含义更为广阔，已经成为生活在中华大地上所有民族以及海外华人的统称，与中国的国家、历史、文化等内容紧密相连。

8-1-1. 为什么会有"华夷之辨"？

历史上，"华"、"夷"是两个重要的人群概念。在夏、商、周时代，夷戎与华夏的区域划分不明显，夏、商建国与东夷关系密切，也少尊卑观念。在春秋时期，各族群体之间的矛盾扩大，就有了"华夷之辨"的观念，于是在古籍中出现了夷、蛮、戎、狄，以及黎、荆、百越、氐等对夷族的称谓。但每个个体或共同体因文化认同的变化，都可实现"夷"、"华"之间的互变。"华夷之辨"的实质是区分文明程度，说明古代的民族是一种流动型的文明共同体，强调的是文化认同而不是血缘认同。

🎍 8-1-2.中国为什么是56个民族?

中华民国成立之初,孙中山提出"五族共和",汉、满、蒙、回、藏五大族群共建共和国。中华人民共和国成立后,1953年全国第一次人口普查时,登记有400多个民族。这时,国家开展了民族识别工作,首先获得认定的有蒙、藏、回、维、满等38个民族。此后获得认定的有畲、土家等16个民族。1979年,云南的基诺族最后得到认定。这些少数民族加上汉族,就是现在所说的56个民族。

按照斯大林在《马克思主义和民族问题》一书提出的,"民族是人们在历史上形成的一个有共同语言、共同地域、共同经济生活以及表现在共同文化上的共同心理素质的稳定的共同体"[1],民族识别中最为核心的认定要素是共同文化上的共同心理素质。

🎍 8-1-3.汉族为什么被称为世界上最大的民族?

中华民族是汉族与各少数民族融合的结果。汉族族源可以上溯到距今五千年的氏族部落时代。至夏初时,汉族人口约有1355万;其后,历经春秋战国的战争兼并,达成"五方之民,共构天下";西汉时人口达到5959万人,汉民族基本形成。三国两晋南北朝时期又是一个融合的高峰,西北、北方的大量少数民族与中原进一步融合;至唐代,人口总数约8000万。宋、元、明、清近千年的发展中,女真人、蒙古族、满族先后进入

---

① 斯大林《斯大林全集》(第二卷),上海三联书店,1953年,第294页。

中原，带动了各族与汉族的融合；在清代道光年间达到了近4亿人。中华人民共和国成立后，人口进一步增长，汉族人口达到6亿，经济交流与人口流动规模空前。

根据2010年第六次全国人口普查统计，汉族为12亿2千多万人，居世界民族之首。汉族占全国人口总数的92%左右。世界上人口在千万以上的民族只有67个，而壮族、满族、回族、维吾尔族人口均超过千万。

8-1-4.不同民族有血缘关系吗?

血缘认同是形成民族凝聚力的重要因素。但血缘是相对而言的，如汉族同姓之人也不一定是同一血缘，不少姓氏的来源是少数民族在改用汉姓时所选择的。从现代科学来讲，没有一个民族可能是近亲繁衍的。相传在伏羲时代就制定了嫁娶之礼，这是汉族壮大成为世界人口最多的民族的原因之一。

中华各民族的祖先在东亚这一相对封闭又极其辽阔的地理区间中共同劳动，繁衍生息。各部落迁徙不定，分分合合，无法确认是否具有同种血缘。这也是许多民族都自认伏羲、女娲、黄帝等为祖先的原因之一。在汉、唐时期，政府实行"和亲"政策，周边少数民族与汉族通婚，融入了汉族血缘。从血缘认同上来讲，56个民族或多或少、或远或近地带有共同的血缘因子。

8-1-5.中国五大民族自治区有多大?

中国现有民族自治地方155个，占国土总面积的62%。建立最早的是内蒙古自治区，为1947年。1955年，设立新疆维吾尔自治区；1958年，设立宁夏回族自治区；1958年，设立广西僮族自治区（僮族即壮族），1965年改为广西壮族自治区；1965年，设立西藏自治区。其中，内蒙古自治区横跨东北、华北、西北三大地区，是我国跨经度最大的省级行政区。新疆维吾尔自治区占中国陆地总面积的六分之一，是我国面积最大、陆地边境线最长、毗邻国家最多的省区。宁夏回族自治区北连大漠，西通西域，内接中原，多民族杂居此地。广西壮族自治区是华南通向西南的出海通道与交通枢纽。西藏自治区位于青藏高原的西南部，约占国土总面积的八分之一。

8-1-6.少数民族有哪些著名的历史人物？

少数民族和汉族共同开疆拓土，创造文化，在历史上涌现了大量优秀人物。政治名人如拓跋焘（北魏，鲜卑族）、松赞干布（吐蕃，藏族）、耶律阿保机（辽，契丹族）、完颜阿骨打（金，女真族）、成吉思汗（元，蒙古族）、忽必烈（元，蒙古族）、康熙（清，满族）等。文化名人如郑和（明，回族）、梁漱溟（蒙古族）、启功（满族）等。少数民族用丰富的文学、史书等记录民族历史，歌颂民族英雄。藏族的《格萨尔》、蒙古族的《江格尔》、柯尔克孜族的《玛纳斯》被称为中国少数民族的"三大英雄史诗"。

8-1-7.少数民族文化对汉族文化有什么影响？

我国民族分布特点是"大杂居、小聚居"①。"大杂居"有利

---

① 郑汕《中国边疆学概论》，云南人民出版社，2012年，第464页。

于各民族之间相互交流，"小聚居"有利于民族特色的发展。汉民族文化对少数民族影响巨大，各民族通过翻译汉文典籍等方式，大量引入科学技术、哲学、文学等，正如回鹘诗人坎曼尔所说，"古来汉人为我师"。但少数民族对汉文化的发展也产生了深刻影响。少数民族不仅给汉族带来了胡椒、葡萄、胡琴、马匹等，也带来了军事制度、生产技术、艺术作品、宗教信仰等。少数民族的文化还增强了汉族人民锐意进取的开拓意识，开阔了兼容博纳的文化胸襟，从而造就了中华文明的辉煌。

活动设计

A.小学

1.建议

（1）了解汉、满、蒙、回、藏五大民族的文化特点。

（2）熟背少数民族的古诗三首。

（3）组织一次少数民族艺术节，体验少数民族文化。

2.活动设计

我班的少数民族艺术节。

（1）目的：让学生了解不同少数民族的文化特色。

（2）策略：通过扮演不同少数民族角色的综合性实践活动，促进学生对少数民族文化的认知。

（3）时间：一节课。

（4）场地：室内外均可。

（5）主持：科代表/文艺委员/学习委员。

2.活动准备

（1）以三至五人为小组，分成若干组，每组选择一个少数民族进行相关表演（要求表现少数民族节日活动情境）。

（2）小组之间开展评比竞赛，其中服装5分，舞蹈5分，过程完整6分，问候语与问候动作4分，满分20分。

（3）各小组选一名同学为评委，组成评委小组。

3.活动过程

（1）各小组展示少数民族节日活动情境。

（2）评委打分，并选出最好的三组。

（3）获奖小组介绍自己的组织情况与表现效果。

（4）老师点评各小组表现。

（5）颁奖，结束。

B.初中

1.建议

（1）阅读一到两本少数民族文学著作。如少数民族史诗，藏族的《格萨尔》、蒙古族的《江格尔》、彝族的《阿诗玛》、柯尔克孜族的《玛纳斯》等。

（2）了解一两个民族的历史。

（3）调查小区居民的民族情况。

2.活动设计

设计旅游攻略。

（1）目的：深入熟悉少数民族的灿烂文化，培养学生设计文化旅游攻略的能力。

（2）策略：通过设计不同的旅游方案，选出最佳旅游攻略。

（3）时间：一节课。

3.活动准备

（1）要求学生选择一个民族文化特色鲜明的区域，设计五天的文化旅游攻略。

（2）以三至五人为小组，分成若干组，每组分工合作，并制作攻略文本、PPT等，以激发同学们的旅游愿望，制作最好的组获胜。

4.活动过程

（1）各小组展示旅游攻略报告。

（2）每位同学听完各个攻略以后，选出自己最想去的三个地方。以票数最高者获胜。

（3）获奖小组介绍自己的组织情况与表现效果。

（4）老师点评。

（5）颁奖（宣传栏展示五个最佳攻略）。

C.高中

1.建议

（1）了解中国的民族形成历史。

（2）了解国家民族政策。

（3）初步了解民族学有关研究。

2.活动设计

电影《狼图腾》研讨会。

（1）目的：通过研究蒙古族文化，探究少数民族图腾对民族精神的影响。

（2）策略：通过观看让·雅克·阿诺导演的《狼图腾》影

片，写作发言稿，召开研讨会。

（3）时间：一节课。

3.活动准备

课前观看电影《狼图腾》，有余力的同学看文学著作《狼图腾》。上网查阅蒙古族及相关北方少数民族的图腾文化知识，准备发言稿。发言稿要求就图腾文化对民族精神产生影响的生活事件，准确评论影片所表现的文化，要求观点鲜明，论据确凿。

4.活动过程

（1）分四小组分别召开研讨会，尽量做到每位同学发言，一位同学记录（时间为30分钟）。

（2）每小组推荐一位同学发言，展示小组研究成果，每位同学三分钟。

（3）教师点评各小组研究成果。

第二节　节日禁忌

　　"节日"是民俗文化的重要组成部分。"节"与"日"有区别。"节"字原是"竹"字头，本意指竹节。"节日"一词源于竹节的"节"，意味着"节日"是起点与终点的标志。宗教祭祀是"节"的重要起源之一，随着时间的推移，世俗娱乐的内容不断增加。而"日"与宗教祭祀无关，多是为纪念或强调某一种事物或精神而设立。中国传统节日多指"节"，联系着人们的生产活动、人生礼仪与宗教信仰等，是凝聚民族情感、承载文化血脉的重要的精神纽带。

　　禁忌这里指民间禁忌，指对神圣的或者不洁的事物的禁约，以及忌讳的言行。禁忌产生于原始社会，当时人们相信超自然的神秘力量可以左右人们的吉凶福祸。先民的禁忌对象非常广泛，包括节日、水井、晦日、月食、节气、星相等。如水井，古人认为井通黄泉，所以人死时，有"窥井"招魂的仪式。如晦日，晋代葛洪在《抱朴子》中说，每月晦日夜里，灶神要上天告发人间众生的罪愆。在星相上，古籍中常常记载"荧惑守心"、"彗星袭月"、"命宫摩羯"、"太白经天"等。有人认为，禁忌起源于某些仪式的规定。社群首领或者作为神权代表的巫师，有权宣布禁忌的事物，这是后世有些禁忌难以理解的原因。破坏禁忌者不论何种原因，都将受到惩罚。随着时代的发展，有些禁忌逐渐脱离了民间迷信而独立，发展成为一种习惯与传统，甚至有些最后演变成大家约定俗成的行为准则。

8-2-1.节日是怎样起源的?

传统节日从起源看，与中国的农耕文化密切相关。如春节起源于原始社会末期的"腊祭"。先民们在冬日猎取各种野兽，祭祀百神与祖先，祈求来年风调雨顺、家人平安。如"年"是合体字，庆丰收意。春节是一年农事结束，同时开启新的一年之意。故此过去"年"、"春节"时间并不固定。传统节日反映的正是中华民族对人与自然之间的关系、规律的认识与把握，旨在天、地、人三者之间建立一种和谐共生的关系。

节日的起源还与原始崇拜有关。如先民崇拜大自然，中华民族最隆重、最庄严的祭天仪式，就起源于上古时期。赛龙舟的习俗体现了对图腾的崇拜，通过祭祀龙，来祈求避免水旱之灾。

8-2-2.中国"七大传统节日"是怎样形成的?

我国目前的节日达200多种，各有特定主题的仪式或者庆典。最主要的是春节、清明等7种。

节日	内容介绍
春节	狭义指农历正月初一，广义指农历正月初一至十五，是我国民间最热闹、最重要的一个传统节日。春节前一日为"除夕"，人们有吃团圆饭、贴春联、守岁、燃爆竹等习俗;春节中，有拜年、祭财神等习俗。
元宵节	时间为农历正月十五，是一年中第一个月圆之夜，故有"元夕"、"元宵"之称。因有张灯、看灯的习俗，民间又称之为"灯节"。此外还有舞狮、舞龙、猜灯谜、吃元宵等风俗。

续表

节日	内容介绍
清明节	时间为公历四月五日前后。此时春光柔和，草木泛绿，古人有清明踏青寻春的习俗，故又称"踏青节"。清明最早为节气名称，因与寒食节时间接近，逐渐合二为一，变成纪念祖先的节日。
端午节	时间为农历五月初五。本名"端五"，"端"的意思是"初"。因古人认为"五月"是恶月，"初五"是恶日，避讳"五"，而改称"端午"。此外，端午还被称为端阳、龙舟节等。端午起源说法较多，以纪念屈原说影响最大。
七夕节	时间为农历七月初七。七夕节有拜月等女事活动，故又称"女儿节"。女孩们在这天晚上对着织女星用彩线穿针，以穿过七枚大小不同的针眼为巧，称为乞巧，故称"乞巧节"。七夕节有吃瓜果、面点等巧食的风俗。相传此夜牛郎、织女在天河鹊桥相会，故又成为象征爱情的节日。
中秋节	时间为农历八月十五。这一天时值秋季的正中，故称"中秋"。月圆桂香，旧俗以之为大团圆的象征，人们准备各种瓜果和食品来祭月。中秋节有吃月饼习俗，还有嫦娥奔月、玉兔捣药、吴刚伐桂等传说。
重阳节	时间为农历九月初九。"九"为阳数，九月九日，两九相重，故称"重阳"、"重九"，又称"老人节"、"登高节"。重阳节形成于战国时期，唐代时被定为民间节日。重阳有插茱萸、赏菊花、登高避灾的习俗。

8-2-3.少数民族的特色节日有哪些？

很多少数民族的传统节日与汉族相同，如"春节"、"元宵节"等。因不同的历史、人文等因素，少数民族也流传下来一些特色节日。

节日	内容介绍
蒙古族的那达慕	农历六月初四开始，为期五天。"那达慕"是蒙语音译，意思为娱乐、游戏。"那达慕"大会是人们在牲畜肥壮的季节，为庆祝丰收而举行的文体娱乐大会。活动有赛马、套马、射箭、摔跤等体育竞赛，也有歌舞、棋艺等。大会期间，旧时还有大规模祭祀活动。
壮、瑶、苗等族的三月三	时间为农历"三月三"，古称"上巳节"。相传这一日是黄帝的诞辰。"三月三"以壮族最为典型，盛行歌会；也有称是为纪念刘三姐，故又称"歌仙会"。瑶族、苗族等也有歌节。
回、维吾尔、哈萨克等族的古尔邦节	时间为伊斯兰历的12月10日。古尔邦的意思是"牺牲"、"献身"，主要内容是宰杀牛羊、举行会礼、聚餐等。
彝、白、纳西、基诺、拉祜等族的火把节	大多在农历的六月二十四。火把节源于彝语支各民族对火的崇拜与信仰。主要活动有斗牛、斗羊、摔跤、赛马、歌舞表演等，被称为"东方的狂欢节"。火把节有以火熏田，去除灾疫，迎接福瑞的意义。
傣族的泼水节	一般在傣历四月中旬，为期三至七天，是傣族以及傣语民族的新年传统节日。傣族人民认为水是吉祥之物，能洗去烦恼，带走灾祸。其起源与小乘佛教密切相关，称"浴佛节"。泼水节有诵经、章哈演唱、白象舞表演、赛龙舟等活动。

8-2-4.节日有哪些禁忌？

节日往往有不同禁忌。除夕之夜，无论大人小孩都要说吉祥话，不能说"死"、"破"、"坏"、"穷"等不吉利的字眼；忌打碎盘杯等东西，不慎打碎，必须马上说"岁岁（碎碎）平安"等吉祥话来补救。正月初一忌讳扫地、洒水、洗衣服、倒垃圾、忌杀生，忌理发，忌办丧事。债主不能上门讨债。民间称初五为"破五"，这一天打扫卫生，清除垃圾，称为"送穷出门"。端午节百毒泛滥，这里的五毒是以毒攻毒的意思。民间认为蛇、蜥蜴、蝎子、蜈蚣、癫蛤蟆五毒并出，需要以戴香包、服药等方法来避五毒之害。七月十五中元节，忌夜晚外出。

8-2-5.为什么要守护好传统节日?

传统节日作为一种群体性的文化符号，具有较为突出的教育功能和维系功能。几乎所有的节日都包含祈求团结吉庆、和顺幸福的深意，能够调节人和人之间的关系，也调节自己的内心世界。一年四季都有节日，节日期间普遍具有各种娱乐和祭祀活动，尤其是少数民族的岁时节日，可以丰富人们的文化生活，调节生活节奏，促进民族团结与社会和谐。

在全球化时代，西方文化对中华文化不可避免地带来冲击。进入新时代，过节方式有了全新改变，但要守护好传统节日的文化基因。尤其要让更多人认同传统节日。人们在节日中献祭、馈赠与分享食物等活动，表达着人们对天人关系、社会关系的一种认识。传统节日还包含着仁爱、谦恭、和谐、奉献等文化精神，是中华民族宝贵的精神财富。

8-2-6.中西方节日有怎样的差异?

各个国家和民族的节日起源与形成是有差异的。中西方节日相比较而言，中国传统节日散发着浓厚的农耕文明气息，如清明前后种瓜点豆等。而西方传统节日在基督教的影响下，宗教气息浓郁。如纪念耶稣诞生有圣诞节，纪念耶稣复活有复活节等。

中国的传统节日，多以家族内部活动为主，如除夕守岁、吃团圆饭、春节拜年等，亲友之间互送美好祝福。而西方在节日中崇尚个性张扬，多集体性、狂欢性活动。在庆典的色彩上，中国崇尚红色，象征喜庆与吉祥，挂大红灯笼、贴红对联、红福字，白色则为禁忌。西方正好相反，崇尚白色，象征高雅、纯洁。

中国饮食文化发达，每个节日往往有不同的食物。元宵节吃元宵，清明节吃青团，端午节吃粽子，中秋节吃月饼，腊八节喝腊八粥等。但西方节日饮食很少有特定的文化意义，最有象征意义的食品是情人节的巧克力。

活动设计

A.小学

1.建议

（1）引导学生观察与了解身边的传统节日。

（2）熟悉传统节日食品等实物的文化内涵。

（3）熟背五首有关中国传统节日的古诗。

2.活动设计：探秘中国传统节日。

（1）目的：让学生了解丰富多彩的传统节日文化，重点为七大传统节日。

（2）策略：师生互动，合作探究。

（3）时间：一节课。

（4）场地：教室。

3.活动准备

学生整理与传统节日相关的资料，包括图片、实物等，如春联、年画、灯笼、鞭炮、粽子、汤圆等。教师了解"中国传统节日"的相关知识，制作春节视频片段、相关课件等。

4.活动过程

（1）激趣导入：由教师播放春节活动录像，让学生自由表达对春节活动的记忆。

（2）交流展示：学生展示自己搜集的实物，讲解各个实物的来由，以及相关的文化内涵。

（3）讨论节日饮食：归纳各个节日中不同食品的文化意义。

（4）由老师引导归纳七大传统节日的文化内涵。

（5）听《中国传统节日歌》。

B.初中

1.建议

（1）深入了解各节日的文化内涵。

（2）提升对表现传统节日古诗的鉴赏能力。

2.活动设计：诗人与传统节日。

（1）目的：让学生了解民族节日文化的深厚内涵。

（2）策略：通过诗歌、神话等与传统文化相关的文学内容，体验认知节日人文内涵。

（3）时间：一节课。

（4）场地：教室。

3.活动准备

（1）学生搜集与七大传统节日相关的诗歌，了解与诗歌相关的传说与故事。

（2）老师准备重点欣赏的诗歌《清明》（杜牧）、《九月九日忆山东兄弟》（王维）、《元日》（王安石）、《水调歌头》（苏轼）等。

4.活动过程

（1）老师由端午节故事导入，讲解诗人节的来由与节日所包含的人文精神，并讲解中国节日与诗人的关系。

（2）学生向同学们讲解自己收集的传统节日诗歌，分析诗歌的人文背景。

（3）教师点评，着重提出历史上著名的节日诗歌。

（4）布置作业：写一篇传统节日诗歌的鉴赏文章，重点讲清诗歌所包含的民族文化与民族情感。

C.高中

1.建议

（1）深入了解中国传统节日对于民族文化认同的重要意义。

（2）了解与地域有关的独特的节日文化。

（3）了解国家对传统文化的保护措施。

2.活动设计：端午雅集。

（1）目的：熟悉各民族有关端午的文学作品，本地域有关端午的故事传说。

（2）策略：通过传统雅集活动，体验传统节日的高雅品位。

（3）时间：一节课。

（4）场地：可以选地方有特色的文化场地，如名人故居等。

（5）主持：科代表/文艺委员/学习委员。

3.活动准备

（1）联系一具有地方特色的文化场地，如图书馆、藏书楼、名人故居等。

（2）准备朗读与端午相关的诗文，需包括屈原的《九歌》、陆游《乙卯重五诗》、沈从文《边城》等，以及地方的端午传说故事。

（3）准备文艺节目，如越剧《西湖山水还依旧》等表演。学生朗读最好有民乐伴奏。

（4）场地设置书、画、花、中医等传统中华文化元素。

4.活动过程

（1）学生自由列座，前方为朗诵表演台，伴奏台置放表演台边。

（2）以两篇朗读为一单元，同学评议朗读，或表达对朗读作品的感悟（一般分三个单元）。

（3）教师或同学进行表演性朗读，并请书法优秀的同学当场书写屈原的《离骚》片段。

（4）师生共读屈原《离骚》结束本次活动。

第三节　宗法礼仪

宗法是中国古代社会血缘关系的一种原则，起源于氏族社会末期的家长制，其核心是嫡长子继承制。周代形成了成熟的政治制度，包括宗法制度、分封制度和礼乐制度三个部分。宗法制度是以家族为中心、根据血统远近区分嫡庶亲疏的一种等级制度。分封制度指分封诸侯的制度，共主或中央王朝给宗族姻亲、功臣子弟、前朝遗民分封领地和相应的治权。礼乐制度是典章制度和道德规范，要求贵族依据自己的身份，履行衣、食、住、行等方面的礼仪。

战国以后，宗法制度趋于解体，但其影响却长期存在。儒家提出的"大一统"思想，即实行天下一家，皇帝为"君父"，各地官吏为"父母官"，由皇帝个人的"家天下"，实现家国一体。在封建社会中，各王朝对宗法制度进行改造，逐渐形成了由政权、族权、神权、夫权组成的封建宗法制。汉代董仲舒提出的"三纲"和"五常"，成为宗法社会的最基本伦理道德。"三纲"指君为臣纲、父为子纲、夫为妻纲，"五常"指君臣、父子、夫妇、兄弟、朋友五种人伦关系。这一纲纪重家族而轻个人，重群体而轻个体，重人治而轻法制，存在一些弊端。但也有积极一面，如强调气节、品德，激励人自我节制、发奋图强，承担社会责任和历史使命。

从客观上说，宗法制度组织完密，原则详细。加上祠堂、家谱和族田，以及祖宗祭拜的仪式，家风、家训、家教等教化方式共同作用，长期维系着家族这一中国传统社会的基石，也是增强中华民族凝聚力的重要文化力量。

8-3-1.周公为什么将"制礼作乐"看得那么重?

周公姓姬，名旦，是周文王第四子，周武王的弟弟。周公曾两次辅佐周武王伐纣，后又辅佐武王之子成王治理国家，功绩显赫。史书载"周公制礼作乐"，是指周公在意识形态领域进行的全面革新，将上古至殷商的礼乐进行大规模的整理、改造，创建了一整套具体可操作的礼乐制度。礼乐制度涉及饮食、起居、丧葬、祭祀等社会生活的方方面面，具体包括畿服制、法制、乐制、爵谥制等，目的是规范人们的行为。其中以嫡长子继承制和贵贱等级制最为重要。这一严格的礼仪制度，确定了中央和地方、王侯与臣民的关系，保持了宗族的凝聚力，并加强了中央政权的统治。周公还制作了讲究和谐的"乐"。"乐"以舞和乐的形式颂神娱神，是一种原始宗教仪式。经过周公的制作，"乐"已经超越了音乐，带有浓厚的社会色彩。如祀天神时，"乃奏黄钟，歌大吕，舞《云门》"；祭地时，"乃奏太簇，歌应钟，舞《咸池》"；天子祭祖用《雍》，士大夫则不能用。[1]

礼乐文化威仪有序，教人修身养性，谦和有礼。春秋时，周礼开始衰微。经孔子、孟子承前启后，创建以礼乐仁义为核

----
[1] 徐正英、常佩雨译注《周礼》(上)，中华书局，2015年，第480页。

心的儒学。到汉代以后，礼乐文明转变为维持社会秩序的机制。礼的基本原则，如亲亲、尊尊、长长和男女有别，以及所包含的仁爱精神与正义原则具有深远的影响。

8-3-2.中国传统的"五礼"指什么?

"五礼"指古代吉礼、凶礼、军礼、宾礼、嘉礼五类礼仪。吉礼主要是祭祀天神、地祇、人鬼的典礼。祭天仪式通常由"天子"主持，感恩上天哺育。祭地是感恩大地生长万物，祈求农作物的丰收，祭祀对象有山林川泽等。祭人鬼主要是先王、先祖。凶礼是与凶丧、灾难有关的礼节，包括丧礼、荒礼、吊礼、禬礼、恤礼。丧礼即服丧的礼节。荒礼是对遭遇饥馑疫疠等表示同情的礼节。吊礼是吊唁慰问的礼节。禬礼是盟主国会合诸国，筹集财货，帮助受敌国侵犯之国的礼节。恤礼是对受外侮或内乱进行援助的礼节。军礼有师旅操演、征伐之礼。宾礼是接待宾客之礼。嘉礼有婚冠之礼、饮食之礼、燕饮之礼、贺庆之礼等，后来的帝王登极、立储册封等，也属嘉礼。这五礼包含了国家祭祀、政治、军事、外交等方面的礼节，也包括了人生历程的冠、婚、丧、葬等礼仪，内容广泛。这些繁多的礼节，体现古代中华民族的尚礼精神，使人们在表达人与天、地、鬼神的关系，与家族、亲友、君臣的交际，以及在喜庆、灾祸、丧葬时的情感，有了具体的规范。

8-3-3.中国传统中"礼"与"法"有着怎样的关系?

古代中国的基础是宗法,伦理从家庭出发,向外拓展至宗族、君臣、官民、师徒及朋友,构成伦理社会。在这个社会中,礼与法是一体的,共同构建人情和谐的社会。随着社会的发展,礼的神圣性日趋淡薄,越来越强调法的规范性。礼与法的结合大致经历了四个时期。在商周时,强调礼治体系的教化作用,法是补充;法起源于军法传统和部落习俗。从春秋战国至秦,礼与法相分离,法治渐被推崇。秦朝采用法家学说,法获得了独立的发展,但此时的法以刑罚为重。汉中期以后,礼法融合。汉儒提出重振"礼乐",建立"礼法结合"的新体系。至隋唐时,形成了"德主刑辅"、"王霸并用"的观念,社会治理采用"礼主法辅"的模式。总体来说,礼法互补,共同维护了社会与国家的安定。

8-3-4.言辞交往中怎样体现礼仪?

礼仪是礼节与仪式的总称。传统礼仪的原则是"自卑尊人",强调要谦恭待人。在行为举止上彬彬有礼,在语言谈吐上,庄重文雅。因为礼仪表达的需要,在汉语语汇中出现了大量谦词和敬词。敬词即置人于尊位,谦词即置己于卑位。交流时,不仅仅把内容讲清楚,而且要学会使用谦词、敬词等。

敬谦词	常用词	使用情境	举例
敬词	令	用于称对方的亲属或有关系的人	令尊、令堂、令兄、令郎
	拜	用于自己的行为涉及对方	拜贺、拜读、拜访
	奉	用于自己的行为涉及对方	奉还、奉送、奉陪
	惠	用于对方对待自己的行为	惠顾、惠临、惠存
	敬	用于自己的行动涉及别人	敬贺、敬礼、敬告、敬请
	大	用于尊称对方或称与对方有关的事物	大驾、大名
	高	用于称别人的人或事物	高足、高见、高就、高寿
	贵	用于称与对方有关的事物	贵干、贵庚、贵姓、贵恙
	雅	用于称对方的情意或举动	雅正、雅意、雅教
	玉	用于对方身体或行动	玉体、玉照、玉成
谦词	家	用于对别人称自己的辈分高或年纪大的亲戚	家父、家尊、家母
	舍	用于对别人称自己的辈分低或年纪小的亲戚	舍妹、舍亲、舍弟、舍侄
	小	谦称自己或与自己有关的人或事物	小弟、小女、小生
	老	用于谦称自己或与自己有关的事物	老朽、老身
	敢	表示冒昧地请求别人	敢问、敢烦、敢请
	愚	用于自称的谦称	愚见、愚兄
	拙	用于自己的东西	拙著、拙笔、拙见、拙荆
	敝、鄙	用于谦称自己或跟自己有关的事物	敝姓、敝处、鄙人、鄙见

📜 8-3-5．"礼多人不怪"反映了怎样一种文化？

"礼多人不怪"，是指日常生活中，多行礼仪人们不会怪罪，意思是礼节不可欠缺。在民间，懂礼数、守礼俗，是一个人有文化、通人情的标志。作为"礼仪之邦"，礼仪处处都在，坐卧有礼，宴饮有礼，出行有礼，祭祀有礼，寿诞有礼，婚丧有礼。① 行走之礼，如"趋礼"，即地位低的人在地位高的人面前走过时，要低头弯腰，以小步快走的方式对尊者表示礼敬。见面之礼，最普通的为拱手礼，双手合抱，举至胸前，站立而不俯身。做客时，主客之间多行作揖之礼，表示谦让。入坐之礼，强调主次尊卑，尊者上坐，卑者末坐。室内座次以东向为尊，即贵客坐于西席，主人在东席上作陪。年长者坐北席，晚辈坐南席。宴饮"无酒不成礼仪"，主人举杯劝饮之后，客人方可饮用。主人执筷劝食，客人方可动筷。古代奉茶之道，即以茶表示敬意。在节庆期间有拜贺礼，晚辈或地位低的人向尊长拜贺礼敬，同辈之间也有相互的拜贺，如春节拜年之礼。

📜 8-3-6．为什么宗法制度能够影响中国几千年？

宗法制度的长期存在与血缘关系在社会关系中的长期存在相关。在农业型的自然经济中，同一家族的成员长期共同生活和劳作，形成了根深蒂固的家族本位意识，并依靠宗族自治体自助、自卫，保证宗族整体及其成员的利益。而封建政权也很

---

① 萧辉、萧放《论传统社会平民礼俗的文化特征》，《江汉论坛》2001年第5期，第30页。

难完全管理分散的自然经济，使得家族的自我管理也成为地方政权的一种辅助形式。宋明以后，宗族制管理模式得到了统治阶层的支持。宗法制度根深蒂固，也是中国"家天下"的政治模式长久不变的原因之一。"家"是中国人的一个基点，古代读书人所怀抱的理想就是"修身、齐家、治国、平天下"。历史上的家族王朝不断更替，但传统学者认为错不在宗法制度，而是宗法制度被打破，社会伦理混乱导致。随着社会的发展，宗法制度影响变得越来越微弱，但对我们依然具有很大影响。如"五百年前是一家"常常为同姓中国人所引用，父亲和母亲的亲属称谓有严格的区别。

活动设计

A. 小学

1. 建议

（1）了解中国传统家族的文化内涵。

（2）熟悉中国族谱中辈分排序及家训等文化。

（3）组织一次族谱辈分排行调查体验活动。

2. 活动设计

寻根溯源。

（1）目的：让学生通过了解族谱中的辈分排行、家训等，了解家族的文化特点。

（2）策略：通过家中的族谱及其长辈的介绍，确定自己在家族中的位置，以体验式综合性实践活动促进家族文化认知。

（3）时间：一节课。

（4）场地：室内外均可。

（5）主持：班长/宣传委员。

3.活动准备

以个人为单位，通过图书馆、中国家谱网等，查找族谱，并在长辈的指引下理解族谱"胞亲堂表"亲疏区别，以及族谱上还用表字来区分辈分，并且找到自己所在的辈分以及相应的表字。以同姓同学为小组，分成若干组，每组讨论研究自己家族所属的族群；找到同姓族群族谱中的共同点及其差异。

4.活动过程

（1）各小组展示各自收集的情况，找出同姓族群不同家谱中的共同之处与不同之处，重点讲讲各自家谱中的辈分排行与家风家训。

（2）各小组选出一位同学讲该姓家谱的文化内容，相互交流各自家谱中的辈分排行与家风家训。

（3）老师点评各小组表现。

（4）老师总结家族的特点及其文化内涵。

B.初中

1.建议

（1）阅读一到二本有关著作，或者观看相关电影电视剧。如读《东周列国志》、《儒林外史》、《红楼梦》，观看电视剧《杨家将》、《橘子红了》等。

（2）了解相关的宗法知识和礼俗民情。

（3）调查日常生活中所蕴含的宗法礼仪。

2.活动设计

《红楼梦》中"辱亲女愚妾争闲气，欺幼主刁奴蓄险心"章节研讨会。

（1）目的：了解封建社会中的家族礼仪与宗法等级观念。

（2）策略：通过对《红楼梦》相关章节的阅读与讨论，深入了解封建大家庭中的宗法观念及其家族礼仪。

（3）时间：一节课。

3.活动准备

课前布置同学们精读《红楼梦》中"辱亲女愚妾争闲气，欺幼主刁奴蓄险心"一章。

4.活动过程

（1）各小组提出自己阅读时发现的贾府人物关系问题。

（2）老师根据学生提问的情况，适时增加问题：探春的母亲明明是赵姨娘，但她却只认王夫人做母亲，而且死的赵国基也确实是探春的舅舅，但是探春却说自己的舅舅是王子腾，体会其中尊卑嫡庶的观念；以探春理家为例，讨论封建大家庭的家族管理形式；以王子腾升官对王夫人以及贾府的影响为例，讨论封建大家族之间的宗法关系等。

（3）各小组讨论相关问题，解答自己发现的问题，也可以回答其他小组提出的问题，如果有不能解决的问题则有老师指导，或者再寻找相关资料。

（4）老师点评。

C.高中

1.建议

（1）了解中国宗法礼仪形成的历史。

（2）了解宗法礼仪的特征及其影响。

（3）针对日常生活现象，能够初步展开有关宗法礼仪的研究。

2.活动设计

生活中的宗法礼仪的调查与研究。

（1）目的：通过对生活中宗法礼仪的调查，研究宗法礼仪对百姓精神以及生活的影响。

（2）策略：通过查找资料或者实地调查，撰写研究报告，召开研讨会。

（3）时间：一节课。

3.活动准备

以三至五人为小组，分成若干组，每组分工合作，选择一个地方，利用假期进行关于宗法礼仪的调查体验活动。实地调查体验，撰写研究报告。

4.活动过程

（1）以潮汕地区的宗族文化或浙江省兰溪市诸葛八卦村文化等为例，简略给学生示范如何讲好宗族文化。

（2）分四小组召开研讨会（时间为30分钟），尽量做到每位同学发言，一位同学记录。

（3）每小组推荐一位同学发言，展示小组研究成果，发言时长三分钟。

（4）教师点评。

第四节　服饰美学

　　服饰是文明的产物，也是文明的载体，中国服饰走过了一条从粗糙到精致，从功能单一到内涵丰富的漫长道路。服饰是我们了解中国文明史的一个窗口。最初，人们用树叶、兽皮为服饰，随着生产力的发展，面料不断增多，有麻、毛纺、丝绸、棉等，种类有衣、袍、帽、裤、裙、鞋、袜等。还有各类装饰物，如头发有簪、钗、夹，耳部有耳环、耳坠，颈部有项链、项圈，胸部有胸针，手部有戒指、手镯等，包括对人体的装饰，如纹身、染指甲、抹唇、画眉、发式等，以及用于装饰的日常用品，如荷包、香囊袋、佩刀等。

　　古代严格规定表现在服装的质地、颜色、款式、纹饰等方面的贵贱尊卑。辛亥革命以后，民国政府颁布了易服饰、剪发辫等法令，用新式礼服代替满清翎顶补服，取消服饰上的等级差别。至此人们可以按照自己的喜好，选择服装款式。因为受西方文化影响，年轻人喜爱"洋装"，中式的长袍马褂和西方的西装皮鞋一度融洽并存。民国"旗袍"和"中山装"即为中西交融的产物。民国政府于1929年确定旗袍为国家礼服之一。旗袍源自清代旗女的袍服，其源头可以追溯到先秦两汉时代的深衣，至民国融入了西方时尚元素，由上海风靡全国。中山装是宁波红帮裁缝依据孙中山先生的意图，综合了日式学生服装与中式服装特点而创制，问世后为政界和知识分子所欢迎，常常在比较隆重的场合穿着。中山装及其衍生变化的服装，是1980年代以前中国男性的主要服装样式。

8-4-1.中国服饰是怎样起源的?

最初，先民无意识地用叶子、树皮遮蔽下体，发现可以御寒保暖；然后发现在狩猎过程中穿着兽皮衣服，可以起到隐蔽、诱敌、威吓的作用，而且还能保护自己，即所谓的"孚甲自御"。与野兽拼杀之后，兽牙犬齿等成为胜利品挂缀于脖颈，这就是项饰的雏形。服饰具备了保护生命、掩形遮羞、装饰美化这三类重要的功用，便成为真正意义上的服饰。

关于中国服饰的起源，众说纷纭。《吕氏春秋》认为起源于"胡曹做衣"，先秦史书《世本》记载"胡曹作冕"，胡曹是黄帝的臣子，可能他发明了衣服和帽子。《淮南子·氾论训》称，"伯余之初作衣也，緂麻索缕，手经指挂，其成犹网罗"[1]，意思是黄帝的大臣伯余亲手创制了衣服。

8-4-2.为什么古代服饰有等级尊卑之分?

夏朝建立，标志早期国家的产生。夏后为最高统治者，各级贵族依照辈分高低和族属亲疏等关系，确定等级地位。夏朝出现的冠服制度是中国最早的服饰制度。周代礼制完善，并专门设置"司服"，掌管服饰制度。历代的《舆服制》基本上都以周朝的冠服制度为基准。

---

[1] 陈广忠《淮南子译注》(下)，上海古籍出版社，2017年，第543页。

在服饰面料上，平民的衣服除了老者允许着丝衣外，主要是粗麻、粗葛或棉花等纤维材料织成的衣物，质粗而价低，故而平民又称"布衣"；而贵族则开始穿棉绣丝织物、细葛麻，质精而价高。在服装颜色上，无官无位的平民穿白衣，而"朱绂"和"乌衣"都与官位有关。古人以朱为正色，遂以"朱"象征高位。下级胥吏穿黑色服饰，即乌衣。相比较，贵族服装与时代的关系更紧密。在古装剧中，可以从皇族、贵族的服装轻易辨认出人物所处的时代，而普通百姓的服饰各个朝代变化不大。

8-4-3.不同朝代服饰的流变有什么特点？

汉族服装传承关系明显，不外乎方领、交领和圆领，一般都是右衽，到了宋朝出现了对襟。有些朝代会出现新种类，如南北朝时出现"披风"，宋朝的"钓墩"，元朝的"袍"等。贵族的鞋子较为豪华，汉代有"岐头履"，唐朝有"高墙履"等，即在鞋头上耸起一块装饰物。而平民和士兵则依然是轻便软底的鞋子。

战国时出现高冠，受上流社会男子喜好。女子的发式有了多样性，喜欢在发尾编织双鬟。孩子们梳双辫，也有梳双丫角的，称"总角"。战国时期贵族的服饰依然是褒衣博带，还出现了"绔裤"。汉代贵族头戴梁冠，贵族闲居时或地位较低的侍从等戴帻，到了晋末向小冠发展。北齐时，男子流行用较厚锦缎制作的"浑脱帽"。唐朝时，流行戴一种包头的软巾，称为"幞头"，幞头所用纱罗多为青黑色，俗称"乌纱帽"。宋朝的展翅幞头是纱帽的最早式样，普通人戴"东坡巾"。元代蒙古族中层官吏戴"笠子帽"。明代儒生及处士戴"四方平定巾"，为方形软帽，一般是商人或城市平民戴"六合一统帽"，用六片罗帛拼成。清代时六合帽演变成"瓜皮小帽",因形状如半个西瓜皮得名,官吏戴无帽檐的"纬帽"。

8-4-4.赵国走向强大的关键在于推行"胡服骑射"吗?

公元前307年,赵武灵王推行"胡服骑射",这场军服改革被历代史学家传为佳话。传说当时赵国常被周边国家欺负,赵武灵王发现这与人们穿宽衣大袖,影响战斗力有关,于是要求改穿胡人的窄袖短衣,并学习用骑兵、弓箭,赵国战斗力由此越来越强。

但这里有几点误解,一是穿宽衣博带的为贵族,当时军队是短衣打扮。不过赵武灵王确实从胡服里吸取了优点,如带钩的运用。二是赵国国力的增强并不是光靠服饰改良就能达到的,"胡服骑射"的最大价值是体现了进取精神。再者,赵国本身就位于胡汉交融的地区,境内有一大批胡人,通过君主带头"穿胡服"传递出不再歧视胡人的信号。所以推行"胡服骑射"后,有一大批胡人加入赵国。

8-4-5.民族服饰中有哪些民俗传统?

因为生活方式、伦理观念等民族文化的不同,各民族在衣裤、鞋帽、装饰等方面形成了不同的习俗。布依族以牛为图腾,妇女头上包裹帕子,形似两只水牛角。彝族崇拜虎,服装多装饰虎皮纹样。[①]台湾高山族崇拜蛇,织绣纹饰多蛇形。蒙古族偏

---

① 吴跃《远古遗韵——浅谈布依族服饰图案与图腾崇拜》,《民族音乐》2015年第1期,第2页。

爱光亮、鲜艳的颜色，如天空之"蓝"，雪山之"白"，太阳之"红"，并且喜欢用各种花卉、鱼纹做服饰图案与纹样意象。汉民族服饰民俗更多。新生婴儿穿"百家衣"，寓得百家之福意。旧时女子出嫁可披凤冠霞帔，以表示荣耀。民俗服饰中也有禁忌。如服饰用色上，有些民族以白色和黑色为凶色，忌讳全身着白；以绿、青等颜色为贱色，多为优伶、娼妓等所用；以红色为吉、喜之色，多用于过节、婚礼、生子之时。

8-4-6.少数民族的服饰有哪些特点?

中国自古以来就是一个统一的多民族国家。我国少数民族分布的特点是大杂居、小聚居、交错杂居，因各地自然环境不一，生产力水平不同，风俗习惯与审美情趣不尽相同，因此服饰各有特点。我们举例来说：

民族	内容介绍
苗族	苗族服饰样式繁多。衣料以麻织土布为主，使用独特的蜡染、刺绣工艺。裙子以白色、青色居多。妇女的银饰非常精美，帽子、颈饰、手饰璀璨夺目，精致美丽。
白族	白族崇尚白色。男子多着白色对襟衣，外套黑色领褂。妇女多着白色或穿浅蓝色右衽上衣，下穿白色或浅蓝色宽裤，腰系绣花短围裙。妇女的包头布、挂包、腰带等饰物上多有色彩艳丽的图案。
藏族	受高原气候影响，藏族服饰袖宽、袍长、腰宽、靴长；衣服质地多锦缎、氆氇、皮面等。主要服装款式为藏袍。农区男子一般穿着黑白藏袍，外束腰带；妇女夏袍无袖，冬袍有袖，腰前围一块毛织的彩色横条围裙，称为"帮典"。男女都喜欢佩戴用珠宝、玉、金等制作的精美首饰。

续表

民族	内容介绍
回族	穿衣打扮简朴大方。服饰主要特色在头部。男子多戴一种白色或黑色无檐圆帽，已成为其民族标志。回族妇女习惯戴披肩盖头，盖住头发、耳朵、脖颈，只露出脸部。
维吾尔族	维吾尔族服饰花样繁多，形制优美，一般较为宽松。男子喜欢穿长外衣，称为"袷袢"，无领无扣、宽袖过膝，外系腰带。妇女喜欢丝绸或毛料裁制的裙装，色彩艳丽，外面往往还套绣花背心。男女都喜欢戴绣花小帽，穿长筒皮靴。
蒙古族	蒙古族服饰具有草原风情，男女老少喜欢穿长袍。长袍状貌肥大，袖长，以红、黄、深蓝色为多。腰带用长三四米的绸缎或棉布制成，男子腰带多挂刀子、火镰等饰物。靴子有皮靴和布靴两种，靴帮等处有精美的图案。蒙古族还有佩挂首饰、戴帽的习惯。

8-4-7.为什么丝绸会成为古代的国际奢侈品？

丝绸是以蚕丝为主织造的纺织品，相传由黄帝元妃螺祖发明。在商周时期，出现了罗、绮等多个品种，成为贵族身份的象征。秦汉时代，出现了"锦"。西汉时，丝绸西运，形成了"丝绸之路"。公元前一世纪中叶，丝绸传入罗马。城内有专售中国丝绸的市场。因为丝绸价格高昂，大量消耗国家财产，以至于有人认为罗马的衰落源于贵族购买丝绸所致。在中国，丝绸价格同样昂贵，西周中期的《舀鼎》铭文中记载，用一束丝一匹马就能换得五个奴隶，即使对服饰限制有所放宽之后，平民百姓还是穿不起丝绸。唐宋之际，丝绸生产和制造区域由黄河中下游转移到江南地区。明清两代，最重要的丝绸产地是江南苏杭一带，聚集了众多丝绸专业市镇，织物品种与图案制作更为丰富。官营织造也极为成熟。中国对丝绸维持了一千年以上的垄断，直到清末，生丝价格才大幅下降，并直接影响中国的对外贸易平衡，中国丝绸出口的霸主地位被日本取代。当然，丝绸价格下跌与棉布生产效率大幅度提升也有关系。

活动设计

A. 小学

1. 建议

（1）初步了解中国不同历史时期的服装特点。

（2）初步了解少数民族的服饰特点。

2. 活动设计

"看古装片，猜朝代"比赛。

（1）目的：让学生了解不同时代的服装特点。

（2）策略：通过观看经典的古装戏，让学生辨别影片所表现的时代。

（3）时间：一节课。

（4）场地：室内。

（5）主持：科代表/文艺委员/学习委员。

3. 活动准备

教师先准备好几个视频片段，如《卫子夫》、《武则天》、《甄嬛传》、《三国演义》、《水浒传》、《还珠格格》等影视剧，共30个，每一个片段以5秒为佳，也可以用图片代替。每个视频（或图片）分别编号，在屏幕上展示编号，并做好链接。

4.活动过程

（1）必答题环节：全班学生分成四组，每组推举一个发言人。必答题部分由各组抽签决定发言顺序。主持人请各组从1—20个序号中选择要回答的题目。回答正确，每题加5分；回答错误，不加分。每组都有5次选题的机会。

（2）抢答题环节：由各组推荐的发言人参加。一共有10题抢答，回答正确的加10分，回答错误或超时不答扣5分。

（3）将必答题和抢答题环节得分相加，总分高者为胜。

（4）教师点评。

B.初中

1.建议

（1）深入了解中国不同历史时期的服装特点。

（2）深入了解少数民族的服饰特点。

2.活动设计

小说、电影服饰大纠错。

（1）目的：让学生深入了解不同时代的服装特点。

（2）策略：为古装戏纠错。

（3）时间：一节课。

（4）场地：室内。

3.活动准备

（1）课前一月布置作业，让学生在日常的阅读和观影观剧时积累下服饰出现错误的地方，摘记下来。

（2）离上课一周前，要求学生将笔记发到教师的邮箱。教师选择审核，将典型的材料制作成PPT，为课堂教学备用。

（3）教师准备材料。《贞观长歌》、《苏东坡》等剧作剧照。

问题一:《贞观长歌》里皇帝所戴类似明朝皇帝定陵出土的金丝翼善冠的朝冠是否符合史实?（回答:金丝翼善冠,是明朝皇帝的冠冕,《贞观长歌》里唐太宗的帽子比出土的金丝翼善冠多了两只幞脚,形状符合唐朝的圆翅幞头,但如此金灿,在唐朝确实少见。）

问题二:《苏东坡》中林心如饰演的王弗的服饰,发现有一张"左衽";陆毅饰演的苏东坡剧照也有"左衽"的服装,是否符合史实?（回答:在古代,只有少数民族才着左衽服饰,汉民族都采用右衽。如果出现左衽,则代表野蛮或者不开化。）

4.活动过程

（1）师生共同回忆比较熟悉的古装片,百度视频分享古装片服装设计优秀的影片片段。

（2）请十位学生讲服装设计有纰漏的影片,具体指出其中的人物造型错误之处。教师指令学生在黑板上完成表格填写。

影片名称:

朝代	人物	错误之处	正确穿着

（3）学生讨论,修正表格内容。

（4）教师点评、补充,展示学生优秀作业。布置小论文,以"为热门古装戏的文化含量把脉"为题。

C.高中

1.建议

（1）深入了解中国不同历史时期的服装特点。

（2）了解服装随时代变迁的具体历史原因。

（3）通过综合性活动，学生对各个时代服装有深入体验。

2.活动设计：古代服饰T台秀。

（1）目的：深入了解不同时代的服装特点。

（2）策略：组织创制各个时代服装的综合性实践活动。

（3）时间：一节课。

（4）场地：室外。

（5）主持：科代表/文艺委员/学习委员。

3.活动准备

（1）全班分四组，要求人人参加。准备时间为一个月。要求学生利用纸、颜料、废旧床单、其他布料等制作该朝代的服饰。各组分角色饰演，要求展示同一朝代不同身份的人物的服饰，上至帝王将相，下到贩夫走卒，中间还有各阶层的女性，要求既用服饰表明时代，也能用服饰表明身份。

（2）聘请班主任、班级其他任课教师当评委。

（3）在操场或草坪上，用地毯铺就T台。

（4）设计背景音乐。

4.活动过程

（1）四组同学分别走台，展示各朝风采。

（2）评委现场亮分，并点评。

（3）得分最高的两个组根据指导意见完善后，再次表演。

第五节　民间信仰

　　民间信仰是民众自发产生的神灵崇拜观念，以及相应的行为与仪式制度。民间信仰在民间广泛存在，在中国文化史上有着不可或缺的重要地位。先秦至秦汉为形成时期，民间信仰不断被人们改造、创新，与普通百姓的日常生活越来越密切，并开始出现民间信仰组织。魏晋南北朝时期，因人口流动加快，民间信仰的地域性减弱，但也因社会动荡不安，使得信仰的实用性和功利性不断增强。隋唐五代时期，民间信仰表现为组织化、制度化，除民间祭祀活动外，还与佛教异端、民间道教相结合，出现了弥勒教、火祆教等秘密宗教。宋代以后，政府用多种手段干预和指导民间信仰，但民间信仰仍以固有形态传承和发展。鸦片战争以后，民间信仰与基督教的长时段共处，形成庙会与教会共在的文化格局。当代中国社会，天主教、基督教、佛教、道教、伊斯兰教等五大宗教是制度认可的宗教，其他宗教信仰、神灵崇拜等都归入民间信仰。

　　与制度化宗教相比较，民间信仰非常复杂。它没有至高无上的崇拜对象，没有形成完整的体系，也没有固定的组织机构。在底层社会中，民间信仰与佛教、道教、儒教等常常互相重叠、混杂，前世帝王、贤人异才、山神水精等，都可以纳入其信仰范围之内。民间信仰有两大内容，一是神人交往，承载着"天道和谐"、"阴阳五行"等思想；二是礼乐文明，即"人情和谐"的人生观，由此影响信众的道德价值观、行为准则和生活方式。因为民间信仰主要目的在于解决平安、成功、长寿等日常生活问题，实用主义取向明显，只要有灵便拜，故而表现为多元化的信仰。

8-5-1.民间信仰是怎样形成的？

原始崇拜与信仰最早的形式之一是人体装饰。人体装饰除了蔽体、美观等功能外，最重要的是迷惑或者威吓入侵者，驱逐异类。人们开始有了崇拜的心理。自然崇拜即对自然神的崇拜，是真正意义上的一种原始信仰，其内容包括天体、自然力和自然物三个部分，如日月、风雨、草木等。这些崇拜对象一种是先民们所期望和感激的，他们希望通过祈求获得更多的食物或者庇护；另一种是他们所畏惧和逃避的，希望通过膜拜来减少自然界对自身的威胁和伤害，如对石头的崇拜。祖先崇拜也叫灵魂崇拜。人类在有了自我意识之后，对于生死问题也有了自己的看法，相信灵魂不灭，灵魂具有超能力。家中尊长死后能成为家族的保护神，由此有祭祖等活动。

8-5-2.民间信仰经过了怎样的变化？

先秦至秦汉时期是民间信仰的形成、发展期。夏商时期产生了神权政治，神权和政权是统一的。西周时期，周公"制礼作乐"之后，礼乐文化逐渐取代神鬼宗教色彩浓厚的巫术宗教文化。春秋时期，在改革和变法的影响下，统治者认识到自己的政权稳固与民心向背的关系，于是人们对神的崇拜开始依附于人，此时的神更为关注人自身的愿望，具有了人的思想和情感。至秦汉时期，民间信仰进入成长期，神灵数量越来越多，神灵的人格化、世俗化、社会化特征也越来越明显。

魏晋南北朝时期是民间信仰吸纳、融合期。此时北方少数民族南侵，人口大量南迁。巨大的变动给人民生活造成了极大冲击，但也加强了民族之间的交流，民间信仰博采众家之长进行融合发展，奠定了整个民间信仰体系的基础。儒学的地位动摇，残酷的政治斗争使玄学获得了巨大的市场。道教在此时也开始兴盛，佛教也开始了民间信仰化的进程。

隋唐五代时期是民间信仰转型、整合期。隋唐时期，社会经济空前繁荣。民间信仰的世俗化、平民化趋势日益明显。多元文化系统中的各路神灵在此时不断被整合。国家祭祀也整合民间信仰，使之为巩固自己的政权服务，许多自然神和人神被纳入国家祭祀体系中。

从北宋建立到清朝灭亡近一千年的时间里，整个社会秩序处于相对稳定状态，民间信仰体现出连续性和承继性。不同的是，宋代以来，朝廷意识到加强对民间信仰的管控，对整个社会的稳定有着重大作用。于是，国家加大了对宗教事务管理的力度，这也包括对部分民间宗教的严厉打压。到了明初，政府还主导过几次全国性的捣毁淫祠活动。民间信仰总体以儒家祭祀为主，但各地民间信仰仍然活跃。

8-5-3.民间信仰的表现方式有哪些？

民间信仰的表现方式不一，主要有预知、祭祀和巫术。

预知指推断未来的趋势和结果。主要方式为卜筮，分为卜占、筮占。卜占依据甲骨兆象断定吉凶，筮占依据蓍草所得数字来确定祸福。当二者发生矛盾时，从卜不从筮。此外，还有观察天象、历数等方式。

祭祀是神灵崇拜的主要表现方式。民间祭祀强调其实用性。一般逢年过节、红白喜事都要备酒菜供奉各路神明和祖先。节日不同，供奉的地点、方式、规模、程序、祭品等都各不相同。

巫术指通过一定的仪式，借助神鬼等超自然的神秘力量，对某些人或事施加影响、实施控制。巫术有黑、白之分。一般由祭司或巫师主持，有具体的祭神、请神、显灵、招魂、送魂等仪式，也包括各种占卜算卦的方法，如看风水、排字算命、测字合婚等方术。

风水术最初为相地之术，是临场观察地理的方法，多用于阳宅与阴宅的营建。自河图洛书问世以来，地理大家不断涌现，著作浩如烟海。其理论有形法、理法两派，分别注重山川形胜与方向布局。

生肖文化也属于民间信仰，十二生肖与十二地支相配。在历史的发展中，融合相生相克的民间信仰观念，形成特有的阐释系统，可以解析婚姻、人生、年运等。

8-5-4.常见的民间人物神灵崇拜有哪些？

民间信仰神灵庞杂，人物神灵多由历史上的道德楷模、英雄人物转化而来，其信仰活动多种多样。

人物神灵	内容介绍
家神	常见的如门神、灶神等。门神起源于人们从群居生活发展到各立门户之时，较早的祀门习俗是将桃符挂于门上。后来，善治恶鬼的神荼、郁垒成为门神。隋唐以后，两位著名的武将秦琼和尉迟恭成为门神。也有文官门神、祈福门神等。灶神也叫灶王，为民间普遍崇拜，民间腊月二十三日有以纸马、饴糖、酒糟送灶习俗。
财神	财神主管世间财源，分武财神与文财神。武财神有关羽和赵公明，文财神有比干和范蠡。关公惩恶扬善、祐民护民，山西商人把关公作为出门在外的保护神。赵公明相传为正财神，与他手下的四位小神，合称为"五路财神"。比干因他没有心，所以办事公道，成为人人敬服的财神。范蠡离开越国后，既致富又散财，被人们尊奉为财神。除此之外，还有偏财神，如华光大帝、招财童子等，准财神灶王爷、刘海蟾等。
关公	关公，本名关羽，三国时蜀汉大将。关羽本身所固有的忠勇品格契合百姓对道德、伦理、情感的需求，更契合历代中央集权的大一统思想要求，成为万民虔敬、万世瞻仰、历代追寻的"道德模板"。隋唐以后，关公成为佛门护法神，也是道教护法四帅之一。从唐代到清代，关公为历代皇帝不断追封，最终与孔夫子并称为"文武二圣"。
土地与城隍	土地神属于地方保护神，又称土地公公、社神等，地位较低，在民国及以前供奉普遍，其庙宇称"土地庙"。民间供奉的土地神有共工、后土、三国蒋子文、南宋岳飞等。南宋以后有土地婆婆配祀。祭祀土地神旨在祈福、保佑平安丰收。城隍是冥界的地方官，守护城池之神。明朝开国皇帝朱元璋出生于土地庙，格外敬重土地神的上司城隍神。城隍多为英雄人物，或者是为民造福的地方官，如苏州城隍春申君黄歇，柳州城隍柳宗元，杭州城隍文天祥等。①

---

① 杨春景、袁文良《说说"城隍庙"与城隍文化》，《文史月刊》2013年第8期，第73页。

人物神灵	内容介绍
观音	随着佛教《法华经》的普及，解救众生苦难的观世音信仰深入民间，称观音为观音娘娘、观音佛母等。民间有"户户观世音"之说。
妈祖	妈祖原名林默，出生于莆田湄洲岛的一个渔村。在世时曾以巫祝为事。二十八岁时因搭救海上遇险船只而死。妈祖的济困扶危、救人急难顺应了人们希望有海上守护神庇佑安全的愿望，所以立庙祭祀。南宋之时，海上丝绸之路更为繁荣，妈祖由地方神上升为海神。历代对妈祖的敕封不断提升，封号由夫人、妃，上升为天妃、天后。信仰范围由最初的沿海深入到内河港埠乃至内陆城市。

8-5-5.民间庙会为什么很热闹?

庙会又称庙市、节场。庙会起源于古代的宗庙祭祀活动，先民们在祭祀祖先和神灵之时，要举行一些集体性的酬神活动，如进献供品、演出社戏等。西汉时，道教初步形成，东汉时，佛教传入，道佛二教常常走出庙观举办活动，扩大影响。庙会活动由此越来越丰富，最后发展成为一种涉及宗教信仰、文艺娱乐、商业民俗等众多方面的综合性民俗活动。庙会热闹与其百货交易密切相关，各类民间艺人也借此进行表演营生。民间会社包括宗教组织、行会、娱乐团体，往往是庙会的组织者。

庙会一般在农历新年、元宵节、二月二龙抬头等节日举行。过年逛庙会是旧时重要的节日活动之一。北京的春节庙会规模比较大的有天坛、地坛、龙潭湖、厂甸等。成都以锦里大庙会影响最大。重庆的庙会一般就是指湖广会馆的庙会，青岛的天后宫年年都有充满浓郁民俗气息的庙会。总体上，庙会主要分布在寺庙周围，如各地的城隍庙；但也有部分是无庙而会，如北京的龙潭湖。

8-5-6.少数民族各自都有哪些信仰？

少数民族的宗教信仰比汉族更为普遍，宗教形式很多，以藏传佛教与伊斯兰教影响最大。藏族民俗中独特的祈福方式，如悬挂五彩经幡、刻石头经文、转神山等，都与宗教有关。宗教对少数民族百姓文化生活影响深刻。藏族的语言文字、天文历算、医学、绘画、建筑等，都带有浓厚的宗教色彩。伊斯兰教徒有清真饮食的习惯，庆祝开斋节、古尔邦节等传统节日。回族、维吾尔族、哈萨克族等民族共同信仰伊斯兰教，但各具本民族特色。

民间信仰在少数民族中也有重大影响。许多民族保留着图腾崇拜、自然崇拜、祖先崇拜、鬼神崇拜等原始崇拜。如西南、东南的一些少数民族信奉巫教，西北、东北的一些少数民族信奉萨满教。有些民族有独特的宗教，如彝族的毕摩教、纳西族的东巴教等。

活动设计

A.小学

1.建议

（1）熟悉几个民间故事，了解身边的民间信仰。

（2）了解传统节庆中的民间信仰。

2.活动设计

民间剪纸大比拼。

（1）目的：通过剪纸，了解民间信仰风俗特点，创作适合民间信仰形式的剪纸作品。

（2）策略：根据不同年级儿童心理特点，通过手工剪纸、口头介绍、展示等方式，激发学生学习热情。

（3）时间：一节课。

（4）场地：教室内。

（5）人员：班级的全体同学（也可以是一个年级）。

3.活动准备

（1）教师布置活动任务。

（2）按班级人数创立相应剪纸小组；各小组选出组长，根据本小组情况，做好组内分工。

（3）器材准备：彩纸、白纸、蜡光纸、刻刀、剪刀、胶水、垫板、步骤图。

4.活动过程

（1）小组组长上报剪纸图案内容所涉及的寓意，如喜事贴花、春节窗花等。

（2）教师剪纸示范。

（3）各小组开始手工操作。

（4）完成后，每个小组派代表介绍剪纸创意。

（5）在班级板报中展示各组成果。可以通过投票，评选出最佳设计、最佳解说等奖项。

B.初中

1.建议

（1）了解传统节日的起源与发展过程，以及相关的民间传说和神话故事。

（2）向老一辈了解本区域的节日祭祀传统。

2.活动设计

姓氏图腾探源。

（1）目的：通过寻找和绘画本姓氏图腾，让学生了解姓氏图腾中包含的民族崇拜。

（2）策略：借助网络及相关书籍寻找本姓氏的图腾，进行描摹，并从图腾中找到包含的动物、天体符号及与植物有关的图画，由此猜想祖先们对动植物、天体等的崇拜情况。

（3）时间：一节课。

（4）场地：机房内。

（5）人员：班级的全体同学。

3.活动准备

（1）组织：按照学生姓氏成立探源小组。

（2）准备：白纸、铅笔、橡皮等描摹工具，实物投影仪，机房，展板。

4.活动过程

（1）教师布置学习任务：分小组探源姓氏。

（2）学习小组借助网络及相关古籍寻找本姓氏图腾。

（3）由组内人员完成姓氏图腾的描摹，分析姓氏图腾中包含符号。

（4）借助网络及相关书籍阐释姓氏图腾的寓意，写成文字配在图腾之下。

（5）小组之间交流探源成果。

（6）将各小组成果做出展板进行展示。

C.高中

1.建议

（1）了解生活中存在的民间信仰活动。

（2）寻找自己最感兴趣的民间信仰内容，进行观察和记录。

2.活动设计

村庙调查报告交流会。

（1）目的：通过调查村庙的建设和维护等情况，了解农村民间信仰的对象及崇拜形式等。

（2）策略：建立调查小组，通过问卷调查或实地走访等形式完成调查报告。

（3）时间：一节课。

（4）场地：教室内。

（5）人员：班级的全体同学。

3.活动准备

（1）组织：按照家庭住址就近成立调查小组，每个小组推荐出发言人，班级推荐出两位主持人。

（2）准备：调查问卷，用照片记录调查过程及村庙全貌，制作PPT呈现调查结果，可加入视频等；多媒体设备。

4.活动过程

（1）主持人开场，介绍此次活动的起因及目的，确定发言顺序。

（2）各小组代表发言，结合PPT呈现调查过程及结果。

（3）其他组同学提出疑问，组内人员记录问题，组内人员共同解答。

（4）教师对调查报告做出适当评价。

（5）全班投票选出最佳调查小组。

（6）课后，组内对调查报告进行修改和补充，将调查报告编辑成册。

后　记

　　在中国特色社会主义进入新时代的背景下，在全国倡导传承、弘扬中华优秀传统文化具有十分重要的现实意义。众所周知，我们国家改革开放40年来取得的成就有目共睹，但对外开放后，西方文化随之全面进入，中华民族文化的话语权却没有得到应有的加强，在改革开放的过程中，出现了诸如道德滑坡、金钱至上、心态浮躁、生态破坏等等令人忧虑的社会问题，迫使人们从传统文化中寻找解救之道。因而大力倡导传承、弘扬中华优秀传统文化，就显得十分必要，这不仅仅是为了抵御西方文化消极因素的影响，更是出于民族文化的自信。我国作为文化大国，不仅在经济上要"站起来"，在文化上也要"走出去"。在21世纪经济高速发展的背景下，国人有了弘扬民族文化的自信，中华优秀传统文化才有可能重振雄风。

　　时代已经翻开了新的一页，当中国经济的腾飞与传统文化的不被重视成为一对矛盾的时候，正是肩负使命并上下求索的知识分子挺身而出、迎难而上的时刻。于是，为中小学教师和具有中等文化程度的读者编写一套普及传统文化丛书的想法开始在一个群体中萌动、交流、汇集。终于，大家走到一起，发出了一个共同的声音：传承中华优秀传统文化，主阵地在学校，首要普及对象是教师。让中华优秀传统文化首先进入1200万中小学教师的视野，融入心灵，滋养生命，才可能进一步惠及数以亿计的中小学生。

2013年9月24日这一天，在上海复旦附中举行的两岸高中中华传统文化教育交流研讨会上，全国著名语文特级教师、宁波万里国际学校（现为宁波诺丁汉大学附属中学）校长袁湛江先生在发言中，提出了"让中华传统文化落地，必须先从中小学教师培训做起"的观点，并倡议编写一套可供广大中小学教师学习参考的中华传统文化精华的普适性读本。他的提议得到了上海复旦附中著名语文特级教师黄玉峰先生等诸位专家的热情呼应，中华书局编审、时任中华经典教育研究中心主任的祝安顺先生当即表达了对这套教师培训丛书的兴趣和期待。

在以后的日子里，我们开始在海内外遍寻致力于传承与推广中华优秀传统文化的专家与名师，在将近一年的时间里，组建了一支强大的传统文化研究名家指导团队和不同学科领域的专家编写团队；又用了两年多的时间完成了初稿。在这个过程中，中华书局一直给予高度关注和热情支持，原中华书局经典教育研究中心主任祝安顺先生曾多次亲临研讨会现场指导，对编写提纲提出具体的修改意见，编辑任洁华女士、程燕青女士、李猛先生以及王传龙老师、王来宁老师对本书从策划、编写到立项、编辑、出版，先后倾注了许多期许和心血。

我们诚恳地感谢担任本书指导的各位专家：林崇德教授、裴娣娜教授（北师大），吴国武教授、焦维新教授（北京大学），董平教授、刘力教授（浙江大学），万献初教授（武汉大学）、巢宗祺教授（华东师大）、王荣生教授（上海师大）、王尚文教授、蔡伟教授（浙江师大），杨福家教授（宁波诺丁汉大学）、祝安顺编审（中华书局）、王金龙教授（台湾铭传大学）、王伟华教授（台湾东海大学）、于漪老师（上海市）、朱芒芒老师（江苏省教研室）、杨桦老师（安徽省教科院）、胡勤教授（浙江省教研室）、褚树荣教授（宁波市教研室）、康岫岩校长（天津南开中学）、黄玉峰校长（上海复旦五浦汇实验学校）。此书付梓之际，向他们表示衷心的感谢！

特别是祝安顺老师、任洁华老师，从策划到完稿，多次往返于北京和宁波之间，莅临学校指导协调，不仅倾注了大量心血，还贡献了诸多创意，他们的职业精神一直在激励我们奋力前行。

本书历经十年酝酿，六载编写，十易其稿。凝聚了所有撰稿人的智慧和心血。引言部分由袁湛江先生撰写，下面各章的编写人员有：第一章：杜应勇（1）、张亚容（2）、郑忠（3）、刘迪（4）、桂维诚（5）；第二章：陈湘龙（1和4）、董敏达（2）、胡谟旭（3）、李永康（5）、刘巧铃（6）；第三章：袁湛江、时靖、杜应勇（1），刘雪挺（2），王永辉（3），王亚云（4）；第四章：罗秉相（1），谭梦诗（2），高丽娜、韦岩实（3），骆军英（4）；第五章：刘官茂、孙环、徐宁、季圆圆（1），李妍芳、赖樟新、胡灵波、谢芳（2），邹小云、裘冠群（3），周红星、张静静（4）；第六章：章宏、张全民（1），钱静波、王丽营（2），刘垚、刘宏斌（3），崔茵、胡湘（4），高丽娜（5）；第七章：邵解放（1）、卢长云（2）、刘学军（3）、蔡奕（4）、王兴发（5）；第八章：黄文杰（1）、张晓壮（2）、徐春香（3）、魏伟（4）、孙丽君（5）。（注：姓名后数字为"节"）

在成书的过程中，主编袁湛江全面负责全书体例和章节目录的策划并做了最后的统稿和全面的修定；各章的编审（桂维诚、陈湘龙、袁湛江、罗秉相、苏锡福、张全民、周红星、刘学军、黄伟平、黄文杰）承担了大量的统稿修改工作；他们的助理（时靖、张亚容、高丽娜、刘官茂、王丽营、邹小云、刘学军、崔茵、魏伟）配合编委会办公室（桂维诚、高丽娜），做了许多联络协调等事务性工作；桂维诚作为具体的组织协调责任人，还承担了全书的审稿工作。罗秉相、黄文杰两位老师在最后的统稿中分别分担了第四章和第八章审阅工作。

需要补充说明的是：全书成稿以后，为了保证学术质量，我们特地邀请部分高校相关学科的专家进行了全面审读和修改，他们分别是：浙江大学博士张实龙教授（第一章）、四川大学博士闻学峰教授（第二章）、上海师范大学博士余丹副教授（第三章）、浙江大学硕士郑健儿副教授（第四章）、浙江大学硕士梅庆生副教授（第五章）、浙江大学博士孙敏明副教授（第六章）、广西师范大学硕士黄永前副教授（第七章）、北京师范大学硕士范志强副教授（第八章）。同时浙江万里教育集团的徐亚芬女士、应雄先生、万里学院的林志华先生、王福银先生、胡继明博士都曾经先后对本书的设计和修改提供了帮助和指导。在引文核查的过程中下列老师付出了辛劳：顾红珍（第一、二章），吕贝贝（第三、四章），陈婧（第五、六章），史晔（第七、八章），陈大彬老师对"活动设计"的校正亦有贡献。在此一并表示诚挚的谢意。

负责本书编辑的最后一棒是杨帆老师，她以极端负责的态度和高效的作风，接近完美地完成了最后的冲刺，催生了本书的面世。

希望本书在配合中华书局推进"传统文化进校园"的活动中，发挥一定的作用。

这是一本由一线教师编写，奉献给一线教师的中华传统文化常识读本。中华优秀传统文化历经数千年的实践检验，对于中华民族的生存和发展，是一笔弥足珍贵的精神遗产，普及中华优秀传统文化，在进入新时代的当下仍有十分重要的借鉴意义。我们在编写的过程中参考了大量的文献资料，在此对有关专家学者一并致以崇高的敬意。如牵涉到相关版权问题，请与我们联系。囿于我们水平，本书难免存在错谬之处，以此求教于方家，并恳请广大读者批评指正。

《中华传统文化常识指津》编委会

2019.7